Ullstein Sachbuch

ÜBER DAS BUCH:

Gold hat immer eine ungeheure Faszination auf die Menschen ausgeübt. Sein Besitz bedeutete reale Macht und gleichzeitig symbolisierte der goldene Glanz göttliche Gegenwart.
Dieses Buch geht zurück in die Tiefen der abendländischen und nahöstlichen Kulturgeschichte, in der das Gold und die Suche nach seiner Substanz eine erhebliche Rolle gespielt hat. Es spannt den Bogen von der Metaphysik des Goldes über die Versuche, seine Bestandteile zu erkennen und künstlich herzustellen, wobei das Fundament der modernen Chemie gelegt wurde.
Große Geister beteiligten sich daran, aber auch Scharlatane und Betrüger, Zauberer, Magier und Alchimisten, die an den Fürstenhöfen willige Opfer fanden. Dem Geheimnis des Goldes ist keiner von ihnen auf die Spur gekommen, dafür wurden aber das Schwarzpulver und das Porzellan entdeckt.

DER AUTOR:

Kurt K. Doberer, geboren 1904, arbeitete als Diplom-Ingenieur. Neben seiner beruflichen Tätigkeit verfaßte er zahlreiche Sachbücher zu Problemen der Technik und belletristische Arbeiten.

Weitere Veröffentlichungen:
Schiffbruch. Einsame Inseln, Robinsone, Piraten-Dokumente, Berichte, Tatsachen (1969). Handbuch für den Briefmarkensammler. Eine Anleitung für neue Sammler (1987); *Republik Nordpol. Gold am Pol* (1989)

Kurt K. Doberer

Die Goldmacher

Zehntausend Jahre Alchemie

Mit 27 Abbildungen

Ullstein Sachbuch

Ullstein Sachbuch
Ullstein Buch Nr. 34790
im Verlag Ullstein GmbH,
Frankfurt/M – Berlin

Ungekürzte Ausgabe

Umschlagentwurf:
Volker Noth Grafik-Design
Unter Verwendung einer Abbildung
des Archivs für Kunst und
Geschichte, Berlin
(Ölgemälde von Joseph Wright of
Derby: Der Alchimist, Derby,
Museum and Art Gallery)

Printed in Germany 1991
Druck und Verarbeitung:
Ebner Ulm
ISBN 3 548 34790 8

September 1991

Die Deutsche Bibliothek –
CIP-Einheitsaufnahme

Doberer, Kurt Karl:
Die Goldmacher: zehntausend Jahre
Alchemie / Kurt K. Doberer. –
Ungekürzte Ausg. – Frankfurt/M;
Berlin: Ullstein, 1991
(Ullstein-Buch; Nr. 34790:
Ullstein-Sachbuch
ISBN 3-548-34790-8
NE: GT

Inhalt

Bildnachweis: Alle Bildtafeln vom Verfasser

Gold – Das Fleisch der Götter

Mit weißgrauem Licht erhellte jener Himmelskörper, der nun nicht mehr ist, die Nächte des Kontinents Atlantis. Graue Lichter in graue Schatten warf jener Tückische, passende Symbole der grauen Angst vor dem Kommenden, die durch die Völker der Atlantiden ging.

Nur in den Höfen des gelbglänzend gedeckten Heiligtums, da standen die Statuen der Götter unberührt und selbstbewußt. Sie waren aus einem Stoff, der Böses in Gutes kehren konnte, der das fahle Licht der Gefahr in den warmgoldenen Schein des Lebens wandelte und so zurückwarf. Sie waren aus einem Material geschaffen, das man damals »Fleisch der Götter« nannte, das man heute aber Gold nennt.

Es war ein königlicher Stoff, so ungleich Holz und Stein, den Werkmaterialien aus dem Alltag der Atlantiden. Zwei Begriffe, die die halbe Basis unserer heutigen Zivilisation sind, Glas und Metall, waren der hohen Kultur von Atlantis unbekannt. Die Atlantiden aßen und tranken, schliefen und wachten, lebten und starben, sie kannten den Lauf der Himmelskörper und die Gedanken der Menschen. Aber sie wußten nichts von Weckeruhren und Fieberthermometern, nichts von Gasbadeöfen und elektrischen Klavieren. Jener Stoff, »Fleisch der Götter«, war den Priestern, Gelehrten und Weisen von Atlantis nicht das, was er unserer Zivilisation so manches Jahrtausend nun war, »König der Metalle«. Und trotzdem, es ist merkwürdig zu sagen, gab es auf jenem Kontinent westlich von Gibraltar auch schon Sucher nach dem großen Geheimnis alles Metallischen. Diese Weisen waren nicht zufrieden, das blanke Gold in Körnern sammeln zu lassen, es zu schmelzen, zu hämmern, zu gießen. Als rechte Alchemisten suchten sie nach neuen Wegen jenes seltsame Metallische auch aus anderen Stoffen zu ziehen. Ihre Erfolge waren das Geheimnis der Wissenden, rotes und weißes Metall, seltener als Gold und eine Stufenleiter neuer metallischer Eigenschaften.

Es war in kein unbefangenes, aufnahmebereites Zeitalter, in der diese Entdeckungen fielen. Die Jahre um 10 000 vor Beginn unserer Zeitrechnung standen unter einem mächtigen Alpdruck, unter einer Drohung aus dem Weltall. Die meiste Zeit ihres Lebens verwendeten Gelehrte von Atlantis darauf, den Wegen des Himmelskörpers – Komet, Planet, Mond, wir wissen es nicht – zu folgen, dessen Bahn sich näher und näher an die Erde heranschob. Jene Gelehrten waren Männer, die die Zukunft voraussagen konnten, denn sie konnten die Bahn jenes Himmelskörpers voraussagen!
Mehrmals, in kreisender Verlagerung seiner Ellipsenachse, war jener Himmelskörper in unmittelbarste Erdnähe gekommen. Wie ein Titanengeschoß war er da aus dem Osten herangeschwungen, hatte die Wassermassen der Meere über die Länder gezogen, und hatte in Sintfluten alles Leben auszuwaschen versucht. Noch immer hatten die hohen Berge von Atlantis vor jenem Tückischen Schutz gegeben. Aber jede neue Sintflutepoche hatte die Gefahr näher gebracht, hatte den Anprall jenes Himmelriesen wahrscheinlicher werden lassen. Die Astronomen wußten, daß es das nächste Mal, oder das übernächste Mal sein würde. Nach den Berechnungen war Atlantis der Einprall-Ort.
Eine der Möglichkeiten war für die Wissenden von Atlantis, der Gefahr dadurch auszuweichen, daß man ihr entgegenging. Daß man durch das Mittelmeer stieß, immer östlich in den asiatischen Landblock hinein und am »Dach der Welt« Kolonien gründete. Den einzigen historischen Widerhall dieses Versuchs gibt Plato in seinem »Timaios« aus alten ägyptischen Überlieferungen. Diese besagen, daß die Griechen bei diesem Versuch die Atlantiden zurückwarfen, sie aus ihrer Kolonie in Unterägypten trieben und sie bis an die Säulen des Herakles, über die Straße von Gibraltar hinausjagten.
Wir hätten keinen Grund jenem Bericht aus Wahrheit, Dichtung und zusätzlichen Übersetzerschwächen Beachtung zu schenken, wenn er nicht durch die weitere Entwicklung bestätigt würde.
Uns interessieren jene Alchemisten auf Atlantis, jene Forscher nach neuen Metallen. Uns interessieren ihre Geheimnisse und Entdeckungen. Wenn wir die Fäden nicht verlieren wollen, müs-

sen wir nun dahin blicken, wo nun plötzlich eine neue Kultur aus dem Boden gestampft erscheinen wird.
Theoretisch blieb der Avantgarde von Atlantis nun noch ein anderer Fluchtausweg, der sich in kurzer Zeit organisieren ließ, wenn der Einprall des Himmelskörpers schon sicher war. Es war die Flucht zu Schiff in den südlichen Atlantischen Ozean und der Vorstoß zum asiatischen Festland um Afrika herum. Wenn Noah eine schwimmfähige feste Arche für die Führer der asiatischen Bergvölker bauen konnte, dann mußten die Weisen der Atlantiden, ein Land- und Seevolk, noch etwas besseres leisten können.

Dies gehört nun bereits zu den geschichtlich beweisbaren Tatsachen, daß zwischen den Jahren zehntausend und achttausend vor unserer Zeitrechnung an den nordischen Küsten des Indischen Ozeans eine Menschengruppe, wie es schien aus dem Meer, auftauchte, die die Zivilisation in jenen Landstrichen positiv so revolutionär veränderte, wie die alten südamerikanischen Kulturen durch die Kolumbus-Expedition später im negativen Sinne revolutionär verändert wurden.
Diese schlagartige Veränderung trat an zwei Punkten ein: Im Mündungsdelta des Euphrat und des Indus, am Nordufer des arabischen Meeres und weiter landeinwärts am Ende des persischen Meerbusens.
Auf den Scherben und Gräbern und Lehmschichten der großen Flut bauten die Wenigen eines unbekannten Volkes – nichtarisch, nichtsemitisch, die Atlantiden – eine neue Kultur, deren entscheidendes Kennzeichen die souveräne Beherrschung der Metalle ist. Was dieses unbekannte Volk im Jahre achttausend vor Christi Geburt von den Metallen wußte, das lernte die europäische Zivilisation erst viele tausend Jahre später unter Mühen und Geburtswehen. Diese fremden, langgewachsenen und schwarzhaarigen Männer kannten die Verwendung von Gold und Silber, Kupfer und Blei, Zinn und Antimon, Eisen und Nickel.

Sumerer nannten die Semiten jene Männer zu einer Zeit, da sie sich schon mit den vorderasiatischen Stämmen zu mischen begonnen hatten. Aus Bildnis und Grabfund wissen wir, daß jene Sumerer langköpfig waren und in langen Bärten aber geschorener Oberlippe einhergingen und ihr Haupthaar am Hinterkopf zusammengeknotet trugen. Ihre Sprache – nicht jene hochkultivierte, übertragene Begriffe benutzende Urform, sondern eine vereinfachte Abart, ein Basic-Sumerisch oder Atlantiden-Esperanto – wurde noch Jahrtausende nach ihrer Aufsaugung in der Weise von Latein von den vorderasiatischen Gelehrten gesprochen. Und dies sind die Sagen in dieser Sprache:

Oannes der Fisch-Mann und die sieben weisen Männer kamen aus dem Meer und lehrten die Menschen. Sie hatten Körper und Kopf wie Fische – trugen Schuppenpanzer und Helm – aber darunter waren sie wie Menschen. Diese Weisen kannten den Gebrauch der Pflanzen, den Schutz vor Krankheit, das Rad, die Gradeinteilung des Kreises und ein mathematisches Zahlensystem. Und Oannes von Eridu, der als Bringer erhabener Weisheit nach den verebbenden Springfluten aus dem Meer kommt, ist auch Herr des Goldes, Schutzherr der Schmiede und Metallschmelzer. In einem Hymnus an ihn, den Besieger des Weltfeuers, heißt es: »Du bist es, der Gold und Silber läutert, der Kupfer und Zinn mischt.«

Eine der Mysterien für die Forschung ist die Frage, woher die zinnverbrauchenden Sumerer dieses Metall haben konnten, da keinerlei Zinnfundstätten in diesem Teil der Welt sind? Wenn die Sumerer aus Atlantis kamen, dann kam ihr Zinn von den Scilly-Inseln und dem englischen Cornwall. Dort lagen die Zinnfundstätten der Atlantiden. Und wie man Metalle auf Atlantis das Fleisch der Götter nannte und sie nur ihrem Dienste weihte, so wird man jenes Fleisch der Götter zu Barren geschmolzen mit auf jene Schiffe genommen haben, die zur großen Flucht gebaut wurden. – Jene Schiffe, die gegen das Himmelsfeuer holzüberdacht, wie große Walfische aussahen und die die Über-Arche-Noah der Atlantiden waren. Jene Schiffe des Oannes, an die auch die Bibel in der Geschichte vom Walfisch des Jonah anklingt, brachten die Frucht alchemistischer Arbeit atlantischer Weiser, schwere Barren roten, gelben und weißen Metalls an die Küsten neuen Lebens. In diesem Sinne war Oannes von Eridu Herr des Goldes.

Gold war zu jener Zeit immer noch das göttlich-königliche Metall. Einer oder wenige Auserwählte nur waren Käufer, Verarbeiter, Verbraucher und Besitzer dieses Metalls. Gewöhnliche Sterbliche konnten nicht und durften nicht im Besitz dieses Metalls sein. Wie der Gebrauch, so war deshalb der Bedarf begrenzt. Die großen Weisen, die Priester und Führer dachten nicht daran, künstlich mehr von diesem Metall mit beschränktem Gebrauchswert zu machen. Mit Hilfe ihrer Alchemisten hatten sie eben eine technische Revolution gestartet, wie sie die verwirklichte Erzeugung künstlichen Goldes nie mehr wird hervorrufen können. Gold allein war dem Dienst des Göttlichen geweiht geblieben, in Gold wurden die lebensspendenden Früchte der Allmutter Erde nachgebildet. Aber alle anderen Metalle waren nun frei für den Aufbau einer neuen Kultur, neuen Lebens nach der Sintflut eingesetzt. Alle alchemistischen Geheimnisse von Atlantis dienten nun dem Aufbau einer neuen Welt. Und neue Forschungen der Alchemisten brachten neue merkwürdige Metallmischungen mit besonderen neuen Eigenschaften und auch neue Wege, Metall aus neuen Erzen zu fördern.

Kupfer und Zinn gab die harte Bronze der Sumerer und der Indus-Kultur. Im Industal schuf man eine Legierung aus Kupfer und vier Prozent Arsen. Im Euphrattal benutzte man eine Blei-Kupfer-Legierung. Durch Zusatz von Antimon zum Kupfer schuf man eine Antimon-Bronze. Da gab es Legierungen mit Blei, Kupfer, Antimon, Eisen, Arsen und Nickel-Gehalt. Es ist wahr, manche Legierungen waren natürliche Mischungen aus dem unreinen Erz. Aber auch seltene und schwer erzeugbare Metalle gab es rein. Ein Fund aus einem Königsgrad bei Ur ist aus Meteoreisen, ein Dolch, bei Khafaje gefunden, ist aus irdischem Eisen. In den sumerischen Kulturschichten, die vor sechstausend Jahren verschüttet wurden, liegen Pokale aus reinem Blei. Eine fünftausend Jahre alte Vase aus den sumerischen Ruinen von Tell ist aus reinem Antimon.

Die Weisen von Sumer kannten die Methoden des Schmelzens, Gießens und Lötens der Metalle so gut wie die Männer von Peru, jener Atlantidenkolonie am Westrande des versunkenen Kontinents. In Sumer lötete man Gold mit Malachit. Es zerfiel beim Erhitzen in Kohlensäure und Kupfer und bewirkte die Lötung. In Sumer konnte man Metalle lösen. Man kannte grünes und rotes Vitriol und muß das unmittelbare Produkt, die rauchende Schwefelsäure gekannt haben. Man hat Tongefäße mit Eisen- und Kupferstäben und Blechen gefunden, die nicht als galvanische Elemente sein konnten. Man hat daraus, zum Entsetzen selbstbewußter Europäer geschlossen, daß die Sumerer bereits auch die galvanische Vergoldung kannten.

Mit dem Hintergrund einer atlantischen Meisterrasse läßt sich die archäologische Geschichte Ägyptens wie ein offenes Buch lesen. Zuerst, im Jahre zehntausend vor unserer Zeitrechnung, war es eine Kolonie des hochkultivierten aber steinzeitlichen Atlantis im Nildelta. Mit der Auslöschung von Atlantis begann eine Abschwemmung aller Kulturreste vom unteren Nil und eine Degeneration der ganzen Nilkultur, endend mit der Machtergreifung und Einflußnahme der barbarischen Völker vom oberen Nil und Nubien. Dann mit den geglückten Atlantiden-Landungen im Indusdelta und Euphratdelta kommt ein neuer Vorstoß der Atlantiden, die in einer kleinen Gruppe die alte Kolonie erreichen und den Grundstein zu den Pharaonenreichen legen.
Fremde Bootzeichnungen aus dieser Zeit vom Ende der Karawanenstraßen vom Roten Meer, die Gräber der ersten Dynastie, die denen der Königsgräber von Ur nachgeahmt sind und in diesen Gräbern ein neuer größerer Menschentyp, das alles bestätigt das Bild. Eine revolutionäre Umwälzung der Kultur, gleich der der Sumerer, setzt in Ägypten ein. Die Schriftsprache, obwohl Nilpflanzen und Niltiere als Bilder benutzend, baut auf dem System auf, aus dem auch die sumerische Schrift geschaffen wurde. Eine neue Zeitrechnung wird geschaffen. Das Jahr beginnt, wenn der Sirius über den Horizont geht. Dies ermöglicht uns aber eine astronomische Berechnung, die den Zeitpunkt dieser Kalenderschaffung auf das Jahr 4236 vor Christus, oder auf einen Siriuszyklus früher, auf 5697 v. Chr. festlegt.
Alle Weisheit von den Metallen bekam Ägypten zu diesem Zeitpunkt von den Sumerern. Das waren die wirklich wissenswerten

Geheimnisse der alten Ägypter. Dazu brachten die kommenden Jahrtausende kaum einen Fortschritt und manches wurde wieder vergessen.

Neben der erwachenden eigenen Kultur Ägyptens waren die Länder um das ganze Mittelmeerbecken von der verströmenden Weisheit der kleinen Schar am Euphratdelta befruchtet worden. Sumerische Metallmuster sind in Südrußland, in Troja und in Zentraleuropa ausgegraben worden. Langsam wird das Wissen um die Metalle selbst in Sumer durch die Aufschwemmung mit neuen Völkern und neuen Rassen ausgelöscht. Mancher Verlust hat auch natürliche Ursachen. So verschwindet um das Jahr dreitausend vor unserer Zeitrechnung in Sumer die überlegene Zinnbronze, weil einfach kein Zinn mehr vorhanden ist. In den neuen primitiveren Kulturen verwandelt sich Wissen in Afterwissen, die höhere Kenntnis der Metalle in Aberglauben. Es ist die Frühzeit jener Periode der Chemie, die wir die Alchemie nennen. Das Zeitalter der Goldmacher beginnt.

Das Goldene Kalb

Als Moses, der Anführer der Israeliten, von dem Berge Sinai zurückkam und das Goldene Kalb sah, das der Priester Aaron aus dem Schmuck der Weiber gehämmert hatte, da tat er etwas, was in der Alchemie durch Jahrhunderte als gleichwertig mit der Kunst Gold zu machen erachtet wurde. Moses zerstörte jenes metallene Kalb aus unzerstörbarem Gold mit Feuer und machte es zu Staub. Und jenen Staub mischte Moses mit Flüssigkeit und gab sie dem Volke zu trinken.

Aurum Potabile, trinkbares Gold nennt dies die Alchemie. Trinkbares Gold sollte Jugend, Gesundheit und langes Leben geben. Durch Jahrtausende wurden immer wieder tausend neue Mischungen vesucht, um jenes Elixier aus vollständig zerstörtem Gold aufs neue herzustellen.

Mit dem Zeugnis der Bibel für jene wunderbaren Vorgänge ist es deshalb kein Wunder, wenn die großen Alchemisten immer wieder Moses als den ersten Adepten nennen, als einen Goldmacher, der 1500 Jahre vor Beginn unserer Zeitrechnung lebte.

Moses war wohl mit geheimen Mischungen und Pulvern vertraut, er kannte die Art am Schmelzofen zu arbeiten so gut wie die ägyptischen Priester. Er war achtzig Jahre alt und welterfahren, als er mit den ägyptischen Priestern und Zauberern vor dem großen Pharao kämpfte. Moses warf einen Stab vor dem Pharao zu Boden und machte ihn zur Schlange. Ohne Hypnose, mit Chemie kann dieses Kunststück geschehen, wenn der Stab aus einer Masse von Kirschlorbeer, Quecksilber und Schwefel gemacht und mit Gummi vom kleinasiatischen Strauch Astralogus geleimt wird. Dieser Stab an ein Kohlenfeuer geworfen, wird zu einer langen windenden Masse, die giftige Dämpfe von sich gibt. Und die Bibel spricht auch von dem anderen Schaustück, das der Chemiker Moses vor dem Thron des Pharao zeigte. Im Schmelzofen gefertigten, fressend giftigen Staub warf er in die Luft und die Zauberer und anderen Ägypter konnten ihm nicht widerstehen, denn er machte ihnen Beulen auf der Haut.

So wie man Moses deshalb zurecht einen großen Alchemisten nennen darf – man hat keine Überlieferung nach der man ihn auch Goldmacher heißen kann. Aber das erste Buch Mose selbst nennt einen anderen Mann als den großen Künstler und Vater allen Erz- und Eisenwerks. Es ist Tubalkein, der andere Sohn des Lamechs, den ihm sein Weib Zilla gebar. Und das war ums Jahr 4000 vor unserer Zeitrechnung. Die Zeit Moses selbst war kaum bemerkenswert für neue Entdeckungen in Metallmischungen, wenn auch die Phönizier, jene furchtlosen Seefahrer, durch den Handel mit Erzen aus den fernen Ländern jenseits der Straße von Gibraltar, der mittelländischen Kulturwelt zu einer Wiedergeburt metalltechnischen Wissens verhalfen. Ein neuer Handel mit Zinn von den Scillies an der Küste Englands, mit spanischem Silber und Kupfer von Zypern begann. Damit wurde auch das erste Grundwerk zum Handel mit golden scheinenden Metallen gelegt, die Bühne zu einem neuen Zyklus alchemistischer Versuche gesetzt. Und die Phönizier gaben diesen Versuchen noch einen weiteren Anstoß. Durch ihren Handel mit Glas, durch die Verbreitung des Wissens um diesen harten durchscheinenden neuen Stoff, gaben sie allen alchemischen Versuchen einen mächtigen Antrieb.

Grüne Tafel aus Smaragd

Keiner ist berühmter unter den Alchemisten als Hermes Trismegistos, Hermes der Dreimalgroße. Und von keinem ist es schwieriger zu sagen, wer er war, wann er gelebt hat. Manche sagen, es wäre der ägyptische Gott Thoth selbst, der Schützer wissenschaftlichen Schrifttums und Weisheit, der in Hermes Trismegistos verkörpert ist. Die Griechen nannten ja auch diesen Gott Thoth mit dem Namen Hermes und er war der Stadtgott im ägyptisch-griechischen Hermopolis. Andere sagen jedoch, jener Hermes Trismegistos wäre der Priester Hermon gewesen, der hundert Jahre nach Christi Geburt in Ägypten lebte. So kann man selbst die Lebenszeit des großen Hermes Trismegistos nur auf rund zweitausend Jahre genau angeben.

Aber täuschen wir uns nicht. Nennen wir ihn nicht einen Schatten, eine Illusion, eine Einbildung, eine Erfindung. Der Einfluß dieses großen Mannes geht auch heute noch bis in den Sprachgebrauch unseres Alltagslebens. Wenn wir heute etwas hermetisch verschlossen nennen, dann zitieren wir Hermes Trismegistos, der in einer besonderen Methode das »Ei der Philosophen«, jenes Gefäß in dem die Goldumwandlung vor sich gehen sollte, luftdicht mit Siegelton verkittete und abschloß.

Es sind jedoch nicht nur solche chemische Fachausdrücke, die zum Sprachgut geworden und an Hermes Trismegistos erinnern. Ein Stück seiner Philosophie, andere meinen, eine Anweisung seiner Goldumwandlungsmethode, ist uns überliefert. Es ist die Tabula Smaragdina, die Tafel aus Smaragd. Auf einer grünen Tafel sollen jene Sätze gestanden sein, die uns bis zum heutigen Tag in Variationen und verschiedenen Lesearten erhalten sind. Hier ist eine davon:

»Es ist wahr, ohne Lüge, gewiß und wahrhaftig: Was da oben ist, ist wie das hierunten. Es ist wie das dort oben, das uns die Wunder eines einigen Dinges berichtet.

Wie alle Stoffe von einem einzigen sind, durch einheitliche Be-

trachtung, so kommen auch alle Stoffe von dem einen Stoff durch Zubereitung.
Dieses Stoffes Vater ist die Sonne, dieses Stoffes Mutter ist der Mond. Der Wind hat es in seinem Bauche getragen. Dieses Stoffes Ernährer und Säugende ist die Erde. Und dieser Stoff ist der Vater aller Vollkommenheit der Welt. Seine Kraft bleibt vollkommen, wenn er in Materie verwandelt ist.

SCOPVS AL-
CHEMIAE.

Scheide das Irdische vom Feuer. Mit Weisheit und Geduld scheide das Verhauchende, Verschwebende vom Zähen und Groben. Von der Erde steigt es dann auf zur Höhe und es fällt wieder herab zur

Erde. Die Kraft der Stoffe die oben sind, nimmt es so auf, und die Kraft der Stoffe die unten sind. So wirst du die Ehre der Welt empfangen und die Finsternis wird von dir weichen.
Es ist dies die Kraft und Stärke aller Kraft und Stärke, weil es die geistig schwebenden Stoffe bannen und die festen Stoffe durchdringen wird.
Auch die Welt ist so erschaffen worden. Und so verlaufen die wunderbaren Prozesse, deren dies einer ist. Darum bin ich der dreimal große Hermes genannt, weil ich drei Teile der Weisheit besaß. Und nun ist vollendet, was ich von der Bereitung des Goldes gesagt.«
So soll jene Erklärung gelautet haben, die auf grünes Glas, grünem Stein, Smaragd geritzt, neben den Gebeinen des Hermes Trismegistos in einem Felsengrab Ägyptens gefunden worden sein soll. Jahrhunderte um Jahrhunderte war dies ein dogmatischer Glaubensartikel der Alchemisten. Einige Generationen vor uns hatten angefangen, die Tabula Smaragdina als ein Märchen, eine Erfindung des Mittelalters zu verwerfen. Neueste Forschungen jedoch bestätigen dies nicht. Vor dem ernsten Forscher weicht heute die Tabula Smaragdina mehr und mehr auf einen Platz in der grauen Geschichte zurück. Eines Tages mag es uns vielleicht bestätigt werden, daß Hermes Trismegistos einer der ägyptischen Weisen, einer jener Zauberer und Priester war, die vor dem König Pharao mit Moses um die Beherrschung der Geheimnisse der Welt gerungen.
Zu jener Zeit waren in Ägypten die Geheimnisse der Metallbereitung ein Monopol der Priesterkaste. Nicht mehr eine zentrale geistige Oberschicht wie im alten Sumer hielt das Wissen, sondern eine Kaste. Eine Kaste von Priestern, die in Wettbewerb um den schönsten Schmuck für ihre Tempel standen und die davon noch dem König Pharao zu geben hatten, was des Königs war. Es ist verständlich, daß zu dieser Zeit die Priester-Alchemisten in den Tempeln neue Wege suchten, um das königliche Metall, das Gold zu vermehren und zu strecken. Alte vererbte Weisheit der Atlantiden wurde nun wertvoller als je. Eifersüchtig wachten die Priester über jenes Wissen um Metallmischungen, das wie biblische Le-

genden erzählen, von gefallenen Engeln auf die Erde gebracht wurde. Die Weiber der Irdischen, die sie sich nahmen, hatten jenes Wissen in das Buch Chema geschrieben. Der französische Forscher Berthelot hat auch wirklich einen Papyrus aus der zwölften Dynastie der Pharaonen entdeckt, in dem zu dieser Zeit, zweitausend Jahre vor unserer Zeitrechnung, ein königlicher Schreiber seinem Sohn das Buch Chemi empfiehlt.
Die Verwendung minderer Metalle für Goldlegierungen zu Tempelstatuen, erweckte das Bedürfnis einer Philosophie, die diese minderen Metalle für ebenbürtig erklärt. Dies ist der Monismus – alles ist aus einem – den die Tabula Smaragdina ausdrückt. Ursache und Wirkung ist in dieser Entwicklung natürlich nicht klar zu benennen. Aber hier liegen die Wurzeln zu dem großen chemisch-philosophischen Denkgebäude der griechischen Weisen.

Bald nach dem Jahr 500 vor Beginn unserer Zeitrechnung hat der griechische Weise Demokrit die vage Philosophie von dem allumfassenden Urstoff in ein festes System einer chemischen Weltanschauung zusammengefaßt. Seine Ideen vom Aufbau sind von einer Klarheit und Gewalt der Erkenntnis, daß sie für Jahrtausende nicht mehr übertroffen werden sollten.
Nach Demokrit beruht alle Vielfalt der Stoffe vor unseren Sinnen nur in Änderungen des Uraufbaus der Materie. Für ihn gibt es nur einen Urstoff, nur eine Grundmaterie. Materie ist unzerstörbar und sie kann auch nicht neu aus dem Nichts erschaffen werden.
Stoffe bestehen nicht einfach aus einer gleichmäßigen zusammengepackten Masse. Jeder Stoff ist aus den Bausteinen der Welt, den Atomen aufgebaut. Seine Eigenschaften werden durch drei Dinge festgelegt. Das Erste ist die Gestalt der Atome. Sind sie zackig und greifen fest ineinander, so geben sie so harte Stoffe wie die Metalle. Sind sie rund, so fließen sie wie Wasser. Wir nennen das heute das Kennzeichen des Elementes. Der zweite, Eigenschaften bildende Zustand ist die Lage dieser Atome zueinander. Wir nennen das heute chemische Verbindung. Und neben der geometrischen Gestalt der Atome und ihrer besonderen Lage sind Demokrit als drittes Merkmal ihre besondere gegenseitige Anordnung, die Art ih-

res Berührungsverhältnisses. Gase sind danach so locker gelagert, daß ihre Atome zu schwingen vermögen.
Alles Sein besteht nach Demokrit aus der Leere und den Systemen der Atome. Alles Sichtbare ist eine Zusammenballung von Atomen nach bestimmten Systemen.
Die Goldmacher hatten also nach dieser Philosophie nichts anderes zu tun, als ähnliche strukturelle Systeme zu verschieben, um begehrte Stoffe zu erhalten. Bronze und Gold konnten sich nur wenig in ihrem strukturellem Aufbau unterscheiden. Wenig Änderungen und der richtige leichte Eingriff in die Struktur mußte Bronze oder auch das schwere weiße Blei in Gold verwandeln. Den runden Atomen des leicht rollenden, flüssigen Quecksilbers mußte nur eine eckige Form gegeben werden, um dann bestes Silber zu erhalten.
Aber die Goldmacher dieser Zeit waren den Philosophen dieser Zeit nicht gewachsen. Es gibt keine Überlieferung, nach der die Alchemisten dieser Zeit nach irgend einem so klaren Plan gearbeitet hätten. Die Zeitepoche war überhaupt jener souveränen Philosophie einiger Weniger nicht gewachsen. Darum mußte sie versinken, kaum einen Schatten hinterlassend. Aber sie war gewaltig genug, zumindest als ein Schatten Jahrhundert um Jahrhundert zu durchgeistern. Im Jahr 1732 unserer Zeitrechnung, in einem Jahr zu dem die neue Atomtheorie noch nicht wiedergeboren war, erklärt ein Lexikon das Quecksilber:
»Daß das Quecksilber so flüssig ist kommt daher, daß seine unbeobachtbar kleinsten Teilchen sphärisch und ganz rund sind und deshalb nicht zusammenhängen. Daß ein Metall dicht und fest ist kommt daher, daß seine unerkennbar kleinsten Teilchen eine Struktur haben, die sie miteinander verkettet.«

Die Alchemistin Mirjam

Im Frühnebel antik-mittelalterlicher Alchemie spielt neben dem Alchemisten Hermes Trismegistos eine zweite weibliche Figur eine große Rolle. Es ist die Alchemistin Maria. Auf Maria die Jüdin berufen sich viele sehr frühe Handschriften. Zitate aus ihren Arbeiten werden von den ältesten Schreibern über Alchemie gegeben. Ihre Ansichten gelten als sachverständig und vorbildlich.

Den Zeitabschnitt, in dem Maria die Jüdin lebte, können wir ebenso schlecht bestimmen, wie die Zeit in der der große Hermes Trismegistos wirkte. Manche nennen sie Mirjam, die Schwester des Moses. Andere halten sie für eine Zeitgenossin des Alchemisten und Juden Theophilos, der von dem »schönen gottgefälligen Stein« spricht, jenem Stein der zur Lösung des großen Mysteriums führt. Aber die Zeit des Alchemisten Theophilos ist uns ebenso unbekannt, wie die der Alchemistin Maria, so daß damit nichts gewonnen ist. Aus den Lehren Marias – manche heißen sie Maria Prophetissa – wissen wir nur, daß ihr die Philosophie Demokrits unbekannt war. Sie kann vor der Zeit Demokrits gelebt haben, oder auch einige hundert Jahre später zur Zeit des Aristoteles. Dessen philosophisches Denkgebäude paßte besser zu den alchemistischen Ideen Marias – jener Aufbau der Welt aus den vier Elementen: Feuer, Erde, Luft und Wasser.

Alte chaldäische Weisheit mischt sich bei Maria mit den Ideen von Aristoteles zu einer alchemistischen Geheimlehre, die nur für die jüdischen Weisen und Wissenden sein sollte. In ihren Lehren gibt sie die Anweisung: Du darfst den Stein der Weisen nicht berühren, du bist nicht vom Stamme Abraham.

Die alte chaldäische Lehre, daß die Metalle Mischungen aus Schwefel und Quecksilber seien, die aus der Erfahrungstatsache wuchs, daß aus den meisten Erzen auch Schwefel entwich, wurde erweitert durch die Lehre Aristoteles, der zu den vier Elementen des Empedokles – Feuer, Wasser, Luft und Erde – noch ein fünftes, den Äther, die geistige Quintessenz gefügt hatte.

Schwefel, der als ein Ausdruck des Feurigen betrachtet wurde, war von Maria als Grundlage ihrer wichtigsten Prozesse genommen worden. Man sprach von jenem Schwefel in geheimnisvollen Wendungen, als von einem Stein der kein Stein ist, ein Stein so häufig, daß ihn jeder sieht und doch keiner kennt. Und Maria, die Jüdin, schrieb, daß Gott ihr offenbahrt habe, Kupfer mit Schwefel zu brennen, um Gold zu erhalten. Man benutzte zur Schwefelerzeugung das Schwefelarsen, das man als Beimischung in den Goldminen fand. Es war natürlich, daß bei solchen Anfangsprodukten auch Gold in den Endprodukten sein mußte.
In Anlehnung an die Quintessenz des Aristoteles lehrte Maria, daß jeder Stoff, jedes Mineral, jedes Erz einen Körper und eine Seele habe. So nannte man bei einer Destillation von Schwefelverbindungen, den abziehenden Schwefel die »Seele« und den zurückbleibenden schwärzlichen Rest die »Leiche«. Solche Begriffe sind dann zweitausend Jahre in der Alchemie geblieben.

Technische Grundlage der alchemistischen Lehren der Jüdin Maria war die Entwicklung des Destillationsapparates. Jenes Gerät, in dem in einer Kugel die Stoffe erhitzt wurden, bis sie Dämpfe, Dünste, Rauch abgaben und in dem dann, durch eine Kühlröhre geleitet, die verflüchtigten Bestandteile in einem zweiten Gefäß wieder niedergeschlagen wurden. Man hatte eine Apparatur, in der man künstlich das Walten der Natur im Schoße der Erde nachahmen konnte. Grenzenlose Entwicklungsmöglichkeiten schienen sich hier zu öffnen. Alchemisten haben immer wieder den Destillationsapparat nicht nur mit dem Schoß der Erde, sondern auch mit dem Mutterschoß verglichen, dadurch andeutend, daß sie nicht nur Umwandlung sondern auch Neuschaffung in diesem Gerät für möglich hielten.
Ein Schritt auf diesem Wege erschien den Zeitgenossen der Alchemistin Maria, daß Mischen von Feuer und Wasser im Destillationsgerät, das einen neuen dritten Stoff ergab. Die Stelle von »Feuer« nahm in diesem Fall der Schwefel, und die Stelle des »Wassers« nahm Quecksilber ein. Beide zusammen ergaben die »Fixierung des Quecksilbers«, den Zinnober. Es erschien wie ein

Wunder, eine wahre Neuschöpfung, daß aus einem Stoff, der wie Schwefel sonst alle anderen Stoffe durch seinen Rauch weiß machte, und aus einem silberweißen zweiten Stoff nun ein neues rotes Material entstehen sollte. Da das vorhergehende Zwischenprodukt dieses Prozesses erst ebenso schwarz war, wie das Zwischenprodukt in der Goldproduktion aus Goldsand mittels Quecksilber, so schien zwischen dem rotgelben Stoff und rotgelbem Gold nur noch ein kurzer Weg zu sein.

Stagirische Kunst

Um das Jahr 350 vor unserer Zeitrechnung, kurz vor dem Aufstieg Alexandrias, des neuen Kulturzentrums der Welt, lebte zu Stagira, an der Küste des strymonischen Meerbusens, ein Weiser, dessen Lehren die Denkwelt jener neuen Kulturzentrale und damit die ganze eurasische Kultur auf ein Jahrtausend entscheidend beeinflussen sollte. Dieser Weise hieß Aristoteles. Sein chemisches Weltbild von den vier Grundelementen, ergänzt durch den Äther, die geistige Quintessenz, und nicht die monistische Atomlehre Demokrits mit ihrem atomaren Aufbau der Ursubstanz, beeinflußte entscheidend die Universitäten der neuen Weltstadt Alexandria. Feuer, Wasser, Luft und Erde und dieses Ungreifbare, die Quintessenz, waren Jahrhunderte um Jahrhunderte die Grunddogmen von Alchemisten. Wenn auch die Lehren Demokrits nie ganz vergessen wurden und immer wieder einmal einen einsamen glänzenden Verfechter fanden, so ging der breite Strom der wissenschaftlichen Lehre und der Alchemie mit Aristoteles, den man von seinem Heimatort her auch den Stagiriten genannt hat. Darum nannten Sucher nach dem Geheimnis der Umwandlung der Elemente, der Verwandlung von Blei in Gold, ihr alchemisches Streben so oft die Stagirische Kunst.

Alexandria, die neue Metropole im Nildelta war 332 vor unserer Zeitrechnung durch Alexander den Großen gegründet worden. Sie hatte sich unter den ptolemäischen Herrschern rasch zum Kulturzentrum entwickelt. Ptolemäus Soter, einst Heerführer unter Alexander, hat als Satrap von Ägypten bereits eine große Bibliothek zusammengetragen. Sein Nachfolger, Ptolemäus Philadelphus, kaufte die Bibliothek des Aristoteles dazu. Unter Ptolemäus Energetes waren schließlich die Bibliotheken Alexandrias auf über fünfhunderttausend Werke angewachsen. In der Hauptuniversität, dem Museion waren 490 000 Rollen aufbewahrt. Rollen waren damals die Art in der man Bücher schrieb. Und 42 800 weitere solcher Rollen waren im Tempel des Serapis, im Stadtteil Rakotis.

Unter dem blauen Himmel Nordafrikas, in der ewig lauen Luft Unterägyptens, war Alexandria ein Paradies für Gelehrte und Wissenschaft geworden. In der Universität Museion, im Stadtteil Brucheion, lebten die Gelehrten als Pensionäre auf öffentliche Kosten. Sie lebten und lehrten frei. Zu ihrer Verfügung stand in den Bibliotheken der weite Wissensschatz der Vergangenheit. Der große Euklid gründete dort eine Schule der Mathematik. Unter den Schülern dieser Schule waren Archimedes und Hipparchus.

Jahrhunderte lang hatte die Wissenschaft in Alexandria eine sichere und friedliche Heimstätte. Alexandria war eine reiche Stadt. Wohlstand und die Möglichkeit für Gold zu bezahlen mußte neue Versuche, Experimente, neue Theorien hervorgebracht haben. Wir wissen davon jedoch wenig. Zuviel ist von jenen unersetzlichen Wissensschätzen zerstört worden und für immer verschwunden. Schon Generationen vor Beginn unserer Zeitrechnung, bei der Belagerung Alexandrias durch Julius Cäsar, ging ein Teil der Museionsbibliothek in Flammen auf. Zwar schenkte danach Antonius der Königin Kleopatra dafür die zweihunderttausend Bände der Bibliothek der Könige von Pergamon, aber das bedeutete nur eine weitere Konzentration der Wissensschätze der damaligen Welt auf einen einzigen Punkt. Das sollte sich der wissenschaftlichen Überlieferung später als verderblich erweisen.

Noch aber erlebte Alexandria unter der Königin Kleopatra, kurz vor Beginn der neuen christlichen Zeitrechnung, eine Nachblüte. Unter den Wissenschaften waren Chemie und Alchemie. Der Königin Kleopatra selbst wird ein Werk alchemistischer Rezepte, die Chrysopoeia, zugeschrieben.

Der zentrale Punkt, um den alchemistische Prozesse kreisten, war auch zu dieser Zeit der Destillationsapparat. Man destillierte den »Feuergeist«, den Schwefel, aus dem Schwefelarsen, dem Schwefelkies, dem Schwefelantimon und dem schwefelhaltigen Alaun von Melos. Auch den Kalk betrachtete man als eine Schwefelverbindung, weil man sich die heftig heiße Reaktion des gebrannten Kalkes nicht anders zu erklären vermochte.

Der alchemistische Brauch dieser Zeit wollte es, daß man alle zu den geheimen Prozessen gebrauchten Stoffe mit irreführenden Decknamen bezeichnete, daß man gleiche Namen oft für die verschiedensten Materialien verwendete. Dadurch wird es uns heute, selbst wenn wir Rezepte dieser Epoche durch alle Fährnisse der Zeiten retten konnten, so schwer irgendwelche vernünftige Folgerungen aus den Angaben dieser Zeitgenossen Kleopatras zu ziehen.

Unter diesen merkwürdigen Decknamen meint das Wort Gummi oft Quecksilber, das auch unter den Namen von Asche, Bleiasche, alchemistisches Blei und schwarzes Blei auftritt. Wenn man Runder Alaun sagt, dann meint man bestimmt nicht Alaun, aber vielleicht Schwefelarsen, Realgar. Unser »Blei« der Alchemisten dieser Zeit ist metallisches Antimon und unser »Kupfer« ist Eisen, Kupfer, Blei und Zinn in Legierung. Stoffe werden in männliche und weibliche geschieden und man arbeitet zu bestimmten Jahreszeiten nach dem Stand der Gestirne.

Weit besseren Einblick in den Stand der Chemie der Metallmischungen jener Zeit geben statt der philosophischen Amateuralchemisten die berufsmäßigen Goldfälscher. Wir haben Rezeptrollen aus Theben in Ägypten, die dort um das Jahr 100 auf Papyrus geschrieben wurden. Unter dem vornehmen Fachausdruck der Diplosis und Triplosis von Gold verstand man eine Verdoppelung und Verdreifachung des Materials unter Zusatz oft der billigsten Metalle. Goldlegierungen unter Zusatz von Kupfer, Quecksilber, Zinn und Kadmia, dem unreinen Zinkoxyd, wurden hergestellt.

Die Diplosis, Verdoppelung von Silber, erfolgte dementsprechend durch Zusammenschmelzen von vier Teilen Silber mit vier Teilen Zinn. Zur Erhöhung des Glanzes wurden die so erzeugten Produkte dann zuletzt noch mit Rübensaft oder auch mit feuchtem Alaun geputzt.

Bei diesen Handwerkerrezepten der Praktiker der Alchemie machte man sich gar keine Mühe durch eine hochtrabende Philosophie etwa diese zweifelhaften Prozesse als Transmutionen zu beschönigen. Am ersten hätte man es noch bei den Vorschriften

tun können, die aus Kupfer und Schwefelarsen silberähnliche Legierungen hervorbrachten.
Aber da gab es noch andere Vorschriften, die den Schwindel zu deutlich auf der Stirn trugen. Da war die »Gilbung«, die das Kupfer gelbglänzend wie Gold machte – oder, wie der Rezeptgeber sagt, die das Kupfer »gleich dem Gold macht«. Ein Produkt, das die »Einbildung und den Anschein des Goldes erregt« und auch »den Probierstein einigermaßen aushält«, nennt der Alchemiker sein Erzeugnis. Kupferne Ringe werden dabei erst mit Gummi bestrichen und dann mit einer Gold-Bleistaubmischung bestreut. Nach leichtem Glühen und nach mehrmaliger Wiederholung des Verfahrens erhält man den goldenen Eindruck. Zu billigeren Färbungen wurden dann auch noch goldfarbenes Schwefelarsen, gelbe Ziegengalle und Kinderharn benutzt.
Als Scheideflüssigkeit benutzten diese Alchemiker ein schwefliges Wasser. Sie erhitzten Schwefel mit Kalk, erhielten eine gelbrote Schmelze und lösten diese in Harn oder starkem Essig. Das Produkt, eine blutrote Lösung, hatte als Hauptbestandteil Kalzium-Polysulfide, die in Lösung Metalle ausscheiden, aber trocken alle stark angreifen – bis zu einem gewissen Grade sogar Gold.
Jene Alchemiker waren deshalb sichtlich den theoretischen und philosophischen Alchemisten dieser Zeit, die mehr und mehr das praktische Experiment als unter ihrer Würde stehend betrachteten, um eine weite Spanne überlegen. Dies macht es verständlich, warum gerade jene Periode, die reich an Fortschritt in den physikalischen und mathematischen Wissenschaften ist, so wenig zur dramatischen Entwicklung und Forschung auf dem Gebiet der Chemie, dem Kampffeld für die Umwandlung der Stoffe, hergibt und kein System und keinen neuen Weg zum großen philosophischen Versuch, Blei in Gold zu verwandeln, zeigt.

Zosimos der Weise und die törichte Jungfrau

Dreihundert Jahre nach Beginn der neuen Zeitrechnung war Konstantinopel der neue Punkt in einem Kulturdreieck von Weltstädten: Alexandria – Rom – Konstantinopel. Die wachsende Stadt am Goldenen Horn, die sich damals noch Byzanz nannte, war in ihrer jungen Weltaufgeschlossenheit einer der Schnittpunkte von Ost nach West.

Konstantinopel war gerade auf dem Weg zum Aufstieg. Es begann erst ein Weltzentrum zu werden. Darum wurden dorthin importierte höhere Philosophien barbarisiert, aber barbarische Gedankengänge dafür auf höheren Plan gebracht. Eben zu Staatsführern gewordene Generale sammelten um sich einen Hofstaat von eben reich und eben zivilisiert gewordenen Höflingen, aber auch eine Schar von jungen, hoffnungsvollen Talenten. Es war eine Zeit der unbegrenzten Möglichkeiten für den einzelnen.

In jene Stadt kam auch ein junger, lernbegieriger Mann, der hieß Zosimos und war aus Panopolis in Thebais. Mit Inbrunst studierte er auf der Hohen Schule die Mysterien der Wissenschaften. Er nahm an Weisheit, was er von den Lehrern empfangen konnte. In langen, hitzigen Gesprächen ringt er mit gleichgesinnten Jüngern um die Geheimnisse der Natur, den Aufbau der Stoffe, die Transmutation der Metalle. Besonders jenes Geheimnis, Blei in Gold zu verwandeln, fasziniert ihn. Er erträumt komplizierte Öfen und neue Destillationsapparate, die das große Wunder vollbringen sollen. Dann wird er Gold machen und all das tun, was er nur tun will. Auch die Hand der jungen Theosobeia, der klugen und reichen Studentin der Alchemie aus jenem Zirkel der Eingeweihten, die ihn besonders ermutigt und vorwärts treibt, wird er von ihrem Vater dann verlangen können.

Zosimos ist ein hoffnungsvoller Kandidat. Sein Kopf ist voll großer Pläne und seine brillanten Gedankengänge erregen Aufsehen. Man gibt ihm Möglichkeiten, seine Versuche in die Praxis umzusetzen. Die eigenwillige Theosobeia setzt es durch, den jungen Zosimos in das Haus ihres Vaters einführen zu dürfen. Sie zeigt ihm ihre Bibliothek seltener Werke und sie zeigt ihm – den neuen Dampfkochapparat, den sie in der Küche hat installieren lassen.

Warum Zosimos bald nach dieser Zeit aus Konstantinopel verschwand, das können wir nicht mit wissenschaftlicher Genauigkeit sagen, denn es ist uns kein Material darüber überliefert. Ob den jungen Gelehrten die durch die Vorführung des Dampfkochapparates eröffneten Prospekte erschreckt haben – ob Theosobeia durch resultatlose Experimente des armen Goldmachers abgekühlt wurde – ob die Verwandten der Theosobeia listigerweise dem ehrgeizigen Zosimos ein Stipendium im fernen Zentrum der Wissenschaft verschafft haben – welche Romanze, Tragödie, Komödie des Lebens hier gespielt wurde, wir wissen es nicht. Zosimos taucht in Alexandria, dem Zentrum orthodoxer Wissenschaft, dem hohen Schrein wissenschaftlicher Literatur, auf. Zosimos studiert hart, arbeitet sich vorwärts, macht sich einen Namen und beginnt sachte alle Verbindungen mit allen revolutionären Ideen der Wissenschaft abzuschneiden.

Aber die Dame Theosobeia hat ihren Zosimos doch nicht vergessen. Da war in Konstantinopel der Magier und Astrologe Nilos aufgetaucht. Nilos lehrte die Verachtung technischer Versuche an Öfen und Destillationsgeräten. Er verhöhnte jene, die durch stofflich-materielle Experimente das Blei zu Gold verwandeln wollten. Seine Lehre war, durch geistig überirdischen Zwang die Natur der Stoffe zu verändern, durch Zauberei den Schöpfungsprozeß zu wiederholen. Nilos wollte bei rechtem Stand der Gestirne, allein durch die Macht seiner Zauberformeln die große Transmutation vollbringen.
Nilos wurde große Mode in Konstantinopel. Er konnte sich Eingang in die führenden Kreise der Stadt verschaffen. Frauen waren der fanatischere Teil seiner Anhänger. Sie waren so gläubig, daß Nilos lange genug den Zeitpunkt seines großen Experiments hinausschieben konnte. Nilos war ein geheimnisvoller Mann mit ei-

nem überwältigenden Schatz geheimnisvoller Formeln. Auch die eigenwillige Sucherin Theosobeia schloß sich seinem Kreis der Eingeweihten an. Vielleicht hat gerade sie, mehr denn andere, auf die Ausführung des wirklich goldbringenden Experiments gedrängt. Sicherlich war gerade sie als erste ernüchtert, als auch Nilos nicht das harte gelbe Metall in Klumpen lieferte. Theosobeia begann nach dem fernen Alexandria zu schreiben. Nun da Zosimos doch am wahren Quell aller Weisheit saß, da er sie doch für diese Weisheit aufgegeben hatte, so sollte er zumindest diese Weisheit mit ihr im fernen Konstantinopel teilen. Er sollte ihr die Geheimnisse der Natur enthüllen.
Es wäre hier in Konstantinopel ein Mann namens Nilos, so schrieb sie ihm, der höhnte gegen alles Goldmachen am Feuer der Öfen. Er wollte das Blei nach dem Stand der Sterne durch Zauberformeln zu Gold zwingen. Aber er, Zosimos, habe doch ein ganzes Buch über die Konstruktion solcher Goldmacheröfen geschrieben! Habe er, der sich um der Wissenschaft willen von den Freuden der Welt abgewandt habe, das wahre Geheimnis der Alchemie erforscht?
Und Zosimos antwortet Theosobeia. Das alte Band hält immer noch fest. Es geht eine lange Reihe von langen Briefen zwischen Alexandria und Konstantinopel hin und her. Zosimos nennt darin Theosobeia seine Schwester und manchmal seine Königin. Zwar fehlen uns die Antwortbriefe von Konstantinopel, aber die Briefe von Alexandria dahin sind uns erhalten. Jenem Band der Zuneigung des Zosimos zu jener Dame aus Byzanz haben wir es zu verdanken, daß wir ein Bild der Alchemie in Alexandria aus jener Zeit haben, das zwar verworren, aber sicherlich nicht verworrener ist, als es den Zeitgenossen des Zosimos wirklich war.

Ja, ich kenne nun das große Geheimnis der Transmution, beteuert Zosimos. Den Wissenden in Alexandria ist die Verwandlung minderer Metalle in Gold bekannt, sagt er. Zosimos muß seiner alten Liebe doch zeigen, daß er für die Freuden Konstantinopels hier in Alexandria wirklich etwas eingetauscht hat. So erklärt er in seinen Briefen:

»Vollbracht wird das göttliche Werk durch die Künste der Macher mittels des metallerzeugenden Steines in Ägypten, in Zypern und in Thrazien. Hauptsächlich aber zu Alexandria und Memphis. Dort gewinnt man in den Tempeln des Hephaistos-Ptah Silber durch Weißfärben mit Kadmia und Gold durch Gelbfärben mit Zinnober.«

»Zum Vergolden der Götterstatuen in den Tempeln benützt man eine Lösung von Gold in Quecksilber. Dieses Amalgam heißt Sonnenwasser, verdichtete Sonnenstrahlen und auch ›gelöster Schwefel‹. Es gilt dies als ein großes Geheimnis und der Erfolg für übernatürlich.«

»Wie die Philosophie durch Schwätzer, so wird das Quecksilber durch habgierige Kaufleute verfälscht. Sie lesen chemische Schriften und multiplizieren dann. Wenn sie kaufen, dann kennen sie viele Proben der Reinheit, wenn sie verkaufen, dann schwören sie auf ihren Kopf, daß sie von solchen Proben nie etwas gehört hätten.«

Die Altmeister der Alchemie sind für Zosimos: Plato, Aristoteles, Maria die Jüdin, Hermes Trismegistos, Ostanes der Perser, der Hofmagier des Königs Xerxes, Chimes und Moses. Er schreibt, daß es hier in Alexandria tausend Bücher gibt, die das Weißen, Weißfärben, das Gilben, Gelbfärben und die Diplosis unseres »Kupfers«, jener Legierung, die als Grundmetall bei der Oberflächenbehandlung diente, schilderten. Zosimos schreibt, daß diese Bücher in den Bibliotheken der Ptolemäer, in den großen Tempelbibliotheken und vor allem im Tempel des Serapis sind. Die ägyptischen Priester sagen, daß diese Bücher nach den Vorschriften des Gottes Ptah durch Hermes Trismegistos und durch andere aufgezeichnet worden sind. Abschriften davon werden in den Tempeln vorgelesen. Es wird befohlen, die Rezepte genau zu befolgen und es werden jene getadelt, die eigene Methoden gefunden haben wollen. Dazu wird strengste Wahrung des Geheimnisses verlangt.

Zosimos ist mit jenen orthodoxen und dogmatischen Methoden nicht einverstanden. Aber er als Gnostiker kann an ihrer Stelle nur die Mystik des geistig Unfaßbaren predigen. An die Stelle revolu-

tionärer neuer Wege in der Alchemie, von denen er in seiner Jugend träumte, hatte er eine aus vielen fremden Wurzeln rankende, verwaschene Philosophie gesetzt.
Immer wieder beginnt Zosimos Briefstellen mit gesundem Menschenverstand, aber endet sie dann mit einer abgeklärten Mischung aus Selbstbewußtsein und Resignation. Einmal schreibt er Theosobeia:
»Du aber, der es bekannt ist, daß das große Werk nur durch eigenes Nachdenken vollendet wird, halte jene, die von dir lernen wollen, abseits solcher Geheimniskrämerei. Unterweise offen und binde niemand durch Eide zum Schweigen. Du sagst, daß ja das Buch des Hermes auch nur geheim erworben werden könne. Ja, aber es sollte im Gegenteil jeder ein solches Buch ohne alle geheimen Verpflichtungen besitzen! Nur aus jenen rechten Büchern, aus den alten und den von mir verfaßten, gewinnt man Wahrheit. Allerdings verlangt sie Geduld und Aufmerksamkeit, fleißiges Studieren und Nachdenken und Eifer zu praktischen Versuchen. Wer diese Bedingungen erfüllt, dem ist das große Werk ein Kinderspiel. Viele Unberufene aber, verblendet durch Silber und Gold, verbrauchten alles Quecksilber Phrygiens und Spaniens und starben ohne das Rechte gefunden, oder auch nur begriffen zu haben.«
Aber neben lehrhafter Predigt hält es Zosimos mit gläubiger Mystik. Er gibt die klassische Schilderung des Projektionspulvers der Alchemie, wenn er nach Konstantinopel schreibt:
»Das Wesen der alchemischen Kunst ist gleich der der Schöpfung. Die Seele des Kupfers wird gereinigt bis sie Goldglanz erhält und sich zum königlichen Sonnenmetall verwandelt.
Das große Mysterium besteht aus einem Träger der rechten Qualitäten, aus einem Xerion, einem Streupulver, das färbt, eindringt und fixiert. Aus einem Pulver das erst oberflächlich und dann innen zu Gold färbt und damit dauernd zu Gold macht.«
Dort aber lernen wir den wahren Seelenzustand des Weisen Zosimos kennen, wo er fromm und bitter wird:
»Wer sich dem großen Werke widmen will, der muß frei von Eigennutz und Habgier und erfüllt von Frömmigkeit und guter Ge-

sinnung sein. Er muß die rechten Zeiten der Planeten, die magischen Formeln und Handlungen und die Zauberstoffe kennen. Fruchtlos sind alle Versuche von Ungelehrten und Betrügern, die nicht nach Erkenntnis, sondern nach Gold streben – nach Heilung der unheilbaren Krankheit Armut, die sie auf anderem Wege, etwa durch eine reiche Frau mit großer Mitgift, hätten erreichen können.«

Hier endet die Geschichte des weisen Zosimos und der törichten Jungfrau Theosobeia. Aber im Hintergrund dämmert das Ende eines größeren Abschnitts, als das eines Menschenlebens, das Ende des Kulturzentrums im Nildelta. Über fünfhundert Jahre war Alexandria die Stadt des Wissens der alten Welt gewesen. Nun begann ihr Stern zu sinken und zu verbleichen. Die Alchemisten, die auf dem Boden der Gnostik, jener letzten philosophischen Strömung der fallenden Weltstadt wuchsen, wurden farblos und kraftlos. Von ihnen sagt der Alchemie-Forscher Lippmann, was Albrecht Haller von den arabischen Botanikern sagt: »Sie sind die brüderlichsten Brüder und hast du einen von ihnen gelesen, so hast du alle gelesen.« Nur ein Kennzeichen haben sie: die jüngeren, neueren Schriftsteller werden immer verworrener und wirkliche chemische Kenntnisse und eigene durch Versuche erworbene Erfahrung tritt immer mehr zurück.
Die geistige Verarmung ist zugleich von materiellen Verlusten begleitet. Caracalla, der römische Kaiser Marcus Aurelius Antonius, hatte bereits zu Beginn des dritten Jahrhunderts das Vermögen der Museion-Universität von Alexandria eingezogen und die Pensionen der Gelehrten gestrichen. Gegen Ende dieses Jahrhunderts, im Jahr 296, gab dann der römische Kaiser Diokletian den Befehl, alle Bücher Ägyptens, soweit sie die Goldmacherkunst betrafen, zu verbrennen. Alles was an ägyptischer Literatur über Alchemie dem Befehl Diokletians entgangen war, wurde dann hundert Jahre später, im Jahr 389 ein Raub der Flammen, als der fanatische christliche Patriarch Theophilos unter dem Kaiser Theodosius das Serapeion mit seiner Bibliothek niederbrennen ließ.

Olympiodorus und die Goldtribute

Unter dem schwachen, lebensfrohen Kaiser Theodosius dem Zweiten, gelang es den Hunnenscharen immer wieder weite Provinzen des Oströmischen Reiches zu brandschatzen. Theodosius fand keinen anderen Weg den Hunnenführer Attila wieder aus den Landen zu bringen, als durch die Zahlung von Tribut.
Immer wieder wiederholte Attila dieses Spiel und viel Gold und Silber wanderte aus den Schatzkammern Konstantinopels in die Zelte des wilden Attila. Es war verständlich, daß der römische Kaiser auf neue, leichte und ungewöhnliche Wege sann, wie er für die Hunnen Gold und Silber auf billige Art beschaffen könnte.
Da waren genug alte Manuskripte gefeierter Alchemisten in den kaiserlichen Bibliotheken zu Konstantinopel und weil Theodosius ein belesener Mann war, wußte er es. Warum sollte man nicht Gold für Attila künstlich machen? Das war ohne Zweifel eine gute Idee! Und wenn Theodosius den richtigen Alchemiker und Schmelztechniker gesucht hätte, dann hätten sich auch bei dem Wissen der damaligen Zeit ein paar gelbglänzende Legierungen zusammenschmelzen lassen, die man den Tributen an Attila hätte unterschieben können und die dieser für eine ganze Weile für Gold gehalten hätte.
Aber Theodosius der Zweite war viel zu gut erzogen, als daß er etwas Erfolgreiches gegen den schlecht erzogenen Attila hätte unternehmen können. So beauftragte er statt dessen – es war um das Jahr 425 – den Geschichtsschreiber Olympiodorus, einen Extrakt aus dem alchemistischen Literaturschatz für diesen Zweck anzufertigen. Als sprachgewandter Mann hatte sich Olympiodorus vorher bei einer anderen Staatsaufgabe glänzend bewährt. Er hatte als römischer Sondergesandter bei Attila die unmöglichen Forderungen des Hunnenführers einigermaßen in den Bereich der Zahlungsmöglichkeiten heruntergehandelt. Wenn ihm das eine mit dem Gold gelang, dachte sich Theodosius, dann muß ihm auch das andere gelingen.

Aber für die Studien zum Goldmachen war Olympiodorus hoffnungslos. Schwitzend, aber dem Kaiser ergeben, machte er sich an die Arbeit:
»Sei innerlich davon vergewissert, daß ich nach bestem Vermögen geschrieben habe. Es fehlt mir aber sowohl an Darstellungskunst, als an Verstand. Ich schicke meine Bitten voraus, daß Eure göttliche Gerechtigkeit, sie sei mir gnädig, mir nicht zürne.«
So schreibt Olympiodorus in seiner Einleitung offen und der Text gibt dem Ehrlichen recht. Zwar hat diese Arbeit späteren Jahrtausenden viele Fragmente aus älteren und verschollenen Alchemisten gerettet. Aber dem Kaiser Theodosius hat sie nichts genützt. Dem Schreiber selbst bleibt hinter grauen Schleiern verborgen, was er da abschreibt:
»Das Geheimnis von der Herstellung des Goldes und des Silbers aus unedlem Metall heißt Werk oder Techne. Die Ausübung erfordert Erfahrung und Übung und die Kenntnis der richtigen Augenblicke und der günstigen Zeiträume. Man hat dem Roten Adam die Weiße Jungfernerde zuzugesellen. Aus dem goldmachenden männlichen Stein zeugt das weibliche göttliche Wasser, die Brühe Ägyptens, das Gold. Die Umwandlung beruht darauf, daß allem Seienden ein gemeinsames Prinzip, die Prima Materia zugrunde liegt. Sie ist universaler als die einzelnen Stoffe und kann sich daher in alle Stoffe wandeln und kann aus ihnen gebildet werden. Von den Stoffen ist Schwefel das wichtigste Prinzip der Dinge.«
Olympiodorus ist keiner von den Wissenden. Er kennt die verhüllte Sprache der Alchemisten und ihre Fachausdrücke nicht. Rezepte, die er entziffert, sind wie er selbst sagt, »von der geringen Methode« und oft sind sie halbfertig, wie das des Platonikers Aineias Garaios, der um 490 in seinem Buch »Theophrastus de immortalitate animae« sagt:
»Diejenigen, welche die Kenntnis der Materia haben, nehmen Silber und Zinn und verwandeln seine Gestalt, indem sie es zum schönsten Golde machen.«
Olympiodorus ist auf der philosophischen Seite der Alchemie immer noch besser zu Hause, wie auf der technischen. Aber Kaiser

Theodosius hatte nicht nach Weisheit, sondern nach Gold ausgeschaut. Obwohl er, als gut erzogener unter den Kaisern, nach der Weisheit gefragt haben mag. In aller Verlegenheit kann von Olympiodorus dem Kaiser nur ein positiver Vorschlag gemacht werden. Es ist die Weisheit des alchemischen Hochstaplers Nilos: Gold ohne Hilfe von Apparatur aus Blei auf übernatürliche Weise zu machen. Allerdings, weil Olympiodorus die Methode einem christlichen Kaiser angibt, setzt er an Stelle übler Zauberei, die Hilfe Gottes und der Engel. Damit hat der geschickte, alte Diplomat Olympiodorus die Lösung des Problems den Priestern des Kaisers zugeschoben.

Stephanus und des Kupfers Seele

In den frommen Legenden der Araber heißt es: Die Juden kamen zu Mohammed dem Propheten und fragten ihn, was denn Wahres an der Alchemie wäre. Und der Prophet antwortete: »Wenn ich will, daß die Lasten der Kamele von Tihama Gold und Silber werden, dann ist es so. Hebt nur jene Rohrmatte da auf!« Sie hoben sie auf und sahen einen Haufen Gold.
Da sagten die Juden: »Das und andere Dinge mehr können auch die Zauberer tun!« Darauf fragte sie der Prophet: »Wenn ich euch die wahre Kunst lehre, wollt ihr dann den Islam annehmen?« Und sie antworteten ihm mit Ja. Da sagte der Prophet: »Es besteht aus gewöhnlichem Gold, Blei, Bittersalz und gewöhnlichem Quecksilber – aber ihr werdet trotzdem nicht glauben!«

Heiligenlegenden nehmen es nicht zu genau mit den chemischen Formeln. Wir haben aber aus demselben Jahrzehnt, um 620 unserer Zeitrechnung, die alchemische Philosophie des Astrologen und Alchemisten des Heraklius, christlichen Kaisers von Byzanz. Dieser Alchemist, Stephanus von Alexandria, glaubte an die verschiedenen Seelen, die verschiedenen geistigen Qualitäten der Metalle, nicht an einen grundlegend verschiedenen Aufbau. Er trieb die Idee von der Quintessenz, die Aristoteles entwickelt hatte, auf die Spitze. »Man muß die Stoffe ihrer Qualitäten entkleiden, um ihre Seele ausziehen zu können«, sagte Stephanus. Und er erklärt: Kupfer ist wie ein Mann, es hat eine Seele und einen Körper. Die Seele ist der allerfeinste Teil davon. Sie ist der durchtränkte Geist. Der Körper ist der gewichtige, stoffliche, irdische Teil, der Teil der mit einem Schatten behaftet ist. Nach einer Folge rechter Behandlungen verliert Kupfer diesen Schatten und wird besser als Gold. Stoffe wachsen und werden verwandelt, weil ihre Qualitäten, nicht ihre Substanz, verschieden sind.

Es ist der aufstrebende Islam, der nun beginnt sein Interesse für die philosophischen Grundfragen der Welt zu zeigen, nach dem Aufbau der Stoffe, von Stein und Metall zu fragen. Es ist die Morgenröte arabischer Kultur. Mit tastenden Schritten suchen sich, neben weltlich-religiösen Führern, geistige Führer des Islams zu orientieren. Mit oft kindlicher Naivität greifen sie nach dem Gedankengut der älteren Kulturen.
Aus dieser Zeit der ersten tastenden Versuche stammt auch die Sage von dem Mönch und Alchemisten Marianus in Alexandria. Von ihm wird erzählt, wie der kluge Khalid ibn Jazid Muanija, ein um die Thronfolge gebrachter Kalifensohn, von ihm hörte und ihn nach Damaskus rief, um hier die Wissenschaft von der Verwandlung der Metalle zu lehren. Es ist um das Jahr 690, daß Marianus diesem Ruf folgt und man sagt, daß Khalid der Sohn Jazids so eingenommen von der alchemischen Kunst geworden sei, daß er eine ganze Anzahl griechischer Werke davon übersetzen ließ.
Von den zweifelhaften und spärlichen Überbleibseln der alchemischen Literatur dieser arabischen Frühzeit können wir aber schließen, daß Khalid der Kalifensohn vielleicht begeistert und eifrig, sicherlich aber unkritisch und raschgläubig war. Der endgültige Verlust der Werke dieser Periode ist zu verschmerzen. Ihr entscheidender Nutzen war, daß sie bessere Männer anfeuerte aufs neue zu forschen.

Jafar al Sadiq, der sechste Iman, wurde im Jahr 699 geboren und starb im Jahr 765. Jafar der Wahrhaftige, Führer der Anhänger Alis, des Schwiegersohns des Propheten, half mit jene Übelieferung aufbauen, die in Ali den Mitwisser aller Geheimnisse der Schöpfung sah. War es da nicht natürlich, daß jene Überlieferung sich auch auf ihren Träger, den Iman, ausdehnte, daß man ihn selbst im Besitz des großen Geheimnisses glaubte?
Aber ebenso menschlich war es, daß Jafar, der Träger jener Legende, die so auf ihn zurückstrahlte, versuchte sich ihrer würdig zu zeigen, die Geheimnisse der Schöpfung zu ergründen. Jene geistige Triebfeder und nicht eine weltliche Begierde noch Gold brachte Jafar al Sadiq, Jafar den Wahrhaftigen, in Verbindung zur

MONS PHILOSOPHORVM

Alchemie. Die Brücken, die dazu hinführen, sind für Jafar die Theologie, die Mystik, die Magie und das Okkulte. Für ihn und seine Umgebung ist nicht anzunehmen, daß sie sich weit zum chemischen Experiment, zur Benutzung handwerklicher Gefässe, zu Verdampfversuchen und Schmelzmethoden erniedrigt hätten.
Trotzdem werden Jafar, dem sechsten Iman, eine Reihe alchemischer Werke jener Zeit zugeschrieben. Das wertvollste Manuskript von diesen ist eine Handschrift, die in der Bibliothek zu Gotha liegt und von der eine Variation zu Rampur in Indien entdeckt wurde. Dieses Manuskript nennt sich das Sendschreiben von Jafar al Sadiq an seinen Sohn über die Wissenschaft der Kunst des Edlen Steins. Darin wird die Herstellung einer Substanz geschildert, die alle Stoffe verändert, die aber dabei selbst nicht angegriffen wird – eines Elixiers, das Feuer nicht verbrennen, das stinkende Wasser nicht auflösen können, einer Substanz, die schmelzend, laufend, färbend in jeden Körper eindringt. »Mein Sohn«, sagt Jafar al Sadiq in diesem Schreiben, »alle kundigen Gelehrten, die die Geheimnisse der Wissenschaft und ihre Verfahren kennen, vermögen kein Wort dem hinzuzufügen, was ich dir gesagt. Und was ich dir darüber geschrieben habe, das enthüllen sie weder einem Freund noch einem Unbekannten, keinem Bluträcher und keinem Verwandten, keinem Herrn und keinem Sohn.«
Bereits dieses Manuskript enthält auch die Formel, die so viele Alchemisten benutzen: Jafar bittet Gott um Verzeihung, daß er das große Geheimnis enthüllt habe.
Das Rezept selber erklärt ohne irgendwelche dunkle Redensarten einen Prozeß, bei dem alle Handgriffe genau beschrieben werden. Selbst die Gewichte der verwendeten Stoffe werden in den arabischen Maßen, in Mitkal und Dirham, genau angegeben.
Die Anweisung beginnt mit der Amalgamierung von Gold mit Quecksilber. Dabei sagt sie: Nimm 180 Gramm Goldspäne oder Blattgold, verarbeite es mit 540 Gramm Quecksilber – im Manuskript sind natürlich die alten arabischen Gewichte gegeben. Nachdem dann die Amalgamierung geschildert ist, wird ein Destillat von grünem Eisensulfat hergestellt. Dieses wird zusammen mit dem Goldamalgam in warmen Pferdemist eingegraben. Nach

einigen weiteren Operationen mit Salmiak, Alaun und Zinnober ergibt sich ein leichtes, staubförmiges und saffran-gelbes Pulver.
Aber all das ist nur der Anfang eines langen, in allen kleinen Einzelheiten beschriebenen Prozesses. In seinem Verlauf werden Grünspan, Kupferbrand, Schwefelkies, Zinnober, Realgar, Salmiak und Alaun, nebst dem Gelb von fünfzig Eiern gebraucht. Dabei erhalten wir erst ein rotes scharfes Wasser, das, wie Jafar sagt, übelriechend und kräftig ist. Zuletzt entsteht daraus ein rotes Pulver, das in weiterer Behandlung zu einem purpurnen Elixier wird, das Jafar die erste Rötung nennt.
Jafar erzählt, wie er eines Tages ein Stückchen Elixier in der Größe eines Gerstenkorns nahm und es auf ein poliertes Silberblech legte. Über einem Kohlenfeuer ließ er das Silberblech heiß werden. Da begann das Elixier zu fließen wie Wachs. Es lief über das Blech hinweg, aber rauchte nicht. Als er nun das Blech in kaltes Wasser warf, da waren jene berührten Stellen wie rotes Ibizgold geworden.
Nun erhitzte Jafar jenes Silberblech zum zweiten Male. Diesmal ließ er den Blasbalg stark ins Feuer fauchen. Als nun das Silberblech wie das Feuer selbst glühte, warf er es wieder ins Wasser. Da hatte die goldene Farbe abgenommen. Es war nur eine Spur von ihr geblieben.
»Diese erste Rötung färbt. So kann sie dir genügen und dich befriedigen«, schreibt Jafar. »Überschreite diese Schranken nicht und arbeite damit.« Dann fügt er noch hinzu: »Dies, mein Sohn, ist eine gewaltige Sache, die Behandlung des unfertigen Elixiers und seine Beständigmachung gegen das Feuer. Ein Geschlecht nach dem anderen ist bei dem Verfahren gescheitert.«
Aber der Schreiber dieser Warnung geht selbst darüber hinweg. Er gibt einen weiteren Prozeß, in dem Schwefel, Salz, Ziegel, Essig, Zinnspäne und destillierter Harn gemischt werden. Zuletzt werden die Ergebnisse aller Einzelprozesse zusammengetan, in den rechten Proportionen gemischt. Und dann, nach einigem weiteren Stoßen, Brennen und Dünsten, dann entsteht doch endlich das Große Elixier, ein ölig fließendes aber kristallklares, rubinrotes Wasser. Wenn die Sonne auf die Glasphiole fällt, dann leuchtet die

Flüssigkeit wie ein roter Edelstein. Dieses Große Elixier färbt die erhitzten Bleche, wandelt eingetauchtes Silber zu Gold. Es dringt in das Silber ohne Schmelzen ein, wie Gift in den Leib.
Das Manuskript gibt auch das Verfahren, wie dieses Elixier zu einem rubinroten Pulver getrocknet werden kann. Es muß in diesem Zustand dann in Goldgefäßen oder Kristallphiolen aufbewahrt werden.
Zweihundert Mitkal Kupfer mit 800 bis 1000 Mitkal Silber zusammengeschmolzen, geben nun unter Zusatz von einem Mitkal der Tinktur ein rechtes Gold. Dieses Gold ist besser als Berggold, unempfindlich gegen die Feuerprobe und unzerstörbar solange die Welt bestehen wird.

Jabir und der Kalif von Bagdad

Unter dem Umayarden-Kalifen Jazid dem Zweiten lebte ein Drogenhändler namens Haiyan in Kufa. Diese irakische Stadt war damals gerade auf dem Wege, von einer Militärstation zu einer Pflegstätte der Wissenschaften aufzusteigen. Aber Haiyan der Drogist sollte an dieser Entwicklung nicht beteiligt sein. Seine Leidenschaft war nicht Pflanzenkunde und al-Chemia, sondern Politik. Er war ein glühender Anhänger der Abbasiden, die sich als die rechtmäßigen Nachfolger am Stuhl des Kalifen bezeichneten. Für sie reiste Haiyan unter dem Vorwand des Drogenhandels durch Persien, um die Stämme gegen die herrschenden Umayiden aufzustacheln.

Während dieser Reise, um das Jahr 722, wurde ihm ein Sohn geboren. Dieser Sohn, Abu Musa Jabir, den die Christen später Geber nannten, sollte all das erreichen, was sein Vater versäumen mußte. Haiyan versäumte es nicht ganz aus eigener Schuld. Denn er wurde bald nach der Geburt seines Sohnes durch die Agenten von Jazid festgenommen und geköpft. Sein Sohn aber sollte es erleben, in der Sonne des großen Kalifen Harun al Raschid zu sitzen. Sein Sohn sollte bestimmt sein, der große Jabir, der Unsterbliche der Alchemisten zu werden.

Nach dem gewaltsamen Tode des alten Haiyan wurde Abu Musa Jabir von den mächtigen Freunden der Sache seines Vaters nach Himyari in Arabien geschickt. Hier lernte Abu Musa aus dem Koran. Harbi hieß sein Lehrer. Aber neben dem traditionellen, orthodoxen Schulgang gab es für Himyari weitere Möglichkeiten. Der junge Abu Musa Jabir durfte sich dem auserwählten Kreis des schiitischen Imans, des weisen Jafar al Sadiq, anschließen.

Das bedeutete Einweihung und Einführung in die mystischen Geheimnisse des Okkulten. So war des jungen Jabirs Entwicklungsgang, obwohl er ein Moslem war, so ähnlich dem vieler christlicher Studenten, die von der Theologie zur Mystik und dem Okkulten und von da wieder mehr oder minder auf den Boden der Tatsachen zurück, zur Alchemie kamen.

Es war jedoch noch nicht sein eigener Ruhm als Alchemist und Weiser der ihn endlich an den Hof des großen Kalifen Harun al Raschid nach Bagdad brachte. Die Freunde seines Vaters, die Barmekiden, waren nun mächtig und Minister beim Kalifen. Sie waren seine Helfer, sie öffneten ihm die Türen, sie ebneten ihm den Weg zu Harun al Raschid. So konnte Jabir in langen Jahren teilhaben und mitwirken an der Blüte der Künste und der Wissenschaften in jenem gloriosen Bagdad, von dem die Märchen aus Tausend und einer Nacht uns noch berichten.

128 QVARTA PARS LIBRI PRIMI

Et nunquam ociosa permittantur aludelis spõdilibus
adhærere, quin in cõtinua sint ignis eleuãtiõe, quusq; ces
set illoꝝ eleuatio. Quãtocũq; eñ in breuiori tẽpore po
teris multiplices sublimatiõis reiterationes multiplica-
re, tãto celerius & melius cõtinget ipsius fixionis tẽpus
abbreuiare. Ideoq; fuit secũdus fixiõis modus inuẽtus,
q est per ipsius sublimãdi ꝑcipitationẽ, ad calorẽ, ut cõ
tinuo in illo sit, donec figat. Et hoc fit ꝑ lõgũ uas uitreũ,
cuius

Harun al Raschid, der große Kalif, war Abu Musa Jabirs Gönner, weil eben die mächtigen Barmekiden seine Freunde waren. Er war deren Hausarzt. Er heilte sie und ihre Sklaven mit neuen Drogen. Er war mit ihnen auf Gedeih und Verderb in Treue verbunden. So

kam es, daß, als die Barmekiden dem Kalifen zu mächtig wurden und im Jahr 803 ins Exil mußten, auch der gelehrte Jabir die glanzvolle Kalifenstadt verließ und zurück in seines Vaters Heimatstadt Kufa ging.
Dort in Kufa arbeitete Abu Musa Jabir still und zurückgezogen, bis an sein Lebensende. Eine Legende erzählt, daß er über 91 Jahre alt geworden ist und nach der Machtübernahme des Kalifen al Mamun im Jahr 813 in Ehren zurück an den Hof von Bagdad ging.
Es war nach dem Jahr Eintausend, zweihundert Jahre später. Da wurde in Kufa ein Viertel am Damaskus-Tor niedergerissen und man fand das geheime Laboratorium Jabirs. Neben einem Mörser, sagt die Fama, wurde ein großes Stück Gold gefunden.
Und der Chronist setzt hinzu: Es war des Königs Kammerherr, der es sich aneignete.

Zur Zeit, als Jabir noch am Hofe des Kalifen in Bagdad war, hatte er es erreicht, daß Harun al Raschid griechische Bücher aus Konstantinopel zur Übersetzung erwarb. Um das Jahr 802 saß in der Stadt am Goldenen Horn die Kaiserin Irene, einst ein armes griechisches Waisenkind, nun eine schöne, herrschsüchtige Frömmlerin, auf dem oströmischen Thron. Sie war Harun al Raschid tributpflichtig und wird dies gern zum Teil in ketzerischen Büchern bezahlt haben.
So kommt es, daß Jabir einen Kommentar zu Euklid schreiben kann, daß er die Ansichten von Pythagoras, Empedokles und Demokrit kennt. Diese Schule hat Jabir vom Mystiker zum wahren Forscher gemacht. Er erfaßt darüber hinaus, daß die erste Grundlage der Chemie das Experiment ist. »Wer keine Versuche macht, wird nichts erreichen«, so lehrt er und er setzt hinzu: »Forscher schwelgen nicht in quantitativen Experimenten. Es kommt ihnen auf die Qualität des Erreichten an!«
Durch Experimente kommt Jabir zu dem Schluß, daß der Sulphur und das Mercury, aus welchem die Metalle bestehen sollen, nicht der gewöhnliche Schwefel und das Quecksilber sein können. Er vermutet, daß es vielmehr bis jetzt nicht gefundene Stoffe sind, denen allerdings die beiden genannten Stoffe am nächsten kommen.

Den rechten Weg zu finden, das hält Jabir in seiner »Untersuchung und Suche nach Vollkommenheit« nicht für eine unüberwindliche Schwierigkeit.

Jabir zitiert seine alchemistischen Vorgänger und schließt daraus: »Wir sehen, daß moderne Alchemisten uns nur einen einzigen Stein beschreiben, der für die weiße und für die rote Transmution gleich ist. Wir gestehen zu, daß dies die Wahrheit sein muß, denn jedes Elixier, ob es für Silber oder Gold prepariert wird, muß aus Mercury und Sulphur zusammengesetzt sein. Keines von beiden kann ohne das andere wirken. Darum nennt man ihn den einzigen, den Stein der Philosophen, obwohl er aus vielen Körpern und Stoffen gezogen wird.«

»Alle Metalle sind aus Mercury und Sulphur zusammengesetzt und sind vollkommen und unvollkommen je nach Zufall, nicht von sich aus und von Anfang an. Daher ist es möglich mit geeigneten Verfahren diese Unreinheit zu beseitigen.«

Aber Jabir gibt sich nicht zufrieden, eine allgemeine philosophische Theorie über den Aufbau der Metalle zu geben. Er will darüber hinaus ein ganzes naturwissenschaftliches Weltbild über die Entwicklung der Materie geben. In seinem »Vollkommenen Meisterwerk« unternimmt er diesen Versuch und sagt:

»Die ganze Wissenschaft der Chemie, die wir aus verschiedenen Zusammenstellungen der Bücher der Alten gebracht hatten, hier ist sie zusammengefaßt in eine kompakte Darstellung. Aus ihr wird der Sachverständige, der die Gesetze der Natur, die Entstehung der Stoffe und die Arbeitsmethoden kennt, die Natur künstlich nachzuahmen lernen.«

Jabir ist mit den sieben Metallen Gold, Silber, Kupfer, Eisen, Zinn, Blei und Quecksilber vertraut. Er kennt die Oxyde von Kupfer, Eisen und Quecksilber. Er arbeitet mit rotem und gelbem Bleioxyd. Man hält ihn für den Entdecker des weißen Arseniks und er weiß bereits Kupfer mit ihm silbern zu färben. Aber er gibt auch Methoden Silber goldig zu machen.

Da Jabir Gold als eine Verbindung aus jenem noch nicht gefundenen»reinsten Quecksilber« mit einem kleinen Zusatz von »reinstem Schwefel« hielt, so war es wichtig, eine Apparatur zur Reini-

gung des Schwefels zu haben. Jabir beschreibt ein solches Sublimir-Gefäß, das in der Hauptsache aus einer großen konischen Röhre, einem Aludel besteht, in der Schwefel als Schwefelblume staubförmig niedergeschlagen wird. Jabir nennt diesen Prozeß die Fixierung des Schwefels. Dieser Aludel ist aus Glas und wird auf eine tönerne Formschale, die das schwefelhaltige Material hält und das Anheizen verträgt, dicht aufgekittet. Durch das obere enge Loch wird während des ablaufenden Prozesses die sich anhängende Schwefelmasse mit einem eisernen Spachtel immer wieder abgekratzt und hinunter auf die Heizfläche gestoßen. Das geschieht solange bis die Masse genügend gereinigt, fixiert erscheint.
In seinem »Vollkommenen Meisterwerk« läßt Jabir auch Zweifel gegen das Goldmachen zu Worte kommen:
»Da sind welche die sagen, wenn diese Prozesse möglich wären, dann wären sie von weisen Männern, die schon solange danach suchten, schon tausendmal gefunden worden. Es ist natürlich, daß man Dinge leichter zerstören kann, als aufbauen. Wenn wir Gold nicht zerstören können – wie sollten wir es dann herstellen können?«
Dieser Frage widmete Jabir viele Versuche. Wenn wir Gold nicht zerstören können – – aber können wir es denn nicht zerstören, auflösen? Und er entwickelt in immer anderen Versuchen neue scharfe Wässer. Salzsäure, Schwefelsäure, Essigsäure und andere saure Verbindungen kennt er schon. Aber aus den Werken Jabirs lernen wir auch zum ersten Male das Rezept des goldlösenden scharfen Wassers, der Königssäure kennen. »Mische ein Pfund Vitriol mit einem Pfund Salpeter und einem viertel Pfund Alaun aus Yemen und destilliere«, sagt Jabir. Und er fügt hinzu, daß die Säure noch aggressiver wird, »wenn du den vierten Teil Salmiak in ihr löst, denn dann löst sie Gold, Schwefel und Silber.«
Manche sagen, dies wäre ein späterer Zusatz. Aber mit diesem Zusatz geht das Rezept von der Goldmedizin, jener Tinktur, die alle Metalle und auch Quecksilber in Gold verwandeln soll. Sie wird aus gelöstem Gold, Schwefel und Arsenik hergestellt.

Die Schriften der Treuen Brüder

Wenn Harun al Raschid für immer mit dem weltlichen Glanz der Stadt Bagdad durch die Märchen aus »Tausend und eine Nacht« verknüpft ist, so ist es sein Sohn, der Kalif Mamun mit der Wissenschaft und Literatur dieser Stadt. Mamun widmete sich ganz dem kulturellen Aufstieg seines Landes. Unter ihm ersetzt altes persisches Sehnen nach reiner Wahrheit, arabische Unduldsamkeit. Die christlichen Klöster vom Goldenen Horn bis zum Nildelta, letzte Horte alter Literatur, werden von den Abgesandten des Kalifen nach seltenen Büchern durchsucht. Juden und Christen wurden am Kalifenhof in Bagdad willkommen geheißen. Manche auf Grund ihrer eigenen Gelehrsamkeit, alle wegen ihrer Fähigkeit die griechische Literatur in das Arabische übertragen zu können.
In der Ebene von Tadmor ließ der Kalif eine Sternwarte errichten und in Bagdad selbst schuf er ein Haus der Wissenschaft. Mit der Bibliothek, den Übersetzungen, den Originalforschungen die dort getrieben wurden, war es ein Widerschein des großen Museion zu Alexandria.
Auch nach Konstantinopel, zu Leo den Fünften, dem Armenier auf dem oströmischen Kaiserthron, schickt Al Mamun eine Abordnung. Sie wird es nicht allzu schwer gehabt haben, die letzten raren Bücher der einstmals so reichen Bibliotheken der Stadt, von diesem auf den Thron gekommenen General herauszuholen.

Abu Bakr Muhammed ibn Zakariya al Razi, der persische Chemiker, der im mittelalterlichen Europa als Rhazes oder Abubeker bekannt wurde, ist der berühmteste Arzt der Araber. Aber er schrieb auch ein Dutzend Bücher über Alchemie.
Rhazes war 866 in Rhai an den Südhängen des Elbrus geboren. Dort lehrte er auf seine besondere Weise. Wenn er Unterricht gab, dann saßen um ihn seine engsten Schüler. Hinter ihnen saßen die Schüler der Schüler und hinter jenen, deren Schüler.
Diese Schüler der Schülers-Schüler vom äußersten Kreis pflegte er

zuerst zu fragen. Was die wußten, das brauchte er nicht mehr zu besprechen. Erst wenn er durch ungenügende Antworten bis zu seinen eigenen Schülern gekommen war, dann begann er die Zweifelspunkte zu erklären.

Wenn Rhazes nicht lehrte, saß er über eine Schreibarbeit gebeugt, bis ihn die Augen schmerzten und tränten. Aber obwohl Rhazes an hundert Bände über alle Gebiete der Wissenschaften schrieb, hatten in seinem quadratischen großen Kopf zwei Gebiete keinen Platz. Zwei Gebiete, die sonst von alleswissenden Vielschreibern durch Jahrtausende bevorzugt wurden: Die Magie und die Astrologie.

Dagegen war Rhazes ein überzeugter Anhänger der Alchemie. Er glaubte fest an die Möglichkeit der Metallumwandlung. Ja, er schrieb zwei Bücher als Antwort auf Werke, in denen die künstliche Golderzeugung als unmöglich abgelehnt worden war.

Der Weg, den Rhazes zur Umwandlung der Metalle ausarbeitete, hatte vier Stufen. Zuerst mußten alle verwendeten Rohstoffe sorgfältig unter Destillieren und Glühen gereinigt werden. Dann wurden sie in jenen Zustand gebracht, den so viele Alchemisten auch nach ihm als entscheidend wichtig schildern: Die Stoffe mußten auf einer glühenden Platte leicht schmelzen ohne zu verdampfen. Erst nach diesem Zustand wurden die Stoffe noch weiter aufgelöst.

Die so scheinbar in ihre feinsten, kleinsten Teilchen zerlegten Substanzen wurden nun syntetisch kombiniert und es wurde versucht den natürlichen Aufbau der Edelmetalle nachzuahmen. Fixiert und erhärtet sollte dann das syntetische Produkt die Qualitäten von Gold und Silber in aller Reinheit darstellen. So rein würde nun dieses Edelmetall-Konzentrat sein, daß man damit eine Menge gewöhnlichen niederen Metalls in gutes, normales Gold legieren könne.

Trotzdem war Rhazes kein Phantast. Nur was durch den Versuch schließlich auch bewiesen werden konnte, kannte er am Ende als eine Tatsache an. Es ist eine besondere Tragik, daß dieser Mann, der ein Realist des Tageslichts und nicht ein Mondschein-Träumer war, erblinden mußte, bevor er am 26. Oktober 925 in Rhai starb

– in jener Stadt, die heute noch, nicht weit von Teheran, in Trümmern liegt.
Er war ein Realist im Denken, dieser Abu Bakr Muhammed ibn Zakariya al Razi, aber wir sollten hinzufügen, er war es nicht im Handeln. Von den Vorwürfen, die ihm Al Baki, sein Widersacher, noch vor seinem Tod macht, wissen wir, daß Rhazes der Weise, neben Krankheit, noch mit zwei anderen Dingen geschlagen war: mit Neidern und mit einem bösen Weib. So ruft ihm denn Ali Baki höhnend das Unverdiente zu:
»Dreier Wissenschaften rühmst du dich und bist doch unerfahren in ihnen. Rühmst dich der Alchemie, obwohl dich dein Weib, einer unbedeutenden Summe wegen in das Schuldgefängnis werfen ließ. Rühmst dich der Arzneikunst und hast deine eigenen Augen nicht retten können. Rühmst dich der Astrologie und hast keinem Unglücksfall vorgebeugt.«

Die Treuen Brüder waren die Mitglieder eines in Basra am persischen Golf, im Bannkreis uralten Kulturbodens, um das Jahr 950 gegründeten Geheimbundes. Es war eine wissenschaftliche Gesellschaft, die allerdings bereit war, ihr Wissen zu politischer Entscheidung einzusetzen. Unter den Eingeweihten gab es vier Grade. Das Wissen des innersten Kreises wurde von den Weisen des Bundes in einem Buch niedergelegt. Das Werk enthielt »die Wissenschaften und Erfahrungen, deren Besitz den Menschen über das Tier erhebt« und es zeigt, wie die Treuen Brüder, unter geschickter äußerlicher Anpassung an die Lehren des orthodoxen Islam, ihre eigene weitreichende naturphilosophische Grundlage zu errichten suchen.
Die Treuen Brüder glauben an eine Urmaterie. Diese halten sie für unfaßbar, ungeordnet, für das Chaos. Aus ihr entwickeln sich durch Formung zuerst die vier Grundeigenschaften: Heiß, Kalt, Trocken und Feucht. Aus diesen erst entstehen die vier Elemente: Feuer, Wasser, Luft und Erde. Für sie ist der Weltraum mit einem Äther gefüllt, der einem Feuer ohne Licht und Wärme gleicht.
Alle Metalle erklären die Weisen der Treuen Bürder, gleich den Mineralien, aus den vier Elementen entstanden. Erde ist ihr Kör-

per, Wasser ist ihr Geist, Luft ist ihre Seele – während das Feuer sie veredelt, reift und vollendet.
In den Höhlen und Klüften schweben die Dünste, die wässerigen und die rauchartigen. Aus ihnen bildet sich der feurige Schwefel und das zitternde Quecksilber. Über den Weg von Schwefel und Quecksilber und durch Mischung mit Erde – mehr oder minder rein, mehr oder minder gekocht, mehr oder minder fertig – bilden sich Zinn und Silber, Blei und Antimon, Kupfer und Gold.
Wie Gold, ein Erzeugnis der Sonne, aus reinstem Schwefel und klarstem Quecksilber in rechter Mischung besteht, so enthält zum Beispiel Zinn zuviel Quecksilber und zu zähen Schwefel. Zinn ist daher zwar weiß wie Silber, aber weich, stinkend und kreischt beim Biegen.
Die Alchemisten aber, die die natürliche Wandlung der Metalle studieren, kennen die Einflüsse, die sie verändern und Kupfer, Zinn in Silber, das Silber aber in Gold verwandeln. Es ist ein gewisses Sublimat, das Al Iksir heißt, das erreicht die Umwandlung.

Um das Jahr Eintausend waren die Schriften der Treuen Brüder bis nach dem maurischen Spanien verbreitet. Und wenn die Orthodoxen Muselmänner in Bagdad das Buch der Treuen Brüder auch zerstörten und verbrannten, sie konnten doch die Weiterverbreitung, das Hineinwandern jener Ideen nach Europa nicht mehr hindern.

Albertus Magnus und die acht Regeln

Man sagt, daß unter den Europäern es der heilige Dominikus gewesen sei, der als erster das Geheimnis vom Stein der Weisen gekannt habe. Und als er 1221 starb, soll er dann dieses Wissen dem jungen, achtundzwanzigjährigen Mönch Albertus in seinem Orden hinterlassen haben.
Dieser junge Dominikaner war der schwäbische Graf von Bollstädt, der in Oberitalien, zu Padua, studiert hatte und dann dem Dominikanerorden beigetreten war. Der heilige Dominikus hätte damit sein Geheimnis keinem Unwürdigen hinterlassen. Physik, Mechanik und Chemie beherrschte der Mönch Albertus. Sein Orden schickte ihn durch die Länder um die Mönche zu unterrichten. Er lehrte in den Klöstern von Köln, Hildesheim und Freiburg, zu Regensburg, Straßburg und Paris. Ihn, der mit 29 Jahren Mönch geworden war, nannte man mit vierzig Jahren den Doktor Universalis.
Aber noch immer steigt sein Ansehen. Im Jahr 1260 macht man ihn zum Bischof von Regensburg. In drei Jahren hatte er das verarmte, verlotterte Bistum wieder in die Höhe gebracht und von drückender Schuldenlast befreit. Das ist kein Kunststück, so flüsterte man, für einen, der das Geheimnis des Steins der Weisen kennt und Gold machen kann.
Als Neunundsechzigjähriger legt er die Bischofswürde nieder, geht in das Dominikanerkloster zu Köln und widmet sich wieder ganz den Wissenschaften. Nach seinem Tod, im Jahr 1280, nennt man ihn Albertus Magnus, Albert den Großen.
Man hat Albertus Magnus oft als Gegner der Alchemie dargestellt, indem man kurze Stückchen aus dem zweiten Traktat des dritten Buches seiner Geschichte der Metalle gepflückt hat. Hier aber ist die ganze Stelle:
»Die Alchemie verfährt also, daß sie einen gewissen Körper zersetzt, ihn aus seiner Gattung herausnimmt und mit dem wesentlichsten seiner Bestandteile einen Körper anderer Gattung bedeckt. Daher ist dasjenige alchemistische Verfahren das beste,

welches von ebendenselben Mitteln ausgeht wie die Natur selbst. Nämlich von der Reinigung des Schwefels durch Kochung und Sublimation, von Reinigung des Merkurius und guter Vermischung beider mit einer metallischen Grundlage. Denn jene beiden decken jede Art von Metall.

Albertus Magnus: liber Minerali
Oppenheym 1518

Diejenigen aber, welche mit Weiß weißfärben und mit Gelb gelbfärben wollen, während die Gattung des gefärbten Metalles dieselbe bleibt, sind ohne Zweifel Betrüger und machen nicht wahres Gold noch Silber. Und doch schlagen fast alle diesen Weg ganz oder zum Teil ein. Ich habe alchemistisches Gold und Silber, welche mir gebracht wurden, der Prüfung unterworfen. Sechs oder sieben Feuer halten sie aus. Wenn man ihnen aber noch öfter mit der Glut zusetzt, wird ihr Körper zerstört oder verbrannt.«
Es sind besonders die Nachsätze gegen die Betrüger, die als ganzes Urteil des Albertus Magnus zur Alchemie zitiert werden. Aber schon ein einziger Satz aus dem nächsten Traktat seines Buches zeigt uns, wie gut es war, daß wir den ganzen obigen Absatz gelesen haben. Dort sagt er:
»Aus dem Silber entsteht leichter Gold als aus einem anderen Metall. Denn an ihm braucht man nur Farbe und Gewicht abzuändern, und das geschieht ohne Mühe.«
Da sind Äbte, Prälaten, Kaplane, Ärzte und viele ungelehrte Leute, die diese Kunst probiert haben, sagt Albertus Magnus. Er hält es für weise, den Alchemisten einige Grundregeln zu geben, die aus gesundem Menschenverstand geboren sind. Mancher Alchemist hätte sich viel Leid und Sorge gespart, wenn er sie sich recht zu Herzen genommen hätte. Albertus Magnus sagt da in acht Punkten:

1. Sei verschwiegen und schweigsam.
2. Arbeite in einem abgelegenen Privathaus.
3. Wähle deine Arbeitsstunden vorsichtig.
4. Sei geduldig, aufmerksam und zäh.
5. Arbeite nach einem festen Plan.
6. Benutze nur gläserne oder verglaste Tontiegel.
7. Du mußt reich genug sein, um deine Experimente bezahlen zu können.
8. Habe nichts mit Prinzen und Adeligen zu tun.

Wenn unter den Zeitgenossen von Albertus Magnus, einer in einem Atem mit ihm genannt werden muß, so ist es Roger Bacon, der gelehrte englische Franziskanermönch. Aus wohlhabender

Familie wie Albert von Bollstädt, wurde Roger Bacon 1214 im englischen Somersetshire geboren. Er studierte in Oxford und in Paris und gleich dem Grafen Albert wurde er Mönch und dann gefeierter Lehrer der Wissenschaften. Doktor Admirabilitis nannten ihn seine Studenten in Paris.

Aber zwischen dem Lebensschicksal des Bruder Roger und des Bruder Albertus zeigte sich bald ein tiefer Unterschied. Albertus wurde geehrt und ausgezeichnet von den Oberen seines Ordens. Roger gehörte einem anderen, dem Franziskanerorden an. Seine Oberen betrachteten die wissenschaftlichen Studien des Mönches Roger mit dem tiefsten Mißtrauen. War er nicht ein begeisterter Anhänger eines anderen verdächtigen Franziskanermönches, des in Paris lehrenden Peter Peregrinus? Sprach dieser Peregrinus, den man auch De Maricourt nannte, nicht gegen den »Blinden Glauben?« Lehrte er nicht, daß nur das Experiment und Kenntnis aller natürlicher Dinge in der Medizin und der Chemie, ja aller Dinge in Himmel und Erde geben kann?

Wundern wir uns darum nicht, wenn wir den Bruder Roger Bacon bald von Oxford zurück nach Paris vor die Richter des Ordens zitiert sehen und wenn er dann zu Wasser und Brot und einsamer Zelle verurteilt wird. Zehn Jahre hielt ihn der Ordensgeneral der Franziskaner, Johann von Fidanza, genannt Bonaventura, so in Paris.

Da wurde im Jahr 1265 der päpstliche Legat am englischen Hof, Guy de Foulques, zum Papst gewählt. Er bestieg den Stuhl Petri als Papst Clemens der Vierte. Guy de Foulques kannte die wissenschaftliche Arbeit des Bruder Roger von England her. Nun als Papst Clemens konnte er über die Ordensoberen hinweg, neue wissenschaftliche Arbeit von Roger Bacon verlangen.

Zehn Jahre lang hatte man Roger Bacon Feder und Tinte verweigert. Mit überquellender Freude macht er sich nun aufs neue an die Arbeit. In rascher Folge schreibt er sein »Opus Majus«, sein »Opus Minus« und »Opus Tertium«.

Neben den großen Grundideen der Wissenschaften, die Roger Bacon in seinem Opus Major gibt, führt er darin einen mutigen Kampf für die Freiheit der Forschung. »Es sind mehr Geheimnisse

des Wissens von einfachen, unbeachteten Männern entdeckt worden, denn von Berühmtheiten, diese sind geschäftig mit bekannten Dingen« sagt Bacon. Und er fügt hinzu, daß er mehr brauchbare und ausgezeichnete Dinge von unberühmten Leuten gelernt habe, denn von bekannten Professoren.
Es ist sein Opus Minor, das auch eine detaillierte Beschreibung der Philosophie und Praxis der Alchemie enthält. An praktischer Arbeit hat Roger Bacon augenscheinlich die Versuche von Peregrinus, der Erreichung hoher Temperaturen durch Brennspiegel, die späteren Alchemisten und Chemikern so nützlich sein sollten, fortgesetzt. Er selbst schildert wie Peter Peregrinus in Paris drei Jahre an einem Spiegel gearbeitet habe, der Verbrennung in einer bestimmten Entfernung erzeugen soll. Der Chronist Peter von Trau erzählt 1385 von zwei solchen Spiegeln die Roger Bacon an der Universität Oxford gemacht haben soll. Mit einem dieser Spiegel, sagt Peter von Trau, konnte man eine Kerze zu jeder Stunde, bei Tag oder Nacht anzünden. In dem anderen Spiegel konnte man sehen, was Leute in irgendeinem Teil der Welt taten. Naiv setzt der Schreiber dieser Geschichte auseinander, wie die Studenten von Oxford begannen, mit solchen Experimenten allzu viele Zeit zu vertrödeln. Er sagt, sie verschwendeten nun mehr Zeit damit, Kerzen anzuzünden, denn Bücher zu lesen.
Roger Bacon selbst wurde von seinen Ordensoberen allerdings nicht allzuviel Lebenszeit für Versuche gelassen. Im Jahr 1278 kam eine neue Reinigung des Franziskanerordens von unbequemen Philosophen und Bruder Roger wurde wiederum bei Wasser und Brot in die Einzelzelle gesteckt. Diesmal saß er darin vierzehn Jahre. Nur die wenigen letzten Jahre seines Lebens verbrachte er wieder in Freiheit zu Oxford, in dem Stübchen im dicken Torturm an der Folly-Brücke.
Und hier ist ein Vergleich über den Nutzen der Alchemie, den Roger Bacon in seinem Werk »De Augmentia Scientiarum« gibt. Da sagt er:
»Man mag die Alchemie mit dem Mann vergleichen, der seinen Söhnen erzählte, daß er einen Goldschatz irgendwo in seinem Weinberg vergraben hatte. Wenn auch die Söhne beim Umwühlen

dann kein Gold fanden, so bekamen sie doch eine herrliche Weinernte, weil sie so fleißig die Erde umgegraben und gelockert hatten. So hat die Suche und die Bemühungen Gold zu machen viele nützliche Erfindungen und hinweisende Versuche zustande gebracht.«

Roger Bacon

Alchemie und Schießpulver

Konstantin Anklitzen wurde Zisterzienser-Mönch, um zu Sankt Blasien im badischen Schwarzwald studieren zu können. Er war ein feiner Naturbeobachter und eifriger Alchemist und zögerte nicht, seine Theorien sofort durch Experimente zu prüfen. Eine Möglichkeit solche Versuche fortzusetzen, brachte ihn im Jahr 1246 nach Freiburg. Er war nun zum Franziskanerorden übergetreten und sein Klostername war Bertholdus. Aber bald nannte man ihn den Schwarzen Berthold, wegen der schrecklich gefährlichen Experimente, die er in der Klosterapotheke vornahm.
Das Streben des Mönches Bertholdus war, das Quecksilber zu fixieren. Er wollte es hammerfest machen, damit es wie Silber wäre. Da mußte man erst den unruhigen Geist des Quecksilbers, den Basilisken töten! Und da der Geist dem Feuer feindlich ist und als Rauch entweicht, wenn man die Materie an das Feuer bringt, so mußte der Basilisk des Quecksilbers auch durch Feuer ausgetrieben werden können. Es mußte nur das richtige Feuer, die rechte Hitze und der günstige Zeitpunkt sein.
Aber Bertholdus konnte den Geist des Quecksilber so nicht töten. Es mußte eine radikalere Methode gewählt, neue Kräfte in das Spiel gebracht werden. Der Kampf des Heißen mit dem Kalten mußte nicht um das Quecksilber, sondern im Quecksilber selber geführt werden. Er mischte den von Natur feurigen Schwefel mit dem von Natur aus kalten Salpeter und die beiden Gegner mischte er mit Quecksilber. Das ganze bettete er nach zünftiger Alchemistenart in einer Höhlung des Holzkohlenpulvers, mit dem der vorbereitete Schmelztiegel halb gefüllt war. Damit aber die heißen und kalten Geister nicht entweichen konnten, bevor sie ihren Kampf ausgefochten und den Geist des Quecksilber mitgerissen hatten, wurde der Tiegel durch einen angekitteten Deckel hermetisch verschlossen.
Nun stellte Bertholdus das ganze an das Feuer und ließ den Blasebalg fauchen. Das Feuer sollte die Geister aggressiv machen. Und

ob es sie kampflustig machte! Die Theorie stimmte ganz genau. Der feurig werdende Geist des Schwefels konnte es einfach neben dem kalten Salpeter nicht mehr aushalten. Er sprengte den Schmelztiegel mit einem kräftigen Knall.
Aber der Schmelztiegel schien allzu wenig Widerstand geleistet zu haben. Er war zertrümmert, ehe die beiden Gegner ihren furchtbaren Kampf wirklich ausgefochten und den Geist des Quecksilbers mit getötet hatten. Jedenfalls war kein Silber in den umhergeschleuderten Überresten zu finden.

Der Schwarze Berthold

Nun nahm Bertholdus aber den bronzenen Mörser der Apotheke, füllte ihn wieder mit seiner Mischung und verkeilte die obere Öffnung mit einer passenden Messingplatte. Damit es ihm nicht den Ofen zerschlagen sollte, stellte er diesmal den Mörser in die Mitte der Zelle und häufte nur glühende Kohlen herum. Dann blies er mit seinem Blasebalg kräftig in die Glut. Als der Mörser schließlich heiß genug war, machte sich der Effekt des Geisterkampfes mit einem ungeheuren Knall bemerkbar. Der Mönch Berthold fiel versengt und schwarz auf den Rücken. Als er sich wieder zusammengerappelt hatte, da fand er den erzenen Mörser noch ruhig in der Mitte des Zimmers stehen. Nur der dicke messingne Keildekkel fehlte und, oh Wunder, der Mörser war bis zum letzten Krümchen leer. Nachdenklich und langsam blickte Bertholdus aufwärts an die Decke, ob wohl das Zeug dort kleben würde? Aber es war da nichts als ein Loch, das der dicke, klobige Metalldeckel durchgeschossen hatte.

Einige Chronisten sagen, der Schwarze Berthold wäre im Klosterarrest gestorben. Andere berichten, er hätte sich zu Freiburg selber in die Luft gesprengt. Philipp Melanchthon, Martin Luthers Mitarbeiter, aber nennt ihn einen Mönch, Diener und Gehilfen des Teufels. Wir aber wissen, daß Konstantin Anklitzen, den man den Schwarzen Berthold nennt, nicht ein Verfertiger von tötenden Feuerwaffen und teuflischer Schießpulver war, sondern ein treuer Jünger der metallverwandelnden Alchemie.
In jenen Jahren um 1259, als der Mönch Berthold seine Experimente unternahm, da war die Alchemie durchaus kein so seltenes Gewächs in deutschen Landen mehr. Im Lied vom »Wartburgkrieg«, das 1230 geschrieben wurde, da erwähnt Meister Klingsor bereits einen Byzantiner, der aus den Sternen fand, wie man aus Kupfer klares Gold gewinnt.
Nicht allzu lange nach den Abenteuern des Schwarzen Berthold war auf dem Provinzialkapitel zu Augsburg ein Dominikanermönch als Ketzer, Falschschreiber und Alchemist genannt worden. Er war flüchtig und seine Festnahme wurde zu Augsburg beschlossen. Aber die Klöster waren lau in der Ausführung solcher

Befehle. Es waren zuviel mit der Alchemie Sympathisierende hinter den dicken Klostermauern. Obwohl dem Kloster, das diesen Mönch festnehmen würde, vom Ordensgeneral der Dominikaner Freiheit von den Ordensabgaben versprochen wurde, blieb der Mönch in Freiheit und verfaßte neue alchemistische Schriften.
Ganze Klöster verwandelten sich zu dieser Zeit in alchemistische Laboratorien. Im Jahr 1289 schreibt der Dominikaner-Provinzial Hermann von Minden an ein in der Nähe von Straßburg liegendes Kloster:
»Als ich nach... kam, fand ich, daß man vom Vergehen und von der Beteiligung der Brüder an alchemistischen Versuchen sich nicht bloß in die Ohren flüstert. Man wird es bald von den Dächern pfeifen, denn es ist nichts so gut verborgen, daß es nicht doch offenbar würde. Es leben darum die Brüder in großer Beängstigung.«
Aber es sind nicht nur die Geistlichen, es sind auch die Weltlichen die nun aller Orten nach dem Stein der Weisen suchen. Der Minnesänger Heinrich von Meissen sagt 1275 von seiner Zeit: Der Toren Gold ist der Weisen Kupfer.
Und auf das Grabmal des Herrn von der Sulzbürg, in der Kirche zu Sankt Jakob zu Nürnberg, schreibt man im Jahr 1286:
»Was ein gar seltzam Man mit vielen Kunsten und liess ihr keine unversucht, hat lang gealchemaiet und viel verthan.«

Raimund Lullus will das Meer tingieren

Im Jahr 1266 lebt am Hofe des Königs von Aragonien, Jakob des Ersten, ein vierzehnjähriger unzähmbarer Page. Seinen wilden Streichen hat er eben ein erstes tolles Abenteuer der Liebe angefügt. Er war der Dame seines Herzens bis in die Kirche hinein nachgeritten und in dem folgenden Aufruhr gelingt es ihm, daß sie ihm ein Stelldichein in ihrem Schlafgemach verspricht.
Doch dort bei jenem Stelldichein erlebt der junge Raimund Lull nicht sein erstes leichtes Liebesabenteuer. Er erlebt eine Wende seines Lebens, eine Züchtigung seiner Lüste. Dort in jenem Schlafgemach reißt die bleiche Schöne das seidene Gewand von ihrer weißen Brust, entblößt dem entsetzten Jüngling krebszerfressene Brüste. Schwer atmend sagt sie ihm, daß er gehen möge und – wiederkommen, wenn er das große Elixier des Lebens, den Heiler des Unheilbaren, den Stein der Weisen gefunden habe. Oder ist diese Aufgabe für deine Liebe zu schwer? So fragt sie ihn. Aber der wilde Junge ist von einem guten Holz. Mit weißem Gesicht, aber festem Auge sagt er: Ich komme wieder!
Bei den Mönchen auf dem Mont Serrat lernt der veränderte Raimund Lull Griechisch und Latein. Er studiert die Wissenschaften zu Santiago de Compostela und zu Montpellier. Er geht 1281, mit achtundzwanzig Jahren auf die Universität zu Paris. Dort erlangt er die Doktorwürde und dort tritt er als Mönch in den Minoritenorden ein. Als wandernder Mönch macht er sich auf die Suche nach dem Stein, dem Geheimnis allen Wissens. Er reist durch Frankreich, durch Deutschland nach Italien. Dort in Neapel, im Jahre 1293, lernt Raimund Lullus den gelehrten Arnald de Bachuone kennen. Dieser Katalonier war damals schon 58 Jahre alt und unter dem Namen Arnoldus de Villanova weitberühmt. Er hatte in Barcelona und Paris die Naturwissenschaften gelehrt, war aus Spanien und Frankreich von den Mönchen als Zauberer und Teufelspartner vertrieben worden.
Villanova kannte zu den wichtigsten Prozessen der arabischen

Chemie auch die Herstellung von Weingeist und von Scheidewasser. Während der Alchemist Geber dieses Metalle lösende Wasser durch Brennen einer Mischung von Salpeter, Alaun und Vitriol erzeugt hatte, so stellte es Villanova und nach ihm Raimund Lullus durch Erhitzen von Salpeter mit einem besonderen Lehm her.
Erst vierhundert Jahre später entdeckte Johann Glauber, ein anderer Alchemist, einen neuen Weg Scheidewasser zu erzeugen, indem er Salpeter mit starker Schwefelsäure erhitzte. Heute, nach siebenhundert Jahren wird es elektrisch durch Verbrennung von Nitrogen aus Luft erzeugt.
Dieser Arnoldus Villanova aber lehrte auch, daß ein Merkurius der Baustoff aller Metalle sei und daß ein Teil des Steins der Weisen wohl an hundert Teile Quecksilber zu Gold veredle.
Von diesem Mann konnte Raimund Lullus viel lernen und wird es auch getan haben. Um das Jahr 1300 reiste Raimund Lullus dann nach Zypern, von da nach Palästina und bis Armenien. Als er zurückkam, arbeitete er dafür, alle Mohammedaner zum Christentum zu bekehren. Zweimal, 1306 und 1315, ging er selbst nach Nordafrika um das Christentum zu predigen. Das erste Mal wurde er im algerischen Bugie einige Jahre dafür eingekerkert. Das zweite Mal wurde er in Algier gesteinigt und entging mit knapper Not dem Tode.
Durch diese Störrigkeit der Araber verbittert, versuchte Raimund Lullus nun gewaltsame Aufklärungsexpeditionen zu organisieren. Aber die Zeit war schlecht, um Könige aus idealen Gründen zu Kreuzzügen entflammen zu können.
So festigt sich im Mönch Lullus nun die Idee, durch die Alchemie die Schätze Goldes zu machen, mit denen er die Heere der Könige für den Kreuzzug bezahlen würde. Den Stein der Weisen zu finden, war er ja einst vom Hof des Königs Jakob ausgezogen. Dies war nun eine Aufgabe mehr, die nur durch Erreichung dieses Zieles erfüllt werden konnte.
In Italien erhielt Raimund Lullus Kenntnis von einem Verfahren, das Arnold von Villanova dem König Robert von Neapel unter dem Siegel der Verschwiegenheit anvertraut haben sollte. Man sagt, daß es Raimund Lullus im Jahr 1330 in Mailand gelungen sei,

dieses Verfahren auszuarbeiten und den Stein der Weisen zu finden.
In diesem Jahr soll ihn der Benediktinermönch John Cremer, Abt zu Westminster überredet haben, mit nach England zu kommen, um jene in der Geschichte der Alchemie so berühmten sechzigtausend Pfund Gold aus Quecksilber, Zinn und Blei zu machen.
In England war eben der junge König Eduard der Dritte durch einen Staatsstreich zur Regierung gekommen. Abt Cremer versprach, den jungen Monarchen zu jenem Kreuzzug zu verpflichten, für den Raimund Lullus bemüht war, das nötige Gold zu machen.
Wie zuerst alles gut ging und Lullus bereit war dem König sein Geheimnis zu enthüllen, davon spricht der Schluß des »Testamentum Novissimum«, das man Raimund Lullus zuschreibt:
»Ich schreibe dieses durch die Kraft Gottes auf dem englischen Eiland in der Kirche der heiligen Katherina zu London, dem Kastell gegenüber, unweit der Kammer, unter der Regierung des Königs Eduard von Gottes Gnaden, in dessen Hände ich nach Gottes Willen dieses Testament niederlege, im Jahre der Menschwerdung Eintausend dreihundert zweiunddreißig.«
Aber wieso dann nicht alles nach den Wünschen des goldmachenden Missionars ging, das wird in einem anderen letzten Willen erklärt. Es ist diesmal das Testament des Abtes John Cremer und in ihm heißt es:
»Je mehr ich las, desto mehr ward ich irre. Bis ich endlich nach Italien mich begab und die Bekanntschaft des würdigen und gelehrten Raimundus machte. Unser Umgang ward zur Freundschaft. Auf mein inständiges Bitten eröffnete er mir einen Teil seines Geheimnisses. Auch kam er mit mir nach England und blieb zwei Jahre, in welcher Zeit wir das Werk weiter verfolgten. Ich stellte ihn dem König Eduard vor, von welchem er mit gebührender Achtung und Güte aufgenommen ward. Sie schlossen einen Vertrag, nach welchem Raimund den König durch seine göttliche Kunst bereichern wollte, unter der Bedingung, daß der König in eigener Person gegen die Türken zu Felde ziehe und das Geld dazu verwende. Aber ach! Der König hat sein Wort gebrochen! Voll

Kummer darüber floh der fromme Mann über das Meer. Das nagt mir noch am Herzen!«

Welches Mißgeschick Raimund Lullus wirklich zur Flucht gebracht hat? Wir wissen es nicht. Die englischen Nobel-Münzen, deren Gold 23 Karat und zehn Gran fein war, und die Robertus Constantinus 1545 noch Raimunds-Nobel nennt, die konnten gut auch aus dem Gold gemacht sein, das Eduard gegen Schuldverschreibungen in Form aller Goldkelche und Silbergefäße besonders aus den Klöstern einzog.

»Mare tingerem, si Mercurius esset« ruft Raimund Lullus in seinem Testament aus. Das Meer wollte er in Gold verwandeln, wenn es Quecksilber wäre! Aber im Jahr 1333 ist Lullus in Italien, wo er das Buch »De Mercuriis« schreibt – und nicht in Frankreich, wo Philipp der Sechste seine Bereitwilligkeit zu einem Kreuzzug erklärt. Vielleicht hat Lullus die Verträge mit Königen satt – vielleicht war Lullus zu dieser Zeit lange schon tot, wie es andere sagen. Wer aber weiß das heute?

Christoph Gottlieb von Murr behauptete noch 1805 eine Handschrift »Theoretica et Practica, Testamenti Raimundi Lullii« aus dem Jahr 1422 zu besitzen. Wir jedoch können uns nur einen Überblick der Philosophie des Raimund Lullus aus einer im Jahr 1699 zu Straßburg gedruckten Schrift geben. In diesem Schlüssel zum Geheimnis, dem »Clavis Raymundi Lulli«, heißt es:

»Gold ist der Vater aller Metalle und Silber die Mutter«. Darum werden die unvollkommenen Metalle durch die vollkommenen transmutiert. Die Metalle können jedoch nur verwandelt werden, wenn sie zuvor zu Prima Materia, zum Urstoff reduziert worden sind. Darum muß Gold zuerst einmal in ein stabiles Mercury – nicht in ein gewöhnliches, flüchtiges Quecksilber! – verwandelt werden. Erst durch das philosophische Mercury kann das gewöhnliche Mercury, das Quecksilber, selbst transmutiert werden. Mit einer Unze dieses philosophischen Mercury können acht Unzen Quecksilber in eine Tinktur verwandelt werden, die wiederum die unedlen Metalle zu Gold und Silber macht.

Aber dieser Straßburger Schlüssel des Raimund Lullus begnügt sich nicht mit der Ausdeutung des philosophischen Weges zum Stein der Weisen. Es gibt auch die genaue Anweisung des Prozesses, wie man das philosophische Mercury aus den beiden perfekten Metallen, aus Gold oder Silber, die Rote Tinktur und die Weiße Tinktur zur Multiplikation der edlen Metalle herstellt. Charakteristisch für alle auf Raimund Lullus zurückgeführten Transmutionsrezepte ist, daß sie auf Edelmetall aufbauen und Edelmetall verarbeiten – Silber bei Silber, und Gold bei Gold. Dadurch muß das zu tingierende unedle Metall, Zinn oder Kupfer, nachdem die Tinktur zugesetzt ist, unter allen Umständen das erstrebenswerte Edelmetall enthalten. Zur alchemistischen Diskussion steht dadurch nicht mehr die Tatsache des endlichen Goldgehaltes, oder Silbergehaltes, sondern nur noch die Qualität, der Grad der Umwandlung.

Hier ist das Rezept für das Weiße Pulver, das zu der Silber vermehrenden Tinktur führt:

Eine Unze Silber wird kalziniert und zu einem weißen, geschmacklosen Oxyd gebrannt. Das geschieht, indem der Alchemist das Silber in einem warmen Tiegel mit Quecksilber amalgamiert und dann mit Essig und Salz verrührt. Hierauf wird es gewaschen, durch ein Tuch gedrückt und dreimal zwölf Stunden im Ofen unter Salzzusatz gebrannt.

Mittlerweile wird auch ein anderer Mischzusatz, das Öl Tartari, vorbereitet. Dazu wird Weinstein erst zwölf Stunden im Ofen gebrannt. Das Produkt wird dann in feuchter Luft zu einem Öl zerlaufen gelassen.

Beide Endprodukte werden nun vermischt, an der Sonne getrocknet und dann zusammen mit einer stinkenden, siebenmal destillierten Mischung aus Vitriol und Salpeter in eine Phiole getan.

Nach weiteren Manipulationen ergibt sich am Ende das Mercury der Philosophen, das mit weiterem Weißen Pulver vermischt, die Silber vermehrende Tinktur wird.

Ähnlich ist der Prozeß zur Erzeugung der goldmachenden Tinktur. Eine Mischung von Goldamalgam und Silberoxyden wird hier in den Brennofen gebracht. Die Kette der Produkte ist hier erst ein schwarzes dann ein weißes und endlich das Rote Pulver.

Um aber den wahren Stein der Weisen aus dem Weißen Pulver und dem Roten Pulver zu machen, dazu ist noch ein lange dauernder Prozeß vonnöten. Ein einziger der Handgriffe darin dauert dreißig Tage. Im Verlauf des Brauens und Kochens entsteht erst eine grüne Lösung und aus ihr dann später das große Endprodukt: Der Stein der Weisen.
Am Ende des Rezeptes wird, wie bei so vielen, der Rechenkunst freier Spielraum gegeben: Eine Unze wird dann hundert Unzen tingieren und weiter tausend Unzen, ohne Ende.

Nur um zu zeigen, wie allen Büchern, die man dem großen Raimund Lullus zuschreibt, die gleiche Theorie zugrunde liegt, wie man sie direkt daran erkennen kann, wollen wir noch ein Rezept aus einem früheren Buch lesen. Es ist »Des Raymund Lulli Apertorium von der wahren Komposition des Steins der Weisen«, das im Jahre 1675 zu Hamburg gedruckt wurde. Es gibt das Rezept für die Rote Tinktur und für die Weiße Tinktur. Hier ist das für die Multiplikation des Silbers mit der Weißen Tinktur:
Man macht aus zwei bis drei Pfund vom Saft der Lunaria, einer Lösung aus Bleiweiß, Alaun, Salpeter, Salmiak, Silberglätte, Quecksilber-Sublimat, Essig, Ingwer, durch Destillieren und Brennen ein weißes Pulver. Dieses wird mit einer Silberlösung, die eine halbe Unze Silber hält, zu einer Masse eingedickt. Jener Masse der Alchemisten, die auf glühendem Kupferblech wie Wachs ohne Rauch fließt. Dieses ist dann die Weiße Tinktur, von der ein Teil an hundert Teile Zinn, Blei oder Quecksilber in feines Silber verwandelt.
Dieselbe Kraft hat auch die nach ähnlichem Rezept für die Tingierung von Gold erzeugte Rote Tinktur. Wie das Manuskript ausrechnet, werden hierbei nach der vierundzwanzigsten Multiplikation an die zweihundert und vier Tonnen Gold erzeugt.

Papst Johann und das Elixier

Die Alchemie war für Mönche manchmal gefährlich und manchmal geduldet – je nach dem Papst, der in Rom oder Avignon auf dem Stuhl Petri saß.
Noch bis zum Jahr 1303 war Papst Bonifacius der Achte, ein Gönner der Alchemisten, dort gesessen. Papst Bonifacius trieb selber eifrig Alchemie – natürlich nicht des Gewinns und nur der Wissenschaft halber.
Aber dreizehn Jahre später, als Jakob Ossa, unter dem Namen Johannes der Zweiundzwanzigste, Papst wurde, da wandte sich das Blatt zum Gegenteil. Im ersten Jahr seines neuen Papsttums erließ Johannes XXII. eine scharfe Bulle gegen die Alchemie.
Sie begann »Spondent quas non exhibent dividias pauperes alchymistae« – darstellend was die verschiedenen armseligen Alchemisten gerade nicht können – und es wird darin gesagt:
Diejenigen, die die Alchemie zu lehren unternehmen, verstehen selbst nichts von ihr. Sie berufen sich andauernd auf von früheren Alchemisten Gesagtes. Und wenn sie das nicht finden, was auch jene nicht gefunden haben, so stellen sie es doch für möglich hin, als sei es noch zu finden. Die Alchemisten werden dann in der Bulle beschuldigt, daß sie Fälschungen für Gold und Silber ausgeben und zur Anfertigung falschen Geldes verwenden. Gegen solche Fälscher und ihre Helfer und Gönner spricht der Papst seine Strafen aus. Geistliche, die Alchemie betreiben oder auch nur fördern, sollen ihres Amtes verlustig erklärt werden.
Jakob Ossa, oder Jaques d'Euse wie ihn die Franzosen nannten, war aber nach Erlaß dieser Bulle noch weitere siebzehn Jahre Papst, und es scheint sehr, daß er nach einer Weile selbst herauszufinden suchte, ob man denn nun nicht wirklich Gold und Silber mit einer guten Methode machen könnte. Ein lateinisches Traktat über die Alchemie »Ars Transmutatorio« wird ihm zugeschrieben. Der erste Druck aus der lateinischen Handschrift erschien im Jahr 1557 zu Lyon in französisch als Anhang eines Buches »L'Eli-

xier des Philisophes«. Die Kunst der Metallumwandlung, »L'Art Transmutoire De Pape Jean XXII«, wird dort geschildert. Es wird der Weg Zinnober zu machen und die Multiplikation des Goldes erklärt. Dann wird gezeigt, wie man Kupfer bleicht und feines Silber macht. Die Fixierung des Quecksilbers wird gelehrt und die Kunst Kristalle zu schmelzen und Rubine zu machen.
Diejenigen, die für die Echtheit dieses Traktates eintraten, hatten auch eine reale Grundlage dazu. Als Papst Johannes XXII. starb, da fand man in seiner Schatzkammer zweihundert Stangen Goldes, die, wie man sagt, zusammen zweihundert Zentner gewogen haben. Da die päpstlichen Einkünfte jener Zeit durch den Sitz fern von Rom, in Avignon, durch Krieg und Gegenpapst niedrig waren, hatten es allerdings jene leicht, die da sagten, dieses Gold könne nur aus dem alchemischen Schmelztiegel gekommen sein.
Eigenwillig und geistig unabhängig genug, um trotz seiner eigenen Bulle solche Experimente zu machen, war Papst Johannes gewesen. Er, der Kaiser und Fürsten verflucht und mit dem Bann belegt hatte, kam kurz vor seinem Tode noch mit den Theologen der Universität Paris in Streit. Es drohte ihm selbst die Anklage wegen Ketzerei.

In den ersten Jahren der päpstlichen Bannbulle war es besonders in Deutschland manchem alchemistischen Mönch schlecht ergangen. Eine Geschichte davon erzählt die Klosterchronik von Walkenried. Es mußte im Jahr 1318 der Zisterziensermönch Adolf Meutha aus diesem thüringischen Kloster flüchten, weil er sich der Alchemie ergeben hatte. Mönch Adolphus suchte erst im Zisterzienserkloster Amelungenborn, in der Grafschaft Eberstein Zuflucht. Aber die Mönche von Walkenried stöberten ihn hier auf und trieben ihn weiter. Der Mönch und Alchemist machte sich auf den Weg nach Braunschweig. Im Kloster Lockum, unter dem Zisterzienserabt Jordanus fand er Zuflucht. Aber dann starb er dort eines plötzlichen Todes.
Es waren aber doch nur die gehorsamen deutschen Mönche, die die Alchemistenbulle des Papstes Johannes so tödlich ernst nah-

men. Im französischen Vaterland des Papstes selber, wo König Philipp der Schöne in steter Geldnot lebte, da nahm man die Bulle nicht so buchstäblich.

Dort in Paris am Hofe Philipps schrieb im Jahr 1320 Jean de Mehung seine achtzehnhundert Verse zum Lobe der Alchemie, die er

Sebastian Brant: Das Narrenschiff

geschickt in einen beliebten älteren und viel gelesenen Roman, den »Roman der Rose« einbaute. Aber nachher schrieb er unter seinem eigenen Namen noch das »Speculum Alchymiae«. Dieser Spiegel der Alchemie erschien zweihundert Jahre später, im Jahr 1557 zu Lyon in französisch.

Nichts ist erfrischender als Johann von Mehung den rechten Weg der Alchemie erklären zu hören:

»Du grober Esel brichst Gläser und brennst Kohlen bis dich der Dampf im Kopfe toll macht. Du kochst Alaun, Salz und Auripigment, siedest Schwärze und gießt Metall, machst kleine und große Öfen, brauchst vielerlei Geschirr. Und dennoch schäme ich mich deiner Torheit, zu welcher du mich noch mit deinem stinkenden Schwefelrauch kränkst. Du meinst mit stark brennendem Feuer das Quecksilber zu fixieren. Dabei hast du nur das gemeine, flüchtige, und nicht das, aus dem ich Metall mache.«

Aber Johann von Mehung wendet sich auch gegen die Mystiker, die Transmution durch Analogien aus der Natur zu erklären und zu erreichen suchten. Gegen jene, die die Seele des Goldes darzustellen, den Samen des Goldes zu finden hofften. Gegen jene, die Dünger auflegten, um durch Gärung eine Reinigung und schließlich Wachstum der Metalle zu erzielen.

Für Johann von Mehung haben die Metalle kein Leben. Für sie gibt es keine Nahrung, um sie zum Wachsen zu bringen. Sie haben keinen gebärenden Samen, darum können sie auch nicht ihresgleichen zeugen.

Das ist Johann von Mehungs Theorie: »Die Metalle sind zu Beginn aus der Substanz der vier Elemente erschaffen, und aus diesen lasse ich sie werden.«

Nikolaus Flamel und die alchemische Bildersprache

In der ersten Hälfte des neunzehnten Jahrhunderts, da war ein Gemüse- und Kräuterhändler in der Rue des Arcis zu Paris, der hackte seine Kräuter auf einer handlichen glatten Marmorplatte klein. Diese Platte war etwas über einen halben Meter lang und etwas unter einem halben Meter breit.

Ein uns Unbekannter drehte eines Tages diese Marmorplatte um, sah die Rückseite mit Verstand an und entdeckte – daß dies die Vorderseite des Grabsteins von Nicolas Flamel, des berühmten Alchemisten vom Ende des vierzehnten Jahrhunderts war.

Die Grabplatte war im Jahr 1797, bei der Niederreißung der Kirche von Sankt Jakob-La-Boucherie verschwunden und hatte seitdem inkognito so viele Jahre vorzüglich zum Kräuterhacken gedient.

Die Marmorplatte sagt: »Nicolas Flamel, ein früherer Schreiber, hat in seinem Testament der Kirche Renten und Häuser hinterlassen. Für dies Geld sollen Messen gelesen, Arme gespeist, Kirchen und Hospitäler unterstützt werden. Gott sei ihm gnädig.«

Doch dies ist nicht alles, was wir von Nikolaus Flamel wissen. Es ist eine abenteuerliche Lebensgeschichte, die man von diesem Mann erzählt, der da in einem Häuschen zu Paris bei der Kirche Sankt Jakob wohnte, dort wo heute die Nummer einundfünfzig der Rue de Montmorency ist.

Nikolaus Flamel hatte ein natürliches Talent Dinge zu kopieren und nachzumalen. Es ist dieses Talent, das ihn von seinem Heimatort Pontoise in die nicht weit entfernte Hauptstadt Paris bringt, um zu versuchen dort sein Brot als Schreiber und Bücherkopierer zu verdienen. Nikolaus Flamel war zäh und konnte sich wirklich als Schreiber in der Rue Notaire, in der Nähe der Kirche Saint Jacques la Boucherie festsetzen. Flamel war nun siebenundzwanzig Jahre und wenn seine Arbeit auch meist eintönig war, so gab es doch oft dabei auch interessantere Dinge zu sehen. Seltene,

geheimnisvolle Bücher erweckten immer sein Interesse. Da hatte er eines Tages wieder Inventar aufzunehmen und bei dieser Gelegenheit kam er an ein großes Buch mit Metalldeckeln. Es war ein sonderbares Buch, auf einem Material wie gegerbte Rinde junger Bäume geschrieben. Die bronzenen Buchdeckeln trugen fremde Schriftzeichen. Das mochte griechisch, oder eine andere alte Sprache sein. Um zwei Gulden gelang es Flamel das Buch zu erwerben. Dieser Handel brachte einen Wendepunkt in seinem Leben.
Das Buch enthielt nur dreimal sieben Blätter. Sie waren immer nur von eins bis sieben numeriert und das siebente Blatt war jeweils ohne Schriftzeichen. Dafür aber trug es Zeichnungen und Figuren. Das wichtigste Blatt für Flamel war die letzte Textseite des Buches. Darauf wurde von der Transmution unedler Metalle in Gold gesprochen.
Der Autor der Handschrift, der sich auf der Titelseite als Astrologe und Philosoph vorstellte und sich Abraham der Jude nannte, erklärte auch, warum er das Geheimnis der Metallumwandlung in diesem Buch niedergelegt habe. Dieses Manuskript sei für die jüdische Nation bestimmt, um ihr es zu ermöglichen, leicht den Goldtribut an die Römischen Kaiser zu zahlen.
Bei genauem Studium der chemischen Vorschriften für den begehrten Prozeß fand Nikolaus Flamel bald, wo die wahre Schwierigkeit war. Es fehlte jede Angabe über den wichtigsten Grundstoff, der zur geschilderten Umwandlung notwendig war. Der Schreiber der Handschrift hatte nur angedeutet, daß er die Aufbaustoffe auf den Figuren-Blättern des Buches symbolisch aufgezeichnet habe. Aber mit den mystischen Bildern konnte Flamel nicht viel anfangen. Am verständlichsten war ihm noch aus einer Darstellung des Gottes Merkur, daß Quecksilber dabei eine gewisse Rolle spielen mußte.
Flamel malte nun die Figuren sorgfältig ab, steckte sie ein und zeigte sie bei Gelegenheiten gelehrten Parisern und Fremden, denen er dazu eine passende unauffällige Geschichte erzählte.
Aber nur einer von allen zeigte soviel Interesse dafür, daß er sich auch wirklich mühte eine Lösung der Bilderrätsel zu finden. Dieser eine war Anselm, ein Medizinstudent. Der steckte selber tief in

alchemistischen Studien und hatte bald aus Flamel herausgeholt, wohin die Sache führen sollte. Zuerst versuchte Anselm immer wieder am Ende aller Erklärungen den Schreiber dazu zu bringen, daß er ihm auch die Originalhandschrift zeige. Aber da war Nikolaus Flamel hart. Sie war sein Schatz und nur er allein mußte am Ende den ganzen Schlüssel zum Geheimnis besitzen!
Anselm der Student fand sich mit diesem Stand der Dinge ab – schien sich abzufinden – und gab viele überraschende und kluge Ausdeutungen für alle gezeigten Figuren. Sie hatten alle nur einen kleinen Nachteil, sie stimmten nicht. Jahre um Jahre spendete Flamel seinen Schreiberlohn zur Durchführung langwährender Versuche. Zudem hatte er nicht viel Geld für Öfen und Destilliergeräte und so kam nichts dabei heraus.
Flamel war bereits ein gesetzter Mann und zweiundvierzig Jahre alt geworden, als er sich entschloß das zu tun, was schon Zosimos den erfolglosen Alchemisten geraten hat. Er nahm eine reiche Frau.
Nach der eigenen Geschichte des Nikolaus Flamel ist dies eine junge Liebesehe gewesen. Die amtlichen Akten sind pietätloser. Nach ihnen ist Frau Perenelle Flamel schon doppelte Witwe und Nikolaus ihr dritter Mann gewesen. Und das vereinte Vermögen ihrer vorhergehenden Gatten brachte Frau Perenelle mit in die Ehe.
Es war eine wohlhabende Ehe. Das Schreibergeschäft florierte. Einige junge Männer waren zum Abschreiben in ihrem Haus beschäftigt. Dazu hatten sie eine öffentliche Schreiberbude für dringende Briefe. Am siebenten April 1372 oder 1373 – man zählte damals in Frankreich die Jahre von Ostern zu Ostern – machte Nikolaus Flamel mit seiner Frau Perenelle den ersten, am achtzehnten September 1386 den zweiten Gegenseitigkeitsvertrag. Darin setzte Frau Perenelle ihren Mann und Nikolaus seine Frau zum Erben ihrer Vermögen ein.
Nachdem nun die Sicherheit des Lebensunterhaltes für Nikolaus Flamel so angenehm gesichert war, fing er wiederum an daran zu denken, dieses schöne Vermögen durch Alchemie zu multiplizieren.

Flamel hatte schon des öfteren daran gedacht, daß der rechte Mann für die Entzifferung der Symbole seines Goldprozesses, nachdem er von einem Juden aufgeschrieben worden war, auch ein jüdischer Gelehrter sein müsse. Aber welcher jüdische Gelehrte würde daran denken, ihm dem Christen das für die Judenheit bestimmte Geheimnis zu deuten? Es mußte denn ein getaufter Jude sein – am besten ein katholischer Priester jüdischer Rasse.
Als Flamel seinen Plan soweit durchdacht hatte, da zögerte er auch nicht mehr lange, ihn in die Tat umzusetzen. Durch vorsichtige Umfrage hatte er herausgefunden, daß ein gewisses Kloster Sankt Jakob in Spanien ihm mit solchen Helfern dienen könne. Unter dem Deckmantel einer Pilgerreise, und nachdem er von seiner Frau, die eingeweiht war, Abschied genommen, machte er sich auf den Weg nach Spanien.
Aber weder auf dem langen Reiseweg, noch am Ziel seiner Wallfahrt fand Nikolaus Flamel was er suchte. Er war bereits auf dem Heimweg, als ihm das Glück lächelte. In Leon, der nordwest-spanischen Stadt, traf er einen Kaufmann aus Boulogne. Ihm erzählte Flamel, daß er ein Problem hätte, das er gerne einem getauften jüdischen Gelehrten vorlegen möchte. Und wirklich, dieser Kaufmann brachte ihn zu einem Doktor großer Gelehrsamkeit, dem Magister Canches.
Dieser Doktor Canches sah auf dem ersten Blick, wie die Figuren zu deuten wären, die der Fremde ihm da zeigte. Mit Verwunderung und tiefem Interesse begann er diesem, unserem Nikolaus Flamel, die Figuren sogleich zu erklären. Danach war er auch sofort bereit mit Flamel nach Paris zu kommen. Er wollte die Originale der Figuren und das ganze Buch sehen, um, wie er sagte, seinen Deutungen die letzten Zweifel zu nehmen.
Wir wissen nicht in welcher Stimmung und aus welchem Grund nun, nachdem er sich doch so viele Jahrzehnte standhaft geweigert hatte, Flamel bereit war, einem Fremden seinen Schatz sehen zu lassen. Jedenfalls machten sich beide auf den Weg. Sie nahmen in Santander ein Schiff, kreuzten den Golf von Biskaya und kamen auch glücklich in Frankreich an. Meister Canches war auf dem Segler seekrank geworden. Aber das hatte nicht viel zu bedeuten,

das waren andere auch. Unangenehm war nur, daß das Erbrechen sich nun auch auf der Reise zu Land nicht mehr legen wollte. Die würgenden, reißenden Schmerzen in Leib und Darm des Magister Canches wurden immer unerträglicher, je näher sie der Stadt Paris kamen. In Orleans, nur fünfzig Meilen vor Paris starb dann der jüdische Doktor unter heftigem Erbrechen.
Der fromme Nikolaus Flamel war untröstlich. Er ließ den Magister in der Kirche zum heiligen Kreuz begraben. Und wohl auch zu seinem Seelenheil gab Flamel am Grab ein Versprechen:
»Gott geb seiner Seele die ewige Ruhe! Denn er starb als ein guter Christ. Wenn mich nicht der Tod daran hindert, so will ich ihm in dieser Kirche ein Vermächtnis stiften, damit alle Tage einige Messen für seine Seele gelesen werden.«
Flamel war unverständlich tief vom Tode jenes Gelehrten gerührt. Aber obgleich ihm noch zwanzig Jahre Lebensfrist gegeben waren und obwohl Flamel viele Spenden an andere Kirchen machte – keine kam an jene Kirche in Orleans. Fürchtete sich Flamel im Angesicht seines Todes an jenen Leichnam in der Gruft der Kirche zum Heiligen Kreuz, an jenen Mann zu denken, der in einem solch günstigen Augenblick für ihn starb?

Nikolaus Flamel erreichte Paris gesund und munter. Sein Weib Perenelle begrüßte ihn mit Freude. Konnte er ihr doch sogleich erzählen, daß er nun neue Kenntnisse von einem jüdischen Doktor erworben hätte, die besonders den Aufbau der Prima Materia, den entscheidenden Grundstoff betrafen.
Flamel machte sich sofort an die Arbeit. Aber erst Wochen, dann Monate vergingen und das ersehnte Ziel lag immer noch in Griffweite aber unerreicht. Irgend eine Kleinigkeit schien immer wieder zum Versagen zu führen. Es waren schließlich drei Jahre vergangen bis es ihm gelang, die beschriebene Prima Materia zu erzeugen. Ein strenger Geruch ging von ihr aus!
Am 17. Januar 1392 verwandelte er mit Hilfe jener Prima Materia ein halbes Pfund Quecksilber in reines Silber. Es war sein Weib Perenelle, die ihm bei diesen Versuchen half. Am 25. April 1392, nachdem es den beiden alchemistischen Ehepartnern auch gelun-

gen war, den Roten Stein, dem Projektor zum Gold herzustellen, wurde wiederum ein halbes Pfund Quecksilber zum Experiment verwandt. Diesmal verwandelte es sich zu reinem Gold.

NICOLAVS FLAMELLVS,
Pontisatensis,
Vixit circa finem XIV et initium
XV. Seculi apud Parisienses civitate
donatus. Erat insignis in patria lingua
Poeta, egregius Pictor, ocultus Philosoph.
et Mathematicus et Alchemista celebris
Nat. A. Denat.
Ex collectione Friderici Roth Scheltzu Neriï

Flamel und sein Weib waren wohlhabend, wurden reich. Flamel ließ gerne unter der Hand verlauten, daß er ein Alchemist sei. Aber, so fragten die Wisperer und Neider, war dieser Alchemist wirklich ein Alchemist? Mit was hat Flamel sein Gold gemacht, das er im Alter so fromm an Pariser Kirchen spendet, mit dem er theatralische Prozessionen von Blinden und Mönchen zur Ehre Gottes und seiner eigenen Ehre organisiert? Was war wirklich hinter jenen Figuren, die Flamel zur Illustrierung seiner Geschichte über das Tor des Friedhofs der Heiligen Unschuldigen meißeln ließ?
Selbst zu dem immer geldbedürftigen König Karl den Sechsten von Frankreich kamen die Gerüchte vom Goldmacher Flamel. Und er schickte seinen Minister Cramoisi, um der Sache auf den Grund zu gehen. Cramoisi war ein vornehmer Mann und hatte bestimmte Vorstellungen von Reichtum. Als er zum Haus des Flamel kam und die Ehegatten von irdenem Geschirr essen sah, da stand es für ihn fest, daß alle die Geschichten von der Alchemie des Nikolaus Flamel Schwindel waren. Wie er auch treulich dem König berichtete.

Wie das Leben des Nikolaus Flamel unwahr frömmlerisch ist, wo er öffentlich der Kirche schenkt und privat mit den Schwesterkindern seiner Frau um dürftige Almosen prozessiert, so ist seine Alchemie, seine chemische Philosophie unklar und mystisch. Das, was der offene, lebensfrohe Johann von Mehung ablehnt, ist das Arbeitsgebiet des Nikolaus Flamel. Hier ist die Philosophie aus dem »Tractat Nicolai Flamel«, gedruckt zu Hall im Jahr 1612:
»Um keinem Irrtum zu verfallen, muß man die Art der Transmution beobachten, wie sie überall in den Adern der Erde geschieht. Dann kann auch außerhalb der Erzgänge transmutiert werden, wenn man nämlich die Metalle zuerst geistig macht, sodaß sie sich in ihren Sulphur und Mercurio teilen. Denn alle Metalle sind aus einem besonderen Schwefel und Argentum Vivum, einem besonderen Quecksilber zusammengesetzt, die aller Metalle Samen sind. Diese beiden Samen sind wiederum aus den vier Elementen aufgebaut. Sulphur, der männliche Samen, ist nichts anderes als

Feuer und Luft. Er ist ein gebundener Schwefel, gleich dem Feuer unveränderlich und metallischer Natur. Mercurio, der weibliche Samen, aber ist aus Wasser und Erde gebildet. Ihn nennen die Alchemisten die Mutter der Metalle. Alle unvollkommenen Metalle kommen aus ihm und auch das gewöhnliche Gold und Silber.«
Die gleiche Philosophie gibt auch das »Summarium Philosophicum Nicolai Flamelli«, gedruckt im »Wasserstein der Weisen«, zu Frankfurt im Jahr 1619. Dazu gibt es das Verfahren des Nikolaus Flamel. Es besteht nach diesem Traktat darin, daß rohes, ungereinigtes Quecksilber in einem Glaskolben in heiße Asche gesetzt und darin zu Gold und Silber ausgebrütet wird, wie das Ei durch die Henne.
So bleibt uns nicht viel Lernenswertes oder auch Liebenswertes vom Goldmacher Nikolaus Flamel. Aber das ist noch nicht die ganze Geschichte. Eine helle Seite hatte Flamel – neben der Treue zu seinem Weib Petrenelle –, er war ein Künstler in der farbenfreudigen Kopie mystisch symbolischer Bilder. Eine farbige Kopie der symbolischen Alchemie seines Buches des Juden Abraham, gemalt im Jahre 1399, ist in Paris zu sehen. Und von Flamel her datiert die Mode, ein alchemistisches Verfahren in Bilderrätseln darzustellen. Diese Methode hat zwar den Forschern der Alchemisten nicht allzuviel genützt. Aber sie war für ein paar hundert Jahre der weitverbreitete Ausdruck populärer Alchemie. Uns späte Generation aber hat er mit einer Serie ausdrucksvollster Holzschnitte aus diesen Jahrhunderten beschert.

William de Brumley und das Cadmium-Gold

Welche Gefühle Eduard der Dritte, König von England, nach Abbruch seines Abenteuers mit dem Alchemisten und Mönch Raimund Lullus immer auch gehegt haben mag, Enttäuschung war nicht darunter. Er war im Gegenteil die folgenden Jahre darauf aus einen Alchemisten zu finden, der ihm ein rechter Ersatz für den Entschwundenen sein konnte.

Da war ein Alchemist John de Walden, der dem König versprach den Stein der Weisen zu produzieren. Zu diesen Experimenten aber borgte er erst einmal von Eduard fünftausend Kronen in Gold und zwanzig Pfund Silber. Mit Laborieren und Destillieren war aber das Edelmetall durch des Alchemisten Finger geflossen und in den Schornstein verdampft. Die Multiplikation des Goldes aber konnte er nicht vollbringen. So warf am Ende, im Jahr 1350, der König den John de Walden in den Tower.

Zu dieser Zeit hatte auch ein Geistlicher namens William de Brumley juristische Schwierigkeiten mit der Alchemie. De Brumley hatte aus Gold und Silber, unter Einsatz von Salmiak, Vitriol und einem Golermonik genannten Material, eine schöne Legierung hergestellt.

Golermonik muß als eine Verballhornung des Wortes Galmei, Zinkerz gewesen sein. Aber Zinkerz konnte in England auch das Erz eines dem Zink so ähnlichen edleren Metalls, des bei Greenock in Schottland gefundenen natürlichen Kadmiumsulfids sein. Diese Legierung ist leicht schmelzbar, gibt starken Glanz und erhält hohe Politurfähigkeit.

Kein Wunder, wenn William de Brumley stolz auf sein neu produziertes Gold war. Er war so eingenommen davon, daß er es in Barren goß und diese stracks dem königlichen Münzmeister Gautron, am Tower, anbot. Das hieß nun wirklich direkt in die Höhle des Löwen gehen und verlangte eine starke Portion Selbstbewußtsein. Wer würde sonst versuchen dem königlichen Münzmeister persönlich selbstgemachtes Gold zu verkaufen.

leichtfertiger Schuldenmacher. Aber wenn ich auch alles verloren hatte, den Mut und die Hoffnung hatte ich nicht verloren.
Als ein armer Gesell zog ich allein nach dem fernen Rhodos, wo mich keiner kannte. Mit großer Mühe und Arbeit erwarb ich dort die Freundschaft eines geistlichen Gelehrten. Man sagte, daß er den rechten Stein zu machen wisse. Hier faßte ich wieder ein Herz und arbeitete mit dem Mann.«

Es geht eine Legende, daß Bernhard von Trier im Alter von zweiundachtzig Jahren das große Geheimnis doch noch für sich entdeckt habe. Danach lebte er noch drei glückliche, zufriedene Jahre und starb im Jahr 1490.
Ganz ohne Freunde war Bernhard von Trier im Alter nicht. Es gibt ein Schreiben Bernhards von Trier an Thomas von Boulogne. Der war Leibarzt von Karl dem Achten in Frankreich und in diesem Brief, der wahrscheinlich richtig vom 12. Mai 1485 datiert ist, heißt es:
»Hochgelehrter Herr Doktor, lieber Freund. Ich lasse euch wissen, daß ich von Herrn Aldereich euer langes Schreiben, samt dem Stein eures geheimen Werks gut erhalten habe und dies als ein Zeichen eurer Freundschaft spüre.«

Aber nicht nur Freunde in seinem Alter, auch Freunde nach seinem Tode hat Bernhard von Trier, der unentwegte Jünger der großen Kunst gemacht. Hier ist der Brief des Galli Schönreuter, Doktor der Arznei und Chemie zu Schlettstadt im Niederelsaß, den er am 16. August 1567 an den Doktor der Philosophie und Arznei, Wilhelm Gratarolum, in Basel richtet:
»Dadurch daß ihr den Bernhardi aus der französischen Sprache ins Latein übersetzt, habt ihr euch einen ewigen Namen gemacht. Wer wollte dem Menschen nicht wünschen, daß er die unvollkommenen Metalle von ihrem Aussatz reinigen könne, um sie zur Vollkommenheit zu bringen und sie in wahres Gold zu verwandeln. In ein Gold, das den schärfsten Proben standhalten könne!
Bernhardi sagt es deutlich genug, daß die Materie des Steins der

Der dritte Schlüssel.

Leipzig 1602

Weisen ein zweifacher Mercurius sei, ein gewöhnlicher und einer der aus den Metallen gemacht wurde. Wenn diese beiden gemischt und gekocht werden, so können die vollkommenen Metalle damit multipliziert werden.
Nun hab ich zwar ohne Lehrmeister den Mercurium Saturni und Lunae gefunden und kann Blei und Silber innerhalb dreier Stunden in lebendiges Quecksilber verwandeln. Aber mir fehlt das richtige Verhältnis der Mischung und die Gewichte, die Bernhardi nicht angibt.

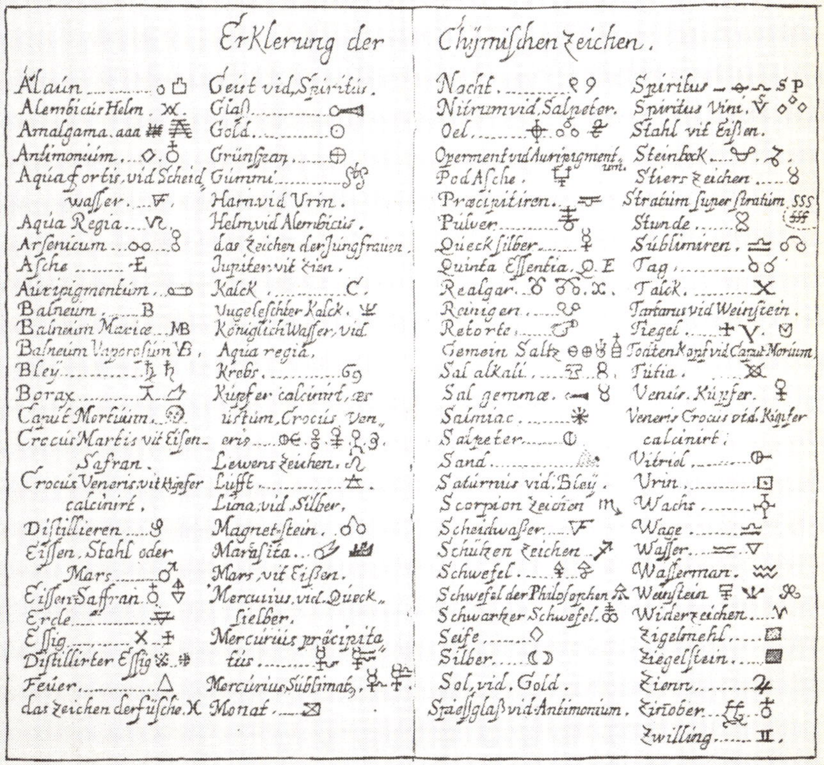

Mich dünkt, es fehlt auch noch ein Drittes, außer den beiden Mercuri, da aller guten Dinge drei sind, wie es zum Beispiel die heilige Dreifaltigkeit ist. Auch Theoprastus Paracelsus beweist dieses augenscheinlich. Er schreibt im Paragrano, daß es sonnenklar ist, daß die Metalle nicht nur aus Sulphur und Mercurio allein wachsen, sondern noch aus einem dritten, das die beiden zu einem Körper verfestigt.
Durch die Unkenntnis dieser Sache sind die Fehlschläge entstanden und darum hat man die Alchemie eine Betrügerin genannt.«

Der Alchemist Johann von Laaz und die Kaiserin Barbara

Kaiser Sigismund hatte reiche Goldbergwerke in Ungarn. Davon aber waren keine reicher als die der stolzen Stadt Königsberg. Regiomontum, königliche freie Bergstadt an der Gran im Barscher Komitat, so hieß sie in den Urkunden. So reich waren ihre Schächte, sagen die Chroniken, daß ihre Bergknappen keinen anderen Lohn erhielten, als den Goldstaub, der an Kleidern und Werkzeugen hängen blieb.
Es wurde aber in diesen Bergwerken leichtsinniger Raubbau getrieben. Nur immer Gold und Gold, so hieß die Losung. Darum wurden die Schächte schlecht abgetäuft hinabgetrieben und Stollen wurden rasch durch brüchiges Gestein vorgestoßen. So kam es, daß an einem Tag, gerade während eines großen Festmahls, der Hauptschacht zusammenstürzte. Vierhundert Menschen wurden erschlagen und das Blut der Zerschmetterten floß Stunde um Stunde mit dem Grundwasser vermischt aus dem Erdstollen. Aber solche Dinge konnten das Tempo kaum verringern. Für erschlagene Knappen gab es neue. Wer tat nicht alles für Gold!
Es war das Gold dieser Bergwerke, das die eigensinnige und ebenso herrschsüchtige wie ausschweifende Kaiserin Barbara – die ihres Gemahls auch herzlich überdrüssig war – durch Erpressung in ihre Hand zu bringen suchte. Nur wurde dabei die Verschwörerin selbst wieder betrogen. Zwar war der Plan schon im Laufen und der Kaiser schon auf die Reise von Prag nach Ungarn gelockt, wo die Gelegenheit für die Erpressung so günstig war. Da starb aber unverhofft Sigismund von selbst auf der Reise und der Schwiegersohn ergriff die Gelegenheit. Er führte dafür die Kaiserin Barbara gefangen nach Ungarn.
Dort wurde sie nun genau so erpreßt, wie sie den Kaiser zu erpressen gehofft hatte. Sie mußte einen Vertrag unterschreiben, nach dem sie die Städte und Bergwerke in Ungarn abtrat. Dabei war der Schwiegersohn großzügig und setzte der Kaiserin eine Witwenrente von jährlich zwölftausend Goldgulden aus.

Kaiserin Barbara war nun fünfundvierzig Jahre alt. Aber sie war lebenssüchtig genug mit den zwölftausend Goldgulden kein Auskommen zu finden. So begann sie auf ihrem Schloß in Melnik so nebenbei Gold und Silber alchemisch herzustellen. Die Kaiserin war klug und kannte alle philosophischen Theorien der Goldmacher. Aber sie war keine Person mit schwachen Nerven. Wenn ihr etwas gut gelungen war und schön aussah, dann fackelte sie nicht lange mit den siebzehn Goldproben. Sie hing es einfach dem nächsten Goldschmied an. Als Herrin auf Melnik hatte sie manches Druckmittel die Zweifelnden zu überzeugen, daß ihre Legierungen gutes Gold und edles Silber waren.

Besonders um Silber billig zu machen, das hatte die Kaiserin bald herausgefunden, da gab es ein nützliches Rezept. Man ließ unter scharfem Feuer drei Lot Kupfer mit zwei Lot Arsenik und ebensoviel fixem Alkali im Schmelztiegel zusammenfließen. Das gab zwar noch ein sprödes Metall. Ließ man aber noch viermal, immer unter Zusatz einer neuen Portion Arsenik und Alkali, zusammenschmelzen, und hielt man dann das Ganze noch eine zeitlang im Feuer, dann bekam man ein geschmeidiges weißes Metall.

Diese Künste machten die Kaiserin so berühmt, daß gelehrte Alchemisten von weit her kamen, um mit ihr zu disputieren. Einer von ihnen, Johann von Laaz, besuchte sie nach dem Jahr 1437 und schrieb darüber einen Bericht. Für ihn war die Kaiserin eine zu scharfe Sache. Laaz hatte bei Nacht und Nebel von ihrem Schloß zu verschwinden, nachdem er den erfolglosen Versuch gemacht hatte, ihr eine philosophisch moralische Predigt zu halten. Dabei war die Kaiserin Barbara nicht kleinlich und war immer bereit, den Besuchern die ihr gefielen, die schönsten alchemischen Stücke zu zeigen. Johann von Laaz erzählt, wie sie ihm das Silbermachen zeigte:

»Da ich von mehreren Seiten hörte, daß die Gemahlin des höchstseligen Königs Sigismund in Naturwissenschaften erfahren sei, so machte ich ihr meine Aufwartung und prüfte sie ein wenig in der Kunst.

Sie wußte ihre Antworten mit weiblicher Feinheit abzumessen. Vor meinen Augen nahm sie Quecksilber, Arsenik und noch anderes, was sie nicht nannte. Daraus machte sie ein Pulver, von welchem das Kupfer weiß gefärbt wurde. Es hielt Strich wie Silber, vertrug aber den Hammer nicht. Damit hat sie viele Menschen betrogen.«

»Desgleichen sah ich bei ihr, daß sie heißgemachtes Kupfer mit einem Pulver bestreute, welches eindrang. Das Kupfer wurde wie feingebranntes Silber. Wenn es aber geschmolzen wurde, so war es wieder Kupfer wie zuvor. Und solcher falscher Kunststücke zeigte sie mir viele.«

Es waren aber nicht nur Stücke um Silber zu machen, die die Kaiserin konnte. Sie hatte auch Rezepte um gut aussehendes Gold zu machen. Auch davon zeigte sie eines dem Johann von Laaz:

»Ein andermal nahm sie Eisensafran und Kupferkalk und andere Pulver, mischte sie und zementierte damit gleiche Teile Gold und Silber. Dann hatte das Metall von innen und außen das Aussehen wie feines Gold. Aber wenn es geschmolzen wurde, verlor es die Farbe wieder. Damit sind viele Kaufleute von ihr angeführt worden.«

Unangenehmerweise war Johann von Laaz keiner, der schweigen konnte. Er gab seine Meinung ungefragt zum besten. Doch da lernte er rasch die andere Barbara kennen:

»Da ich nun lauter Lug und Trug sah, machte ich ihr deshalb Vorwürfe. Sie wollte mich ins Gefängnis werfen lassen. Doch mit Gottes Hilfe kam ich noch so davon.«

Die Edle von Lambspringk

Der Abt und Alchemist Johannes Trithemius sagt in seiner Chronik der Benediktinerabtei von Hirschau in Württemberg von einer Reihe hoher Geistlicher, daß sie sich der Alchemie ergeben hätten. Unter diesen Alchemisten nennt er den Erzbischof Johann von Trier, den Abt Bernhard von Northeim, den Abt Andreas von Bamberg, den Prior der Kartheuser zu Nürnberg und den Bischof von Brixen.

Hohe und niedere in den Orden pflegten die große Kunst. Und besonders finden wir immer wieder Benediktinerklöster, von denen ein Strom kluger Naturbetrachtung und philosophischer Naturerklärung ausgeht.

Da ist das Benediktinerkloster zu Sankt Peter in Erfurt. Dort lebt und arbeitet um das Jahr 1440 der Alchemist und Mönch Marcarius, ein Zeitgenosse – Schüler, Lehrer oder Mitarbeiter – des großen Benediktiner-Alchemisten Basilius Valentinus. Von Marcarius kennen wir nur eine Handschrift, die Beschreibung des Feuersteines, »Descriptio Lapidis Ignis«. Dieser Feuerstein ist ein Begriff, den sonst nur noch Basilius Valentinus in diesem Sinne gebraucht. Es ist eine Tinktur, die aus dem Antimon bereitet wird und die die Kraft hat, fünf Teile Silber in Gold zu verwandeln.

Zwei Meilen von Goslar, am Flusse Lamme, liegt eine andere unter Alchemisten berühmte Benediktinerabtei. Dort soll eines der herrlichsten Bücher alchemistischer Literatur, das Werk des Edlen von Lambspringk, mit seinen kunstvollen Versen, seinen allegorischen Bildern, entstanden sein. Man kennt aber keinen Edlen von Lambspringk und schließt deshalb mit Recht, daß es der Deckname eines Adeligen war, der nun als Mönch in diesem niedersächsischen Kloster lebte. Aber wenn wir noch etwas tiefer in alte Chroniken sehen, dann erleben wir noch eine Überraschung. Im Benediktinerkloster Lambspringk gab es gar keine Mönche, nur Nonnen! Unser Edler von Lambspringk, der ums Jahr 1450 die

»Alchemey« so trefflich besang, war kein Mann – war eine Nonne.
Sehnsucht und Fleiß legten die mitteldeutschen Klöster dieser Zeit in die Kunst der Alchemie. Kein Wunder, daß auch Martin Luther, der die Kunst von dieser freundlichen Seite her aus seinem Klosterleben zu Erfurt kannte, ihr Freund und Gönner war. Darum sagt er in seiner Canonica:
»Die Kunst der Alchemey ist recht und Wahrhaftig der alten Weisen Philosophey, welche mir sehr wohl gefällt, nicht allein wegen ihrer Tugend und vielerlei Nutzbarkeit, die sie hat mit destillieren und sublimieren in den Metallen, Kräutern, Wassern und Olitäten, sondern auch wegen der herrlichen schönen Gleichnis, die sie hat mit der Auferstehung der Toten am jüngsten Tage.«
Es waren nicht nur Mönche, die zu dieser Zeit die Umwandlung des Goldes studierten. Fachmänner der Metallarbeit und Pfuscher probierten, wie man das hohe Ziel erreichen könne. So war es verständlich, daß sich bald Räte der Fürsten und bald die Räte der Städte den Kopf zu zerbrechen hatten, nach welchen Regeln und Satzungen das Goldmachen zu regieren sei.
So spitzte denn am 5. März 1459 der Ratschreiber in der Innsbrukker Stadthalterei die Feder und schrieb:
»Meister Peter von Rotenburg am Neckar bekennt, daß er nach Tirol gekommen ist, um dem Herzog Sigmund einige alchemistische Verfahren zu zeigen. Darunter auch, wie man Kupfer zu Silber mache und Silber zu Gold. Er hat dafür Geld genommen, aber dann das Kunststück nicht zuwege gebracht.«
Herzog Sigmund war ein freigebiger Herr und war trotz all seiner Silberbergwerke immer geldbedürftig. Und nun fühlte sich der Herzog von dem Meister Peter betrogen und hatte ihn einlochen lassen. Die herzoglichen Räte hatten nun die Aufgabe den Betrugsfall zu konstruieren. Aber es gibt keine heikleren Rechtsfälle, als die zwischen Landesfürsten und den Alchemisten. So sagten denn die klugen Räte zu Innsbruck zum Meister Peter: Wir erlauben dir, an die Gnade des Herzogs zu appellieren, ohne auf unser Urteil zu warten. Und zum Herzog sagten die Räte: Gnädiger Herr, lassen sie ihn laufen! Da wählte der Meister von Rotenburg

den Gnadenweg und gelobte, sich nicht mehr in Tirol blicken zu lassen »bei Strafe von Leib und Leben«.

Es gab jedoch auch Leute, die sich ohne jeden fürstlichen Auftrag daran machten, Gold zu produzieren. So machte im Mai 1476 Jörg Ketzel zu Nürnberg einen Barren künstliches Gold. Dieses durch Alchemie geschaffene Gold brachte er dem Goldschmied Ulrich Feuchter zur Strichprobe und bot es ihm schließlich zum Kauf an. Nun zeigte sich der Goldschmied jedoch mißtrauisch, lehnte den Kauf ab und verständigte überdies noch den Rat der Stadt.
Acht Tage später ließen die Ratsherren den Jörg Ketzel vernehmen. Ob er wohl sein Gold inzwischen jemand anderem verkauft habe, fragten sie ihn. Nein, sagte Jörg, er hätte es nicht verkauft. Trotzdem kam am 1. Juni 1476 der Haftbefehl: »Item... Jörgen Ketzel... in das Loch zu legen, des gemachten Goldes halber, so er dem Feuchter zu streichen gebracht hat.«
Ein weiterer Ratsbefehl schließt die Sache: »Item Jörgen Ketzel im Loch der Betrügereien halber, die er mit dem Goldmachen getan haben soll, zur Rede zu stellen.«
Sicherlich war den guten Stadtvätern von Nürnberg, bei denen jede Arbeit unter den Zünften fein verteilt war, vor allem der Eingriff eines Unbefugten in die streng festgelegten Produktionsregeln und Verkaufslizenzen der anerkannten Meister am ärgerlichsten. Gerade die Goldschmiede waren eine der vornehmsten Zünfte. Wenn da jeder aus dem Pöbel anfinge Gold zu machen und damit zu handeln, das war nicht auszudenken.
Die Alchemie war jedoch kein Einzelfall. Da fing der und jener in der Freien Reichsstadt an, die große Kunst der Umwandlung zu probieren. Sogar Bücher begann man nun darüber zu schreiben. Am 13. Dezember 1492 wird dem Rat der Stadt Nürnberg zur Überlegung gegeben, ob man die »Alchamai« zu verbieten habe. Auch möge das Büchlein bei S. Stromeir durchgesehen werden, ob man es drucken lassen solle. Die Zeit jedoch drängt über Überlegungen der Stadträte hinweg.
Ein Jahr später ist das Goldmachen schon ein Beruf. Am 9. No-

vember des Jahres 1493 trägt der Stadtschreiber von Nürnberg in die Bücher ein:
»Item Erhart Pfanner, Kandelgießer, hat den aide des appalierens halb gethan unt in forma wider Erasmum, den Alchimisten.«

Das Goldene Vlies des Salomon Trismosin

Als ein junger Gesell kam Salomon Trismosin zu einem Bergmann, Flocker genannt, in die Lehre. Dieser Flocker war auch ein Alchemist, behielt aber seine Kunststücke so für sich, daß Trismosin kaum etwas aufschnappen konnte. Flocker hatte da ein Stückchen, wie Gold zu machen war. Er nahm gewöhnliches Blei und präparierte es mit einem besonderen Schwefel, bis es zuletzt halbflüssig wie Wachs blieb. Von diesem so hergerichteten Blei nahm er zwanzig Lot auf eine Mark feines Silber, das ganz goldfrei war. Beide Metalle ließ er zusammenfließen und hielt sie auch über dem Feuer einen halben Tag in Fluß. Dann goß er das Metall in eine Form aus und es war nun halb Gold.
Den jungen Salomon wurmte es sehr, daß er das Kunststück nicht lernen durfte. Eines Tages bat er Flocker wiederum ernstlich, ihm doch die Kunst zu zeigen. Aber er wollte nicht davon reden. Nicht lange danach verunglückte Flocker. Er fiel in einen Schacht und brach sich das Genick. Von seinem Verfahren aber hatte er keine Spur hinterlassen.
Weil Salomon Trismosin es aber mit eigenen Augen gesehen hatte, daß Wahrheit in der Kunst Gold zu machen sei, so zog er 1473 in die Welt, um das Geheimnis irgendwo zu lernen. Wo immer er von einem Meister der goldenen Kunst hörte, machte er sich auf und zog an jenen Ort. Eineinhalb Jahre war er so schon auf der Wanderschaft.
Die Künste aus der Alchemie, die er dabei erlernt hatte, die trugen nicht viel ein. Aber er kannte nun einige Prozesse, die ihm zeigten, daß doch manches wahrhaftige Ding in der Alchemie steckte. So dachte der Wandergesell nicht daran die Suche aufzugeben, obwohl er mit seinen zweihundert Gulden, die seinen Sack so schön beschwerten, als er auszog das Glück zu suchen, nun zu Ende war.
Salomon Trismosin nahm unter seinen Freunden noch einmal einen Kredit auf und zog dann mit einem Fremden aus dem ungari-

schen nach Laibach in Krain und von da über die Berge ins italienische nach Mailand. Dort in einer Klosterschule wurde er Helfer und hörte dabei die Lektionen der Professoren umsonst.
Nahezu ein Jahr genoß Trismosin dort diese Art von Unterricht. Im Frühjahr jedoch machte er sich von neuem auf die Wanderschaft und Suche nach dem Stein der Weisen. Dabei kam er zu einem welschen Händler, der zusammen mit einem Juden Edelmetall fälschte. Die beiden machten englisches Zinn anzusehen wie feines Silber.
Salomon bot sich an, für sie zu arbeiten und der Jude, der deutsch sprach, überredete den welschen Händler ihn anzustellen. Dieser Trismosin könne ja gut das Feuer warten, während sie die Kunst mit dem Zinn machten, meinte der Jude.
Trismosin war anstellig und fleißig und so vertrauten die beiden ihm bald. Sie hielten nichts vor ihm geheim und der junge Salomon konnte lernen wie man mit gewissen Materialien unter Beachtung bestimmter Handgriffe aus Zinn gut anzusehendes Silber machte. Man brauchte nur zu einem Lot Kupfer in der Schmelze zwei Lot Spießglanzkönig – Antimon – oder auch zwei Lot Markasit – Wismut – geben und am Ende ein Pfund Zinn nach und nach hineinfließen lassen.
Salomon Trismosin war vierzehn Wochen in dieser Silberfabrik gewesen, als ihn der Jude auf eine Geschäftsreise nach Venedig mitnahm. Dort wurden einem türkischen Kaufmann vierzig Pfund dieses Silbers verkauft. Während der Jude mit dem Türken noch um den Preis handelte, nahm Trismosin die Gelegenheit wahr, um herauszufinden, was ihre Silberkunst wohl wirklich wert wäre. Er nahm sechs Lot ihres Silbers und ging damit zu einem Goldschmied. Trismosin sprach noch immer nicht italienisch. Aber einer der beiden Gesellen des Goldschmieds konnte lateinisch und davon hatte Salomon genug in der Klosterschule aufgeschnappt, um sich verständigen zu können.
Dieser Geselle schickte ihn nun zu einem reichen Metallscheider am Sankt Markusplatz. Der Metallscheider hatte drei deutsche Gesellen, die machten ihm die Silberprobe erst mit Säuren. Aber im Feuer hielt der Dreck dann nicht stand und alles flog zum

Schornstein hinaus. Es war den Scheidern nun klar, daß dies irgendeine Schwindelmischung war und der Meister rückte Trismosin hart auf den Pelz, um herauszufinden, wo er das Silber her hätte. Der hielt aber seinen Stand und sagte, daß es ihn nichts anginge, nachdem er doch nur zu dem Zweck zu ihm gekommen sei, eben herauszufinden, was an dem Silber wäre.
Trismosin hütete sich aber, nach dieser scharfen Erfahrung, wieder zum Silberjuden zurückzugehen. Er sah deutlich, wie rasch er bei dem Geschäft in sein Unglück rennen könne.
Nach seiner guten Erfahrung in der Klosterschule probierte Trismosin es erst wieder mit einer solchen Schule. Er mußte sich vor allem die täglichen Mahlzeiten sichern, bevor er eine andere Arbeit gefunden hatte. Der Rektor der Schule schickte ihn auch richtig in ein Spital, wo er ein stattliches Essen vorgesetzt bekam. An dieser Spitteltafel aßen auch andere Deutsche, aber es waren Fremde vielerlei Nationen, die vor den vollen Näpfen saßen.
Als Salomon Trismosin am nächsten Tag über den Sankt Markusplatz kam, da hielt ihn der Silberscheider-Geselle an, dessen Meister ihm am vorhergehenden Tag so böse zugesetzt hatte. Trismosin schaute sich erst unwillkürlich um, ob die Bahn für ein gutes Rennen frei wäre. Aber dann sah er dem Scheidergesellen voll ins Gesicht und fühlte, daß der freundlich war. Der Geselle nahm ihn am Ärmel beiseite und fragte, ob er mehr von diesem Silber hätte.
»Nein«, sagte Trismosin, »aber ich weiß, wie es zu machen ist und will es dir gerne lernen.« Darauf war der Silberscheider sehr zufrieden und fragte, ob er auch im Laboratorium arbeiten könne?
»Ja«, meinte da Trismosin, »einige Erfahrung hab ich wohl.« Da vertraute der Scheider ihm, daß da ein nobler Herr wäre, der lasse viel Versuche machen und der wolle schon lange noch einen deutschen Laboranten haben.
Solch eine Stelle suchte nun Salomon Trismosin gerade und der Scheidergeselle führte ihn stracks zu dem Oberlaboranten des Nobelmannes, der gerade in Venedig war. Dieser Oberlaborant war auch ein Deutscher, namens Hans Tauler und nach einigen Fragen wurden sie rasch handelseinig. Trismosin sollte freie Wohnung und Essen haben und zwei Kronen die Woche dazu bekommen.

Das Landhaus des Herrn, das Pontilon benannt war, lag sechs italienische Meilen außerhalb Venedigs. Solch ein Laboratorium wie in diesem Haus hatte Salomon sein Lebtag nicht gesehen. Es wurden alle möglichen Spezialprozesse durchgeführt und auch neue Arzneien gebraut. Dabei waren alle Hilfsmittel vorhanden und alle Rohstoffe auf Vorrat. Neun Laboranten arbeiteten hier und jeder hatte auch noch sein eigenes Zimmer. Für ihr leibliches Wohl war extra ein Koch angestellt.
Man kann sich denken wie froh Trismosin war, in ein modernes Forschungsinstitut geraten zu sein. Er gab sich deshalb von vornherein auch alle Mühe, dieser Auszeichnung würdig zu sein.
Um gleich zu sehen, was Trismosin in der Kunst tauge, gab ihm der Altlaborant Tauler einen Prozeß auszuführen auf, den der Nobelmann erst vor vier Tagen mitgeteilt erhalten hatte. Tauler mischte zwar die Pulver selbst, damit der neue Geselle nicht die rechte Zusammensetzung kennen sollte. Aber dann gab es einen sorgfältig vorgeschriebenen Prozeß durchzuführen und der dauerte zwei Tage.
Trismosin war fleißig, wich nicht von der Stelle und führte alle Vorschriften peinlich genau durch. Als die Endmasse, ein Klumpen von neun Lot Gewicht, ausgeschieden wurde, da ergaben sich drei Lot gutes Gold. So hatte Trismosin das erste Werk zu seinem Glück gesteuert.
Tauler, der Cheflaborant, berichtete den Erfolg sofort seinem Herrn nach Venedig. Der kam eiligst heraus nach Pontilon, um das Ergebnis mit eigenen Augen zu sehen. Mit Trismosin redete er in gebrochenem Latein, klopfte ihm auf die Schulter und nannte ihn einen Glückspilz. Trismosin, der herzlich wenig aus dem Wortschwall verstand, bekam am Ende ein solides Zeichen neuer Huld in Form von 29 Goldkronen in die Hand gedrückt.
Nachdem nun Salomon Trismosin auf diese Weise sein Gesellenstück abgelegt, wurde er gar feierlich verpflichtet. Er mußte bei Leib und Leben schwören, keinem die Kunst zu enthüllen. Trismosin unterzog sich willig dieser Prozedur und aus eigenem setzte er hinzu, daß er selbst gesehen hätte, wie Gott die Kunst von einem nahm, der sich zu sehr mit ihr geprahlt. Sein Grundsatz sei,

wenn er selbst den Stein der Weisen hätte: Halt das Maul und gib den Armen!

Die kleine Rede des neuen Laboranten wurde allerseits mit größter Zufriedenheit aufgenommen. Besonders der Altlaborant schloß ihn in sein Herz und gab ihm die geheimsten Prozesse zur Ausführung. Tauler erzählte unserem Trismosin vertraulich, daß der Herr dreißigtausend Kronen im Jahr für alchemische Versuche ausgab.

Seltene alchemistische Bücher und Rezepte aller Sprachen wurden vom Herrn von Pontilon aufgekauft. Trismosin war selbst dabei, wie für ein altes griechisches Manuskript, das Sarlamethon genannt war, sechstausend Kronen bezahlt wurden.

Dieses Manuskript, das die Beschreibung des Steins der Weisen, darin die Rote Tinktur genannt, enthalten sollte, wurde für die Laboratoriumarbeit in das Deutsche übersetzt. Trismosin bekam dann den Auftrag, den langwierigen Prozeß durchzuführen.

Es dauerte fünfzehn Wochen, bis eine gewisse Menge der Tinktur fertig war. Dann wurden damit eine Quantität Kupfer, Zinn und Silber zu Gold verwandelt. Aber das geschah alles in Verschwiegenheit vor den anderen Laboranten.

Nicht lange danach, an dem Tag, an dem unter festlichem Gepränge die hohen Herren Venedigs auf das Meer hinaus fahren, um mit Geschmeide die Meeresgewalten zu versöhnen, da ertrank der Nobelmann. Viele andere ertranken mit ihm, weil die Galeere kenterte.

Die Hinterbliebenen des Noblen stellten nun alle alchemischen Versuche in Pontilon ein und behielten nur den Cheflaboranten Tauler. Alle neun anderen Gesellen wurden gut bezahlt und entlassen.

Aber damit ist die Lebensgeschichte des Salomon Trismosin nicht zu Ende. Sie hat ein wunderbares Nachspiel. Und Trismosin soll es selbst so erzählt haben, wie es, gedruckt im Jahr 1598 zu Rohrschach, im »Aureum Vellus«, im Goldenen Vlies steht:

»Also kam ich von Venedig noch an einen besseren Ort. Da wurden mir kabbalistische und magische Bücher in ägyptischer Sprache anvertraut. Die ließ ich in das Griechische und dann in Latein übersetzen. So fand ich dann auf diese Weise den Schatz der Ägypter.«

Und so endet das Traktat von der Wanderschaft des Salomon Trismosin, wie er dort an jenem ungenannten Ort, den Stein der Weisen, die wahre Rote Tinktur erzeugt:

»Wie ich an das End der Arbeit gekommen, da fand ich ein solch schönes Rot, wie es kein Scharlach hat. Ich hatte einen unaussprechlichen, unaufhörlich vermehrbaren Schatz. Nach der Multiplikation hab ich wahrhaftig mit einem Teil der Tinktur eintausend und fünfhundert Teile Silber zu bestem Gold tingiert. Vor der Multiplikation hab ich, mit einem Teil, tausend Teile Zinn zu Gold verwandelt und daneben auch Kupfer, Quecksilber und Blei. Stahl und eiserne Stänglein sind, wenn erhitzt, das geschmeidigste Gold geworden, sobald man die Tinktur darauf geworfen hat.

Ich will nicht schildern, welche Mengen Silber und anderes Metall ich nach vielfacher Multiplikation in Gold verwandelt hab – denn es hat mich selbst entsetzt.«

»Splendor Solis«, Glanz des Goldes, dessen Zeichen die Sonne ist, heißt die früheste Handschrift, die wir von Salomon Trismosin haben. Sie ist mit wunderschönen farbigen, allegorischen Zeichnungen versehen, von denen eine die Jahreszahl 1582 trägt. Sicherlich ist sie für einen, bei dem Geld keine Rolle spielte, von einem älteren Original mit großer Kunst nachgemalt worden. Nun aber liegt sie im Handschriftentresor des Britischen Museums zu London.

Über ein dickeres Werk, das im Jahr 1598 zu Rohrschach und 1612 zu Paris erschien, und das sich Traktatensammlung des Salomon Trismosin, des Lehrers des Theophrastus Paracelsus, nennt, müssen wir auch etwas Unerfreuliches melden. Über ein Rezept aus diesem Werk schreibt Christoph Berger, ein tüchtiger Scheidekünstler und Chemiker, im Jahr 1794 zu Prag:

»Den Prozeß aus dem Salomon Trismosin, wo dabei steht, daß ihn ein armer Gesell arbeiten soll, hab ich auch versucht und zwar vor mehr als sechsunddreißig Jahren – da ich noch wirklich ein armer Schlucker war. Es ist aber nichts daraus worden.«

Wenn aber auch Trismosin seine rechten Goldprozesse anscheinend dunkel hielt, so hätte er uns doch jenen minderen Prozeß, aus Zinn Gold zu machen, lehren können. Bei diesem Stück der Kunst entsteht ein Produkt, das die Alchemisten jener Zeit ein Judengold nannten. Es ist der Zwilling zu jenem Silber aus Zinn, das Salomon Trismosin einst bei Silberscheidern am Markusplatz in Venedig zum Schornstein hinausfliegen sah.

Hier ist die genaue Anweisung solches Gold aus Zinn zu machen: Ein Pfund Zinn wird im Tiegel geschmolzen. Dann wird ein halbes Pfund Quecksilber in einem eisernen Löffel rauchend heiß gemacht, in das geschmolzene Zinn gegossen und mit eisernem Stab umgerührt. Wenn die Masse kalt geworden ist, dann läßt sie sich zerreiben. Man macht sie zu feinem Pulver und mischt ein halbes Pfund Salmiak und ein halbes Pfund Schwefelblumen darunter. Das Ganze wird nun in einem Kolben in eine Sandkapelle gesetzt und dieses Sandbad angeheizt, bis es zuletzt glüht. Dann läßt man das Feuer ausgehen und zerschlägt das Gefäß. Im oberen Teil des Glaskolbens ist nur eine salzige Masse, meist Salmiak. Darunter ist Zinnober, der aus Quecksilber und Schwefel entstanden ist.

Am Grunde des zerschlagenen Kolbens aber liegt das Judengold als eine glänzende, goldenfarbige und funkelnde Masse.

Agrippa von Nettesheim lehrt okkulte Alchemie

Mit Heinrich Cornelius Agrippa von Nettesheim kam die große Renaissance der Gnostiker des alten Alexandria. Agrippa brachte die Mystik ihrer Naturphilosophie, ihre okkulte Alchemie, verbunden mit einer Abneigung vor dem als nieder und irdisch betrachteten Experiment, wiederum zu einem neuen Leben.
Heinrich Cornelius Agrippa kam im September des Jahres 1486 in Köln als der Sohn sehr reicher, sehr vornehmer Eltern auf die Welt. Als junger Mann studierte er erst in seiner Vaterstadt, dann in Paris. Nach einigem abenteuerlichen Umherstreifen läßt er sich in der kleinen Universitätsstadt Dole in Burgund nieder, um dort Vorlesungen zu halten.
Der rasche, impulsive Agrippa erklärt seinen Hörern mit Eifer des Humanisten Johann Reuchlings Buch »De verbo mirifico«. Er führt die braven Doleaner damit in die Kabbalah, die jüdische Geheimlehre ein. Es war sehr geheimnisvoll, sehr philosophisch und ästhetisch. Die Honoratioren der Stadt und mehr noch ihre Weiber, waren entzückt von dem klugen, reichen, vornehmen jungen Mann. Agrippa erhält den theologischen Ehrendoktor der Universität Dole. Aber die Theologen der Inquisition hatten eine andere Meinung über die Theosophie des jungen Heinrich Cornelius. Ihr Berichterstatter, der Franziskaner Pater Catilinet, besucht die Vorlesungen des unvorsichtigen Ketzers und bereitet schon die Schriftstücke feuriger Verdammnis vor.
Aber Agrippa von Nettesheim hat die Mittel, sich durch rechtzeitige Reisen vor dem Eifer der Inquisition zu schützen. An einem sicheren Ort beginnt er sein großes Werk. »De Occulta Philosophia« zu schreiben. Das Manuskript schickt er seinem väterlichen Freund, dem Gönner der Alchemisten und Abt in Würzburg, Johann von Trittenheim. In diesem Werk will Agrippa über die geheimen Wissenschaften aussprechen, was andere neuere Schriftsteller, die er studierte, nicht gewagt hatten, klar auszusprechen.

Agrippa von Nettesheim

Johannes Trithemius lobt ihn in diesem Streben, aber gibt ihm auch einen guten Rat:
»Sag allgemeine Dinge zu der Allgemeinheit, aber weise Dinge zu den Weisen. Gib dem Ochsen Heu, aber dem Papagei Zucker. Bedenke, es sind schon andere vor dir von den Ochsen zertrampelt worden.«
In seinem okkulten Werk erklärt Agrippa, daß Gott drei Welten aus dem Nichts erschaffen habe: Das irdische Reich der Elemente, das himmlische Reich der Gestirne und das geistige Reich der Engel. Der Aufbau jedes dieser Reiche wiederspiegele das andere. Und alles ist von der Weltseele, dem Spiritus Mundi erfüllt.
Dieser Spiritus Mundi ist das Reservoir aller Seelenkraft, die Essenz himmlischer und übernatürlicher Kräfte. Er ist kein Teil der vier irdischen Elemente, sondern ein Fünftes außer ihnen. Als Urgrund aller Eigenschaften ist er über den irdischen Ausdrucksformen und neben den irdischen Stoffen.
Diese Quintessenz aus dem Gold zu nehmen und wieder in niedere Metalle zu projizieren, das war für Agrippa der theoretische Weg Gold zu machen. Er sagt, daß ihm dies auch gelungen ist. Aber er konnte auf diese Weise nie mehr als eine Unze Gold aus einer Unze Gold erzeugen. Denn, so sagte ihm auch seine Theorie, in einer Unze Gold kann eben nur soviel Quintessenz sein, daß sie wiederum nur für eine Unze Gold langt.
Auf Grund seiner alchemischen Mißerfolge hatte Agrippa von Nettesheim keinen weltlichen Fürsten zu fürchten. Nur die geistlichen Fürsten rücken ihm immer wieder auf den Leib. So sichert er sich vor ihnen, indem er in das Heer tritt und in den Krieg nach Norditalien zieht. Dort lehrt er an den Universitäten der eroberten italienischen Städte. In Pavia erklärte er das Herzstück der Alchemie, die Tabula Smaragdina des Hermes Trismegistos, vor der Universität und wird vom Senat zu den Doktoraten der Rechte und der Medizin zugelassen.
Aber dann war Agrippa abwechselnd immer wieder Soldat. In der Schlacht von Pavia wird er von den Landsknechten Frundsbergs gefangen genommen. In der Hitze des Gefechts platzt ihm die Umhängetasche und die okkulten Manuskripte fliegen über das

Schlachtfeld. Agrippa konnte nur einen Teil davon wieder einsammeln.
Unstet und kämpferisch war das Leben Agrippas. In Metz befreit er eine arme Bauersfrau, die als Hexe verbrannt werden soll, vor den Klauen der Inquisition. In Köln stirbt ihm seine Frau und treue Begleiterin an der Pest. Und als er selbst auf dem Totenbett liegt und sein Hund zäh und ergeben bei seinem Leichnam wacht, da erzählt die Flüsterpropaganda, daß das der Abgesandte des Teufels sei, der darauf warte die Seele des Cornelius Agrippa zu schnappen.
Hatte sich nicht oft auch das Gold, das Agrippa zur Begleichung der Zeche in den Herbergen hinlegte, am Morgen zu Spreu und Kot verwandelt! – so flüsterte man in den Wirtshäusern. Und man setzte hinzu, daß dies nicht das Zeichen des falschen Goldes der Alchemisten sei, es war das Gold des Teufels. Bei Nacht da hielt es alle Proben wohl, doch das Licht des neuen Tages konnt es nicht vertragen.

Abt Johannes Trithemius und der Berg des Wu-Ta-Wen

Johann von Trittenheim kam als zwanzigjähriger Bettelstudent im Winter des Jahres 1482 im tiefsten Schnee an das Benediktinerkloster Sankt Martin zu Spanheim. Das Kloster war arm, aber die Mönche waren freundlich. Und als am nächsten Tag ein Schneesturm von neuem die Welt abschloß, sah Johann dies als Zeichen an, blieb im Kloster und trat in den Orden der Benediktiner ein.
Als Allerjüngster im Kloster wurde Johannes Trithemius, wie er sich nun nannte, im nächsten Jahr zum Abt gewählt. Dreiundzwanzig lange Jahre blieb Trithemius Abt von Spanheim. Alle Klosterschulden brachte er weg, kaufte die Klostergüter zurück und baute die verfallenen Gebäude neu auf. Dem neuen Körper gab er dazu einen neuen Geist. Achtundvierzig zerfetzte Bände hatte die Klosterbibliothek gezählt, als Johannes in jenem strengen Winter an das Klostertor kam. Nun hatte er sie auf zweitausend Bände gebracht. Das Wissen unzähliger Generationen, viele tausend Stunden Schreibarbeit fleißiger Mönche enthielten diese Bücher. Die Bibliothek von Spanheim war berühmt bei allen Gelehrten des Heiligen Römischen Reiches. Der Abt des Klosters aber galt als ein Mann, dem die letzten Geheimnisse der Welt, das Bannen der Geister und die Transmution der Metalle nicht unbekannt waren.
Es war ein Unglück für uns, daß die Mönche von Spanheim selber nicht allzusehr an dieser Bibliothek hingen und immer mit heimlichem Verlangen an die schönen alten Tage der Lotterwirtschaft zurückdachten. Denn so kam es, daß – als Abt Trithemius im Jahr 1505 zu einer Konferenz mit Phillip dem Pfalzgrafen am Rhein nach Heidelberg reiste – die Mönche im Kloster Spanheim Aufruhr machten und ihren strengen Abt absetzten, um in Frieden wieder das verkaufen zu können, was sie die letzten zwanzig Jahre zusammengetragen.
Dem Abt Johannes Trithemius aber bot Bischof Lorentz von Würzburg die Leitung des dortigen Klosters Sankt Jakob an, die er

im Jahr 1506 auch antrat. Obwohl ihn Fürsten und auch Kaiser Maximilian an ihren Hof zu ziehen suchten, blieb Abt Trithemius seinem neuen Kloster treu und arbeitete dort fleißig und friedlich an seinen Werken, bis er im Winter des Jahres 1516 starb.
Um jene Werke des großen Johannes Trithemius gibt es Streit unter den Gelehrten. Die einen seiner Bücher halten sie als nicht von ihm geschrieben. Und die anderen, die nun sicher von ihm geschrieben sind, die halten sie für zweifelhaft, weil sie keine Spur mehr von den darin zitierten Büchern finden können. Darum ist es so schade, daß die zweitausend Bände der Bibliothek von Spanheim von den Mönchen wieder verlottert wurden.
Ich kann nicht sagen, zu welchen Büchern man das im Jahr 1619 zu Hall in Sachsen gedruckte Werk »De Lapide Philosophorum«, vom Abt D. Johannis Tritemii dem Papst Clementum gewidmet, rechnen soll. Sicherlich aber ist es ein wahrer Ausdruck der Welt der Alchemie des Abtes Johannes Trithemius.
Es ist immer noch Aristoteles, der das Fundament zum Aufbau der Stoffe gibt. Auf seinen Theorien baut der Philosoph klösterlicher Alchemie weiter:
Da sind zuerst die vier Elemente: Feuer, Luft, Erde, Wasser. Dazu sind die vier natürlichen Temperamente: Colera, Sanguis, Phlegma, Melancolica. Ihnen parallel sind die vier Naturen: Wärme, Feuchtigkeit, Trockenheit und Kälte. Die vier führenden Farben sind Schwarz, Weiß, Gelb, Rot. Die vier Grundgeschmäcker sind Geschmacklos, Sauer, Süß, Bitter.
Dazu kommen die zwei Geschlechter Männlich und Weiblich und die drei Ausmessungen Höhe, Tiefe und Breite. Die Höhe ist das Offenbare, die Tiefe das Verborgene und die Breite ist das Mittel.
Dieses System sollte alle jene Bande erfassen, die auch die Metalle zusammenknüpfen. Darum charakterisierte man Gold, als in seiner Höhe luftig, sanguinisch, heiß, feucht, rot, süß und männlich. In seiner Tiefe aber wäre es Blei oder irdisch Silber und dort wäre es melancholisch, kalt, trocken, schwarz, sauer und weiblich. Dann aber hätte es auch zwei Seiten seiner Breite. Auf der einen Seite wäre es Eisen oder Erz, feurig, colerisch, heiß, trocken, rot,

bitter, sauer und männlich. Auf der anderen Seite aber wäre es Zinn oder Quecksilber und damit wässerig, geschmacklos, stumpf und weiblich.

Es ist ein verwirrendes System, aber ein Paradies für scholastische Alchemie. Ein kluger Kopf konnte mit dieser Anweisung ganze alchemistische Wälzer zusammenfabulieren, ohne dabei nur einmal aufzuschauen.

So kompliziert dieses System aber auch war, eines machte es klar: Es mußte ohne Zweifel möglich sein auf dieser Basis dann auch Gold zu machen. Denn, so schließt der Alchemist dieser Tage: »Derhalben, wenn du das Innerste nach außen bringen kannst, so wirst du auch das Äußerste hineinbringen. Ob man aber die Gestalt und Form zerstört, wenn man aus all den Metallen Gold macht, das ist eine andere Frage. Calistenus sagt in seiner Alchemia, daß es nur eine Form gibt, das Gold. Alle Metalle, in den vielen Formen welche wir kennen, sind nur Grundsteine dazu.«

Es ist schön, wenn sich in die Buchstaben-Scholastik doch immer wieder die romantische Weltensehnsucht eines Mönches mischt. Dann enden die Kapitel oft in eine alte Legende:

Dieses Kapitel sagt genugsam, schreibt der Mönch, daß die Grundstruktur aller Metalle eine Flüssigkeit ist, die sich mit materialisiertem Äther – subtiler Irdischheit, sagt er – mischt. Wer diese Flüssigkeit haben will, der muß an die Grenzen der Tartarei gehen, wo die hohen Berge an die indische Grenze stoßen. Wie die Weisen sagen, wird auf jenen Bergen zu gewissen Zeiten diese Flüssigkeit in Lösung gebracht. Im Feuer machen die Alchemisten dort aus jenem Wasser die Weiße und die Rote Tinktur.

Und nun gibt der Mönch dem Bericht eine persönliche Wendung. Er läßt sich von dem Mann berichten, der aus jenen fernen Bergen kam:

»Es sagt mir aber der / so mir diss Wasser brachte / dass er mehlich lebendig darvon kommen wer / von wegen der Gefährlichkeit / so ihm aufgestossen were / ehe man zu dem Berg kömmet / umb der gifftigen Thiere willen / die da seynd unter den Bergen / Drachen / Löwen / Schlangen / Basilissken und Aspiden unter den Dornen und Gesträuchern liegen sollen.«

Wu-Ta-Wen hieß jener Mann, von dem diese selbe Geschichte schon neunhundert Jahre früher, in der Lebensbeschreibung eines chinesischen Alchemisten, zum ersten Male erzählt wird. Wu-Ta-Wen war Beamter in der Stadt Chengtu. Er hatte weite Kenntnisse und war einst im Dienste des weisen Zauberers Li Ken gestanden. Dieser Magier Li Ken kannte das Geheimnis der Weißen Tinktur. Li Ken schmolz Blei und Zinn zusammen, gab ein Pulver in der Größe einer Bohne dazu und rührte dann mit einem eisernen Löffel. Im Erstarren verwandelte sich die Masse zu Silber. Vom Magier Li Ken hatte Wu-Ta-Wen das große Geheimnis. Zu Zeiten, nach einhundert Tagen Fleischfasten, und mit Hilfe weniger Eingeweihter, stellte er die Weiße Tinktur, fern von den Menschen, auf einem Gipfel jener tartarischen Berge her.

Aureolus Bombastus Paracelsus, Sucher der Quintessenz

So viele jener klugen und geistig kühnen Männer, die ihren Namen im Mittelalter berühmt machten, stammen aus armen vermögenslosen Familien. Diese Tatsache sollte uns ein klein wenig von dem Stolz nehmen, mit dem wir die sozialen Möglichkeiten unseres heutigen wissenschaftlichen Studiums in das Licht zu setzen pflegen. Da der Grad allgemeiner Beteiligung an den Geisteswissenschaften sehr eng mit dem Tempo des geistigen Fortschritts einer Epoche zusammenhängt, sollte die gleiche Tatsache uns auch ein für allemal von der Einbildung ablösen, daß die Struktur des Mittelalters nur Beschränktheit und Rückschritt erlaubte, während die unserer Periode einen Triumphzug wissenschaftlicher Toleranz und Aufgeklärtheit gebäre. Solch eine Unterscheidung ist hoffnungslose Selbstzufriedenheit. Es ist heute so schwer wie damals und war damals so möglich wie heute, eine neue wissenschaftliche Theorie allein auf sich gestellt, ohne Namen, ohne Vermögen, ohne Clique, aufzustellen und durchzukämpfen. Ein Beispiel eines solchen Kämpfers ist der Arzt und Alchemist Philipp Theophrast von Hohenheim, genannt Aureolus Bombastus Paracelsus.

Wilhelm von Hohenheim stammte aus der alten schwäbischen Adelsfamilie der Bombaste von Hohenheim. Aber das Stammschlößchen der Familie in Pfänningen war in anderen Händen. Er selber hatte nur eine gute Erziehung und Ausbildung als Arzt. Sonst war er bettelarm in seiner kleinen Praxis zu Maria Einsiedeln in der Schweiz. Finanziell wurde seine Lage nicht besser, als er 1492 die eben so arme Aufseherin des Krankenhauses zu Maria Einsiedeln heiratete. Sie hatten nur ein kleines Häuschen, unweit Einsiedeln, an der Teufelsbrücke über die Siehl. Dort, am Fuße des Etzel, wurde im Jahr 1493 ihr einziges Kind, Philipp Theophrast geboren. Unter Tannenzapfen, bei frugaler, knapper Kost aus Käse, Milch und Haferbrot wuchs der Junge auf. Seine kleinen

Freuden waren die der Hirtenjungen. Seine Erziehung aber war streng, sorgfältig und gelehrt. Vater und Mutter lehrten ihn Lesen, Schreiben, Rechnen und ein bißchen Latein und Naturkunde.
Als Mutter im Jahr 1502 starb, zog Wilhelm von Hohenheim mit seinem jungen Sohn nach Villach in Kärnten, wo man ihm eine Stelle als Bergarzt für die Erzknappen und Hüttenleute geboten

Theophrastus Paracelsus

hatte. Dieser Umzug von dem stillen schweizer Winkel in das blühende Kärntner Erzgebiet sollte entscheidend für die große Zukunft des jungen Hohenheim sein. Es war für beide, Vater und Sohn, vor allem erst einmal ein materieller Aufstieg, hinweg von den Käse-Milch-Hafer-Rationen.
Nach der Beruföde von Maria Einsiedeln gab es hier für einen Arzt hundert neue Probleme, interessante Aufgaben. Und der dürstende Gelehrte in Wilhelm von Hohenheim fand nun Möglichkeiten mit anderen gebildeten Männern Erfahrungen auszutauschen und zu disputieren. Es war eine Reise von einer geistigen Wüste in eine geistige Oase.
Bergarzt in diesen metallgesegneten Tälern, das war der Beruf, für den der alte Hohenheim nun auch seinen Sohn vorbereitete. Ein besserer Bergarzt als er, sollte sein Sohn werden. Ein Arzt, der nicht nur die Krankheiten der Knappen und Schmelzer, die giftigen Arten der Dämpfe und der Wasser, sondern einer, der auch Krankheiten und Kräfte der Metalle kannte.
So lehrte denn Wilhelm von Hohenheim dem aufgeweckten Vierzehnjährigen nicht nur die Anfangsgründe der Medizin, sondern auch die der Metallurgie und der Chemie. Und alle die neuen gelehrten Freunde seines Vaters hatten mit ihre Freude an dem jungen Bürschchen und gaben aus ihrem Wissen mit ihre Lektion dazu. Einer der ersten und wichtigsten von diesen Männern war der Bischof Scheit von Seckau. Er war ein gar gelehrter Mann und sein Augustinerkloster in der Obersteiermark hatte eine Bibliothek von zehntausenden von Bänden. Auch nach dem frühen Tode des Bischofs stand diese Quelle des Wissens unserem Theophrast offen.
Andere Freunde waren Bischof Matthäus Schacht, Suffraganus Phrysingen, der Diakon von Ybbs und Bischof Eberhard Baumgartner zu Lavant in Niederkärnten. Der Bischofssitz Lavant gehörte damals zum Erzbischoftum Bamberg und besonders über jene Quelle muß der junge Theophrast sein Wissen um die Schriften des Abtes Johannes Trithemius und des Mönches Basilius Valentinus erhalten haben.
Auf diese Weise wurden in einem jungen Gemüt medizinische Ge-

sundheitslehren mit alchemistischer Naturbetrachtung unauflöslich verwoben und verknüpft. Es wurde der feste Grund zum Weltbild des späteren Theophrast Bombastus Paracelsus gelegt, der in der Beherrschung der Alchemie die Wurzel zur Heilung alles Krankhaften, also auch zur Heilung aller Krankheiten des Menschen sah.
Daß der junge Theophrast von Hohenheim nicht nur Wortspiele mit den philosophischen Begriffen der Alchemie trieb, dafür sorgte die Umgebung, in der er aufwuchs. In die von farbig strahlenden Feuern erleuchteten Schmelzhütten zu gehen, die giftigen Dämpfe zu schmecken und zu sehen, wie sich glitzernd kristallinisches Erz in hellblankes Metall wandelte, das waren die Abenteuer und Freuden seiner Freizeit. Schmelzmeister und Erzprüfer waren immer bereit, dem neugierig klugen Sohn ihres Bergarztes Dinge zu zeigen, die sie vor jedem Erwachsenen sorgfältig als ein Berufsgeheimnis versteckt gehalten hätten.
Es ist nicht verwunderlich, daß der junge Theophrast von Hohenheim, als ihn sein Vater im Jahr 1509 auf die Universität zu Basel schickt, unter den jungen Studenten hervorstechen mußte. Aber Theophrast hatte bereits zuviel natürliche Vorbildung, als daß ihn die eingefahrene und vertrocknete Schablone ärztlicher Naturwissenschaft, deren ganze Basis immer noch Aristoteles und Galenus ist, befriedigen konnte. Er unterbrach sein Studium in der Schweiz und kehrte nach Kärnten zurück.
Theophrast von Hohenheim scheint nun entschlossen gewesen zu sein, von praktischen Männern den Aufbau und die Synthese der Stoffe und Metalle zu lernen. Er hatte gefunden, daß die meisten der Professoren auf den Universitäten über diese Dinge nichts wußten und dafür einfach vertrocknete Unsinnigkeiten aus zerlesenen Büchern wiederholten. Und gerade der wahre Aufbau der Dinge mußte für einen Arzt, der heilen wollte, die entscheidende Grundlage alles Studierens sein.
»Das Gesundmachen gibt einen Arzt und die Werke machen Meister und Doktor, nicht Kaiser, nicht Papst, nicht Fakultät, nicht Privilegia, noch keine hohe Schul.« So sagt Theophrast von Hohenheim, und er geht in die Laboratorien, der Metallschmelzen,

um das zu lernen, was die Ärzte seiner Zeit mißachteten: Chemie. Zu dieser Zeit besaßen die reichen Augsburger Fugger das Silberbergwerk Schwatz und der »Edel und Vest Siegmund Füger« kam selbst in die Laboratorien, um neue Prozesse der Alchemie zu sehen. Es war der reiche Fugger, der Theophrast viele Möglichkeiten in seinen Laboratorien und den Rat seiner Laboranten bot.
Ausgerüstet mit neuem praktischen Wissen geht Theophrast von Hohenheim nochmals an eine Universität. Diesmal nach Ferrara und man sagt, daß er dort zum Doktor promovierte.
Dort in Norditalien mag Theophrast von Hohenheim auch in den alchemistisch-okkulten Gedankenkreis des Agrippa von Nettesheim gekommen sein, denn auch er schreibt von der grünen Tafel des Hermes Trismegistos:
»Und wenn schon von deinen beglaubigten Vätern und falschen Propheten nichts davon erwähnt wird, so zeigt doch die alte Smaragdinische Tafel mehr von der Kunst und Erfahrung der Philosophie, der Alchemie und der Magie, als je von dir und deinem Haufen begriffen werden kann.«
Aber Theophrastus Paracelsus benutzt diese Philosophie nicht zu einem Rückzug in die Ästhetik. Er baut sich kein goldenes Gebäude im Wolkenkuckucksheim. Er will den Menschen helfen und lernt dort, wo auch Roger Bacon, der große englische Mönch gelernt hat. Das ist die Größe des Theophrastus Bombastus Paracelsus, daß er keine Voreingenommenheit kennt:
»Ich habe gelernt bei Scherern, Badern, alten Weibern, Zigeunern, Henkern und Hundeschlägern.«
Nicht daß einem solcher Umgang im Mittelalter in besseren Ruf gebracht hätte als heutzutage! Mit seiner Freimütigkeit landete Theophrastus mit seinem Ruf genau dort, wo Agrippa von Nettesheim durch seine unerwünschte Philosophie gelandet war. Aber über Theophrast Paracelsus flüsterten die Rechtgläubigen nicht nur, sie gaben ihre Meinung offen in Wort und Schrift: Noch im Jahr 1727 wiederholt Doktor Georg Philipp Neuters in seinem »Bericht von der Alchemie« ein Summarium dieser Anschuldigungen:
»Was aber den armen Paracelsum anlange, von welchem man bis-

her so großes Wesen gemacht, so sei er mehr ein Untier, als ein vernünftiger Mensch gewesen, welcher als ein Idiot die Studien verachtet und seine größte Freude sei es gewesen, andere, die gelehrter waren als er, mit allerschimpflichsten Zoten anzugreifen. Man solle nur das Vorwort zu seinem Buche Pragranum lesen, so werde man finden, daß der gröbste Bauernflegel nicht gröber reden könne als er. Er sei ein Vollsäufer gewesen, der Tag und Nacht seine Gurgel geschwankt habe und dessen Herzensfreude es war, mit den Bauern im Wirtshaus um die Wette zu saufen.
Er sei ein rechtes Schwein in seinem ganzen Leben gewesen, ein gottloser Mensch, welcher nie gebetet und der auch nach Gott und seinem Wort wenig gefragt habe, ein Gotteslästerer, ein Teufelsbeschwörer und Zauberer, welcher den Teufel seinen Kameraden genannt habe.«
Es ist wahr, das ist grobes Geschütz. Paracelsus verstand es zum Glück mit grobem Geschütz zurückzuschießen. Aber er hatte auch Besseres zu antworten:
»Wer nur ein Gläubiger ist und kein Philosophus, der ist kein Weiser im Glauben. Es gebührt dem Gläubigen ein Weiser Mann zu sein und ein kunstreicher Mann, damit er wisse, was er glaube. Ein Tor, der da glaubt, ist tot in seinem Glauben. Der ist reich, der Gott erkennt in seinen Werken und glaubt aus denen an ihn, nicht wie ein Blinder an die Farbe.«
Es ist wahr, im Buche Paragranum hat Theophrast Paracelsus harte Worte gegen jene Ärzte, die nicht daran dachten von den papierenen Büchern aufzusehen, um auch einmal einen Blick auf das Wirken und den Aufbau der Stoffe der Welt zu werfen. Von diesen Ärzten sagt er:
»Verächter sind sie der Philosophy, Verächter der Astronomy, Verächter der Alchimy, Verächter der Tugend. Wie mögen sie da unverachtet von den Kranken bleiben.«
Was er von solchen Ärzten gelernt hat, das findet Paracelsus wertlos:
»Was ich von euch gelernt hab, das hat der Firnschnee gefressen und ich hab alle Bücher in das Johannisfeuer geworfen, damit alles Unglück mit dem Rauch in die Lüfte gehe.«

Paracelsus fragt jene Ärzte nach dem Geheimnis von Leben und welken und gibt ihnen Antwort:
»Was macht die Birnen reifen und was bringt die Trauben hervor? Nichts als die Alchimy der Natur! Was macht aus Gras Milch? Was macht Wein aus dürrer Erde? Es ist die natürliche Digestion. Und wie die äußere Natur Alchemy treibt, so muß auch der Arzt die Dinge zum Reifen bringen.«
»Er soll die Philosophie lehren, warum das Blei schmilzt, was das Eisen hart macht, was dem Rubin die Farbe gibt und was das innere Geheimnis von allem ist.«
Aber Paracelsus erhofft nichts von jenen wohletablierten, so achtbaren und selbstzufriedenen Ärzten. Bitter sagt er zu ihnen:
»Ihr gleicht den schön glänzenden Markasiten, die der Bergmann für eitel Gold hält. Aber wenn er sie ins Feuer bringt, dann sind sie Schwefel und Hüttenrauch.«
»Der Himmel wird andere Ärzte schaffen, die die vier Elemente erkennen werden. Sie werden die Quintessenz und die Arcana haben, sie werden die Geheimnisse kennen und die Tinkturen besitzen. Wo werdet ihr Hanswürste dann bleiben, nach dieser Revolution? Der Teufel mit dem Hungertuch wird dann euren Weibern die dünnen Lippen putzen.«

Es wäre vorschnell, nach diesen Worten zu schließen, daß die Gedankenwelt Theophrast Paracelsus ein geschlossenes philosophisches Weltbild, seine einheitliche klare Idee über den Aufbau der Elemente umfaßte. Seine große Leistung war die Verknüpfung der Heilkunst mit der Alchemie, die Benutzung von Metallverbindungen als Heilmittel. »Fleisch und Kräuter wechseln vom Leben zum Tod. Metalle und Gesteine sind unsterblich. Darum geben sie die vollkommene Quintessenz.« So sagt Paracelsus. Aber die Philosophie zu dieser Alchemie ist seine eigene Mischung aus den großen Alchemisten.
Sein Grundprinzip ist, daß durch Gottes Wort alles in der Welt zu dem großen Chaos zusammengefaßt wurde, in einen indifferenten Urzustand. Von diesem Urzustand gingen durch Ausscheidung alle besonderen Stoffe hervor. Dabei wirkten drei Grundkräfte

der Natur: die Zusammenziehende, die Auseinandertreibende, und die neutrale Kombination beider Kräfte. Diese drei Prinzipien verkörperte er in den Begriffen Sal, Sulphur und Mercurius.

Neben diesen drei Begriffen bleiben bei ihm aber noch die vier Elemente Feuer, Wasser, Luft und Erde, denen er das formgebende und charaktergebende fünfte Element, die Quintessenz, zufügt. Dieses doppelgleisige System ist durch keine Methode zusammenzufügen. Paracelsus selbst benutzt alle genannten Begriffe an verschiedenen Stellen: bald mehr geistig-energetisch, bald mehr materiell-stofflich. Über allem aber steht die ihm wichtigste philosophische Idee der Quintessenz, jenes greifbar-ungreifbaren Etwas, das allen Dingen Charakter und Eigenschaft gibt. Darum ist ihm vom Golde selbst nur die Quintessenz begehrlich:

»Auch im Gold ist die Quintessenz in geringer Menge. Der Rest ist ein wertloser Körper, der weder süß noch sauer, ohne Eigenschaft und Kraft ist. Es ist ein Gemengsel der vier Elemente: Feuer, Wasser, Luft und Erde. Das ist der entscheidende Punkt. Ohne die Quintessenz sind die Elemente ohne Kraft und können keiner Krankheit widerstehen.

Wenn eine Krankheit hitzig ist, soll sie mit Kälte ausgetrieben werden. Aber nicht mit einer Kälte ohne Kraft, kaltem Wasser oder Schnee. Obwohl sie kalt genug sind, haben sie ohne die Quintessenz keine Kraft um die Krankheit zu vertreiben. Darum nützt uns der Körper des Goldes nichts. Es ist nur die Quintessenz, die seinem Element die Kraft gibt. Es ist immer die Quintessenz, die da heilt und gesund macht. Sie tingiert, durchtränkt den ganzen Körper, wie das Salz die Suppe recht und gut macht. Darum ist es auch zu verstehen, daß die Quintessenz einem Stoff zugleich mit den Tugenden auch die Farbe gibt. Wenn nun das Gold seine Farbe verloren hat, so ist ihm auch die Quintessenz entzogen.«

Es ist die Manipulation der Quintessenz, in der Paracelsus den Weg zur Veränderung der Metalle sieht. Er meint, es sind besonders die feinen Abstufungen, die es hier zu studieren gibt:

»Es ist die Kunst der Alchemie den Zusammenhang zwischen

Farbe und Eigenschaft zu erforschen und mit den Farben die Tugenden zu ändern. Es ist im Schwefel das Gelbe, Weiße und Rote und auch das Braune und Schwarze.«

Nach diesem Schema findet Paracelsus alle Metalle zusammengesetzt. Kupfer besteht bei ihm aus purpurnem Sulphur, rotem Sal und gelbem Mercury. Aber trotz seiner ständigen theoretischen Exkurse über Aufbau und Umwandlungsmöglichkeiten der Metalle, hält Paracelsus sich immer daran, daß es seine Aufgabe ist, die Menschen zu heilen, nicht die Metalle:

»Ärgert euch nicht, wenn ich viel von der Alchemie schreibe und euch doch nicht lerne Gold und Silber zu machen, sondern Arcana, die heilende Arznei. Ich zeige euch dafür, wie die Apotheken den gemeinen Mann bescheißen und betrügen, indem sie für einen Gulden verkaufen, was sie für einen Pfennig nicht zurücknehmen würden.«

Das war allerdings eine ärgerliche Art von Alchemie für die Ärzte und die mit ihnen vereinigten Pillendreher. Als Paracelsus nach zehnjähriger Wanderung durch alle Länder Europas nach Basel zurückkehrt und dort in Ehren als Stadtarzt und Professor der Medizin angestellt wird, da spinnt sich sofort ein ganzes Netz von Intrigen um ihn. Paracelsus geht ja nicht gegen die leicht zu beschimpfenden, immer am Rande der Respektabilität lebenden Alchemisten vor. Seine Kampfansage richtet sich gegen die anständigen, anerkannten, gelehrten Pfuscher und Profitmacher. Paracelsus verlangt strenge Kontrolle aller Apotheken, Überwachung ihres Ausbildungsstandes, Senkung der überhöhten Preise und Beendigung der Prozentgeschäfte mit den Ärzten.

Das Ende von allem ist natürlich ein triumphaler Sieg der approbierten Mittelmäßigkeit. Theophrastus Paracelsus muß außer Landes nach dem Elsaß fliehen. Es ist für ihn der Beginn einer neuen Wanderschaft.

In seinem später zu Straßburg gedruckten Buch Archidoxa entwickelt Paracelsus sein System der Stoffe über die vier Elemente und die Quintessenz hinaus. Er schafft dazu einen Überbau des Ungreifbaren, die Welt der Arkana. Sein System des noch Uner-

faßbaren ist eng mit den ähnlichen Begriffen der Alchemie der groben Metallumwandlung verknüpft.
Die Materia Prima ist ihm das erste Arkanum. Er erklärt sie als einen Samen, aus dem, wie das Gewächs auf dem Feld, im Menschen die neue Jugend wächst, zu einem neuen Sommer und neuen Jahren.
Auch das Arkanum vom Stein der Weisen erwächst aus der Philosophie der Umwandlung des Bleies zu Gold. Es stimmt so sehr mit dem überein, was man schon immer an Kräften vom Stein der Weisen erwarten konnte, daß der arkanische Stein der Weisen des Theophrast Paracelsus in Wahrheit der ewige Stein der Weisen aller Alchemie ist:
»Lapis Philosophorum, der dann das ander Arcanum ist, hat seine Wirkung in einer andern Gestalt. Gleich wie ein Feuer, das da säubert die beschissen und verrissen Haut des Salamander, und sie rein und sauber macht, als wäre er neu geboren. Also reinigt der Lapis Philosophorum den Körper, säubert ihn von allem Unflat, gibt ihm neue, junge Kräfte.«
Das lebendige Quecksilber, Mercurius Vitae, ist das dritte Arkanum des Paracelsus und die Tinktur ist ihm das vierte. So wie die Tinktur aus Silber und anderen Metallen Gold machte, so tingiert sie hier den Körper, nimmt die schlechten Eigenschaften, Ungeschick und Grobheit und läutert ihn zum Edelsten und Ewigen.
Von all diesen Arkana haben die Experimente mit dem lebendigen Quecksilber Paracelsus für immer berühmt gemacht. Es gelang ihm damit die gefährlichste, als unheilbar betrachtete Krankheit seiner Zeit, die Syphilis zu bekämpfen.
Zu Nürnberg, wo ihm der Ratsmeister Lazarus Spengler Hilfe und Gastfreundschaft gewährt, veröffentlicht Paracelsus im Jahr 1529 zwei Schriften über die Franzosenkrankheit. Weitere zu drucken verhinderte die Leipziger Medizinische Fakultät durch ihren Protest.
Trotz aller Widerstände hat Theophrast von Hohenheim mehr für die Medizin getan, als mancher Wohlangesehene und mehr praktisch in der Alchemie mit Metallen gearbeitet, als mancher alchemistische Schreiber. Es ist in dem Buch Archidoxa, in dem Para-

celsus über allen seinen Leistungen hinaus den Anspruch erhebt, auch den wahren Stein der Weisen, den Umwandler der Metalle gefunden zu haben:
»Denn mein Schatz liegt noch zu Weyden in Friaul im Hospital. Es ist ein Kleinod das weder der Römische Löwe noch der Teutsche Carl bezahlen können. Wiewohl der Signatstern im Geheimnis eurer Namen gefallen, aber von niemand, als der göttlichen Spagyrei Söhne, erkannt worden ist.«

Basilius Valentinus und der Signatstern des Antimons

Den Signatstern, jenen soliden Körper metallischen Antimons, mit seiner prachtvoll sternig-kristallinischen Oberfläche, hielt Theophrast Paracelsus als das größte Geheimnis der spagyrischen Kunst und wohl auch als das Tor zur Umwandlung der Metalle, zum Stein der Weisen selbst.

Solch ein Gedanke war durchaus nicht zu abwegig. Erst vor fünfzehn Jahren behauptete wiederum ein Amerikaner, Edward C. Brice aus Chicago, daß er einen Prozeß entdeckt hätte, reines metallisches Antimon, den Signatstern der Alten, in Gold umzuwandeln. Das Patentbüro der Vereinigten Staaten von Nordamerika verweigerte die Annahme der Patente, bis drei Metallscheider der staatlichen Münze positiv verlaufende Versuche mit dem Antimon-Verfahren gemacht hatten. Es stellte sich dabei heraus, daß alles normal gehandelte Antimon von vornherein geringe Mengen von Gold enthält.

Zur Zeit des Paracelsus gab es nur wenige, denen es gelungen war, auch nur die erste Stufe dieses Prozesses, den Signatstern metallischen Antimons zu erzeugen. Auch ein großer Vorgänger des Theophrast Paracelsus, der Mönch Basilius Valentinus, unterstreicht dies:

»Viele haben das Sternzeichen des Antimons sehr hoch eingeschätzt und sie haben weder Arbeit noch Ausgaben gescheut, um seine Herstellung zu erreichen. Aber sehr wenige haben jemals die Erfüllung ihrer Wünsche erreicht.«

Es ist das Große an Basilius Valentinus, daß er die Prozesse zur Herstellung des Signatsterns in allen Einzelheiten in seinem Manuskript, das man später den Triumphwagen des Antimon nannte, niedergelegt hat. Seine Monographie über das Antimon ist eine der großen wissenschaftlichen Einzelleistungen der Chemie und Alchemie.

Es ist wahr, während Valentinus genau und nüchtern den Ablauf chemischer Prozesse in seinem Werke schildert, verfällt er immer

DEr Salamander im Fewr thut leben/
Drumb hats jhm die best Farb gegeben.

Die zehende Figur.

Reiteratio, gradatio & melioratio Tincturæ, vel
Lapidis Philosophorum: Augmenta-
tio potius intelligatur.

1625

wieder plötzlich in die ausschweifende Phantasie mystischer Alchemie. Aber es ist die natürliche Reaktion des Alchemisten seiner Zeit, der immer wieder fürchtet auch die letzten Geheimnisse allzu frei zu enthüllen. Es ist aber auch die Reaktion des Mönches, der sich fürchten muß, weil er über ein verbotenes Thema schreibt.

Dies ist auch der Grund, warum das Manuskript an hundert Jahre nur in einzelnen Exemplaren existierte und schließlich ein Unikum war, als es der Salzfabrikant – und Schriftwart der Rosenkreuzer – Johann Thölde von Frankenhausen zum Druck gab.

Wir haben einen guten Bericht, wie Mönche ihre alchemistischen Manuskripte behandelten, um sie in Sicherheit zu wissen. Er ist von dem Mönch Eschenreuther, der zur Zeit des Basilius Valentinus als Arzt und Alchemist in thüringischen Klöstern wirkte:

»Ich, Magister Heinrich Eschenreuther, lege hier in das Kloster Sankt Marienzell im Thüringer Lande diese fünf kleinen Büchlein in das Mauerwerk, an welchem der heilige Vater abgebildet ist, nahe bei meiner Zelle, und verwahre sie wieder, gleich wie ich sie Anno 1403 den 6. Mai in dem Kloster Schwarzbach gefunden habe. Das fünfte ist mir von einem Augustinerbruder Franz Lothrach aus dem Kloster Frauenthal im Unterfrankenlande gelegen, zugeschickt worden, welches ich dabei lege. Dieses lege ich jetzt wieder in das Verborgene im Jahre Christi 1489 den 10. Oktober, und bitte den, der es nach meinem Abschied finden wird, daß er es wieder verwahre als ich es getan. Amen.«

Und hier im Kloster Marienzell, in der Markgrafschaft Meissen, da sollen jene Büchlein, aus dem Benediktinerkloster Münster-Schwartzbach in Franken, im Jahr 1672 wieder gefunden worden sein.

Im Jahre 1413 lebte im Sankt Peterskloster zu Erfurt der junge Benediktinermönch Basilius Valentinus. Die Chronik sagt, daß er bewundernswert in Arzneikunst und Naturforschung war. Daß er auch in der Alchemie ein großer Könner gewesen sein mußte, das zeigt ein Manuskript auf Pergament aus dem Jahr 1498, das in der Kirchenbibliothek zu Neustadt an der Aisch liegt.

Dieses Manuskript enthält alchemistische Rezepte und nennt Valentin den »Magni Basilii Valentini«, den großen Basilius Valentinus. Sonst weiß man neben seinen Schriften gar wenig aus seinem persönlichen Leben. In seinem Meisterwerk, dem großen Buch über das Antimon, ist zu finden, daß er vom Oberrhein stammt und sich durch Reisen in Spanien, in den Niederlanden und England gebildet hatte. Da seine Bücher erst so lange nach seinem Tode gedruckt wurden und das erste Druckwerk aus einer mehrmals kopierten Abschrift stammen mag, so herrscht über Echtheit oder Unechtheit der Manuskripte nicht gerade helles Licht. Und dieses Duster ist ein Paradies für skeptische Kritiker. Diejenigen, die alles so genau nehmen, wissen oft gar nicht, daß es auch eine vor 1600 erschienene Erstausgabe des Basilius Valentinus, die von Eisleben aus dem Jahr 1599 gibt.

»Meyster Elucidarius vo den wunderbare sache der welt« heißt ein Buch, das im Jahr 1518 zu Erfurt wiederum gedruckt worden ist, dessen Erstdruck aber aus dem Jahr 1481 und dessen Manuskript aus einem noch früherem Jahr stammt. Für den, der dieses Buch kennt, lesen sich die Traktate »Von den natürlichen und übernatürlichen Dingen« des Basilius Valentinus und auch Teile seiner anderen Werke, wie eine geheime Fortsetzung dazu. Und es ist auch wunderbar, daß jene frühe alchemische Sammlung, die den »Großen Stein der Uralten Weisen« und die »Zwölf Schlüssel« des Basilius Valentinus enthält, und nicht vom Schriftwart der Rosenkreuzer Johann Thölde, sondern im Jahr 1602 von Wolfgang Richter herausgegeben wurde, den Titel trägt: »Elucidatio Secretorum«.
Das sind für uns bessere Wahrscheinlichkeitsbeweise, als die Kritik der späteren Einschiebsel und Nachträge des Johann Thölde, den man gerne als den »Erfinder des fiktiven Benediktinermönches« bezeichnet. Ein Salzfabrikant mag eine sehr schlaue Nachahmung einer alten alchemischen Schrift produzieren können. Aber er würde nicht daran denken, in eine Arbeit über die Umwandlung der Metalle, den Ausdruck mönchischen Sehnens nach dem Leben jenseits der Zelle einzuschmuggeln. Gerade jene gar

nicht zum Thema gehörigen Stellen, die von den forschenden als Abschweifungen so gerne übersehen werden, die sprechen zu uns von der Persönlichkeit des Mönches Basilius Valentinus. Hier ist der Trakt über die Liebe aus der Metallfachschrift »Triumph-Wagen Antimonii«:

»Aber die Liebe infiziert und nimmt den ganzen Körper ein, mit seiner ganzen Substanz, Wesen und Form. Und nichts ist im geringsten ausgeschlossen. Denn auch das Herz wird durch diese Brunst ausgefüllt, sodaß sie in alle Adern und Gliedmaßen des ganzen Leibes ausströmt. Und daß ich es auch sage – wenn die Liebe erst recht eingewurzelt ist, so nimmt sie alle Vernunft, Sinn und Gedanken. Und der Mensch verirrt sich so, daß er alles vergißt und hintansetzt, daß er zugleich alles in die Schanze schlägt, weder an Gott, sein Wort und seine Verheißung, noch an seinen Zorn, Drohung und Strafe denkt.

Von nichts läßt sich der Mensch dabei abwenden und zurückhalten. Man vergißt sein Amt, seinen Beruf, seine besondere Stellung.

Die Liebe nimmt auch manchem Menschen seinen natürlichen Schlaf, sodaß er weder Tag noch Nacht Ruhe findet. Er verliert den Appetit und die Lust zum Essen und kann oft aus der Liebe Angst, Marter und Qual weder essen noch trinken. Mancher läßt von seinem Beruf, seinem Handwerk ab, läßt alles stehen und liegen, gedenkt keiner Arbeit, weder an lesen noch studieren und läuft nur der eitlen Liebe nach.

Aber der Mensch achtet auf nichts, achtet keiner Gefahr, sie treffe Leben und Leib, ja auch die Seele dazu. Was dann erschrecklich zu hören ist.

Doch davon genug. Ich bin ein geistlicher Mann. Dem gebührt solchen Händeln des Herzens weder Raum noch eine Statt zu gönnen. So hab ich mich denn ohne Ruhm für die Zeit meines Lebens solcher Brunst entschlagen bis auf den heutigen Tag. Und hinförder will ich meinen Herrn bitten und anrufen, er möge mich bei meiner geistlichen Braut, der heiligen Christlichen Kirche halten, der ich mich ganz mit einem treu geschworenen Eid ergeben.«

Hart sind die irdischen Versuchungen, stark sind die mystischen

Bindungen der kirchlichen Lehre für Basilius Valentinus. Doch es ist sein großer Geist, der sich darüber hinaus erhebt, zur großen Philosophie der Weltenalchemie:

»Alle Körper, Steine und Metalle sind aus einem universalen Stoff entstanden. Durch Einwirkung der Sternmassen entsteht dieser Stoff als ein Dunst aus der Urerde. Heißer stellarer Einfluß mit der Wirkung sulphurischer Luft auf Unfertiges, Chaotisches fallend, gibt den Metallen und Mineralien ihre Kräfte und Eigenschaften.

Es ist im Leib der Erde, daß sich dieser Dunst zu einer Flüssigkeit löst, von der alle Metalle geboren und gereift werden. Wir erhalten das eine oder andere Metall, ganz danach, welches der drei Prinzipien herrschend wird, ob sie mehr Sulphur oder weniger Salz haben.

Darum sind einige Metalle ausgeglichen, beständig und fest. Darum sind andere so leicht zu verändern. Darum entstehen Gold und Silber, Kupfer und Eisen, Zinn und Blei.

Aber auch die Minerale Vitriol, Antimonium, Kobalt, Zinken, Markasit oder Wismut können, nach richtiger Angleichung der rechten Proportionen von Mercurium, Sulphur und Sal, in Metalle verwandelt werden.«

Ganz im Einklang mit seiner Theorie gibt dann auch Basilius Valentinus das genaue fachmännische Rezept, den Signatstern des Spießglases, das ist das Metall Antimon, zu machen:

Es wird zwei Teil ungarisches Spießglas und ein Teil Stahl genommen. Dieses wird mit vier Teilen gebrannten Weinstein zusammengeschmolzen und dann in einen Gießpockel gegossen, solch einen, wie ihn die Goldschmiede gebrauchen, wenn sie Gold reinigen.

Nach dem Erkalten nimmt man den Regulus – den soliden Körper metallischen Antimons – heraus und scheidet ihn von den Schlakken. Den erhaltenen Barren reib nun klein und was er an Gewicht hat, setze wiederum an dreimal gebranntem Weinstein zu, schmelze wie zuvor und gieß aus. Das wiederhole zum dritten Mal. So reinigt sich der Barren schön.

Und merke, wenn du beim Schmelzen recht damit umgehst und

den rechten Handgriff gebrauchst, welcher das Meisterstück ist, dann wirst du einen Sternigen, hoch und weißglänzend bekommen. Er wird gleich feinem Silber sein und so gezeichnet, als wenn ihn der beste Künstler mit dem Zirkel aufgeteilt hätte.

Basilius Valentinus lehrt in seinem Traktat »Vom großen Stein der Uralten« aus Goldverbindungen goldähnliche und goldhaltige Legierungen zu machen. Aber er sagt im »Triumphwagen des Antimons« ausdrücklich, daß sein Signatstern nicht der Stein der Weisen sei, wie mit Theophrastus Paracelsus auch andere behauptet haben.

Aber stark auf der einen Seite seines Werkes, wird er schwach auf der anderen. Dort schildert er dann, wie aus demselben Grundmaterial, dem Spießglas, zwar nicht der Stein der Weisen, aber der Stein Igni gemacht wird. Dieser Stein Igni ist ein Partikular, ein Teil vom Stein der Weisen. Er kann nicht Eisen und Kupfer, aber immerhin Silber und wohl auch Zinn und Blei in Gold verwandeln. Auch kann ein Teil dieses Steines Igni nicht beliebig, sondern nur fünf Teile Metall tingieren.

Basilius sagt, daß die Qualitätsverbesserung auch nicht so hoch wie beim Stern der Weisen ist. Doch ist das erhaltene Gold immerhin »rein und beständig«. Zur Anfertigung des Steines Igni – unser Mönch nennt alle trockenen Pulver, die Metalle tingieren, Steine – ist die Grundmaterie Spießglas. Zur Theorie des ablaufenden chemischen Prozesses erklärt uns Basilius Valentinus:

»Alle Tinturen der Metalle müssen so zugerichtet und bereitet werden, daß sie eine besondere Liebe zu den Metallen tragen und eine große Begierde zeigen sich mit ihnen zu vereinigen, gleich dem Exempel zweier herzbrünstiger Menschen in der flammenden Liebe, da weder Ruhe noch Rast gefunden wird.«

Aus Spießglaserz, Weinstein, Salpeter, Eisenvitriol und Essig wird der Stein Ignis in vielfachen Prozessen gebrannt und destilliert. Aber am Ende dann schweigt Basilius von der Metallumwandlung und lobt die vielfachen medizinischen Eigenschaften des Steins.

So mischt sich in Basilius Valentinus der Mutige mit dem Vorsichtigen, der Praktiker mit dem Philosophen, der Mystiker mit dem Forscher und der Mensch mit dem Mönch. Basilius mag uns die Grenzen seiner Zeit selber am besten geben, wenn wir mit einem Stück Mönchslatein aus seinem Triumphwagen des Antimons schließen:

»Und erzehle dir jetzo diss Gleichniss, dass vielerlei Thiere gefunden werden... Etliche speisen aus dem Feuer, alss sich der Salamander, und werden noch viel wunderbare Thier in den hitzigen Ländern und Inseln gefunden, welche diesen – unseren – Völckern unbekanndt, so allein ihr Leben erlängern aus der stetigwerenden Sonnenhitz, welche, so bald sie in eine andere Lufft gebracht werden, des Todes seyn und sterben.«

Kaiser Maximilian und das hundertjährige Experiment

Kaiser Maximilian war ein aufrichtiger Freund wissenschaftlicher Forschung und hat sich selbst mit Alchemie beschäftigt. Aber er ist nie soweit in ihren Bann geraten, daß er mit ihr materielle Vorteile hätte erreichen wollen. Darüber hinaus, wachte er darüber, daß Männer, denen er freundschaftlich nahe stand, sich nicht finanziell mit alchemistischen Versuchen zu Grunde richteten. Ohne jenes »Traktat von den Wechsel-Briefen« gelesen zu haben, wußte der Kaiser, daß die Alchemie, neben Fressen, Spielen, Jagen, Borgen und Töchter ausstatten, zu den zwölf Wegen gehört, die bequem zum Bankrott führen.

Trotzdem sah er gerne alchemistische Experimente, der Wissenschaft halber durchgeführt. Sehr »der Wissenschaft halber« war ein Experiment, dessen Ablaufzeit vom Alchemisten des Kaisers auf einhundert Jahre berechnet worden war. Dieser Adept im Dienste des Kaisers, beschäftigte sich mit der Härtung des Quecksilbers. Er hatte zu diesem Zweck im Jahr 1499, als die Sonne im vierundzwanzigsten Grad der Jungfrau stand, einen Zentner Quecksilber eingesetzt. Nach der Theorie des Meisters Schwichard Fronberger, so nannte sich der Alchemist, sollte das Quecksilber sich im Dezember 1547, wenn die Sonne im vierundzwanzigsten Grad des Löwen stand, in Silber verwandelt haben. Und für das Jahr 1598, mit der Sonne im vierundzwanzigsten Grad des Krebses, sagte Schwichard Fronberger die Umwandlung zu Gold voraus.

Das war eine der ungefährlichsten alchemistischen Voraussagen in der Geschichte der Alchemie. Kaiser Maximilian war bei Beginn des Experiments bereits vierzig Jahre alt. Er hätte zur vollständigen Beobachtung des Versuchs einhundertvierzig Jahre alt werden müssen. So waren der Herr und der Knecht, der Kaiser und der Alchemist durch höhere Hand in Sicherheit geschützt, das Resultat der Transmutation noch auf Erden erfahren zu müssen. Es erzählt jedoch die Fama, neben diesem langen Experiment auch von

einem mehr kurzweiligen, dem der Kaiser Maximilian einst beiwohnte. Davon hat uns Hans Sachs, der Nürnberger Schuhmacher und Poet in einem langen Gedicht treulich Bericht gegeben.
Es war im Jahr 1513, als Kaiser Maximilian zu Wels an der Donau Hof hielt, daß es eines Tages vor des Kaisers Saal ein großes Geschrei gab. Ein grober Kerl im Bauernkleid suchte zum Kaiser hineinzukommen und die Torhüter versuchten ihn zurückzuhalten. Alle waren freigiebig mit Schimpfnamen und Flüchen, sodaß der Kaiser seinen Herold schicken mußte, um herauszufinden, was der Lärm bedeuten sollte.
Als Maximilian erfuhr, daß ein grober Kerl ihn sprechen wollte, da ließ er ihn, gutgelaunt, hereinkommen. Der Mensch scherte sich nicht um Hofstaat und Räte und trat frank vor den Kaiser.
»Kaiser«, sagte der Stoffel, »Kaiser, wenn du die Kunst der Alchemie lernen willst – hier bin ich, ein Meister, um aus Kupfer klares Gold zu machen!«
»Wohlan«, erwiderte der Kaiser, »ich war immer der freien Kunst Alchemie gar wohl gesinnt. Wenn du kannst, was du versprichst, so will ich dir wohl helfen. Sag an, was du brauchst – und schaffst du es ohne Betrug und Ränke, so wird dir ein kaiserliches Geschenk sicher sein!«
Der Alchemist verlangte ein leeres Gemach in der Kaiserpfalz und einen Ofen, darin zu schmelzen und zu destillieren. Er war auch nicht leicht zu befriedigen und sagte grob: »Gib mir eine Mark Gold, neun Mark Kupfer und dazu Kolben, Blasbalg, Tiegel, Zangen, Gläser, Häfen, Quecksilber, Salz, Schwefel und Schurstein brauch ich auch.«
Dem setzte der Alchemist, nach einer kleinen Pause, in der er nachzudenken schien, noch hinzu: »Nach einem Monat magst du einmal herunterkommen aus deinem Saal, zu mir. Für dein Vertrauen will ich dir etwas zeigen, was dir noch keiner geboten hat.«
Mit einer kleinen Bewegung der Hand schloß der Goldmacher rauh: »Aber sonst, sonst will ich niemanden sehen!«
Maximilian fand, daß dabei nicht viel zu verlieren war. Es gab allerlei Kurzweil hier um die Kaiserpfalz, mit Ritterspiel, Fechten

und Jagen. Warum sollte nicht auch ein Goldmacher sein kurzweilig Kunststück zeigen? So gab der Kaiser dem Rüpel ein Gemach, das wurde verschlossen. Essen und Wein wurde ihm täglich von der Hoftafel geschickt und durch ein enges Fenster dem Goldmacher hineingereicht.

Unter Glühen und Schmelzen verstrichen die Tage und die Wache, die der Kaiser der Vorsicht halber, damit der Wicht nicht billig entkommen möge, vor das Zimmer gestellt hatte, die hatte genug Zeit zum Gähnen. Aber nach einem Monat, als das Gemach aufgeschlossen wurde und der Kaiser kam um die Kunst zu sehen, da gab es wirklich herrlich glänzende Stücke zu bewundern.

Froh hat da ihm der Kaiser gratuliert. Doch der Alchemist winkte ab. Das ist nichts, sagte er. Komm in drei Tagen wieder, so wirst du die Kunst noch klarer sehen. Dann ist es Zeit genug und wert das Lob zu spenden. So ging der Kaiser mit fröhlichen Gedanken. Er schämte sich ein bißchen, die Wache vor die Tür gestellt zu haben.

Es war in der dritten Nacht, am Morgen vor dem dritten Tag, daß der Fremde heimlich verschwand. Das ward dem Kaiser berichtet. Als der eilends herbei kam und in das Gemach trat, sah er da einen goldenen Kuchen, zehn Mark schwer, liegen. Und darauf war geschrieben:

»O Keyser Maximilian / Der welcher diese Künste kan / Sieht dich nochs Römisch Reich nit an / Dass er dir sollt zu gnaden gahn.«

Und da es die von Venedig waren, die mit dem Kaiser und dem Römischen Reich in Unfrieden lebten, da wußte Maximilian: es war ein Venezianer, der ihm samt der Kunst entwichen war.

Zu Wasser und zu Land, auf der Donau und in den Bergen ließ der Kaiser nach dem Fremden suchen, doch den rauhen Meister der Goldenen Kunst konnte man nicht mehr finden.

Das tingierende Pulver Usufur und die schwarze Wurzel Resch

In dem aus zwölf Büchern bestehenden Gedicht »Zodiac des Lebens«, das Marcellus Palingenius im Jahr 1531 dem Herzog von Ferrara widmet, wird auch der Prozeß den Stein der Weisen zu machen geschildert. Aus lateinischer Poesie in die nüchterne Prosa eines Rezeptes gebracht, lautet die Stelle:
»Löse Quecksilber in Scheidewasser und destilliere dann in einem Kolben die Flüssigkeit ab. Vom Zurückbleibenden verdampfe das ungelöste Quecksilber. Dann stelle den Kolben in warmen Mist bis sich alles gut gelöst hat. Dann destilliere, und löse in der Flüssigkeit kalziniertes Gold. Nun wird das ganze solange geglüht, bis es zu einem festen Stein wird. Dieser Stein verwandelt dann Silber oder mindere Metalle in eitel klares Gold.«
Nur ein Gedicht in zwölf Büchern, das sich mit dem ganzen Tierkreis des Lebens zu beschäftigen hatte, konnte eine solche etwas leichtherzige Lösung des großen Problems geben. In dieser angenehmen Lage war Janum Lacinum nicht, als er seine »Pretiosa Margarita« im Jahr 1546 zu Venedig mit ausdrücklicher Genehmigung des Papstes Paul III. herausgab.
Die »Pretiosa Margarita« beschäftigen sich nur mit der Alchemie. Aber wenn der Stein der Weisen im »Zodiac des Lebens« eine etwas leichtfertig offenherzige Angelegenheit war, so ist er in den »Pretiosa Margarita« eine allzu dunkle, langweilig und vorsichtig behandelte Sache. Der Hauptteil der Erklärung des Goldmachens geschieht darin mit allegorischen Bildern. Dazu sind die Abhandlungen in Buchstaben und Schrift eine furchtbar langweilige, komplizierte scholastische Angelegenheit. Das Modell hierzu ist der Diskurs des Petrum Bonum aus Ferrara über das Goldmachen, der dem Band auch beigegeben ist. Er ist der rechte Disput mittelalterlicher Spitzfindigkeit. Man denkt nicht daran, von wirklicher Naturanschauung und dem Experiment auszugehen und hat am Ende auch nicht den Mut, zu irgendwelchen klaren Schlüssen zu kommen.

Sechsundzwanzig Einwürfe gegen die Alchemie läßt Petrum Bonum seiner Reihe von Gründen für die Alchemie voraus gehen, um zu zeigen, wie gelehrt und objektiv er ist. Hier ist sein erster Einwand:
»Wenn die Alchemisten glauben durch starkes Feuer das zu erreichen, was die Natur in tausend Jahren durch gelinde Wärme erreicht, dann irren sie. Die Metalle bestehen aus den subtilsten Dünsten, welche vom Quecksilber und der Substanz des Schwefels aufgelöst sind und die von einer feuchten Wärme und temperierten Trockenheit in den tiefsten Höhlen der Erde eine solche Feuchtigkeit bekommen, die alle Feuchtigkeiten übertrifft. Diese wird von einer verborgenen zarten irdischen Trockenheit temperiert und gehärtet. Indem sie aber die temperierte Wärme dieser Dünste zusammentreibt, resolviert, erhebt und härtet, so erhält sie die Feuchtigkeit, bis sie an einen kühlen Ort gelangt, wo sie noch verfeinert und gehärtet werden. Das ist die Ursache des Gusses der Metalle. Da bei der künstlichen Erzeugung die Ofenhitze die Feuchtigkeit vertreiben muß, so kann kein Metall entstehen.«
Die »Pretiosa Margarita« wurden trotz ihrer obskuren Definitionen und dunklen Wendungen ein berühmtes Buch. Alchemie war ein heikles Kapitel – aber jeder Gelehrte und Gebildete kam einmal in die Verlegenheit, seine Meinung darüber äußern zu müssen. Für solche Fälle war es so bequem, daß es da ein Buch gab, das mit der Erlaubnis des Papstes erschienen war, und das man zitieren konnte, ohne in schlechten Ruf zu kommen – ein Buch, das zudem allezeit die Entscheidungen so passend in der Schwebe ließ. So wurde die Pretiosa Margarita von wenigen mit Genuß und Nutzen gelesen, aber von vielen mit Genuß und Nutzen zitiert.
Es liegt in der Art der Alchemie, daß immer, wenn ein Modebuch sie irgendwo hoffähig machte, im Kometenschweif der Dispute auch eine Ära neuer Experimente durch ernsthafte Jünger der Kunst begann, daß aber zugleich aus dem Rand des Dunkels die Schwindler tauchten, um einen neuen besseren Trick an den Mann zu bringen.
Es war im April des Jahres 1551, daß der Alchemist Dominicus

Castellu aus dem Lande der »Pretiosa Margarita« über die Alpen zu Ferdinand dem Ersten, König von Böhmen und Ungarn, kam. Er wollte eine Konzession für sein neues Verfahren der Transmution von Gold und Silber aus minderen Metallen. Dominicus Castellu verpflichtete sich, ein Zehntel der Produktion an den König abzuführen.

Aber Ferdinand war vorsichtig. Er holte über seine tiroler Behörden von den Sachverständigen seiner Silberbergwerke und Silberschmelzen ein Gutachten über den neuen Umwandlungsprozeß ein.

Nachdem Bergrichter, Schmelzer und Gewerke über den dunklen schriftlichen Erklärungen des Dominicus Castellu gebrütet hatten, antworteten sie zurück, daß sie wenig Verständliches in der Schrift des Alchemisten gefunden hätten. Es wäre nicht herauszufinden, welche Materialien Castellu in seinem Verfahren eigentlich zu verwenden gedenke. Fachleute könnten also nicht entscheiden, was Schwindel und was Wahrheit sei. Aber allgemein gesprochen – wenn man schon Gold machen könne, dann wäre es nur gerecht, wenn es zum Vorteil seiner Majestät geschehe.

Man möge dem Dominicus Castellu getrost das Privilegium zum Goldmachen auf fünfundzwanzig Jahre geben, wenn er es nur unter Aufsicht der Bergbehörden herstellen wolle.

Es war der Herzog von Florenz, der ein paar Jahre später nicht die gleiche Vorsicht zeigte, wie der König Ferdinand von Böhmen und Ungarn. Cosimo der Erste, Herzog von Florenz wurde das Opfer eines sorgfältig vorbereiteten Betrugs eines falschen Alchemisten, der sich Daniel von Siebenbürgen nannte.

Dieser Daniel von Siebenbürgen arbeitete auf lange Sicht und steckte selber viertausend Golddukaten in das Betrugsunternehmen. Aus den viertausend Dukaten hatte er ein Pulver bereitet, das niemand mehr ohne weiteres als Gold erkennen konnte und das er das Pulver Usufur nannte.

Damit begann er den ersten vorbereitenden Teil seines Schwindels. Er hatte das Pulver so einzuführen und bekanntzumachen, daß jeder Apotheker damit vertraut wurde und es als einen bekannten, nicht zu teuren Arzneistoff betrachtete.

Zu diesem Zweck zog Daniel von Siebenbürgen nun durch die italienischen Städte und verkaufte den Apotheken neben anderen Präparaten auch das Pulver Usufur als ein Heilmittel. Dann gab er sich für einen Arzt aus und ließ das Pulver Usufur, für Arzneien die er den Patienten verfertigte, von diesen selbst aus den Apotheken holen. So bekam er sein Gold zurück und führte zugleich den Namen seines Pulvers unauffällig ein.
Um das Jahr 1555, als er die Zeit für reif hielt, machte sich Daniel auf nach Florenz und ließ sich vor den Herzog Cosimo führen. Der Alchemist trat sehr sicher auf. Er konnte ein Rezept Gold zu machen anbieten, das nur einige einfache Chemikalien enthielt und zur Herstellung keine langen Fristen oder schwierige Handgriffe erforderte. Der Herzog selbst konnte die Stoffe dazu aus einer beliebigen Apotheke der Stadt holen lassen. Zwar war da ein Pulver Usufur, das dem Herzog fremd schien, auf dem Zettel, aber wie sich zeigte, kannten es die Apotheker alle.
Der erste Versuch lief glatt und glänzend ab. Das Produkt war, wie die Metallscheider sagten, gutes Gold. Auch eine geheime Probe, die der Herzog allein für sich machte, hatte kein schlechteres Ergebnis. Es ist kein Wunder, daß sich nun Herzog Cosimo beeilte, dem Alchemisten das Rezept abzukaufen. Es wurde ein feierlicher Vertrag geschlossen, nach dem Daniel von Siebenbürgen das neue Verfahren keinem anderen mehr bekanntgeben durfte, er aber dafür vom Herzog eine Entschädigung von zwanzigtausend Dukaten erhielt.
So hatte Daniel von Siebenbürgen im Augenblick keine Sorgen für seinen Unterhalt. Aber, wie der Herzog verstehen konnte, der gelehrte Daniel war ein beschäftigter Mann. Viele mußten in vielen Dingen seinen wissenschaftlichen Rat nötig haben. So war es nicht verwunderlich, daß der große Alchemist bald nachher dringend zu einer Besprechung nach Frankreich berufen wurde.
Zwar hatte der Herzog von Florenz keine Sorge um seine Goldproduktion. Ohne daß sich der Alchemist um die Arbeit kümmerte, hatte der Herzog selber immer wieder die Stoffe zur Goldmischung, einschließlich dem Pulver Usufur, aus den Apotheken holen lassen und hatte so immerhin schon für ein paar tausend Du-

katen Gold gemacht. Aber der Herzog hielt auch sonst große Stücke auf den gelehrten Daniel von Siebenbürgen und er wollte ihn nicht von seinem Hof in Florenz verlieren. So mußte denn Daniel dem Herzog versprechen bald wiederzukommen. Eine herzogliche Barke brachte ihn am Tag der Reise über das Meer.
Aber Daniel kehrte nicht nach Florenz zurück. Statt dessen kam ein freimütiger Brief an den Herzog, in dem der Alchemist auf die beschränkten Weltvorräte an Usufur hinwies und bekannte, daß er dessen alleiniger Fabrikant sei.

Was dem einen das Pulver Usufur, das ist dem anderen die Wurzel Resch. Und alle haben nicht so lange Zeit wie Daniel von Siebenbürgen. Es ist deshalb nicht verwunderlich, wenn andere alchemistische Schwindler den Usufur-Trick mit weniger Anfangskapital in kürzerer Zeit abzuwickeln suchten, wobei sie sich allerdings auch mit einem kleineren Gewinn begnügten.
Da kam zum Markgraf Ernst von Baden ein Alchemist, der ihm versprach die Goldmacherei schnell und sicher zu lehren. Erst braute dieser Gauner einige Zeit im Laboratorium auf Kosten des Markgrafen und gerade als dieser anfing ungeduldig zu werden, da erklärte der falsche Alchemist, daß alles für das Experiment bereit sei. Es fehle nur ein Quantum der bekannten Wurzel Resch zum großen Gelingen.
Der Markgraf hatte zwar noch nichts von der Wurzel Resch gehört, aber er hielt sich auch selber für kein großes Licht in den Wissenschaften und insbesondere in der Alchemie. Als ihm der Alchemist versicherte, daß alles eine Kleinigkeit sei, wenn man nur einen Wurzelmann fände, schickte er seine Diener aus.
Da gerade Jahrmarkt in der Stadt war, saß auch auf dem Platze vor der Kirche ein Quacksalber und Wurzelmann und der hatte natürlich auch die Wurzel Resch. Gerne ließ er dem Diener des Markgrafen, für nicht zu teures Geld, ein Quantum der Wurzel, zu schwarzem Pulver stoßen.
Eilends wurde nun noch die Wurzel Resch in das schon brodelnde Quecksilber geworfen und das Resultat war natürlich am Ende ein Klumpen guten Goldes. Gerne bezahlte der Markgraf da einen gu-

ten Preis für das wirksame und nicht zu schwierige Rezept und der Alchemist machte sich schleunigst auf die Weiterreise – samt seinem Kumpan, der als Wurzelmann am Markt mit dem schwarz maskierten Goldpulver – der Wurzel Resch – gesessen war.

Es hat mehr reiche Herzoge von Florenz gegeben. Aber allen konnte man nicht das Pulver Usufur verkaufen. So schildert ein zu Nürnberg erschienenes alchemistisches Werk »Secretorum Chymicorum« in seinem zwölften Prozeß die Herstellung einer wahrhaften und anerkannten Tinktur, die von einem Griechen entdeckt wurde. Dieses Verfahren teilte er dem Großherzog in Florenz, il Duca di Medici, mit und erhielt dafür einige tausend Kronen.

Das Geheimnis besteht hier in drei Prozessen. Das erste ist die Herstellung des geheimen Wassers Chusan, das man auch den weißen fliegenden Adler nennt. – Es ist Aqua Regia, das Gold lösende Königswasser. – Das zweite Verfahren ist die Herstellung des Oleum Solis, des Sonnenöls, das auch das Löwenblut genannt wird. – Es ist eine langsame Höchstkonzentrierung von Gold in Königswasser – Das letzte und dritte Verfahren besteht darin, aus diesem Löwenblut mit weiterem Gold ein hochprozentiges Goldsalz herzustellen und dieses dann zur Transmution auf flüssiges Silber zu werfen.

Es ist nicht gesagt, ob der Alchemist aus Griechenland, um einen auffallenden Farbwechsel bei der Transmution zu erzielen, auch das fließende Silber vorher mit Gold gesättigt hatte.

Es ist natürlich, daß diese Legierung, wenn sie nach Aufwerfen der Tinktur von Weiß zu Gelb wechselt, auch alle Goldproben aushalten wird.

Bericht des Karmelitermönches Albertus Bayr

»Ich, Bruder Albertus Bayr, vom Orden der Karmeliter, bezeuge hiermit vor Gott, daß Anno 1568, den 18. Februar, an Maria Lichtmeß, mir in meiner Zellen im Kloster Maria Magdalena de Stella Nova, solch Gesicht erschienen und Zwiesprach mit mir gehalten.
Mit philosophischen Büchern und Gedanken war ich aufgestanden und zu Bett gegangen, Tag und Nacht bat ich Gott den Herrn inbrünstig mir die Wahrheit dieser Kunst zu offenbaren.
Da hab ich mir in meiner Unwissenheit, und Gott verzeihe mirs, nicht anders zu helfen gewußt. Mit großen Mühen hatte ich dreiundzwanzig Jahr mit meinem Abte vergebens laboriert und bei Tag und Nacht emsig das Feuer gewartet. So hab ich gemeint, man könne dieses Geheimnis von keinem Menschen erfahren und müsse es von den Geistern erzwingen. Obwohl den Menschen mehr als den Geistern möglich ist, wie ichs gottlob am Ende erfahren.
So hab ich denn an jenem Tag mit den Zeremonien und Bannsprüchen italienisch-spanischer Mönche begonnen. Als der Teufelsbeschwörer des Klosters, Gott verzeih mirs, hab ich den Geist des Planeten Mercurius beschworen und auf Red und Antwort gefordert.
In der Gestalt einer länglichen dunklen Scheibe, eines Schattens ohne feste Kontur, ist er mir erschienen und hat in hallend tönender Stimme Frag und Antwort gestanden.
Auf sein Geheiß habe ich mich an den Tisch gesetzt, um mit Feder und Tinte die Wahrheit niederzulegen. Da ist der Schatten, der schwarze Schein, mitten in den Zirkel getreten. Das gesegnete Schwert, die geweihten Kerzen und das ander Gaukelwerk haben ihn nicht draußen gehalten.
Langsam hat er sich vom Schwarz durch aschengraue Wolken in einen lichten weißen Schein verkehrt und zuletzt ist er von der weißen, durch eine leuchtend gelbe Farbe, in das herrlichste Rot

verändert worden. Form und Konturen jedoch haben sich nicht verändert, sind bis zum Ende der Zwiesprach unverrückbar im Zauberkreis gestanden. Mitten im Schein aber ist das Zeichen Mercurius in wechselnden Farben erschienen.
Als er verschwand, da hat meine Zelle von innen und außen blutrot geleuchtet und ist gesehen worden, als wie die Sonn in ein Gemach blutrot scheint.
Nach dieser Offenbarung hab ich alles mit meinem Abt bestellt und mit Müh und Fleiß innerhalb von zwei Jahren der rechten Materie elf Pfund und sieben Lot zuwege gebracht. Anno 1571 hab ich das Werk vollendet und treu und klar aufgezeichnet. Mein Abt aber hat es nicht erlebt. Am 2. Juni zuvor ist er neben seiner Konkubine im Bett tot aufgefunden worden.
Vom Anfang des Werkes bis zum End hab ich alle Farben gesehen, wie sich der Geist im Zirkel gezeigt. Drei Hauptfarben hab ich im Werk gefunden: schwarz, weiß, und rot. Und wenn ein Irrtum vorfiel, hab ich vom Geist Rat und Bericht erhalten.
Aber nach Vollendung des Werkes hab ich in Jahren den Geist nicht wieder zitieren können. Darum ist mir die Steigerung in Qualität und Quantität sehr schwer gefallen.
Und da mir die anderen Brüder und sonderlich der neue Abt sehr aufsäßig wurden, weil sie von mir das Geheimnis nicht erfahren konnten, so machte ich mich ein paar Jahre später heimlich auf den Weg. Mit meiner Tinktur und etlichen alten guten ägyptischen Büchern kam ich glücklich in Augsburg an. Darnach reiste ich gen Nürnberg und war froh auf deutschem Boden zu sein.
Tröstlich ist mir die Hoffnung bald einen zu finden, der mir die Steigerung und Vermehrung zeigen wird. Gott der Allmächtige helfe allen in seiner Gnade. Er sei gepriesen in Ewigkeit. Amen.«
Es ist dieser Bericht des Bruders Albertus Bayr, vom Orden der Karmeliter, den auch Benedictum Figulum, aus Utenhofen in Franken, in seinem »Philosophischen Rosengarten« gibt, nicht alles, was wir von ihm wissen. Wir kennen nicht nur die Mär von seiner Tinktur, wir kennen auch die Geschichte von seinem Ende. Theobald von Hoghelande erzählt sie in seinen »De Alchemiae difficultatibus« im Jahr 1594 zu Köln:

»Desgleichen habe ich von einem Vornehmen und Ansehnlichen vom Adel diesen nachfolgenden glaubwürdigen Bericht eingenommen:
Daß zu dieser unserer Zeit ein italienischer Mönch, welcher sich auf diese erlangte Kunst allzusehr verlassen, seinem zuvor gepflogenen Klosterleben und Orden, samt der päpstlichen Religion und Lehr abgesagt und nach Deutschland gekommen sei. Auf daß er daselbst sein Leben zu desto besserer Freiheit setzen und brauchen möge, habe er seine Mönchskappe und die gestrengen Klosterregeln gänzlich verdammt.
Indem er sich aber auch weniger als sich gebührt vorsichtig gezeigt, haben sich ihrer Zweie an ihn herangemacht und sich so freundlich gezeigt, daß er sie als seine vertrauten Freunde annahm. Von welchen er aber nachmals auf einer Reise, so sie miteinander vorgenommen, in einem Walde schändlich ermordet und um sein Leben gebracht wurde.
Einer der Mörder aber hat das Pulver, so sie bei dem Mönch gefunden, bei vielen unterschiedlichen Fürsten und vornehmen Herren, als das seinige ausgegeben und gezeigt. Dadurch hat er also viele um ein Großes betrogen.«

Abt Dunstan macht die Rote Tinktur

Dies ist die Geschichte der Roten Tinktur, die den Winkelschreiber Eduard Kelley zum Ritter machte, in den Kerker des Kaisers brachte und im Jahr 1596 in den Tod führte:

Es war im ersten Viertel des zehnten Jahrhunderts, daß dem angelsächsischen Nobelmann Heorstan ein Sohn geboren wurde, den er Dunstan nannte. Dunstan kam in der Nähe von Glastonbury zur Welt, das schon zu jener Zeit ein altes und berühmtes Kloster war. Dort in jenem Benediktinerkloster wurde der Knabe Dunstan von irischen Mönchen erzogen.

Es war der Wille des Vaters, daß Dunstan an den Hof des Königs Äthelstans als Edelknabe kam. Aber Dunstan liebte die Gelehrsamkeit und nicht die Ritterspiele. Kein Wunder, daß seine Liebe zu alten Büchern und zu merkwürdigen Experimenten ihn unter den Höflingen bald unbeliebt und verdächtig machte. Er wurde der Schwarzen Kunst beschuldigt und hatte zu seinem Verwandten, dem Bischof Alphege von Winchester zu fliehen.

Für Bischof Alphege war es nicht schwer den jungen Dunstan zu überreden in den mächtigeren Schutz der Kirche zu treten und Mönch zu werden. Schon im Jahre 943 wurde der Benediktinermönch Dunstan zum Abt von Glastonbury gemacht. Unter ihm wurde die Abtei zur größten und berühmtesten Englands. Mancher fremde Mönch lehrte in ihrer Schule und tauschte in den Klostermauern Gelehrsamkeit gegen Gelehrsamkeit. Zu jener Zeit wurde auch der Kronschatz des Königs in Glastonbury aufbewahrt. Und Abt Dunstan selber war sehr reich. Er war der Erbe seines Vaters und seiner Muhme Aethelflead, einer reichen Witwe.

Es wäre verwunderlich gewesen, wenn man sich im reichen Kloster Glastonbury, einer Stätte der Gelehrsamkeit, nicht auch mit Alchemie beschäftigt hätte. Die Experimente, um die er als Edelknabe der Schwarzen Kunst beschuldigt worden war, die konnte Dunstan nun als Abt in aller Sorgfalt und mit besserem Gerät ausführen.

Da war im Kloster Glastonbury ein achteckiges Haus, das man des Abtes Küche nannte. Dort hatte Abt Dunstan seinen Schmelzofen, seine Destillierkolben und Glasretorten.
Es war die goldene Zeit im Leben des Abtes Dunstan. In Freiheit konnte er sich den Studien widmen. Er konnte seine Zeit teilen zwischen Büchersammeln, Bücherschreiben und jenen Experimenten, die er in jenem achteckigen Haus ausführte. Er gießt erzene Glocken und bleierne Orgelpfeifen sagten die treuen Mönche zu den neugierigen Laien, wenn wieder der dichte Rauch aus dem Schornstein stieg.
Merkwürdige Bücher mochten in dieser Zeit in der Klosterbibliothek von Glastonbury gestanden sein. Bücher die für immer für uns verschollen sind. Glastonbury war die Ruhestätte keltischer Heiliger, ein Wallfahrtsort für irische Mönche, ein Treffpunkt für gelehrte Benediktiner vom Kontinent. Kloster Glastonbury war ein Kreuzungspunkt geheimer Wissenschaft und wissenschaftlicher Geheimnisse. Manuskripte in der Klosterbibliothek zu Glastonbury mochten in Latein, in jeder Sprache des kontinentalen Westens oder in einem verschwindenden keltischen Dialekt geschrieben sein. Der Schreiber mochte griechische Buchstaben verwendet haben, wie es im frühen keltisch des Kontinents geschah. Es konnten auch lateinische, oder jene runenhaften Buchstaben, Zeichen jener frühirischen Ogdenschrift sein, die später zu einer Geheimschrift des Mittelalters wurde. Es ist wahr, wer ein Manuskript aus jener Zeit in den Grüften des Klosters Glastonbury fände, der möchte vielleicht auf ein Sprachrätsel und einen Schriftrebus gefaßt sein, der ihn ein ganzes Leben beschäftigen kann.
Was für Geheimnisse der Alchemie, neben den Überraschungen in der Bibliothek, mag Kloster Glastonbury gehalten haben? Da die Abtei und Abt Dunstan selber reich waren, so konnte dort das Blickfeld auf die Alchemie über dem so vieler alchemistischer armer Schlucker liegen. Des Abtes Ziel mag deshalb wohl über dem simplen Streben Gold zu machen gelegen sein. Was war aber höher, und einfacher für den der Gold bereits in Fülle hatte – es war die große Kunst, das Aurum Potabile, das trinkbare Gold zu machen, das Gesundheit, Jugend und ewiges Leben versprach.

Es liegt auf der Hand, daß Abt Dunstan versucht haben wird, aus Gold jenes rote Pulver zu machen, das in Wein gelöst das Aurum Potabile, den Schlüssel zur ewigen Jugend gab.
Und wunderbarerweise haben wir nicht nur Indizien, die uns die Art der Alchemie des Abtes Dunstan raten lassen. Das einzige alchemistische Werk, das behauptet das Arbeitsverfahren des Abtes Dunstan um den Stein der Weisen zu kennen, schildert uns die Erzeugung von Goldoxyden, die Herstellung des Roten Pulvers – mit dem Ziel das Aurum Potabile, die Universal-Arznei zu finden.
Lanzelot Colson, ein Doktor der Physik und Chemie, veröffentlichte im Jahr 1668 zu London dieses Werk, das in G. Sawbridgens Haus am Clerkenwell Anger verkauft wurde. Der Teil der »Philosophia Maturata«, der sich mit dem Verfahren des Abtes Dunstan befaßt, sagt in seinem Absatz Zwölf:
»Nehme bestes Golderz und zerpulvere es. Versiegle es hermetisch und setze es solange des Feuergasen aus, bis es die weiße und rote Rose austreibt.«
Und der Absatz dreizehn fährt im Verfahren fort: »Dieses letzte Experiment nannte er das Licht. Nehme im Namen Gottes ungarisches Gold, welches dreimal durch Antimon gegossen wurde. Schlage es zu allerdünnsten Blättern und mache mit Quecksilber ein Amalgam. Dies kalziniere sorgfältig mit Schwefelblume und Weingeist und wiederhole es so oft, bis ein helles rotes Goldoxyd zurückbleibt.
Nehme einen Teil von diesem und zwei Teile der vorher gemachten roten Materie...«
Und der Prozeß gibt vor, am Ende zum Aurum Potabile, dem trinkbaren Gold zu führen.
Nichts ist natürlicher als anzunehmen, daß Abt Dunstan in den zwölf Jahren, in denen er Abt von Glastonbury war, wohl einen guten Teil roten Goldoxydes in immer neuen Kombinationen gemacht und probiert hat.
Was er aber mit jenem Schatze angefangen, als er im Jahre 955 so plötzlich in des Königs Ungnade fiel, für vogelfrei erklärt wurde und nach dem Kontinent ins Benediktinerkloster Blandinium bei Gent flüchten mußte, das zu sagen, wäre nur weiteres raten.

Mönche haben in einem solchen Fall oft einen Stein aus ihrer Zellenwand genommen und ihre Schätze dahinter verborgen. Andere sind in die Gruft gestiegen und haben einen toten Abt zum Wächter ihres Kleinods bestellt.

Eduard Kelley, englischer Schreiber und böhmischer Ritter

In einem kleinen englischen Landstädtchen, in Worcester am Severn, war der junge Eduard Kelley beim Apotheker in der Lehre und lernte früh die einfachen Handgriffe der Chemie und die Namen der Chemikalien.

Seine Erziehung war in der Tat so gut, daß er sich mit achtzehn Jahren in Oxford als Student eintragen lassen konnte. Warum Kelley dies unter dem Namen Talbot tat, wissen wir nicht. Vielleicht hatte er sich in Worcester französisch verabschiedet. Jedenfalls begann Eduard Kelley früh genug einen Rauchschleier hinter sich auf die Lebensbahn zu legen. Denn auch von Oxford verschwand er eines Tages plötzlich ohne Zeremonien. Dafür taucht er in London auf, wo er sich einen Notar nennt.

Im Jahr 1580 finden wir Kelley in Lancester in Nordengland am Pranger. Er ist angeklagt eine Leiche im Kirchhof von Sankt Leonhard zu Walton-le-Dale ausgegraben zu haben, um sie in einer Beschwörung zu befragen. Dazu wirft man ihm vor, falsches Gold – manche sagen, falsches Geld – hergestellt zu haben. Jedenfalls ließ man ihn den vollen Preis für Falschmünzerei bezahlen. Man schnitt ihm die beiden Ohren ab.

Als man den Gezeichneten frei ließ, da hatte er nur den einen Wunsch weit, weit weg von dem Schauplatz seiner Schande zu gehen. Sie brauchten ihn nicht aus der Stadt zu treiben, es trieb ihn selber hart genug hinweg. Taumelnd trottete er die Straßen nach dem Süden. Wachsendes Haar begann langsam die Zeichen seiner Schmach zu überdecken. Mit Schreibers Arbeit und anderen Künsten schlug sich Kelley südlich durch das bergige Wales. Dort an der felsigen Küste des Kanals von Bristol macht dann Eduard Kelley seinen großen Fund.

Er war in einer Schenke, die noch in den Ausläufern der schwarzen Berge lag, abgestiegen. Seine Zeche verdiente er wie üblich, indem er Bittschriften und Urkunden aufsetzte.

Der Wirt, der die schönen Schnörkel seiner Schreibkunst bewun-

derte, brachte ihm aus seiner Lade ein altes Manuskript, das ihm bis jetzt niemand zu lesen vermocht hatte. Aber auch der tüchtige Schreiber konnte es nicht. Kelley blickte über die unverständlichen Schriftzeichen, die ihm nichts sagten, bis – bis er hier und dort eingestreut die alchemistischen Zeichen für Quecksilber, für andere Stoffe und schließlich für Gold fand. Da wußte Kelley um was es sich handelte. Es mußte ein Rezept zum Goldmachen sein, wenn er es auch nicht lesen konnte.
Das Manuskript wäre von drüben über der Bucht, aus der Gruft der Abtei von Glastonbury, meinte der Wirt. Vor dreißig Jahren wär es herüber gebracht worden, als man die Abtei von Glastonbury plünderte und die Grüfte ausraubte.
Kelley war ein schlauer Fuchs, bei solchen Dingen gehauen und gestochen. Er sagte dem Wirt, daß er den alten Fetzen bei Gelegenheit gerne mal studieren würde. Er wüßte vielleicht auch jemand, der es besser lesen könnte. Aber es würde kaum der Mühe wert sein, irgendeine alte Litanei zu entziffern.
»Ah, Litanei!« widersprach nun der Wirt. »Da ist auch noch etwas anderes dabei gewesen.« Aus einer Truhe brachte er zwei gelbliche Elfenbeinkugeln. Die waren aufzuschrauben und mit farbigem Pulver gefüllt. In der einen war weißes gewesen, aber es war nicht mehr viel da. Von dem roten Pulver der anderen Kugel war noch nicht soviel verplempert.
Eduard Kelley nahm eine Prise davon auf die Zunge. Aber es schmeckte nach nichts.
Der Wirt nickte. »Das ist es was wir dachten, ein Heilmittel, eine Arznei.«
Kelley führte den Wirt gerne auf diesem Holzweg weiter. »Ja,« sagte er, »war einmal ein Heilmittel vielleicht. Aber nun schmeckts nach nichts mehr – keine Säure, keine Süße, keine Bitterkeit. Alle Kraft ist draußen!« Kelleys Stimme war nun wohlwollend: »Ich will es euch abkaufen. Zusammen mit dem Rezept. Wenn ichs nochmal durch den Glaskolben destilliere, mag es wieder ein Tränklein werden.« Lachend setzte er dann noch hinzu: »Und wenn ich wieder hier vorbei komme, sollt ihr auch euren Schluck davon haben.«

So kam es, daß der Wirt dem Alchemisten das Rezept und die Rote Tinktur für ein Weniges abließ.
Im Jahr 1582 lebte in dem uralten Dorf Mortlake an der Themse ein Doktor John Dee, der ging den geheimen Wissenschaften nach, war ein Astrologe, ein Geisterseher und Geomant.
Aber John Dee war nicht einfach ein windiger Wahrsager. Er, der Philosoph des Okkulten, war ein gelehrter Mann. Als Berater der Königin bezog er einen Ehrensold aus der Staatskasse. Und John Dee war noch besonders für sein ausgezeichnetes Latein und Griechisch und für seine Kenntnisse anderer Sprachen bekannt.
Zu diesem John Dee ging Eduard Kelley, um sich die unverständliche Schrift seines Goldmacher-Manuskripts übersetzen zu lassen. Er machte es aber auf die schlaue verwickelte Kelley-Art. Er ging nicht etwa hin und sagte: Hier ist ein Manuskript, oh gelehrter John Dee, möchtest du mir es nicht erklären? Eduard Kelley hätte wahrscheinlich den geraden Weg nicht gehen können, selbst wenn er ihm als richtig erschienen wäre. Dazu war die Natur Kelleys viel zu kapriziös kompliziert. Sie zwang ihn immer Hauptsächlichkeiten zu verdecken, Nebensächlichkeiten aufzubauschen. Er tat das mit einem Eifer, daß ihm das Spiel selber oft zur Hauptaufgabe wurde.
So ging er denn zu Doktor Dee nach Mortlake als ein Bewunderer der Verbindungen Dees zu den Geistern. Doktor John Dee war eitel und liebte Bewunderer die zu ihm kamen und ihn seine Exzellenz nannten. Aber Kelley tat mehr. Er bekannte Dee, daß er ein Medium wäre und in einem Kristall, unter Führung des rechten Geistersehers die Botschaft aus dem Jenseits bringen könne. Kelley brachte auch den Kristall zum Vorschein – den er, wie er mit rauher Stimme leise bekannte, vom Erzengel Gabriel erhalten hätte.
Eduard Kelley war sehr gut in solchen Bekenntnissen. John Dee war tief interessiert, aber noch nicht überzeugt. Wie er die Verbindung zu Gabriel erhalten hätte, wollte er von Kelley wissen. Kelley aber sah dem Doktor hart in die Augen und sagte langsam: Eine jungfräuliche Leiche am Kirchhof zu Sankt Leonhard in Walton-le-Dale hab ich befragt und – dafür hab ich bezahlt!

Immer noch sah Eduard Kelley dem Geisterseher in die Augen und hob dabei mit langsamer Gebärde die Haarsträhnen von den Seiten seines Kopfes. Da sah Dee mit eigenen Augen, daß Kelley wahr sprach.
So wurde Eduard Kelley der Mitarbeiter und das Medium des Doktor John Dee. Sie machten einen Vertrag mit heiligen Eiden und dabei brachte Kelley als besondere Dreingabe noch das Manuskript und die Elfenbeinkugeln mit in die Abmachung. Dee bekam die Elfenbeinkugeln zu treuen Händen in Aufbewahrung und verpflichtete sich, nicht zu Rasten und zu Ruhen bis er das Geheimnis des Manuskripts entziffert hätte. Von diesem sagte ihm Kelley offen, daß es aus der Gruft der Äbte von Glastonbury wäre und offensichtlich das Rezept zur Vermehrung der Roten Tinktur enthielte. Jener Tinktur, so setzte er listig lenkend hinzu, die zum Stein der Weisen führe, der wiederum langes Leben, Gesundheit und ewige Jugend bedeute. So sehr Eduard Kelley ans Goldmachen dachte, so wenig sprach er vorläufig davon.
Zu der Zeit als Eduard Kelley und Doktor John Dee Freunde wurden, da war am englischen Hof ein reicher polnischer Adeliger, ein Freund der Künste und Gönner der Wissenschaften, zu Besuch. Dieser Albert von Lasko machte bald die Bekanntschaft von Doktor Dee, lernte damit auch Eduard Kelley kennen und es dauerte nicht lange, so waren alle drei in dunkle Experimente und Beschwörungen der Geister verknüpft.
Als es dann nach einigen Monaten Albert von Lasko an der Zeit fand England zu verlassen, da wurden Kelley und Dee und ihre beiden jungen Frauen eingeladen, mit auf die polnischen Güter zu kommen.
In der Nacht vom 28. September 1583 ging man auf verschiedenen Fahrzeugen von London und Mortlake nach Gravesend. Dort traf man sich und bestieg gemeinsam ein dänisches Schiff.
Die heimliche Abreise hatte Eduard Kelley dem Doktor John Dee und dieser dem Herrn Albert von Lasko eingeflüstert. Aber allen dreien hatte sie – der hinterlassenen Schulden wegen – ausgezeichnet gepaßt. Alle waren froh, als sie nach heftigem Sturm in Briel holländischen Boden betraten. Der Kristall hätte Doktor John

Dee sagen können, daß sein Haus und Laboratorium in Mortlake inzwischen vom Pöbel gestürmt worden war. Nur der Kristall hätte auch entscheiden können, ob es Hexenverfolgung oder Gläubigerrache war.

Am 5. Februar 1584, nach einer Reise von vier Monaten erreichte die Gesellschaft Lasko, die Heimatstadt Albert von Laskos, in der Woiwodschaft Siradien in Großpolen. Der Ort Lasko zeigte sich dem Goldmacher und dem Geisterseher und ihren beiden angenehm überraschten Frauen, als eine feste Stadt mit Gräben und Mauern und einer schönen neuen Domkirche, die Johann Lasko, Kanzler des Königs von Polen und ihres Gastgebers Vorfahr, hatte bauen lassen. Auf einem Felsen, hoch über der Stadt und dem Tal der Bsura, lag das Schloß derer von Lasko.

Aber es war nur alles so schön anzusehen. Lasko steckte tief in Schulden. Auf seinen Gütern saßen die Gläubiger und an seinem Tische war Schmalhans Küchenmeister. Fünf Wochen lang hielt man sich gegenseitig mit gelehrten Gesprächen bei schmaler Kost aufrecht. Eduard Kelley sah mit Ruhe seine Zeit herannahen. Eines Tages mußte auch der hohe astrale John Dee ihm freie Hand beim Goldmachen geben.

Zuerst beschloß man mit Kind und Kegel – John Dees Söhnchen Arthur war nun fünf Jahre alt – nach Krakau überzusiedeln. Aber auch Krakau war trotz Königsresidenz und Universität für das Kleeblatt, dem adeligen Plauderer, dem gelehrten Geisterseher, dem geschickten Alchemisten, zu kleinstädtisch und kleingläubig. Prag, die Residenz Kaiser Rudolfs des Zweiten, Protektors der Sternseher und Goldmacher, zog wie ein mächtiger Magnet. Eduard Kelley und Doktor John Dee ließen ihre Frauen in Krakau und reisten nach Prag.

Astrologie und Alchemie waren die Freiheiten, die die Mönche, Beichtvater und römischer Nuntius, dem katholischen Monarchen vergeben hatten. Nekromantie, Gespräche mit Toten und Beschwörungen von Geistern, waren Laster, an die sich der Kaiser bis jetzt nicht gewagt hatte. Darum war es diesmal Kelley, der das gelehrte Kunststück, als Visitenkarte zum Kaiser, vorzuführen hatte.

Eduard Kelly

Zu dieser Zeit war in Prag eine wohlhabende, einflußreiche englische Kolonie, meist aus reichen Kaufleuten. Sie waren für Kelley und Dee das Tor für die höheren Prager Kreise. Eduard Kelleys erstes Werk in Prag war deshalb, für einen englischen Reisenden namens Eduard Garland eine Unze Quecksilber in reines Gold zu verwandeln.

Damit war der Stein auf die beste Art ins Rollen gebracht. Es dauerte auch nicht lange, da erhielt Eduard Kelley die Einladung in das Haus des Doktor Hajek, des Leibarztes des Kaisers. Für alle Alchemisten war Hajek das Tor zum Kaiser. Wer in Hajeks Laboratorium die Probe zur Zufriedenheit des Arztes zeigte, der hatte Aussicht, dem Kaiser bald vorgestellt zu werden. Und es war für Eduard Kelley keine Schwierigkeit diese Prüfung glänzend zu bestehen.

Eduard Kelley war vorerst noch schlau genug, als die wirkliche philosophische Quelle seiner alchemischen Kunst, seinen Meister, Doktor John Dee zu nennen. Doktor John Dee wäre es, an dessen Fähigkeiten die entgültige Entdeckung des großen Geheimnisses der Multiplikation hing. So wurden denn John Dee und Eduard Kelley vor den Kaiser geladen. Doktor John Dee überreichte dabei feierlich ein Buch, das er 1564 in Antwerpen hatte drucken lassen und das dem Vater Rudolfs, dem Kaiser Maximilian II., gewidmet gewesen war. Das Werk nannte sich »Monas Hieroglyphica« und war eine mystische Untersuchung der alchemisch-astrologischen Einheitsformel für die Prima-Materia, den Urstoff. Der geschickte Schreiber Kelley mag dieses Exemplar des aufs neue einem Kaiser überreichten Werkes durch Auszüge aus dem unentzifferten Manuskript aus der Klostergruft von Glastonbury ergänzt haben.

Der Kaiser schien durch das geheimnisvoll gelehrt aussehende Werk und die nekromantischen Gespräche und Ideen des Doktor John Dee besonders beeindruckt. Aber die Mönche waren alarmiert. Sollte etwa ein Kristall in der Hand eines Narren die Rolle eines Beraters und Beichtvaters seiner katholischen Majestät übernehmen? Sollte nackte schwarze Ketzerei und Teufelsspuk in der Hofburg des Heiligen Römischen Reiches getrieben werden?

Daneben war der durchtriebene Goldmacher Kelley gar keine Gefahr. Über Kelley mußte man den Doktor Dee unschädlich machen können, wenn man Dee nicht selber zur Räson bringen konnte!
So kommt eines Tages ein alter Mönch zu John Dees Herberge und klopft an des Doktors Tor. Aber Dee guckte verstohlen die Stiegen hinunter und sah die Kutte. Da waren für Dee keine Lorbeeren zu ernten und nichts zu lernen. Die Schwarzen wollten ihm nur zusetzen. »Nein«, sagte er zu Kelley, »sag ihm, daß ich nicht zu Hause bin.«
Kelley ging hinunter, gab dem Mönch bescheid. Da sagte der Alte freundlich: »Nicht zu Hause – Dann will ich ihm eben ein andermal meine Aufwartung machen.« Dann nickte er zu Kelley und ging.
Die Mönche hatten inzwischen herausgefunden, was es war, das den Alchemisten Kelley an den gelehrten Geisterseher band. Sie glaubten es zumindest herausgefunden zu haben. Es war jenes Manuskript mit der geheimnisvollen Schrift und den eingestreuten Zeichen der Planeten, den alchemistischen Zeichen der Metalle, für dessen Übersetzung Eduard Kelley auf John Dee angewiesen war. Es war der Prozeß der Multiplikation seiner wenigen Tinktur, den Eduard Kelley unbedingt lernen mußte.
Als nach wenigen Tagen der Mönch wieder an Dees Tor kam, schickte der Doktor wieder Kelley mit genau der gleichen Ausrede hinunter. Aber diesmal war der Mönch nicht mehr so freundlich: »Sag deinem Herrn und Meister, daß es ihm nur gut getan hätte, wenn er mit mir gesprochen hätte.« Die Stimme des Mönches war zornig. »Das Buch, das er dem Kaiser gewidmet hat, versteht er nicht. Ich aber kenne die Zeichen, als wenn ich sie selbst geschrieben hätte.« Langsam setzte er dann noch hinzu: »Ich kam, ihn darin zu unterrichten und – in einigen anderen wichtigen Dingen dazu!«
Der Mönch warf einen schnellen Blick auf Kelley. Er konnte sich denken, was in diesem Alchemisten vorging. »Komm mit mir, Kelley,« sagte er kurz, »ich will dich größer als deinen Meister machen!«

Mit diesem Mönch laborierte Kelley eine Weile. Als der Mönch nach einiger Zeit verschwand, hinterließ er Kelley eine schöne Menge Roter Tinktur. Die verwandelte zwar richtig die Metalle in gutes Gold. Aber Kelley war nicht zufrieden. Das Geheimnis der Multiplikation wollte er – wollte die Tinktur vermehren und Gold in Zentnern tingieren. Darum kehrte er am Ende wieder zu John Dee zurück.

Nun war die Geduld der katholischen Kirche für feinere Wege zu Ende. Der päpstliche Nuntius in Prag verlangt kategorisch die Ausweisung des Doktor John Dee als einem Hexenmeister und Teufelsbanner. Der Kaiser fügt sich diesem mächtigen Druck und am 29. Mai 1586 beschließt das Kabinett die Ausweisung. John Dee und auch Eduard Kelley haben binnen sechs Tagen Prag zu verlassen und machen sich auf die Reise nach Erfurt.

Aber Kelley und Dee hatten sich in Prag einen wertvollen, treuen Freund erworben. Es war Herr Wilhelm Ursinus, Regierer des Hauses Rosenberg, Ritter des Goldenen Vlieses und Oberst Burggraf des Königreichs Böhmen. Ihm gelingt es vom Kaiser die Zurücknahme der Landesverweisung zu erreichen. Die Geistlichkeit will nur, daß der Nekromant Dee dem Kaiser Rudolf vom Leibe gehalten wird. So wird es ermöglicht, daß Herr von Rosenberg den Geisterseher und den Alchemisten auf seine böhmischen Güter bringen darf.

Im Herbst des Jahres 1586 kamen die beiden mit ihren Frauen in Wittigenau, der Residenz der Fürsten von Rosenberg, dem lateinischen Trebona an. Sie fanden eine kleine Stadt, nebst einem befestigten Bergschloß, an einem weiten See gelegen. Auf einer langen hölzernen Brücke, die über Karpfenteiche und Moräste geht, kamen sie in die Stadt. Sollte es ein Vorzeichen sein, daß sie dabei den Zlato stora, den Goldenen Bach überschritten?

Wenn es ein Vorzeichen war, dann war es zumindest ein gutes. Denn diesmal kamen sie nicht zu einem verschuldeten Baron, sie kamen zum reichsten Mann von Böhmen. Man schätzte sein Vermögen auf 1070 000 Schock Meißnisch, das waren rund eine Million Gulden. Wer in Wittigenau zu Gast war, der brauchte nicht um seines Leibes Notdurft sorgen.

So war nichts weiter zu tun, als den Herrn von Rosenberg in guter Laune zu halten. Das war der Kompromiß mit den Mönchen, daß man nun, weil man den Kaiser selbst nicht durch den Kristall beraten durfte, man es mit dem Oberst Burggrafen tun konnte.
Die Freundschaft des Herrn von Rosenberg war nicht ganz aus dem menschlichen Gemüt allein entstanden. Bei seiner gewaltsamen Abreise von Prag hatte der nie verlegene Kelley alles auf eine Karte gesetzt und hatte seine wertvolle Rote Tinktur dem Herrn von Rosenberg zu treuen Händen gegeben. Jedenfalls hatte er das Wort des Eduard Kelley, daß es die rechte ganze Tinktur war.
Von Prag aus schickte Herr von Rosenberg ganze Listen von Fragen, die der Kristall beantworten sollte. Durch das Medium Kelley hatte John Dee in der klaren Kugel bereits die polnische Königskrone für den Fürsten von Rosenberg gesehen und so kam es, daß die meisten Fragen sich um diplomatische Verhaltungsmaßregeln in dieser Sache drehten. Aber da war zum Beispiel die siebente Frage auf einer der Listen, die wiederum die Rote Tinktur betraf. Es sollte der Kristall befragt werden: Ob Fürst Rosenberg von dem anvertrauten Schatze dem Kaiser etwas abgeben sollte und wenn ja, wieviel?
Dadurch wurde auch für Kelley und Dee das Problem der Vermehrung der Tinktur wieder aktuell. Bei derselben Geisterbefragung wollte Dee über sein Medium Kelley auch erfahren, ob sie den Stein der Weisen weiter auf dem Wege des Manuskriptes von Glastonbury, das ihnen immer noch unbekannt sei, suchen sollten, da alle bisherigen Arbeiten nicht gelingen wollten.
Ein ganzes Jahr fast hatte es die abenteuerliche Seele des Eduard Kelley schon in den friedlichen Wittigenau ausgehalten. Für den nach innen lebenden John Dee war der Platz ein Paradies. Aber für Kelley?
Es war ein Wunder, daß es erst zu Ostern 1587 zum ersten ernsten Zerwürfnis kam. Es kam die Drohung der Trennung – dann die Versöhnung. Nach der Versöhnung kommt die Sitzung mit der Kristallkugel. Im Trancezustand gibt Eduard Kelley seine Bedingungen bekannt. Der Erzengel Raphael sagte ihm, daß sie nun ihre Frauen gemeinsam haben sollten.

Es ist besonders Johanna Dee, die sich zu streuben scheint. Aber sie weicht der Bestätigung durch den Erzengel Raphael. Am 3. Mai 1587 errichten die vier vor Gott einen feierlich unterschriebenen Bund, worin sie beteuern, daß sie in diese Abmachung nicht aus fleischlicher Lust, sondern zum Beweis ihres Gehorsams und Glaubens willigten, so wie einst Abraham in die Opferung seines Sohnes gewilligt hätte.

Zugleich aber verschwören sich alle vier, den von ihnen, der ein Wort darüber preisgeben würde, unverzüglich zu töten.

Es sind uns keine menschlichen Einzelheiten aus dem Leben der vier in dieser Zeitepoche bekannt. Wir wissen nur, daß sie noch ganze sechs Jahre zusammen im idyllischen Wittigenau aushielten.

Aus dem Kristall und durch alchemistische Kunststücke verstand es Eduard Kelley ihren Gastgeber immer in guter Freundschaft zu halten. So zeigte er, als Herr Wilhelm Ursinus wiederum in Wittigenau von Prag zu Besuch war, ein besonderes Stückchen. Kelley nahm eine Kugel von acht Pfund Gold und bohrte ein Löchlein bis in ihre Mitte. Dann stieß er ein weißes Pulver hinein und verschloß die Öffnung von außen mit Wachs. Nun legte er die Kugel in eine Schale, goß Branntwein darüber und zündete ihn an. Da begann alsbald aus dem Löchlein in der Goldkugel ein lebendiger Mercurius zu fließen.

Nicht lange nach dieser Zeit gab Eduard Kelley dem Fürsten eine Goldtinktur in Form eines roten Öles mit nach Prag. Er schrieb ihm eine kleine Rezeptur auf, und damit machte Fürst von Rosenberg achtzehn Lot aus der Apotheke geholten Quecksilbers zu Gold. Er muß dies Kunststück wohl mit dem Kaiser gemacht haben – wahrscheinlich hat auch Kelley ihm mit diesem Experiment und einer Empfehlung zu Rudolf dem Zweiten geschickt – denn Fürst und Kaiser waren so zufrieden, daß Herr Wilhelm Ursinus den Kaiser überreden konnte, doch seinen Schützling Kelley zum Ritter zu machen.

Wirklich, am 23. Februar 1590, wurde das Adelsdokument für Eduard Kelley ausgestellt. Es heißt in diesem lateinischen Schriftstück:

»Wir Rudolf der Zweite etc. etc.... Unserem tapferen lieben Ritter Eduard Kelley Unsere kaiserliche Gnade etc. etc....
Nachdem wir viel Treffliches über Dich Eduard Kelley, und Deine seltenen Gemüts- und Geistesanlagen vernommen, ja selbst in Erfahrung gebracht haben, daß Du keine Kosten, keine Mühen, weder in Deinem Heimatlande, noch im Auslande gescheut hast, um in großen Dingen Übung und Kenntnisse zu erwerben... so haben Wir Uns bewogen gefunden, für Deinen vorzüglichen Eifer und stets willigen Gehorsam, welchen Du auch in Zukunft Uns zu erzeigen nicht anstehen wirst, Dich mit einem besonderen Zeichen unserer Gnade zu versehen.«

Es war im Jahr 1593, daß der Schützer des Geistersehers und des Alchemisten, Herr Wilhelm Ursinus von Rosenberg starb. Und diesmal war es Doktor John Dee, der die Zeichen der Zeit verstand und die praktischen Schlüsse zog. John Dee nahm sein Weib und seinen Sohn, samt den ersparten Dukaten und verschwand aus dem Lande, machte sich auf die Heimreise nach England.
Eduard Kelley zeigte sich nicht so klug. Mag sein, daß er keine Zukunft für sich in seiner alten Heimat sah. Mag sein, daß er an Sicherheit in seinem neuen Ritterstand glaubte. Jedenfalls eilte er, der Einladung des Kaisers, des Stiefvaters der Alchemisten zu folgen und ging nach Prag.
In dieser zweiten Prager Zeit hatte Eduard Kelley ganz auf eigenen Beinen zu stehen. Da war kein Schutz eines Zauberers wie Doktor John Dee, den der mystisch mißtrauische Kaiser gerne ungeschoren ließ – und der mächtige Freund, der Fürst von Rosenberg lag nun im Grab. So war es bemerkenswert wie rasch der Kaiser nun zum Kernpunkt der Sache kam. Er verlangte von seinem Alchemisten nun rascheste Lieferung der Ware.
Das Ende war, daß Ritter Eduard Kelley in das Gefängnis flog. Und nur Doktor John Dee brachte ihn nochmal aus dem Kerker. Kelley schob den Besitz des letzten großen Geheimnisses, den Weg zum Stein der Weisen, auf seinen Meister Dee, der nun bereits sicher aus den Händen seiner hohen Majestät war.
Den unfähigen Gehilfen eines großen Meisters aber hatte der Kai-

ser keinen Grund zu halten. Von diesem war anscheinend nichts zu gewinnen und nichts zu erpressen. Man könnte höchstens die Zaubersprüche des fernen Hexenmeisters auf sich ziehen. So wurde Kelley wiederum aus dem Kerker entlassen und wanderte hinein in das Deutsche Reich.
Zwei Jahre wanderte Eduard Kelley als fahrender Alchemist durch die deutschen Gaue. Immer bedachte er dabei, daß er einmal des Kaisers Ritter war und leicht ein Leben in Wohlstand müßte führen können. Hatten doch andere auch nicht das ganze Werk vollbracht – und doch war ihnen der Kaiser gewogen geblieben. Es mußten die philosophischen Gespräche der Theorie sein, die die Gelehrten von den Handwerkern trennten. Dies mußte es sein, daß man von den einen in groben Worten rasch Gold verlangte, während man bei den andern mit süßen Worten allein vorlieb nahm. So lernte denn Eduard Kelley auf seiner Fahrt die süßen Worte und theoretischen Spitzfindigkeiten der alchemischen Schwätzer und dachte, daß es ihm so am Ende nicht fehlen könnte. Eifrig schrieb Kelley allezeit an einem Buch, das er wie einst Dee dem Kaiser überreichen lassen würde. Er hatte Gott sei Dank noch Freunde in Prag, die an ihn glaubten. Da war Doktor Thaddaeus von Hajek, der Leibarzt des Kaisers, der hatte den Barren von zwölf Lot Gold noch, den er selber aus der Roten Tinktur von Glastonbury gemacht hatte. Hajek würde das Buch dem Kaiser übergeben.

Am 14. Oktober 1596 war das Buch beendet. In seiner schönen Widmung an den »großmächtigen, unüberwindlichen Römischen Kaiser, Rudolpho Secundo, seinem gnädigsten Herrn«, sagte Kelley:
»Obwohl mein Leib zum andernmal in Böhmen mit Ketten und Gefängnissen geplagt worden, welches mir sonst an keinem Ort in der Welt widerfahren, so ist doch mein Gemüt allezeit frei geblieben und hat sich bisher in dem Stück der Philosophia geübt. Obwohl dasselbe von bösen und unverständigen Leuten verachtet wird, so pflegen es doch die Klugen und Verständigen zu loben und hochzuhalten. Aber es ist schon im Sprichwort, daß allein die

Unverständigen und Rechtsgelehrten der Chimia Hasser und Verächter sind.
Mit großer Mühe, Unkosten und Bekümmernis durch drei ganze Jahre habe ich mir vorgenommen, Ihrer Majestät solche Dinge anzufertigen, die etwas nützen, aber vielmehr Lust und Ergötzlichkeit bringen könnten. So hab ich auch in meinem Gefängnis – und einigermaßen von Ihrer Majestät zu diesem Unglück gebracht – nicht ganz und gar müßig sein können. Deswegen habe ich geschrieben, daß Ihrer Majestät Herz und Sinn geführt wird, die Wahrheit der uralten Philosophie anzunehmen und zu lieben. Daß Sie wie von einem hohen Berge sehen können, was nützlich und was wertlos ist.«
Aber Eduard Kelley hat in den Jahren der Wanderschaft gelernt, eine Prise Bescheidenheit in seine Rede zu geben. Sicherlich fällt es ihm auch jetzt noch schwer, bescheiden zu sein. Es gelingt ihm gerade, bescheiden zu scheinen. So schließt denn der Alchemist seine Anrede an den Kaiser:
»Es ist allezeit der Brauch gewesen – und es wird wohl so bleiben, bis an das Ende der Welt – daß man den Barraban losgebe, Christum aber kreuzige, welches ich an mir erfahren habe, und ich muß damit vorlieb nehmen.
Doch bin ich der Hoffnung, daß mein Leben und mein Wandel den Nachkommen kund und offenbar werden möge, daß ich unter diejenigen gerechnet werden möge, die um der Wahrheit willen allezeit viel Gewalt und Unrecht haben erleiden müssen. Es sei aber wie es will – die Gewißheit und Wahrheit dieses Büchleins wird nimmer veralten noch vergehen!«
Eduard Kelley war leichter wieder an das Ohr des Kaisers gekommen, als er sich erträumt hatte. Er war schon wieder einige Monate in Prag und bereits mehr zu Experimenten gedrängt, als ihm lieb war, als er sein Buch, das ihn in der höheren Sphäre der Alchemie klassieren sollte, Rudolf dem Zweiten überreichte.
Es schien jedoch, als wenn das Büchlein das Tempo auf der schiefen Ebene eher beschleunigt hätte, denn etwa gehemmt. Eduard Kelley, der sich nun unter die Theoretiker alchemistischer Literatur rechnete, machte es rasend, daß seine Experimente in des Kai-

sers Laboratorium von des Kaisers Hofalchemisten Sebald Schwertzer überwacht wurden. So trieben die Tage einer Explosion zu.
In der Kunstkammer des Kaisers kam es eines Tages zur Entladung zwischen Eduard Kelley und Sebald Schwertzer. Als sich ein dritter Alchemist Jürgen Hunkler einmischte und noch Schwertzers Partei ergriff, war Kelley rasend. Er zog seinen Degen und verwundete Hunkler schwer. Im November 1596 wurde Kelley wiederum gefangen auf das feste Schloß Vierklitz gebracht.
Kelley wußte, daß es nun keine guten Worte mehr taten. Er war hinter den Mauern für sein Leben. Nur Flucht konnte ihm helfen und dazu fand er auch englische Landsleute in Prag, die alles vorbereiteten. Kelley erhielt ein Seil eingeschmuggelt. Aber der Knoten gab nach, als er sich damit aus dem Fenster schwang. Kelley stürzte und brach ein Bein. Man brachte ihn in das Schloß zurück und dort starb er, niemand weiß genau wann. Es war in den letzten Tagen des Jahres 1596 oder in den ersten Wochen des neuen Jahres 1597.

Da war nur einer, der ungebrochen, geistig hell und gesund von jener Expedition vom Kontinent zurückkam. Es war der junge Sohn Arthur des Doktors Dee. Arthur Dee studierte in England und ging als Leibarzt des Zaren nach Rußland. In Moskau schrieb er 1629 ein alchemistisches Traktat »Fasciculus chymicus de abstrusis hermeticae scientia«. Arthur Dee arbeitete später in Norwich, in England, an Versuchen Gold zu machen. Er hatte ja Kelley und seinen Vater wirklich Gold aus Zinn und Blei machen gesehen. Er wußte auch, daß dies Pulver an einem verwüsteten Ort gefunden worden war. Zusammen mit einem Buch, das sein Vater nie hatte entziffern können.
Obwohl wir heute die dem Kaiser gewidmete Schrift des Eduard Kelley kennen, die Arthur Dee unbekannt war, so sind wir doch kaum klüger. Mit der Theorie der Goldumwandlung aus Kelleys Schrift sind wir bald zu Ende. Da sind die vier Elemente: Feuer, Wasser, Luft und Erde. Und da sind die vier Eigenschaften: Wärme, Kälte, Feuchte, Trockenheit. Kelley hält alle Stoffe als

aus einem schleimigen Wasser und den zwei Erden, der reinen und der unreinen entstanden. Dabei ist die unreine Erde der verbrennliche Schwefel. Die reine ist der flüssige Sulphur. Für Kelley ist Quecksilber aller Metalle Grundstoff und aus einem schleimigen Wasser und einer flüssigen Erde zusammengesetzt. Durch Härtung des Quecksilbers entstehen alle Metalle.
Mit dieser Theorie des Eduard Kelley harmoniert ein Verfahren, den Matthias Erben von Brandau 1689 als den des Kelley ausgibt. Wir wissen nicht ob es der ist, den Kelley in Prag von dem Mönch gelernt hat. Aber immerhin, hier ist er:
»Eduardus Kelley hat das Mercurius aus dem Silber ein Pfund genommen und mit drei Unzen Mercurii Soli vermischt. Dann wurde das ganze in zwei Phiolen gleich abgewogen und darauf im Wasserbad erhitzt, bis es anfing schwarz zu werden. Nun wurde es stehen gelassen, bis es wieder weißlich wurde – dann wurde es herausgenommen und in heiße Asche gesetzt, bis es gelblich war und dann weiter in heißem Sand bis zur Purpurröte erhitzt. Dieser Rote Stein wurde dann gewässert, bis sich eine schwarze Erde absetzte. Die verbliebene rote Lösung wurde in Salzsäure gegeben und dann mit Spiritus ausgezogen. Diese Flüssigkeit wurde im Pelikan zirkuliert, bis sich ein rotes Öl setzte. Das Rote Öl tingierte dann mit einem Tropfen acht bis neun Lot Quecksilber im Augenblick.«
Die Schwierigkeit ist hier offensichtlich, das Mercurium des Silbers pfundweise zu machen. Man sieht das sofort schon aus dem Rezept, das die Alchemisten für die Herstellung dieses Stoffes geben:
»Man löst Silber in Scheidewasser und schlägt es mit Kochsalz nieder. Nach dem Trocknen nimmt man davon zwei Lot, dazu zwei Lot ungelöschten Kalk und zwei Lot Pottasche. Das alles mischt man zusammen. In einer gläsernen und langhalsigen Retorte wird es dann abgetrieben, bis es glüht.«
Aber nun kommt die niederdrückende Nachbemerkung. Sie sagt, wenn man das Ergebnis nicht mit den Augen sähe, dann solle man sich nicht irre machen lassen. Man nimmt ein Stäbchen, macht ein Stückchen feuchtes blaues Papier daran und wischt den Retorten-

hals aus. Die feinen Kristalle, die man dann an dem Papierchen findet, die sind der Mercurius aus dem Silber.

Da man von diesem mikroskopischen Produkt zu aller Anfang ein Pfund braucht, wird mancher Alchemist nach dem anderen Rezept des Eduard Kelley gegriffen haben. Es ist von Martin Schmucken, der es in seinem »Secretorum Chymicorum« zu Nürnberg im Jahr 1642 gibt:

»Luna wird Sol per Tincturam Mars: E. Kellejus: Rec. Ein per acetum extrahierten crocum mars...« Nehme durch Essig erzeugten Rost zwei Lot. Reibe das gleiche Maß festen Salmiak darunter. Setze es auf eine Glastafel in den Keller und lasse es zerfließen. Mit diesem tränke Quecksilbersublimat und lasse das Ganze wiederum zu Öl zerfließen. Dieses verdicke verschloßen zum Stein. Dann zerreibe ihn und trage ihn auf geschmolzenes Silber »... biss du sihest die schöne Goldfarb so hoch du wilt. So scheide es so hastu ein reiches Stück Gold, nach dem du viel eingetrage. Ignatius Wagenknecht von Danzig spricht, daß er mit der Tinctura Mars so viel gewonnen in ein Jahr, als wenn man im Handel eine Tonne Goldes hätte angelegt.«

Sebald Schwertzer und die Goldfabrik

Im September des Jahres 1584 überreichte Sebald Schwertzer, ein Deutscher, der aus Italien gekommen war, dem Kurfürsten August von Sachsen ein eigenhändig geschriebenes Buch. Darin war die Herstellung der Universaltinktur zur Umwandlung des Goldes und auch einige Teilprozesse, Partikularien zur Verbesserung der Metalle, beschrieben. Es begann folgendermaßen:

»Anno 1584, am heiligen Tage Michaelis, habe ich angefangen zu schreiben dieses große Geheimnis der wunderbaren Verwandlung der Metalle und sonderlichen Offenbarung des höchsten Gottes, welches mir der allmächtige ewige Gott durch sonderbare Mittel offenbaret hat.«

Schwertzer erinnert in diesem Manuskript den Kurfürsten, daß dieser ihm versichert habe, er könne Erz aus Sulphur und Salz machen. Er aber antworte nun darauf: Mit dem Mercurio kann es auch geschehen!

»Wann euer Churfürstliche Gnaden werden hören von allen Doctoribus und Gelehrten von solchen hohen Dingen«, versichert Schwertzer, »so redet mancher wohl schön davon, als wenn er die Kunst gefressen hätte, ist aber nur ein bloss Geschwätz, als sie offt gelesen.«

Trotz dieser kühnen Sprache läßt Sebald Schwertzer sich mit praktischen Experimenten Zeit. Erst acht Monate später, am fünften Mai des folgenden Jahres, wird die erste Probe durchgeführt. Siebenhundert Gramm Quecksilber werden in feines Gold verwandelt. Einer Gräfin Hallach, die bei demVersuch dabei war – so heißt es in den Urkunden – hat der Kurfürst acht Lot von diesem Golde geschenkt. Dazu hatte der ebenfalls anwesende Rechenmeister auskalkuliert, daß die Tinktur von einer Kraft war, eintausendvierundzwanzig Teile ihres Eigengewichtes in Gold zu verwandeln.

Schwertzer hatte auch einen Teilprozeß, mit dem man alle Tage zehn Mark, das waren beinahe fünf Pfund rheinisch Gold, machen

konnte. Für diesen Spezialprozeß ließ die Kurfürstin Anna, selber eine eifrige Alchemistin aus dem dänischen Königshaus, ein Riesenlaboratorium auf ihrem Gut Annaberg bauen.
Vier große Öfen und viele kleine wurden im Fasanengarten auf einem Geviert von zweitausend Schritten errichtet. Das ganze war groß wie eine Kirche und die Schornsteine saßen auf einem mächtigen pfeilerlosen Gewölbe. Es wurde ein Wassergraben darum gelegt, zu dem das Wasser über eine Meile weit hergeleitet wurde. Kurfürst August hat kaum lange genug gelebt, um die Früchte jener Goldproduktionsanstalt zu sehen. Er starb im Februar des Jahres 1586. Aber der Chemiker Kunckel, Hofalchemist seiner Nachfahren, schreibt, daß des Kurfürsten Sohn, Christian der Erste, das Werk wacker fortgesetzt habe. Millionen an Gold soll er schließlich bei seinem Tode hinterlassen haben. Ja die Tochter des Sekretärs Jaenisch vom Kurfürsten August, die zu Lebzeiten Johann Kunckels eine Jungfer von an hundert Jahren sein mußte, die berichtet ihm die Mär, daß die Arbeitsleute des Kurfürsten damals alle Samstage in Rheinischen Goldgulden ausbezahlt wurden und daß sie sich schließlich beschwerten. Den Reichen gäbe man gute Silbermünze, die Armen aber müßten Gold annehmen, so sagten sie.
Nach all dem müßte ein leichtgläubiger Chronist überzeugt sein, daß es die Überproduktion an Gold gewesen ist – die dem trefflichen Sebald Schwertzer die schließliche Entlassung aus sächsischen Diensten gebracht hat. Immerhin finden wir den Goldmacher später als den Hofalchemisten des Kaisers Rudolf in Prag. Dort war, wie wir wissen, noch durchaus Bedarf an dem edlen gelben Metall.

Obwohl man aber in Prag selber mit der Goldproduktion nicht allzu zufrieden sein brauchte, so gab es doch viele, die behaupteten, die Transmution dort gelernt zu haben. So bekam im Dezember 1588 der Nürnberger Goldschmied Caspar Betzen von einem gewissen Hans Härpffel aus Prag einen Brief, in dem die Kunst angeboten wurde, wie man aus Feinsilber Ungarisch Gold machen könne.

Goldschmied Caspar Betzen brachte das Projekt vor den Rat der Stadt Nürnberg und dort wurde beschlossen, auf das Schreiben nicht zu antworten. Auf weitere Briefe sollte man aber dem Alchemisten mitteilen, daß er sich erst selber einmal reich machen solle. Danach könnte er gerne mit einem neuen Gesuch kommen.
Es waren aber nicht alle Nürnberger, die diesen hausbackenen Rat beherzigten. In einem Rechtsstreit um zweihundert Gulden, die einem Dietrich Holterman zu alchemistischen Versuchen geliehen wurden und die Hans Werner Düringels von Riglstein, Amtmann in Herzogenaurach, zurückhaben wollte, mußte der Rat der Stadt am 25. April 1593 darauf hinweisen, daß durch Nürnberger Gesetz, bei Strafe von fünfzig Gulden, das Betreiben und die Unterstützung der Alchemie verboten sei.
Aber für andere genügten auch die Hinweise nicht. So wurde denn am 4. August 1597 ein gewisser Cunrad Russ verhaftet und in Eisen gelegt. Dann wurde ihm gesagt, daß er nur wieder freigelassen werde, wenn seine Mitbeteiligten an den verbotenen alchemistischen Experimenten, die Nürnberger Goldschmiede Martin Rhelein und Nikolaus Schmidt, samt dem brandenburger Leibarzt, Doktor Johann Hiller, ihre je fünfzig Gulden Strafe bezahlt hätten.
Welch zweifelhafte Verfahren bei solchen alchemischen Versuchen verwendet wurden, das zeigt ein Nürnberger Rezeptbuch aus dem Jahr 1642. Da versteht man dann, warum der Nürnberger Stadtrat soviel Wert darauf legte, daß diese Art des Goldmachen von seinen Goldschmieden nicht betrieben wurde. Hier ist ein Rezept daraus, um Silber und Kupfer zu Gold zu machen. Es soll aus dem Jahr 1492 stammen:
»Nimm ein Pfund Eisenfeilspäne und löse sie in einem eisernen Mörser in einem starken Essig auf. Nehme eingetrockneten Essig dazu, zerreibe alles und laß an der Sonne trocknen, bis ein gelbrotes Pulver entsteht. Dann gieße Schreibtinte dazu und destillier ein Dutzend mal, indem du das Herüberdestillierte immer wieder auf den zurückbleibenden Rest schüttest und immer ein wenig Tinte dazugibst. Zuletzt erhält man ein rotes Wasser. Damit kannst du Silber und Kupfer zu Golde machen, wenn du sie glü-

hend darin ablöschest. Und es kann diese Farbe weder durch Feuer, noch anders ausgetilget werden, sondern ist und bleibet gut Gold in allen Strichen und Proben.«

Alexander Setonius Scotus, Prophet der großen Kunst

In das Haus des Jakob Hanssen, einem Schiffer von Enkhuizen, kam im April des Jahres 1602 ein Mann aus Schottland. Alexander Seton hieß der Fremde. Der Holländer hatte Seton das Jahr vorher kennen gelernt, als er mit seinem Schiff bei einem Sturm an die schottische Küste geworfen worden war. Dort hatte Seton den Schiffer gastfrei in sein Haus genommen und beide hatten Vertrauen zueinander gefaßt.

Nun konnte Jakob Hanssen jene Gastfreundschaft in seinem eigenen Lande zurückzahlen. Alexander Seton war ein bescheidener Gast. Er lebte einige stille Wochen in Hanssens Haus zu Enkhuizen. Aus seinen Gesprächen klang heraus, daß er kaum daran dachte nach Schottland zurückzukehren.

War Seton auch schiffbrüchig geworden – war er flüchtig? Der biedere Hanssen fragte nicht danach. Im Laufe der Geschichte waren bis zum Jahr 1600 immerhin vier oder fünf der schottischen Setons wegen politischer Konspirationen gehängt worden. Aber der Schiffer wußte das nicht.

Noch vor seiner Abreise gab Alexander Seton eine passende Erklärung seiner Mission auf dem Kontinent. Er sei ausgezogen um den Ungläubig-Unwissenden zu zeigen, daß die Umwandlung des Bleies zu Gold kein eitler Traum sei. Seton verriet, daß er Alchemist und im Besitz des Geheimnisses der großen Kunst sei.

Nun ergab sich, daß er in Jakob Hanssen gleich am Anfang seines Kreuzzuges einen soliden Zweifler getroffen hatte. Alexander Seton aber war kein Scharlatan. Er war nicht zu dem Zweck ausgezogen, um sich durch alchemische Täuschung oder Fingerfertigkeit zu bereichern. Er war darauf vorbereitet, immer, wenn gestellt, dann auch die Probe auf's Exempel zu machen und das Gold zu produzieren. Alexander Seton stand zu seiner Geschichte.

Am Vorabend seines Abschieds gab Seton dem Schiffer eine Probe seiner Kunst, die der geschäftigen Fama noch lange reichen Stoff gab. Es war ein Stück Blei, das er zu Gold tingierte. Auf den Bar-

ren grub er mit stählerner Nadel das Datum und die Stunde. Es war nachmittags 4 Uhr, den 13. März des Jahres 1602. Am nächsten Morgen nahm Seton seinen Abschied. Das Gold aber zeigte sich als gut und echt.
Von Enkhuizen reiste Alexander Seton südwärts, erst nach Amsterdam und dann nach Rotterdam. In beiden Städten gab er kleine Proben seiner alchemistischen Kunst. Von Rotterdam aber ging er zu Schiff nach Spanien oder Italien. Ob er dort fand, was er suchte, weiß man nicht.

Es war im Sommer des Jahres 1603, daß sich dem Herrn Doktor Johann Wolfgang Dienheim, Professor zu Freiburg im Breisgau, der auf der Rückreise von Rom nach Deutschland war, ein älterer kleiner Mann als Reisegefährte anschloß. Professor Dienheim war nicht unzufrieden mit dieser Abwechslung, denn der Fremde war, obwohl bescheiden und verständig, doch immer geneigt alle Zufälle der Reise von der heiteren Seite zu nehmen. Das Leben schien dem Fremden auch keine Schwierigkeiten zu machen, so frohen Mutes zu sein. Er erschien wohlgenährt und sein braunrotes Gesicht zeigte, daß ihm zumindest an der Gesundheit nichts fehle.
An Geld wohlauf und aus gutem Hause mußte der Fremde auch sein, wie aus seinem schwarzseidenen Kleid, seinem sorgfältig nach französischer Mode gestutzten kastanienbraunen Bart und seinen artigen, in den Wissenschaften beschlagenen Reden zu schließen war.
Der Fremde stellte sich Professor Dienheim als Alexander Seton vor. Und weil Doktor Dienheim später so sorgfältig vermied, die Heimat Setons zu nennen, obwohl er andeutete, daß er sie kannte, so müssen wir annehmen, daß Seton seinem neuen Freund Dienheim auch die Hintergründe seiner langen Reise erzählt haben muß. Da jedoch Dienheim darüber schwieg, so bleiben wir im Dunkeln.
Auf ihrer Reise durch Zürich hatte Alexander Seton vom Pfarrer Eghlin eine Empfehlung an den Basler Naturforscher, Doktor Jakob Zwinger erhalten. Zwinger war damals vierunddreißig Jahre alt, verständig genug um nichts mehr einfach hinzunehmen, aber

noch jung genug, um noch nicht alle Dogmen der wissenschaftlichen Zunft als unveränderliche Weisheiten zu nehmen. Diesem Doktor Zwinger hatte Seton sich vorgenommen in harten Tatsachen die Kunst und Möglichkeit der Transmution zu zeigen.

Seton und Dienheim machten die Reise von Zürich nach Basel hinunter in der angenehmsten Weise zu Wasser. In Basel stiegen sie im Gasthaus zum Goldenen Storch ab.

Immer wieder einmal auf der Reise und besonders an dem vorhergehenden Tag der Bootsfahrt hatte Seton von den großen Geheimnissen der Natur, von der einen Materia aus der alles geschaffen, und von der Umwandlung der Metalle gesprochen. Das aber war ein rechtes Disputierthema für den guten Doktor Dienheim gewesen. Er hatte im Ton endgültiger Gewißheit siebenhundert gute theoretische Gründe aufgezählt, warum Gold nicht aus anderem Stoff gemacht werden könne.

An jenem anderen Tage aber, als die beiden nun im Goldenen Storch bei einem Glas Wein saßen, da hub Alexander Seton gar ernsthaft an. »Ihr erinnert euch wohl«, sagte er zu Doktor Dienheim, »wie ihr auf dieser ganzen Reise und zumal auf dem Schiffe, die Alchemie und Alchemisten durch den Schmutz gezogen und verunglimpft habt – und daß ich versprochen habe darauf zu antworten, nicht mit philosophischen Vernunftsschlüssen, sondern mit einer philosophischen Tatsache!« Dienheim schob die hitzige Rede auf den Basler Wein und lächelte nur. Aber Seton setzte feierlich hinzu: »Die Sonne soll nicht untergehen, bis ich mein Wort gehalten.«

Alexander Seton hatte unterdessen durch seinen rothaarigen, rotbärtigen Diener William Hamilton eine Einladung an Doktor Zwinger ergehen lassen. Er möchte mit Gunst einem besonders merkwürdigen und bedeutungsvollen alchemischen Experiment beiwohnen.

Doktor Zwinger kam auch pünktlich und alle drei, der Doktor Zwinger, Doktor Dienheim und Alexander Seton gingen zusammen zu einem dem Doktor Zwinger bekannten Goldschmied. Einige Tafeln Blei hatte Zwinger bereits selbst mitgebracht. Unterwegs kauften sie noch eine Portion Schwefel.

Seton selbst rührte alle diese Sachen nicht an und seinen rothaarigen William hatte er ja im Gasthof gelassen. Er gab nur Anweisung, wie das Blei und der Schwefel schichtenweise in einen Schmelztiegel zu legen sei, während der Goldschmied schon Feuer anmachte und den Blasebalg bereit hielt. Als das Holzkohlenfeuer im Luftstrahl aufglühte, ließ Seton die eingesetzten Stoffe durch Umrühren mischen.
Auch Seton war sicherlich erregt. Aber er war beherrscht genug, machte seiner Aufregung nur durch leichte Scherze Luft. Unterdessen stand der Tiegel immer weiter glühend in den Kohlen. Es war vielleicht eine Viertelstunde vergangen. Nun zog Seton einen Umschlag aus der Tasche, in dem er ein schweres und fettiges Pulver hatte. Es hatte eine fahle, zitronengelbe Farbe. Mit einem Scherz gab er es den beiden Doktoren: »Nun, dies Brieflein werft in das fließende Blei – aber hübsch mitten hinein, und nicht daneben ins Feuer!«
Professor und Doktor waren immer noch so ungläubig wie zuvor. Ihre Mienen zeigten es nur zu deutlich. Aber sie taten wie geheißen und warfen den Umschlag mit dem Pulver in den brodelnden Metallfluß. Nach einer Weile hatten sie die wallende Masse mit einem glühenden Eisenstab umzurühren. Dann schien Seton zufrieden zu sein. Er sagte dem Goldschmied, er möge den Tiegel nun ausgießen. Was aber da floß, war kein Blei, sondern Gold.
Da standen die beiden Theoretiker nun, sahen einander an und schwiegen. Seton aber lachte siegesbewußt. Hier gehen sie hin eure Schulfuchsereien und Vernunft!: »Hier seht ihr die Wahrheit in der Tat, und die geht über alles – auch über eure Vernunftschlüsse!«
Dann ließ Seton ein Stück Gold abschneiden und gab es dem Doktor Zwinger zum Andenken. Auch Doktor Dienheim bekam ein solches Stück, fast vier Dukaten schwer, mit auf die Weiterreise.
Alexander Seton aber blieb vorerst in Basel und gab noch eine zweite Probe der Großen Kunst im Hause des Apothekers Andreas Bletz. Auch hier verwandelte er Blei in Gold.
Von Basel ging Seton rheinabwärts weiter nach Straßburg. Dort führte zu dieser Zeit der Rat der Stadt eine strenge Fremdenpoli-

zei. Jeder Herbergswirt mußte seine Gäste die Dinge fragen, die man auch heute wieder beantworten muß: Name? Beruf? Zweck der Reise?
Und auch damals geschah es wie heute – Alexander Seton, der bis jetzt nicht daran gedacht hatte, etwa seinen Namen zu verheimlichen, der fand plötzlich, daß das hier vielleicht besser wäre. Er nannte sich irgendwie und gab als Beruf Studiosus an. Die Reise habe er unternommen, um einen Weisen zu finden, der ihm auch sagen könne, was die Prima Materia sei – aus der die Welt erschaffen wäre.

Zu Philipp Jakob Güstenhofer, Goldschmied zu Straßburg, kam im Sommer des Jahres 1603 ein Fremder, welcher sich Hirschberger nannte. Der Fremde bat den Goldschmied um die Erlaubnis in seiner Werkstatt ein kleines Prozeßlein zu veranstalten. Güstenhofer, der auch neugierig war, willigte gerne ein. Umso eher, als der Fremde versprach bald fertig zu sein und es dem Goldschmied lohnend zu machen.
Der freundliche Fremde tat dabei gar nicht geheimnisvoll. Er ließ den Goldschmied bei allen Handgriffen zusehen und machte noch Scherze dabei. Das Ergebnis aber war atemberaubend. Im Formbarren lag am Ende Gold, rechtes vollwertiges, schönfarbenes Gold! Und der Fremde war nicht knauserig. Er schenkte dem Philipp Güstenhofer auch ein wenig von dem tingierenden Pulver, damit er die große Umwandlung auch selbst einmal probieren könne.
Um es aber vorweg zu sagen – die Tinktur brachte dem Straßburger Goldschmied kein Glück. Es genügte ihm nicht, sich allein mit ihr zu erfreuen, und dann das Gold wohl zu gebrauchen. Er mußte sich mit ihr prahlen und machte die Umwandlung vor vielen. Zu der Zeit aber war der Fremde lange aus der Stadt.
In des Kaisers Rudolph Reich jedoch, da eilten Goldmachergeschichten rasch nach Prag. Es dauerte nicht allzu lange, so kam des Kaisers Befehl nach Straßburg: Schickt mir den Güstenhofer!
Drei Abgesandte schickten die Stadtväter von Straßburg zu ihrem Goldschmied, um ihn noch einmal gründlich zu befragen. Und

der eitle Mann fand nichts besseres zu tun, als für jeden der Herren Abgesandten ein besonderes Experimentchen zu machen. Obwohl ihm doch der Fremde gar nicht viel von der Tinktur gegeben hatte. Jeder der drei, der Stadtsyndikus Doktor Hartlieb, der Stadtschreiber Junth und der Ratsherr Kohllöffel, jeder hatte seinen eigenen Schmelztiegel mitgebracht, denn das wußten sie schon, mit goldimprägnierten Schmelztiegeln fing der Schwindel bei den bösen Alchemisten an. Dazu brachten sie auch ihr eigen Blei in Gestalt von Musketenkugeln.

So reich an Tinktur war nun Güstenhofer nicht, daß er jedem der Vertreter etwa ein Pfund bleierner Gewehrkugeln zu Gold umgeschmolzen hätte. Er erlaubte jedem der Herren gerade eine Kugel in seinen Tiegel zu setzen. Dann hieß er sie den Blasebalg treten, häufte ein bißchen die Kohlen an und warf dann jedem ein kleines Quantum Tinktur in den Tiegel. Als sie ausgossen, hatte jeder ein Stückchen schönes, gelbes Gold.

Nun, da die guten Räte so offensichtlich von den Künsten ihres Goldschmiedes überzeugt worden waren, da hatten sie es gar nicht mehr so eilig, dem Kaiser im fernen Prag gefällig zu sein. Aber der Kaiser hatte seine Berichterstatter auch in Straßburg. Ein zweiter Kurier kam bald aus Prag und lud in unmißverständlichen Worten den Goldschmied Güstenhofer ein, den Kaiser in Prag zu besuchen.

Es war aber immer allein die Eitelkeit des Goldschmiedes selber, die ihn in sein Verderben führte. Die Straßburger Stadtgewaltigen waren immer noch gar nicht so darauf aus, ihren goldmachenden Goldschmied an den Kaiser auszuliefern. Aber Güstenhofer selber war nicht mehr zu halten. Welche Ehre für ihn, vom Kaiser selbst eingeladen zu sein! Wie er dann die Gier des Kaisers nach dem Geheimnis der goldgebenden Tinktur würde befriedigen können – daran dachte er weniger, als er auf den Straßen des Heiligen Römischen Reiches über Nürnberg nach Prag reiste. Voll Stolz hatte er den goldenen Gnadenpfennig, den ihm in Straßburg der Bote im Namen des Kaiser überreicht hatte, an einer feinen Kette um den Hals.

Erst in Prag, vor dem ungeduldigen Gesicht des Kaisers, da wurde er sich der vollen Tragweite des Befehls bewußt, der ihn von so weither nach Prag zitiert hatte. Jener ungeduldig grausame Mund sagte es hart und klar. Der Kaiser wollte nichts von ihm, als das Geheimnis der Roten Tinktur – auf jeden Fall und mit allen Mitteln.

Und da nun der arme Goldschmied nicht einmal anbot es im Laboratorium des Kaisers einmal probieren zu wollen, da er nur dastand und immer wieder sagte, daß er die Tinktur nicht bereiten könne – so bekam er nicht einmal die übliche Gnadenfrist jener Alchemisten, die in der Zlatá Ulička, dem Goldnen Gäßchen mit den niedrig gedrückten Häuschen einquartiert wurden. Jene hatten zumindest das Sprichwort »Kommt Zeit, kommt Rat« für sich. Wenn auch die Goldne Gasse in der sie wohnten, eine Sackgasse war und wenn auch die Hinterstube ihrer Häuschen keinen Ausgang, sondern nur einen Ausblick über den weiten Burggraben hatten.

So tat denn der tapfere Güstenhofer das einzige noch Mögliche, bei der ersten und letzten Gelegenheit. Er nahm seine Beine und rannte was er konnte. Aber die Wächter des Kaisers hatten ihn gleich wieder. Man steckte ihn in den weißen Turm, der da nur wenige Schritte nordöstlich vom Goldnen Gäßchen liegt. Und das ist das letzte, was wir von dem törichten Goldschmied wissen.

Im Hochsommer des Jahres 1603 kam Alexander Seton nach der Stadt Köln und stieg dort im Gasthaus zum Heiligen Geist ab. Hier am Niederrhein gefiel es Seton wohl. Er war der langen Reisetage und der kurzen Nachtlager ein wenig müde und schickte am nächsten Tage den rotbärtigen Hamilton aus, um ein gutes Privatquartier auszukundschaften. Am liebsten wäre Seton natürlich zu einem Jünger der Großen Kunst gezogen. Darum hatte Hamilton zu fragen, wer sich hier in Köln vom Destillieren ernähre. Wo die grüngläsernen Kolben rauchten, da würde es auch am nächsten zum Alchemisten sein. Bald zeigte auch einer dem Rotbart den Weg zu einem Destiller und der wieder kannte einen Alchemisten, den Anton Verdemann.

Alexander Seton und Verdemann verstanden sich gleich und wäh-

rend der vier Wochen, die Seton nun in Köln war, wohnte er im Hause des Alchemisten.
Am nächsten Montag, es war der 5. August 1603, ist nun Seton in die Apotheke auf dem Marportz gegangen. Die Gegend war nach der römischen Porta Martis, die vor Zeiten dort gestanden, so genannt. In der Apotheke verlangte er ein Stück Lapislazuli und der Apotheker griff in eine Büchse und brachte ihm einen Brocken. Aber das Stück war nicht von der rechten blauen Farbe und eher grünlich. Es war verständlich, daß Seton damit nicht zufrieden war und ein anderes Stück des Steins wollte. Er kannte ja den echten Lapislazuli genau. Darauf versprach ihm der Apotheker, bis zum nächsten Tag – wenn es ihm nichts ausmache – die rechte Qualität zu beschaffen.
In der Apotheke aber saßen zu der Zeit noch zwei ältliche Männer. Der eine, namens Raymund, war selber Apotheker gewesen und der andere war ein Geistlicher. Beide hatten schon einige Gläschen von des Apothekers magenstärkenden Likören hinter sich und waren so in der rechten Stimmung sich einzumischen.
»Ja«, sagte der alte Apotheker Raymund, wie zu der Welt im allgemeinen, »da hat es schon welche gegeben, die wollten aus dem Stein Lazuli Silber bringen.« Dabei nickte er aber bedeutungsvoll in die Richtung von Seton. »Haha«, lachte der Mönch, »da sind viele Meister ans Werk gegangen. Aber gesponnen haben sie alle!«
Nun lachte auch der Apotheker. Nur Seton sah sie alle in der Runde an und meinte, daß heute wohl Naturkundige bessere Dinge als je zuvor erreichen könnten.
Aber Seton konnte die beiden alten Narren nicht vom Lachen abhalten. Auch der Apotheker grinste aus Geschäftspolitik weiter mit den Dauerkunden. So ging Seton zornig hinweg.
Seton schüttete erst einmal Anton Verdemann das Herz aus und beschloß dabei, es auch den Kölnern gründlich zu zeigen. Zuerst aber dem Apotheker am Marportz.
Am nächsten Tag, als er den rechten Stein Lazuli hatte, verlangte Seton auch noch ein gutes Vitrum Antimonii, ein Spießglanzglas.
Jenes, das ihm der Apotheker reichte, schaute er prüfend und ab-

fällig an. »Das ist aber gar unsachgemäß bereitet«, meinte er zu dem Stoff, den man ihm gebracht hatte. Der Apotheker zuckte die Achseln. Er beeilte sich aber dann zu entschuldigen: Das Vitrum sei so, wie er es immer geliefert bekäme. Gerne wolle er aber etwas dazulernen. Ob Seton etwa eine bessere Zubereitung wisse?

Seton nickte und sagte, daß er es dem Herrn Apotheker mit Freuden zeigen werde. Man müsse aber dazu einen Ofen mit Blasebalg haben. Einen solchen Ofen aber hatte Hans Leondorp, der Goldschmied, der in der Nachbarschaft, der Sankt Lorenzkirche gegenüber, wohnte.

Zu ihm schickt er Seton mit seinem Sohn, einem jungen Mann, dem eben der Bart zu sprossen anfing. Dort beim Goldschmied gibt der Meister Leondorp selbst das Antimon, das ihm des Apothekers Sohn gereicht, in den Tiegel. Alexander Seton nimmt dazu einen Umschlag aus der Tasche, teilt das fahl zitronengelbe Pulver darin in zwei Teile und gibt den einen Teil davon dem Goldschmied, damit er es auf das fließende Antimon werfe.

Als nun das Antimon gut flüssig war und der Goldschmied es auf den Reibstein ausgießen wollte, wie man es eben mit Spießglanzglas macht, da meinte Seton nebenbei: »Ach, der Reibstein ist nicht nötig. Gießt es besser in eine Barrenform.« Und der Goldschmied tat, wie ihm geheißen.

Im Augenblick aber, als der Guß aus der Form geschlagen wurde, da sahen sie an Glanz und Farbe, da hörten sie am Klang, daß es Gold war. Und neben dem Goldschmied Leondorp und dem Apothekerssohn sah es auch ein Nachbar, ein guter Freund des Ewald von Hohelande und es gafften auch zwei Gesellen des Goldschmieds.

Der Goldschmied jedoch war ein gerissener Mann, ein Meister in den Metallen. Aber auch er wußte nicht, wie ihm geschehen war. Schnell gefaßt sagte er Seton: »Wollen wir nicht der Sache sicher gehen? Ist da nicht noch die zweite Hälfte des Pulvers, die wir probieren könnten?«

Seton nickte gelassen. Weil sie jedoch kein Antimon mehr hatten, so nahmen sie diesmal ein Stück Blei. Daneben aber praktizierte

der verschlagene Goldschmied noch ein Stückchen Zinn in den Tiegel. Das war ihm, dem Metallfachmann, die Probe auf den Betrug. Wenn Seton, Gott weiß auf welche Art, natürliches Gold in den Tiegel gebracht hatte, dann konnte es nachher nicht mehr hämmerbar sein. Zinn in Gold gab brüchiges Metall, das war eine alte Zunftregel.
Alexander Seton hatte den Goldschmiedtrick wohl bemerkt. Aber hier ging es nicht nach den Gesetzen der Legierungen. Hier wurde Metall zu neuem Metall verwandelt. Darum schwieg er getrost.
Und Seton hatte Recht. Es wurde wiederum Gold, hämmerbares, walzbares Gold. Goldschmied Leondorp glühte es auf den Holzkohlen aus, löschte es im Wasser ab, hämmerte es aufs neue, prüfte es am Probierstein. Es war und blieb Gold – elf Lot und drei Quintlein.

Zu dieser Zeit auch, da lebte ein alter Feldscher in Köln. Er war schon vierzig Jahre in der Stadt, von Geburt aber war er Schotte. Man nannte ihn den Meister Georg. Dieser Meister Georg hielt nun viel auf die Chirurgie – wann man ein Bein absäge und wie man eine Wunde ausbrenne – aber er hielt nichts von der Alchemie. »Unverständige Narren und Lügner heißt der Alte die Alchemisten« meinte Anton Verdemann nicht allzu bitter lächelnd und achselzuckend. Verdemann, selber ein Alchemist und eine ehrliche alte Haut dazu, nahm das Schimpfen des alten Feldschers nicht mehr übel. Er kannte den Alten von Jugend auf, weil der schon seines Vaters guter Freund gewesen.
Der Feldscher schien Seton ein rechtes Objekt für eine Bekehrung zu sein . »Die alte Haut werd ich ihm nicht mehr ändern können«, meinte er, »aber mit seinem Gemüt und Sinn will ich es tun!«
Der alte Feldscher war erfreut einen Landsmann in Köln zu sehen. Und Seton hütete sich von der Alchemie zu reden. So kamen die beiden bei dem ersten Schwatz ausgezeichnet aus. Sie redeten von den geheimen Kuren gegen den fressenden Krebs, von Schwitzbädern und Ätzsalben gegen Geschwüre. »Ei«, meinte Seton, »da kenne ich ein Mittel aus einem probaten Rezept, das frißt das faule Fleisch hinweg und läßt die gesunden Sehnen stehen. Es ist dazu

auch nicht schwer zu machen.« Und Meister Georg war natürlich begierig die Wundersalbe zu sehen!
Alexander Seton krempelt sich die Ärmel hoch, verlangt ein Stück Blei, einen Schmelztiegel und Schwefel. Und der Feldscher stellt alles prompt auf den Tisch. Aber Feuer brauchen wir auch, meint Seton. Der Alte nickt. »Draußen glüht ein Kohlenfeuer. Eben wollte ich Arznei kochen.«
Da gingen sie nun in die Küche. Aber es zeigte sich, daß der Blasbalg zu klein und schwach war. Das war für den eifrigen Feldscher das kleinste Hindernis. Er wollte nun die Salbe sehen – die das faule Fleisch gut wegbeizt und doch die Sehnen heil stehen läßt – und, bei Galenus, er würde sie sehen!
»Der Goldschmied Hans von Kempen ist mein guter Freund. Er wohnt am Markt. Gleich beim Goldenen Anker. Da gehn wir hin!« Der Feldscher hatte die Sätze herausgerattert und faßte nun eilfertig den Tiegel mit seinem Inhalt. Dabei nickte er dem Goldmacher zu, nur einfach mitzukommen.
In der Goldschmiedewerkstatt am Markt fanden sie des Meisters von Kempen Sohn mit vier Gesellen. »Mein Freund hier will mich was lehren. Eine neue Ätzsalbe!« bedeutete der Feldscher eilig dem jungen Goldschmied. Und weil Meister Georg hier ein alter Bekannter war, so begann er selbst gleich Platz am Feuer für seinen Tiegel zu machen.
»Ja, Herr Seton ist ein weitgereister gelehrter Mann«, nickte er den neugierig herumstehenden Männern zu, »von ihm kann jeder noch etwas Brauchbares lernen!«
»Na und für uns weiß der Herr kein neues Rezept?« meinte da der Altgeselle scherzend zu Seton. Aber der nickte. »Da gibt es ein Rezept aus Eisen billig Stahl zu machen – wenn ihr das wissen wollt?«

Dafür waren die Goldschmiedegesellen Feuer und Flamme. Denn guter Stahl war immer rar und auch teuer in der Stadt. Seton ließ sie die Hälfte einer abgebrochenen Zange in fingerlange Stücke schlagen, in einen zweiten Tiegel tun und mit einer Portion Schwefel auch in das Feuer setzen.

Nun fauchten die Blasebälge und die Tiegel glühten mehr und mehr. Seton trat nun ein wenig beiseite, nahm einen seiner Umschläge aus der Tasche und teilte das Pulver darin in zwei Teile. Dann zerriß er das Papier, wickelte jede Portion wieder für sich ein und hieß dem Feldscher und dem Altgesellen je ihre Hälfte in den Tiegel zu werfen.
Hell blies man nochmals die Feuer an. Als aber der Goldmacher sieht, daß die Mischung in jedem Tiegel geschmolzen ist, gibt er das Zeichen zum Ausgießen.
Wie schreit da der Altgeselle auf, als er am Gusse sieht, was hier geschehen war! »Gold ist es!« ruft er. Seton lächelt, schüttelt den Kopf und sagt: »Es ist reiner Stahl – hämmere es nur!«
Aber alles Hämmern und Klopfen macht aus des Altgesellen Gold keinen Stahl mehr und aus des Feldschers Gold auch keine Ätzsalbe.
Bei dem allgemeinen Geschrei kommt am Ende auch die Meistersfrau gestürzt. »Wir machen Gold!« sagt ihr der Lehrjunge stolz. Da sie aber des Probierens kundig, so prüft sie das Metall. Die Probe gibt gutes Gold und Frau Kempen bietet für das Lot acht Kölnische Taler – um einen schnellen Gelegenheitskauf zu machen.
Unterdessen bringt der Gesellen Geschrei und Aufregung immer mehr Nachbarn herbei, sodaß Meister Georg, der ein solch öffentliches Auftreten haßte, den Goldmacher am Ärmel zog und mit ihm durch die Hintertür hinauswischte – nicht aber ohne zuvor das Gold eingesteckt zu haben.
»Das ist also euer sauberes Ätzpulver« so knurrt der Feldscher den Alchemisten wütend an. Und nun bin ich selber ein halber Goldmacher geworden, setzt er mißbilligend hinzu. Aber Seton hat den alten Feldscher lieb gewonnen. Es tut ihm dessen Enttäuschung leid. »Nichts für ungut« meint er, »ich wollte euch nur zeigen, was an der Sache ist.«
Meister Georg war auch gar nicht mehr so sehr wütend. Er war nun eher um seinen Freund Seton besorgt. »Landsmann«, so warnt er den Goldmacher, »ihr tut nicht wohl, so an den Tag zu gehen! Wenn solches Fürsten erfahren, dann werden sie euch

nachstellen, vielleicht gefangen setzen, sodaß ihr das Geheimnis offenbaren müßt.«

Aber Seton schlug die Warnung in den Wind. »Ich bin in einer freien Stadt« so sagt er, »und wenn ein Fürst mich fangen ließe, dann wollt ich tausendmal den Tod erleiden, bevor ich spreche!« Sinnend aber setzt er hinzu: »Wenn aber ein Fürst das große Werk von Herzen zu sehen wünschte – so würde ich es einrichten, mit fünfzigtausend, mit sechzigtausend Dukaten, und es nicht versagen.«

Michael Sendivogius, der Getreue

Im Jahr 1556, zu Sandez in der Woiwodschaft Krakau, wurde dem polnischen Edelmann Sendimirus ein unehelicher Sohn geboren. Er nahm sich seiner wohl an, ließ ihn gut erziehen und später Theologie studieren. Dieser Junge hieß Michael Sendivogius.
Als diesem Michael Sendivogius im Laufe seiner Studien eines Tages die Bücher des Arnoldus de Villa Nova in die Hände kamen, denen die alchemistischen Trakte beigebunden waren, fand er sogleich tiefes Interesse für diese Wissenschaft. Sein Vater hatte der Mutter, da sein Sohn ihm ja nicht natürlich im Erbe folgen konnte, ein paar andere Güter vermacht. So hatte Sendivogius die Mittel, sich der Kunst der Alchemie zu widmen. Sein väterlicher Freund, der der Alchemie ergebene Nicolei Wolsky, Großmarschall in Polen, feuerte ihn dabei an und versorgte ihn mit einer Geldkatze voll klingender Goldstücke, als Michael Sendivogius sich eines Tages aufmachte um die großen Alchemisten des Heiligen Römischen Reiches zu besuchen. Von Mund zu Mund wollte er erfahren, was er aus all den Büchern nicht lernen konnte.
Michael Sendivogius hat auf dieser Reise Alexander Seton zum erstenmal getroffen. Es scheint, daß er ihn auf der Universität zu Helmstädt in Braunschweig kennen lernte. Dort war gerade der berühmte Cornelius Martini, Professor der Philosophie, zur Alchemie bekehrt worden. Zumindest hatte man ihm soweit das Maul gestopft, daß er aufhörte in seinen Vorlesungen auf diese Kunst zu schimpfen, wie er es so lange Jahre mit Vergnügen getan.
Cornelius Martini war wieder einmal in die Reihe seiner Vorlesungen gekommen, wo er gewohnt war, die Alchemie von Grund auf zu zerfetzen, sie um und um zu drehen und sie am Ende dem Gelächter seiner Studenten preiszugeben. Diesmal stand aber einer auf, der sah wie ein Edelmann aus und konnte deshalb nicht einfach mit einem groben Wort wieder zum Sitzen gebracht werden. Dieser Herr sagte dem Professor Martini, daß es gar nicht so vieler kunstreicher Worte sondern nur der simplen Tat bedürfe, um

diese Disputation schnell zu beenden. Damit verlangte er ein Kohlenbecken, einen Schmelztiegel und ein Stück Blei. Und daß es Blei war sah jeder, denn als Gold hätte es nicht so schnell schmelzen können. Es erstarrte erst zu Gold, als es das zitronenfahle Pulver geschluckt hatte. Den ausgeschlagenen Klumpen Gold reichte der Fremde dem philosophischen Professor mit den Worten: »Solve mihi hunc Syllogismum!« – Widerlege mir diesen Beweis!
Für uns, die wir alle vorhergehenden Geschehnisse verfolgt haben, ist es nicht schwer den Fremden zu erkennen. Alexander Seton war in diesem Sommer des Jahres 1603 durch ganz Deutschland bis nach München in Bayern gereist. Dort hatte er nicht als Alchemist, aber als Mensch einen Sieg errungen. Er hatte sein Herz an eine Münchener Bürgerstochter verloren. Da die Eltern nicht im Traume daran dachten, ihr Kind einem landfremden Menschen zu geben, so war das Mädchen mit ihm bei Nacht und Nebel durchgebrannt. Und bis zu seinem Tod sollte sie ihn als seine immer treue Gefährtin auf seinen Reisen begleiten.
Der eifrige und wißbegierige Sendivogius verstand es, bald gut Freund mit Alexander Seton zu werden. Aber wenn er auch von ihm viele nützliche Kunstgriffe und interessante alchemistische Experimente lernte. Das letzte Geheimnis des zitronengelben Pulvers erfuhr er noch nicht.
Immerhin hatte Michael Sendivogius soviel gelernt, daß er selber auf der Heimreise nach Polen manchmal einen Augenblick glaubte, er wisse nun alles. Mit Eifer stürzte er sich deshalb auf das Experimentieren, sobald er zu Hause angekommen war, und er ruhte dabei nicht Tag noch Nacht. Er machte tausend Proben von all den Prozessen, die ihm beschrieben worden waren. Immer wieder studierte er alle die alchemistischen Bücher, die er von der Reise mitgebracht hatte.
All das half ihm jedoch nicht, den Stein der Weisen oder die Rote Tinktur zu machen – jenes große Geheimnis, das sein Freund Seton besitzen mußte, weil er so offensichtlich von allen Geldsorgen enthoben war. Aber ihm selber entging der letzte große Kunstgriff immer noch. Die Sprache der alchemischen Schriften war dunkel und dort, wo sie nicht offensichtlich falsches sagte, da war sie viel-

deutig. Gleichnisse und Figuren bildeten in diesen Traktaten ein vergoldetes Labyrinth.
Während er tief in diesen Studien und Experimenten war, erfuhr Sendivogius, daß sein Freund und Lehrer Seton in die Gewalt eines goldgierigen deutschen Fürsten gefallen war. Der Bericht sagte, daß Kurfürst Christian der Zweite von Sachsen, Alexander Setonius gefangen gesetzt hatte, um ihm das Geheimnis des zitronengelben Pulvers, die Erzeugung der Großen Tinktur abzupressen.
Seton war vom Kurfürst im Herbst 1603 auf das Schloß Crossen geladen worden. Dort war Christian der Zweite sehr schnell zur Sache gekommen, und da Seton sich nicht zwingen lassen wollte, war all das und mehr eingetreten, was der biedere Feldscher ihm in Hamburg vorausgesagt hatte. Alexander Seton wurde zweimal auf die Folter gespannt. Man reckte seine Glieder mit Schrauben. Man sengte sein Fleisch mit glühenden Eisen. Aber der Alchemist verstand zu schweigen und Schmerzen zu ertragen. Man hatte ihm grausamerweise zwischen der ersten und zweiten Folterung Zeit zur Heilung und Erholung gelassen. Aber als der Kurfürst nach der zweiten Folterung sah, daß dieser Weg den Mann nicht mürbe machen, daß er ihn so nur töten würde, da hatte er ihn wiederum »ehrenvoll« gefangensetzen lassen. Christian hoffte, daß die Zeit das tun würde, was seinen Henkersknechten nicht gelungen war. Aber mit einem hatte der grausam gierige Fürst nicht gerechnet – daß sich für Seton ein treuer, mutiger Freund finden würde. Man mag sagen, daß es nicht nur tiefe Freundschaft war, die Michael Sendivogius die Befreiung von Seton unternehmen ließ, daß es sein Glaube an die zitronenfarbene Tinktur, die Hoffnung auf Belohnung durch Eröffnung des Geheimnisses war, die ihn dazu noch vorwärts trieb. Das wäre aber eine allzu ärmliche Erklärung für das großzügig tapfere Unternehmen des treuen Sendivogius.
Michael Sendivogius schreckte nicht davor zurück, alle seine Güter zu verkaufen, um sein Unternehmen durch einen prallen Sack voller Goldstücke zu sichern. Auf schnellen Pferden kam Sendivogius nach Sachsen und im Sturme verstand er die Gunst des Kerkermeisters und Schloßherrn zu erobern. Er gab sich als polni-

scher Graf Gelage aus und warf mit Dukaten um sich, bis der Schloßherr auf die Idee kam, dieser Edelmann müßte die rechte Partie für seine Tochter sein. Von diesem Augenblick an konnten die Pläne zur endlichen Befreiung Setons mit Leichtigkeit entwikkelt werden. Täglich wuchs die allgemeine Vertraulichkeit im Schloß, bis in der entscheidenden Nacht eine großmächtige Sauferei angesetzt wurde. Wirt und Wächter lagen blau und ohne Verstand als der Goldmacher und der Pole verschwanden.

An einem geheimen Treffpunkt fand man Frau Seton wartend und ohne Aufenthalt ging es dann weiter nach Polen. Alexander Seton war wieder in Freiheit! Aber er war ein gebrochener Mann und im Januar 1604 starb er zu Krakau ohne seinem Befreier das Geheimnis des fahlgelben Pulvers enthüllt zu haben. Alexander Seton hinterließ jedoch seinem Freund Michael Sendivogius ein anderes alchemistisches Vermächtnis. Es war eine schwere Phiole eines zu Gold tingierenden Elixiers. Es war eine schwere, hurtig rollende Flüssigkeit von der Farbe bleichen Goldes. Wenn man dieses Elixier auf eines der drei harten Metalle, auf Eisen, Kupfer oder Silber trug und danach im Feuer glühte, dann wurden sie sichtbarlich golden.

Zeitgenossen haben Sendivogius einen Ignoranten geschimpft, weil er viel Zeit in Versuchen verwendet hat, die zur Multiplikation dieses Elixiers führen sollten. Zu jener Zeit war es eines der Dogmen alchemistischer Zünftler, daß der Stein der Weisen, solange er im Zustand eines flüssigen Elixiers war, nicht multipliziert und so vermehrt werden konnte. Gerade das erhebt Sendivogius in unseren Augen, daß er gegen die mit spitzfindiger Logik konstruierten Pseudogesetze der etablierten Alchemie zu experimentieren wagte.

Schreiber der zünftigen Alchemie, wie der Italiener Poliarcho Micigno in einem Brief im Jahr 1661, haben sogar die einfach menschliche Geste, daß Sendivogius die Frau seines Freundes Alexander Seton heiratete, als den fruchtlosen Versuch eines Nichtswissers, zum großen Geheimnis zu gelangen, auszulegen versucht.

Es war im Jahr 1604, daß Sendivogius ein Traktat vom Stein der

Weisen veröffentlichte. Als ein Buch, erfüllt mit dunklen Andeutungen und aufgebaut in ergebnislosen Schlußfolgerungen, ist es der Ausdruck der vagen zusammenhanglosen Notizen, die Seton hinterlassen hatte.
Dieses Buch macht es klar, daß Sendivogius das Geheimnis des Steins der Weisen in den Aufzeichnungen nicht gefunden hatte. Aber es war immerhin alchemistisch anspruchsvoll genug, um Sendivogius die ehrenvolle Einladung an den Hof des Herzogs Friedrich von Württemberg zu bringen. Einer ehrenvollen Einladung, der er nach jahrelanger Kerkerhaft und nach diplomatischem Eingriff des Königs von Polen wieder entkam. Nach den Abenteuern der alchemistischen Treibhausluft eines Fürstenhofes kehrte Sendivogius mit Freunden wieder in die bescheidenere aber ehrlichere Atmosphäre des Laboratoriums im heimatlichen Krepitze, das seinem väterlichen Freund Großmarschall Wolsky gehörte, zurück. Jahre um Jahre arbeitete er dort an den Versuchen zur Fixierung und Multiplizierung des Goldelixiers. Aber als einziges Resultat ergab sich, daß dabei die Hauptmenge des Elixiers verplempert worden war.
In diesem Laboratorium zu Krepitze arbeitete auch ein spanischer Alchemist, ein Doktor Joseph. Dieser Goldmacher war ein systematischer Mann und war trotz seines ungewöhnlichen Forschungsgebietes die menschliche Vernunft selber. Er hatte die wahre und einzige Methode, wie man Alchemist werden und ehrbar bleiben kann. Neben seinen Experimenten um den Stein der Weisen und gleichsam aus den Abfallprodukten dieser Forschungen, braute Doktor Joseph allerlei neue Arzneien in wundersamen Farbtönen und merkwürdigen Gerüchen. Sie waren gut anzusehen und scharf zu schmecken. Die Apotheker nahmen sie gerne ab und fanden immer bald heraus, für was sie gut sein mochten.
Diesem Doktor Joseph ist sicherlich zu verdanken, wenn in diesen Jahren Michael Sendivogius von alchemistischer spielerisch-amateurischer Feuerpantscherei zu alchemistischer Forschungsarbeit geführt wird. Im Jahr 1613 wird die erste Auflage eines Traktats vom Schwefel, »Tractatus de sulphure altero naturae principio«, in Köln gedruckt.

Gereifter reist Sendivogius im Jahr 1616 nach Marburg an die Universität. Es lockt ihn der Ruf von Johannes Hartmann, der schon 1609 dort zum ersten Professor der Chemie bestellt worden war. Mit ihm wollte er die letzten Geheimnisse der Alchemie disputieren. Dort in Marburg, in seinem Kreis von Freunden, wozu auch der polnische Edelmann Simon Peter Batosky gehörte, machte Sendivogius keinen Hehl daraus, daß sein erstes und größtes Buch, das Werk von Stein der Weisen, aus dem literarischen Vermächtnis seines toten Freundes Alexander Seton stammte.
Auf der Rückreise nach dem heimatlichen Polen stellt sich Michael Sendivogius, der nun ein Mann mit grauen Haaren ist, dem neugewählten Kaiser Ferdinand in Wien vor. Diesem zeigt er die Wirkung des gelben Elixiers, indem er in des Kaisers Gegenwart die Hälfte eines Silberstückes in Gold verwandelt. Sendivogius überzeugt den Kaiser auch, daß er an der schlesisch-polnischen Grenze neue Bleilager werde zu finden wissen.
Zur Erfüllung dieser Aufgabe schenkt ihm der Kaiser das Gut Kravarz Polsky, eine Meile von Opan in Schlesien. Dazu erhält Michael Sendivogius ein Haus in Olmütz, in dem er im Jahr 1636 friedlich und im Alter von achtzig Jahren stirbt. Haus und Gut aber bleiben seiner einzigen Tochter, dem Kind, das ihm seine treue Gefährtin geschenkt hatte.

Der Mann am goldenen Galgen

Wenn man Kaiser Rudolf den Stiefvater der Alchemisten nennt, dann wird man wohl den Herzog Friedrich von Württemberg ihren Rabenvater nennen müssen. Herzog Friedrich sammelte Alchemisten unbesehen und vierteldutzendweise, aber entledigte sich ihrer auch, wenn ihm gerade ein Tag gut genug dazu schien oder eine Rechnung ärgerte, auf die unsanfteste Weise.

Herzog Friedrich hatte im Jahr 1597 an einem schönen Apriltag den Georg Honauer, der sich Herr zu Brunnhof und Grobschütz genannt hatte, an einem fünfundzwanzig Zentner schweren, mit Flittergold überzogenen Eisengalgen aufhängen lassen. Der Galgen war extra kunstvoll aus dem Eisen gemacht worden, das Honauer versprochen hatte zu Gold zu machen, und er hatte den Herzog, zusammen mit dem Schaugerüst für das Publikum und dem goldenen Totenkleid für den Alchemisten, an die dreitausend Gulden gekostet.

Es ist wahr, Honauer hatte Gold gemacht, indem er in den brodelnden Tiegel mit Quecksilber die Holzkohlen geworfen hatte, die das Gold kunstvoll verborgen bereits enthielten. Georg Honauer hatte auch eine Truhe mit speziellen Hohlräumen bauen lassen, die er in das Laboratorium stellte. Aus ihr war dann der Zauberlehrling des Honauer gestiegen, wenn der Herzog das Laboratorium während der großen Transmution feierlich versiegelt hatte, und hatte das nötige Gold in den Tiegel getan.

Aber wie sollte Honauer dabei an die zweihundertsechstausend Reichstaler gekommen sein, um die sich der Herzog eines Tages von ihm betrogen fühlte? Es scheint eher, daß es für den Herzog bequemer war, alle fünf Jahre einen gehenkten Alchemisten als Abrechnung vor die Tür seines Finanzministers zu legen, statt der komplizierten Abrechnungen seiner Maitressen.

Darum dachte Friedrich auch nicht daran eine Lehre aus dem Schaustück zu ziehen. Für jeden toten Alchemisten legte er sich stracks einen neuen lebendigen zu. Natürlich war es nicht die Finanzverschleierung, warum sich der Herzog von Württemberg immer wieder neue Alchemisten verschrieb. Natürlich wollte er eigentlich Gold machen, um ein für alle Mal ganz unabhängig von seinem Finanzminister zu sein!

Georg Honauer

Johann Heinrich Müller von Müllenfels war der nächste Alchemist in den Händen des Goldmacher-Blaubarts von Württemberg. Johann von Müllenfels war kein Hochstapler. Sein Adel war echt. Er hatte ihn am 10. Oktober 1603 vom Kaiser Rudolf in Prag erhalten. Der edle Müller von Müllenfels hatte das Recht, im Reiche Schlösser und Burgen zu bauen und sich danach zu nennen.
Trotzdem muß gesagt werden, daß Johann Müller, bevor das Füllhorn erst fürstlicher, dann kaiserlicher Gnaden sich über ihn ausleerte, nichts als ein weitgereister Barbiergeselle gewesen war. Er hatte allerdings in fernen Landen einige alchemistische Handgriffe und Zusammenschmelz-Formeln gelernt und hatte damit den Herzog von Württemberg verblüfft und seine Gunst gewonnen. Vom Stuttgarter Hof war Johann Müller zum Kaiser nach Prag geladen worden.
Und Müller hatte weder seinen stolzen Gönner Friedrich, noch seinen Gastgeber Rudolf enttäuscht. Er hatte einige erstaunliche Metallumwandlungen vorgeführt. Und da Johann vom Herzog von Württemberg nur ausgeliehen war und heil zurückgegeben werden mußte, so konnte der Kaiser nicht die rechten Register anwenden. Er konnte nur versuchen, den Alchemisten zu kaufen. In dem Adelsdiplom heißt es deshalb bedeutungsvollerweise, daß Hanns Müller ohne Zureden sich erbiete seine Kunst zu zeigen und auch tun mag und soll.
Trotzdem erreichte Hanns Müller in Prag die Türe ehe es zu spät war und kehrte zu seinem Gönner, dem Herzog Friedrich nach Stuttgart zurück. So erfreut war der Herzog über diese Treue, daß er dem nun adeligen Müller von Müllenfels das schöne Gut Neidlingen zu Geschenk machte.

Es war um diese Zeit, daß Herzog Friedrich das Traktat vom Stein der Weisen des Michael Sendivogius in die Hand bekam. Es erschien ihm als ein neuer höherer Weg, gegenüber seinen bisherigen Experimenten. Sendivogius sagte darin, daß die materiellen Eigenschaften der Stoffe nichts als eine verbergende äußerliche Hülle seien. Es sind da vier Elemente, aber der Kern von allen ist ein fünftes, das erst alle Erscheinungen und Eigenschaften materialisiert. Wenn unvollkommene Elemente mit einer gewissen Substanz vereinigt werden, dann müssen die Gegensätze früher oder später zum Zerfall und von da zur Reinigung führen. Wenn diese gereinigten Elemente dann bei natürlicher Hitze wieder vereinigt werden, dann muß eine reinere Form der Natur entstehen.

Solch ein philosophischer Weg erschien dem Herzog bestechender, als die plumpen Handgriffe seiner bisherigen Alchemisten. Er schickte deshalb eine ehrenvolle Einladung nach Polen zu Michael Sendivogius, an den Stuttgarter Hof zu Besuch zu kommen.

Zugleich aber setzte sich der ränkevolle Herzog hin und schrieb einen bösartigen, verleumderischen Brief, der mit einem herzoglichen Gesandten nach England gehen und der ihm einen anderen begehrten Alchemisten in Ketten zurückbringen sollte. Herzog Friedrich von Württemberg wußte nichts von Kerker, Folter und Tod Alexander Setons. Er wußte nichts von der Freundschaft zu Sendivogius und daß er eben gerade das Buch des Alexander Seton in Händen hielt.

Er wußte nur, daß Alexander Seton im Sommer 1603 auf kurze Zeit bei ihm gewesen, ihm die große Transmution von Blei zu Gold gezeigt und wieder verschwunden war. Dazu war ihm nur bekannt, daß Seton aus England gekommen war. So machte er denn einen Schuß ins Blaue und schrieb am 18. März 1605 an den König von England. In seinem Schreiben behauptete er, daß dieser Seton sich vor etwa eineinhalb Jahren bei ihm gemeldet und unter Eid versprochen habe alle Geheimnisse treu zu enthüllen. Trotz dessen sei er dann unter Mitnahme einer ansehnlichen Vorschußsumme verschwunden und habe so den Herzog schändlich und hochsträflich angeführt.

Deshalb verlangt der Herzog die Auslieferung Setons: »Darumb wir dan unsern nach dem königreich Engellandt abgefertigten gesandten bevelch geben, ime Sylon, Sydon oder Stunard mit allem Fleiss nachzutrachten und da sie ine in erfahrung bringen, ine alssbald uff recht niderwerffen und woll verwahren zu lassen, auch uns dessen zu berichten.«

Im Laufe des Jahres 1605 kam Michael Sendivogius in prächtiger

Aufmachung in Stuttgart an. Sein Diener trug das goldfarbene Elixier in einer kostbaren Kapsel auf der Brust. Der Herzog empfing Sendivogius freudig und mit Ehren. Es war natürlich, daß Müller von Müllenfels, der angestammte Hofalchemist bald dunkle Pläne brütete, um den Konkurrenten aus dem Weg zu schaffen. Es waren Pläne, die am Ende das Elixier über Müllenfels in die Hände des Herzogs bringen mußten, die deshalb auch dem Herzog nicht unangenehm oder unbekannt zu sein brauchten.
Müllenfels erwarb sich das Vertrauen des Sendivogius und blies ihm dann vertrauliche Mitteilungen über angebliche Pläne des Herzogs ins Ohr. Der Herzog trachte nach dem Elixier, raunte er dem Sendivogius zu, er werde ihn deshalb bald unter einem Vorwand in den Kerker werfen. Das war ein feiner Weg, den Alchemisten zu nächtlich überstürzter Flucht zu bringen und ihn irgendwo bequem anonym festzunehmen.
Michael Sendivogius ging in die Falle. Er floh nach Anweisungen des Müller von Müllenfels und wurde prompt von dessen Kreaturen gefangen und in einem Turm im Freihof Kirchheim, am Wohnsitz Johann Müllers, geworfen. Eineinhalb Jahre saß Sendivogius da fest. Aber umzubringen wagte man ihn nicht. Müllenfels spielte nun ein verwickeltes Spiel, von dem niemand weiß, wie weit der Herzog darin verknüpft war. Müller »verhalf« zuletzt Sendivogius, der sich immer für den Gefangenen des Herzogs hielt, zu Flucht. Der König von Polen hatte auf Bitten und Berichte der Frau Sendivogius Rechenschaft über seinen polnischen Untertanen vom Herzog Friedrich verlangt. So waren dem Herzog und seiner Kreatur die Eisen zu heiß geworden. Man wollte nun den Alchemisten los werden.
Aber der Herzog schlug zwei Fliegen mit einer Klappe. Er ließ in entrüsteter Unschuld dem Müller von Müllenfels den Prozeß machen und das Gut Neidlingen wieder einziehen.
Es wurde plötzlich entdeckt, daß Johann Müller eigentlich ein Barbiergeselle gewesen war und die hohen Behörden bei Verleihung des Adelstitels getäuscht hätte. So wurde auch er nach Urteil und Recht im Juni des Jahres 1607 gehenkt.
Wie das Aas die Fliegen, zog trotz alledem Herzog Friedrich wei-

ter viel üble Alchemisten an, daß sie auch für die umliegenden Lande eine Pest wurden. Noch am 5. März des Jahres 1616 mußte der Rat der Stadt Nürnberg gegen den aus Württemberg als Goldmacher ausgewiesenen Justinum Zahlmair einschreiten. Er hatte erst dessen zwei Gesellen aus Gostenhof mit Ruten schlagen lassen und als das nicht half, wurden alle drei ins Loch gesteckt. Dazu wurde eine scharfe Kontrolle der Nürnberger Vorstädte und Märkte und Gostenhof angeordnet, um zu verhindern daß »solch Lumpengesindt sich einschlaicht.«

Orden vom Goldnen Rosenkreuz

Zu Heinrich I., Herzog von Bouillon, kam um das Jahr 1620 ein Mann nach Sedan und gab sich ihm als Rosenkreuzer zu erkennen. Er war bereit den Herzog so reich zu machen, wie er es nur immer wünsche, aber er sagte dem Herzog auch, daß er nur zwei Tage an diese Aufgabe wenden könne, da er weiter zu eilen habe, um zur großen Brüdertagung der Rosenkreuzer in Venedig zurecht zu kommen.

Der Rosenkreuzer hieß den Herzog rasch einen Schmelztiegel bereitstellen, in dem er dann Silberglätte erhitzte, das von der Apotheke geholt worden war. Als das Feuer unter dem Tiegel kräftig fauchte und die Holzkohlen weiß erglühten, wurde ein Gran, ein Stäubchen eines roten Pulvers in die schmelzende Masse geworfen. Als man sie dann zur Form ausgoß, da blieb ein schönes Stück guten Goldes. Das Rote Pulver der Rosenkreuzer hatte seine Wunderwirkung getan.

Der Adept ließ nun in aller Gewissenhaftigkeit den Herzog den Versuch einige Male selbst wiederholen, um sicher zu gehen, daß der Fürst die Kunst auch recht gelernt habe. Aber alles ging ohne Schwierigkeit. Am Ende blieb immer der schöne Barren Gold. So schenkte der Rosenkreuzer zum Abschied dem Herzog die ganze Büchse des Roten Pulvers. Und es war noch eine ganze Menge davon.

Erst am Morgen der Abreise erwähnte der Rosenkreuzer so nebenbei, daß ihm eben sein bares Geld ausgegangen sei. Das wäre nicht weiter schlimm, nur benötige er gerade eine geringe Summe um in Venedig einige Vorbereitungen für die Brüderschaft vom Rosenkreuz zu treffen. Zweitausend Taler, sagte er, die würden genügen. Der Herzog jedoch ließ mit Vergnügen das Doppelte auszahlen.

Schon am nächsten Tag begann der Herzog diese Summe wieder durch die so leicht erlernte Goldproduktion hereinzubringen. Alles ging nach dem Rezept. Die Silberglätte wurde in den Schmelz-

tiegel gebracht, das Feuer angeblasen, das rote Pulver aufgeworfen und die gelbflüssige Masse ausgegossen. Nur die Schlacke brauchte man dann noch vom Gold mit dem Hammer abklopfen. Es war am dritten Tag dieser erfreulichen Tätigkeit, daß die Silberglätte einige Schwierigkeit machte sich in Gold zu verwandeln. Aber der Apotheker schien nur schlechtes Material nachgeliefert bekommen zu haben. Die Silberglätte von der zweiten Sedaner Apotheke arbeitete weiter ausgezeichnet. Immerhin schien auch hier die Silberglätte unergiebiger oder die Kraft des Pulvers schwächer zu werden, je weiter die Reise des Rosenkreuzbruders ihn vom Schauplatz seiner Tätigkeit nahm.
Dann kam ein Tag an dem es klar war, daß keine der neuen Lieferungen, von welcher Apotheke man sie auch immer bezog, aus einer Silberglätte bestand, die sich zu irgendeinem Grad in Gold verwandeln ließ. Es nützte dabei auch nichts, die Quantität des zugesetzten roten Pulvers immer mehr zu steigern.
Ohne Zweifel war es immer richtige gute Bleiglätte, jene leicht silberhaltige Bleischlacke, die beim Silberausschmelzen übrigblieb, die man weiter aus den Apotheken bekam. Aber harsche Befragung der Apotheker gab dann endlich den rechten Sachverhalt. Der falsche Rosenkreuzer hatte zuvor in den Apotheken von Sedan alle Silberglätte aufkaufen lassen, hatte sie mit Gold verschmolzen und wieder zurückverkauft. Als die mit Gold gesalzene Silberglätte in den Apotheken der Stadt ausging, da war es eben auch mit der tingierenden Kraft des Roten Pulvers zu Ende.
Andere Betrüger hatten dieses Stück zuvor mit dem Pulver Usufur und der Wurzel Resch gemacht. Neu war das Zauberwort Rosenkreuzer, das den Herzog von Bouillon fasziniert hatte. Was war an diesem Wort Rosenkreuz so magisch anziehendes?

Rosenkreuzer war das Schlüsselwort für zwei geheimnisvoll anziehende Begriffe. Es umfaßte den Adepten, den Mann der das Geheimnis der Umwandlung der Metalle in Händen hielt und es umfaßte zugleich eine mystisch geheime Gesellschaft, in der jene Weisen, Wisser der Geheimnisse und Hüter des Verschlossenen, in einem machtvollen Bund unter ihrem Oberhaupt, dem Imperator fratrum dienten.

Das Verwirrende an diesem Orden war, daß er mehr im geistigen, als in der Realität existierte. Das heißt nicht, daß er nicht vorhanden war, denn es gibt ihn heute noch. Es sagt nur, daß wir von allen jenen Alchemisten, die als Mitglieder der Rosenkreuzer genannt werden, in Wirklichkeit nicht wissen, in welchem Verhältnis sie tatsächlich zum Rosenkreuz gestanden. Auch von jenen Büchern, die seit dem Jahr 1600 im Namen des Rosenkreuzes erschienen sind, mag keines im Auftrag einer bestehenden Organisation herausgegeben worden sein.

Als Michael Sendivogius nach dem württembergischen Abenteuer des Jahres 1607 wieder auf seinem Gut lebte, erschienen bei ihm zwei Fremde, die ihm ein Schreiben mit zwölf Siegeln überreichten. Es war eine Einladung von der Brüderschaft der Rosenkreuzer in den Geheimbund der Alchemie einzutreten. Es wird dann auch in dem 1618 erschienenen Rosenkreuzspiegel – Speculum rhodostanroticum – angedeutet, daß Sendivogius Rosenkreuzer geworden sei. Von anderen bekannten Persönlichkeiten dieser Zeit hat man Johann Thölde, den Herausgeber des im Jahr 1604 zu Leipzig erschienenen »Triumphwagen des Antimons des Basilius Valentinus«, als einen Rosenkreuzer benannt.

Neben dunkleren verworrenen Traktaten ist im Jahr 1618 eines gedruckt worden, das ohne Zaudern in einfachen Worten das Rezept zum Stein der Weisen gibt. Dieses Buch behauptet im Auftrag der Gesellschaft am 13. August 1617 durch deren deutschen Schriftwart Ireneus Agnostus C. W. herausgegeben worden zu sein. Es nennt sich »Fortalitum Scientia« und will die Macht der Wissenschaft, durch die ehrwürdige, hocherleuchtete Brüderschaft vom Rosenkreuz, allen wirklich würdigen Studierenden der Weltweisheit enthüllen:

»So erwach denn du schöne christliche Schar und höre das süße Getöne, das klare große Geheimnis, das so lieblich klingt. Es leuchtet recht wie der helle Tag der durch Gottes Werk dringt.«

Aber in diesem Buch läßt es der Schreiber nicht bei süßen Worten, wie in anderen Schriften, die sich zur Brüderschaft der Rosen-

kreuzer bekennen. Er gibt in nüchternen Worten Anweisung, wie man einen Stein der Weisen mache, von dem dann ein haselnußgroßes Stückchen fünf Pfund Eisen, auch Blei oder Zinn und jedes andere Metall in reines, gediegenes Gold verwandle:
Man nehme Tutiam, grauen Hüttenrauch, zusammen mit Mumienstaub und werfe es auf Pottasche in der ein Golddukaten geschmolzen wurde. Dann halte man das Ganze in gelindem Kohlenfeuer für eine halbe Stunde, zur Zeit, wenn der Saturn im Zeichen der Fische steht. So erhält man dann ein Pulver, welches gemahlenem Golde gleicht. Nun gebe man zum Pulver ein mit Menschenspeichel versetztes Quecksilber und Aeris florem – Grünspankristalle – zu gleichen Teilen und schmelze alles in einem Tiegel, in dem man zuvor kristallinen arsenhaltigen Schwefel geschmolzen hat. Dies alles muß geschehen, wenn Saturn und Mars bei Neumond zusammentreffen. Dabei erhält man ein Pulver, das der Stein der Weisen ist.
Von diesem Stein hat man, zur Zeit, wenn Jupiter im fünfzehnten Grad des Wassermann untergeht, nur ein Stückchen auf schmelzend glühendes Metall zu werfen, um es in das beste Gold zu verwandeln. Als Metalle, die sich am besten bei diesem Verfahren eignen, empfiehlt der Sprecher der Rosenkreuzer Messing oder Bronze.
Vor zweihundert Jahren, so sagt er weiter, hat es einmal bei uns einige Zweifel gegeben, ob nicht in jedem Metall sich das Verhältnis des Sulphurs zum Mercurius in einem bestimmten mathematischen Verhältnis befinden müsse. Trotz dieser theoretischen Zweifel habe sich aber immer gezeigt, daß man mit jedem Metall bei diesen Versuchen zumindest normal gutes Gold erhielt, wenn man die Schlacke abrechnete.
Dieser Stein der Rosenkreuzer ist jedoch nicht nur wirksam, wenn mindere Metalle in Gold verwandelt werden sollen. Das Buch behauptet, daß er auch die Kraft habe Bergkristall zum Diamant zu erhöhen. Hier ist auch das Rezept dazu:
Man nehme einen Bergkristall und zerstoße ihn zu Staub. Von diesem Staub menge man zweihundertvierzig Gran mit fünf Gran des Steins der Weisen, befeuchte alles mit halb Wasser und Milch und

forme einen neuen Kristall nach Gefallen. Die geformte Masse wird im Feuer dritten Grades gehärtet und zwar an einem Tag des Januar, wenn der Merkur im fünfzehnten Grad des Steinbocks steht und von der Breite des Zodiaks zwei Grad nach Norden abweicht. Man erhält dann einen großen, wirklichen Diamanten, von gleichen Eigenschaften und Gewicht.

Es gehörten zu denen, die sich Rosenkreuzer nannten, aber nicht nur Leute, die mit unverschämtem Gesicht nichtsnutzige Rezepte zum Besten gaben. Da war Doktor Peter Mormius, der im Jahr 1630 mit Genehmigung Roses, vom Orden vom Goldenen Rosenkreuz, in Leiden die »Arcana des Collegio Rosiana« veröffentlichte. Darin wurden ein Hochdruckkochtopf – zweihundert Jahre später von dem Franzosen Papin wieder erfunden –, ein Moto perpetuo recte – das eine Art Luftschiff war –, und eine Methode, geringe Metalle in edle zu verwandeln, geschildert.
Ein anderer Forscher, der von den Rosenkreuzern als Mitglied genannt wird, war Doktor John Dalton, der Entdecker wichtiger Gasgesetze und Begründer der neueren Atomtheorie, die die Grundlage unseres heutigen chemischen Aufschwungs bildet. Nach mehr als zweitausend Jahren nahm hier ein Rosenkreuzer die alte, von den griechischen Philosophen Leukipp und Demokrit vertretene Lehre wieder auf, daß die Materie nicht stetig den Raum erfülle, sondern vielmehr strukturell aus kleinen gleichförmigen, für jedes Element charakteristisches Teilchen aufgebaut sei.

Neben der großen Idee des Rosenkreuzerordens, der ja auch heute noch seine Zentren in Ländern wie Amerika oder Frankreich hat und der ein mystisch-religiöses und philosophisch-wissenschaftliches Gebilde ist, hat es immer wieder alchemistische Gesellschaften gegeben, denen jede okkulte Philosophie fern war. So gründeten Anhänger der Lehren des Mönches Basilius Valentinus im Jahre 1654 zu Nürnberg – das auch als geheimes Zentrum der Rosenkreuzer genannt wird – die Alchemistische Gesellschaft.
Der Alchemistischen Gesellschaft gehörten gesetzte Bürger der

Stadt und gelehrte Doktoren an und man widmete sich in ihr mit großem Fleiß und methodisch dem großen Problem der Umwandlung der Metalle. Der Leiter der Gesellschaft war der Prediger von Sankt Lorenz, Pfarrer Daniel Wülfer. Zu den Mitgliedern gehörte, neben den zu ihrer Zeit weitbekannten Gelehrten, dem Doktor Johann Gottlieb Volkamer und dem Nürnberger Stadtarzt Johann Scholz, bekannt als wissenschaftlicher Schriftsteller unter dem Namen Johann Scultetus, auch der Pfarrer Justin Jakob Leibnitz, der Oheim des großen Naturwissenschaftlers Gottfried Wilhelm Leibnitz.

Das gesunde bürgerliche Milieu der Alchemistischen Gesellschaft drängte jede Idee, daß das Goldmachen nur ein Weg zum schnellen Reichwerden sei, aus dem Vordergrund. Hier war es das philosophische und wissenschaftliche Rätsel, das beschauliche Abenteuer, das alle reizte. Es mag natürlich nicht ganz verschwiegen werden, daß verständlicherweise die Eitelkeit manchen Mitgliedes von dem schönen Tag träumte, wo er mit einem Klumpen Gold – im passenden Moment achtlos aus der Tasche gezogen – die lieben Nürnberger Mitbürger in einen Zustand des Staunens, des Neides und der Bewunderung bringen würde.

Im großen und ganzen jedoch wurde in diesem kleinen Kreis nicht allzuviel fabuliert und geträumt. Mit jenem etwas ledernen Schwung der Ideen und der Phantasie, mit der auch die braven Nürnberger Meistersinger – vor Richard Wagner! – ihre Verse und Melodien zusammenbauten, wurden hier neue alchemistische Verfahrensweisen mit großem Fleiß gesammelt und mit Eifer probiert. Zu diesem Zweck hatte die Gesellschaft ihr eigenes chemisches Laboratorium und ihre eigene alchemistische Bibliothek. Dies hatte besonders ein reicher Kaufmann, Hieronymus Gutthäter, ermöglicht.

In diese Atmosphäre alter alchemistischer Theorien und neuerer Verfahrensweisen kam im Jahr 1666 der zwanzigjährige Gottfried Wilhelm Leibnitz. Wegen seiner Jugend hatten ihm die Leipziger Professoren nicht erlaubt, sein Doktorexamen dort abzulegen. Aber sein Oheim Justus hatte ihm dann geschrieben, daß er ihm dabei in Nürnberg wohl helfen könne.

So kam denn der junge Student in die Pfarre zu Sankt Jakob in Nürnberg. In seinem Haus hatte Justus Leibnitz selbst eine schöne Bibliothek alchemistischer Schriften. Und weil der junge Leibnitz rasch erfaßt hatte, wie er sich die Herzen der einflußreichen Freunde seines Oheims rasch erobern konnte, so machte er sich mit Feuereifer – und einem guten Griechisch und Latein – an das Studium der alten Alchemisten.

Mit einer kleinen aber geistreichen philosophisch-chemischen Arbeit gewann der junge Student auch bald das Herz des Vorsitzenden der Alchemistischen Gesellschaft und über ihn das Vertrauen ihrer ehrbaren Mitglieder. Gottfried Wilhelm Leibnitz wurde in ihren Kreis eingeführt und man beschaffte dem eifrigen jungen Mann bald auch eine kleine bezahlte Stelle als Schriftführer und Sekretär. Er hatte alle im Laboratorium unternommenen Prozesse zu registrieren und den Mitgliedern Abschriften und Übersetzungen aus den alchemistischen Klassikern zu machen.

Alle diese Arbeiten machte der junge Leibnitz zu solcher Zufriedenheit auch der Gelehrten unter den Alchemisten, daß es seinem Oheim, dem Pfarrer Leibnitz, gar nicht schwer fiel, die Formalitäten zu überwinden und Gottfried auf die Kandidatenliste der Doktorexamen an der im Bannkreis Nürnberger Einflusses liegenden Universität Altdorf zu bringen. Im darauffolgenden Jahr erwarb Gottfried Wilhelm Leibnitz dann dort auch die juristische Doktorwürde.

Daß es nicht nur jugendlicher Ehrgeiz war, der Leibnitz zum Studium der Alchemisten anregte, das zeigt die aufgeschlossene und positive Einstellung, die er auch noch als großer Gelehrter und Philosoph in seinen spätesten Jahren zur Alchemie nahm. Ihm, dem großen Erkenntnistheoretiker, sind die Probleme der Stoffumwandlung, der Metalltransmution, immer eine ernsthafte philosophische Möglichkeit, des praktischen Experimentes wert, gewesen.

Wenn auch die Nürnberger Alchemistische Gesellschaft nicht ihr hochgestecktes Ziel, Blei in Gold zu verwandeln, erreichen konnte, so machte sie allein der Beitrag, den sie zur Entwicklung eines großen Gelehrten gegeben hat, des Bestehens wohl wert.

Es ist wahr, alle waren nicht so bescheiden, wie die braven Männer der Alchemistischen Gesellschaft. Da forderte am ersten Januar des Jahres 1681 eine geheime Vereinigung, die sich Hermetische Föderation nannte, alle Alchemisten auf, binnen drei Jahren das Geheimnis des Goldmachens zu enthüllen, widrigenfalls die Gesellschaft sechshundert weitere Gelehrte zusammenrufen und selbst zu laborieren beginnen werde. Da der Gesellschaft die theoretischen Grundlagen der Alchemie wohl bekannt seien – sie würden von den hohen Mitgliedern des Bundes nur nicht in die Praxis umgesetzt, weil sie Wichtigeres zu tun hätten – wäre wohl gar keine Schwierigkeit, daß die sechshundert Gelehrten in kürzester Zeit nach den Anweisungen der Hermetischen Föderation die einfachste Methode der künstlichen Goldumwandlung finden würde.
Für Zweifler fügten die wackeren Föderierten noch eine etwas unlogische Drohung an. Sollte nämlich binnen dreier weiterer Jahre trotz aller erleuchteter Anweisung der Hermetischen Föderation der rechte Weg von den sechshundert Gelehrten dann nicht gefunden werden, so würde die Hermetische Föderation selbst alle Alchemie als erstunken und erlogen erklären und es in die Welt hinausposaunen, daß jeder Alchemist von nun an ein Schwindler sei.
Die Ankündigungen der Hermetischen Föderation wurden durch drei in Frankfurt am Main anonym erschienene Druckwerke gemacht, die sich »Epistolas Buccinatorias« nannten. Man hat deshalb die Fabrikanten der bombastischen Drohungen auch die Buccinatoren, die Trompeter geheißen. Nichts jedoch als dieser Name ist von ihrem großen Plan geblieben.

Das wunderbare Sal des Johann Glauber

Wie richtig sagt Johann Rudolph Glauber in seiner »Opera Chymica« des Jahres 1658: »So kommen die meisten Geheimnisse ohne direktes Suchen an den Tag, indem etwas mißlingt, was man zu machen vermeint und durch Zufall etwas anderes, besseres oder schlechteres daraus wird.«

Glauber widmete einen so großen Teil seines Lebens den drei Aufbaustoffen der Metalle, wie er sie durch Paracelsus erklärt gefunden hatte. Er forschte nach dem reinen Schwefel, dem reinen Mercurio und dem schwierigsten der drei, dem reinen Sal, dem Salz der Weisen.

Im schwefelsauren Natron glaubte er endlich jenes Sal Metallorum gefunden zu haben, durch das man die niederen Metalle in Gold verwandeln könne. Jenes Salz hat auch wahrlich seinen Namen berühmt gemacht, denn es heißt auch heute noch, nach dreihundert Jahren, Glaubersalz. Aber Glaubersalz ist nicht der berühmte Stein der Weisen – es ist das berühmte Abführmittel.

»Von den Dreyen anfangen der Metallen, als Schwefel, Mercurio und Saltz der Weisen« spricht Johann Rudolph Glauber in einer zu Amsterdam im Jahr 1666 erschienenen Schrift. In ihr hat er seine Studien über die drei Grundstoffe aller Metalle niedergelegt. Schwefel ist der erste der Aufbaustoffe, dem er seine Aufmerksamkeit widmet:

»Daß der Schwefel eine von den vier Hauptsäulen der Medizin und Alchimei, wie auch der erste Teil unter den tribus principiis Metallorum sey, ist genugsam bekandt... Unter allen ist Paracelsus am klarsten hervorgegangen, aber denoch so behutsam, daß es ihm, wie wohl von vielen versucht, noch sehr wenige haben nachtun können.«

»Allein zum Schwefel gehört ein guter Laborant, ein vollkommener Künstler, ein wohlerfahrener und wohlfundierter, kein Schreier und Schwätzer, dem die Kunst nur im Maul steckt.

Durch Arbeit wird man Wunder aus ihm bringen, mehr als zu beschreiben sind.«

»Der fixe rote oder weiße Schwefel transmutiert auf dem nassen und dem trockenen Wege die unvollkommenen Metalle in Gold und Silber. Auf dem nassen Weg wandelt er am besten Blei und Quecksilber, auf dem trockenen Weg Eisen und Zinn.«

Und zum Schluß der Untersuchungen des Schwefels gibt Glauber einen »Modus«, wie durch Hilfe von figiertem Schwefel ein immerwährendes Gold- und Silberbergwerk zu machen ist. Dann widmet er sich kurz dem Mercurius. Aber hier sind keine schwierigen Prozesse auszuführen. »Durch Zustimmung aller wahren Philosophen wissen wir, daß der Mercurius, unter den drei Anfängen der Metalle der reinste ist.«

Darum widmet sich Glauber am längsten den Studien des Salzes der Metalle. In ihm sieht er einen der wichtigsten Schlüssel zum Stein der Weisen:

»Die alten Philosophi, unsere lieben Vorfahren, haben viel und weitläufig vom dritten Teil der Metallen Anfang, dem Sale geschrieben, aber so obskur, daß es unmöglich etwas gründliches daraus zu lernen...

Nachdem ich nun viele Jahre unter großen Kosten gesucht, so hat mir Gott solches endlich auch offenbart... Ohne Umschweife die Bereitung dieses unvergleichlichen Königlichen Salzes zu beschreiben, so berichte ich in aller Wahrheit, daß solches nichts anderes sei als ein gemeines, doch wohl bereitetes Oleum Vitrioli dulce in Sal per Sulphur album fusibile coagulum, welches auf der Zunge nicht den geringsten salzigen Geschmack gibt, eher für einen Stein gehalten werden kann.«

Damit kommt Glauber zu wilden Schlüssen. Er findet, daß die Bereitung dieses Salzes das Geheimnis der Smaragdinischen Tafel des Hermes Trismegisto ist und auf ihr beschrieben wird:

»In Summa unser Sal Metallorum, oder Lapis Philosophorum ist für sich allein ein particular Meister der ganzen Alchymia, verwandelt und verbessert alle geringen Metalle in Gold und die gemeinen Steine in Edelsteine.«

Johann Rudolph Glauber war kein Ignorant, er kannte seine Chemie. Aber immer ging an den entscheidenden Stellen seine Phantasie mit ihm durch und er sah Dinge als vollbracht an, die er noch nicht einmal begonnen hatte. Wie undankbar es für den der rasch Gold brauchte oft war, die Rezepte Glaubers zu studieren, davon

A. Der Ofen mit seinem eingemaureten eisernen Distillirgefäß / daran ein Recipient accommodiret ist.
B. Der Distillirer/welcher mit der lincken hand den Deckel abnimt/vnd mit der rechten sein zugerichte materi einträgt.
C. Die gestalt des Distillir Gefässes.
D. Wie dasselbig inwendig anzusehen ist.
E. Ein anders / welches nicht eingemauret / sondern nur auff Kohlen stehet.

geben seine Bücher viele Beispiele. Nachdem er ein Goldrezept des Paracelsus auf vielen engbeschriebenen Seiten noch einmal erklärt, als ausgezeichnet befunden und darin bereits Blei, Wismut, Zinn, Eisen, Kupfer, Salpeter, Weinstein verrührt hat, bekennt er, daß er damit allerdings selber kein Gold machen konnte. Er fände das Verfahren aber leicht, billig und lustig, weil es des Laboranten Gemüt erfreue, den Weg weise und die Tür zu höheren Geheimnissen öffne.

Kein Wunder, daß sich da auch welche fanden, die grobe Worte über seine Bücher gebrauchten. Einer veröffentlicht im Jahr 1661 eine Schmähschrift, die im Titel sagt: »Einhundert Lügen oder Ohnnützliche, Verführerische, Betriegliche Chimische Prozess, aus Glaubers eigenen Schriften an den Tag gegeben durch Antiglauberum.« Und der Anonymus entschuldigt sich noch mit dem Knüttelvers: »Dass mein Namen ist verdecket, dessen geb ich hie Bericht, Glaubers Lästerzunge schrecket, aber seine Schriften nicht.«

Aus manchem Experiment zieht Glauber rasche Schlüsse und in blühendem Optimismus setzt er sich hin und schreibt eine neues Buch. Im Jahr 1664 veröffentlicht er so zu Amsterdam das »Novum Lumen Chimicum«. In diesem Neuen Chemischen Licht entrollt er in der Tat einen überraschenden Ausblick:

»Dadurch der blinden Welt ein klares unauslöschliches Licht vor Augen gestellt und handgreiflich gezeigt wird, daß in der ganzen Welt, sowohl in den kalten als hitzigen Landen allenthalben gut Gold zu finden und mit Nutzen herauszuziehen. Also daß man an allen Orten, da nur Sand und Steine sind, keinen Fuß setzen kann, wo nicht nur Gold, sondern auch die wahrhaftige Materia Lapidis Philosophorum zu finden. Gott zu Ehren und vielen tausenden Armen zu Trost beschrieben.«

Gesundheit und goldenen Reichtum trägt der Stein der Weisen in sich, den Rudolph Glauber allüberall zu finden glaubt. Aber als er vier Jahre später das Buch vom kommenden Propheten der Alchemie herausgibt, da liegt er selbst bettelarm und totkrank zu Hause. Im »De Elia Artista« des Jahres 1668 bietet Glauber alles bewegliche Gerät aus seinem Laboratorium zu Verkauf aus, um nur sein elendes Leben weiter fristen zu können. Auch seinen Stolz, den großen Schmelzspiegel muß er weggeben. In Bitternis preist Glauber selber den schweren metallgegossenen Spiegel seinen glücklicheren Zeitgenossen an: »dadurch man die Sonnenstrahlen also in die Enge konzentrieren kann, daß man die leichtflüssigen Metalle, wie Blei, Zinn und Wismut damit schmelzen kann, und die hartflüssigen glühend machen kann. Man kann einen Becher voll Wasser auf dem Tisch kochend machen. Er ist in seinem Diametro zwei Fuß, rein gegossen und poliert.«

Aber so robust war das geistige Leben dieses Mannes, daß er jetzt immer noch an die theoretische und praktische Möglichkeit, niedere Metalle in Gold zu verwandeln, glaubt. Er erklärt, er werde öffentlich und ganz umsonst, nur zur Beweisführung, eine solche Transmution zeigen.

Elias vom Goldenen Kalb

Am 27. Dezember des Jahres 1666 kam zu dem Leibarzt des Prinzen von Oranien, dem Doktor Johann Friedrich Helvetius im Haag, ein Mann in abgetragener Tracht der Wiedertäufer. Über einem bartlosen, pockennarbigen Gesicht trug er schwarzes straffsträhniges Haar. Sein Mund kannte die Kunst gefälliger Höflichkeit.

Mit gutgesetzten Worten zum Wohlergehen des Herrn Helvetius führte der Fremde sich ein – und mit ehrerbietigem Hinweis auf die literarischen Werke des Herrn Helvetius schuf er sich freundliche Aufnahmebereitschaft. Der Fremde war jedoch kein einfacher Schmeichler. Er kannte Rede und Gegenrede, wie sie die Alchemisten pflegen, wohl und wußte vieles zum Mysterium Magnum, dem mächtigen Heilmittel aller Krankheit, zu sagen.

Und doch war der Fremde kein Arzt wie Helvetius, er war ein simpler Rotgießer. Kein Wunder, daß der Fremde, den Helvetius den Künstler Elias nennt, mehr noch von den geheimen Kräften zur Metallumwandlung wußte. So disputierten sie denn hoch und fein und als sie da waren, wohin der Künstler Elias das Gespräch so zierlich gesteuert hatte, da sah er dem Medicus ins Gesicht und sagte lockend:

»Wann du den Lapidem Philosophorum sehen solltest, würdest du ihn auch wohl erkennen? Sintenmal du dich in der trefflichsten Chemicorum Schrift lange aufgehalten und seine Substanz und wunderbare Farbe zu erkennen gesuchet?«

Helvetius schluckte – schluckte Köder samt Angelhaken –, er war fasziniert. Er bekannte sich bescheiden unwissend, ganz und gar unwissend. »Und ob ich gleich«, sagte er zu Elias, dem Fremden, »und ob ich gleich Paracelsus, Helmontus, Basilius und Sendivogius Schriften studiert und vom Stein gelesen, so glaube ich doch, daß er mir unbekannt wäre, selbst – wenn man ihn mir zeigte.«

Nach diesem Wink, da zog der Fremde eine schön verzierte elfenbeinerne Büchse hervor und entnahm ihr drei schwere nußgroße Stücke. Sie waren glasig, schwefelgelb und dort wo sie vom töner-

nen Schmelztiegel gebrochen, etwas schwammig wie Schlacke.
Mit zitterigen Fingern rollte der Arzt das Werk des Rotgießers in seiner Hand. Lange Minuten vergingen wie ein Augenblick. Salbungsvoll gab der fremde Wiedertäufer allgemeine nebelige alchemistische Erklärungen, während er lauernd die Gemütsbewegungen seines Gastgebers studierte. Eine Viertelstunde verging so für beide wie im Flug.
Helvetius fand Worte und Worte wie in einem leichten Rausch. Der Fremde jedoch schwieg nun bedeutungsvoll. Mit Mühe kämpfte der Arzt seine Gier nach dem Besitz des Steines nieder. Zögernd legte er die drei Brocken in die Hände des alchemistischen Wiedertäufers zurück. Mit einem Klumpen im Hals dankte er dem Fremden schluckend für die Ehre den Stein gesehen zu haben.
Als die Steine in der Elfenbeinbüchse waren und die Büchse im Sack des Elias verschwand, da minderte sich der Druck ein wenig, der dem Helvetius wie rotes Feuer auf der Stirn gelegen war. So fand er wieder Verstand genug den Fremden zu fragen, wieso sein Stein der Weisen eine schwefelgelbe Farbe habe, da er doch gelesen, daß der Stein wie ein Rubin oder auch purpurfarben sei?
Aber Elias versicherte, daß das nichts zu bedeuten habe. Jetzt nahm sich Helvetius ein Herz, um ein kleines, kleines Stückchen des Stein zu bitten. Nur zur Erinnerung wolle er ein Splitterchen nicht größer als ein Pfefferkorn haben. Der Fremde ließ sich nicht erweichen. Doch fragte er schließlich den Arzt, ob er nicht auch eine Stube hätte, in der keines der Fenster auf die Straße hinaus ging.
Helvetius öffnete beglückt und erwartungsvoll die gute Hinterstube und der Fremde stapfte mit seinen dreckigen Stiefeln, von denen immer noch Schneewasser tropfte, gerade hinein. Elias fühlte sich nun gut im Sattel und dachte nicht mehr viel an Höflichkeit.
Ohne weitere Erklärungen forderte er nun den Arzt auf, ein Stück des besten gemünzten Goldes zu beschaffen. Helvetius fischte einen Golddukaten aus einem Schreibtischfach und der Fremde begann unterdessen achtlos Mantel und Jacke abzuwerfen, öffnete

das Hemd auf der Brust und brachte ein verknotetes seidenes Tuch zum Vorschein. Es enthielt fünf tellergroße Stücke Gold.
Mit einem mitleidigen Blick auf den Golddukaten wies der Elias auf sein Plattengold und um wieviel reiner schon der Augenschein es von dem gemünzten Gold zeigte. Auf den Goldplatten waren mit eisernem Griffel hochtönend geheimnisvolle lateinische Phrasen geschrieben. Auf einer jedoch stand ein einfacher holländischer Satz: »Ick ben gemaeckt den 26. August Anno 1666.« Das zeigte, daß der Fremde dieses Gold vor genau vier Monaten gemacht hatte.
Es waren die schimmernden Platten, die alle fünf so weich aneinander lagen, die Helvetius auf einen neuen Weg brachten. Wenn dieser Rotgießer es gelernt hatte den Stein der Weisen zu machen, warum sollte er das nicht lernen? Dann bräuchte er nicht mehr um ein Stückchen Stein zu betteln! Aber wie hatte dieser Elias nur das große Geheimnis gefunden? Und diesen Gedanken sagte er nun laut: »Aber mein Herr, woher ist ihm doch die größte Kunst der Welt geworden?«
Aber er hörte nur eine Geschichte über einen weiteren Fremden. Ein Freund, ein auswärtiger Freund, so sagte der Elias, ein Wissender in der alchemistischen Kunst, war etliche Tage in meinem Haus gelegen. Dieser Freund wäre gekommen, um ihn zu lehren, wie man aus Stein und Kristall weit schönere Edelsteine als alle Rubine, Saphire und Chrysolite mache.
Elias erzählte noch andere Wunderdinge von diesem Meister. Der habe ihm eines Tages ein Glas Regenwasser bringen heißen. In dieses warf der Meister nur ein klein wenig weißes Pulver und dann befahl er dem Elias eine Unze reinen Silbers hinein zu tun. Wie Eis in warmem Wasser zerging da dieses Silber. Und der Meister habe ihm die Hälfte davon geschwind zu trinken gegeben. Es schmeckte fast wie Milch und er sei sehr lustig davon geworden.
Ohne Zweifel war Elias nun in seinem Element. Die Wunderstücklein kamen ihm über die Lippen, wie Wasser aus der Pumpe. Helvetius war jedoch Arzt. Er war immerhin der Leibarzt des Prinzen von Oranien. Wunderstückchen mit erheiternden Tränklein aus Silber, die noch wie Milch schmeckten, die brachten den

Johann Friedrich Helvetius wieder auf seine berufliche ärztliche Nüchternheit und damit in einem Augenblick auf den Erdboden zurück: »Ha! Und um was zu erwirken hat er dies getan? War das ein Philosophischer Trank?«
Aber Elias faßte sich. Er wußte daß er auf diesem Wege gar nicht zu Hause war. Das Geschichten erzählen hätte ihm bald einen Streich gespielt. Er sagte dem Helvetius leichthin, daß er nicht zu neugierig sein sollte. Dann lachte er und begann hurtig eine andere Geschichte. Er erzählte wieder etwas, von dem ein Rotgießer mehr versteht als ein Arzt.
Da hatte er, erzählte Elias, auf Befehl des Meisters ein Stück bleierner Dachrinne genommen und es im Tiegel geschmolzen. Dann habe sein Freund der Meister, aus dem Sack ein Büchslein voll schwefelgelben Pulvers gezogen und auf einer Messerspitze etwas in das fließende Metall geworfen. Mächtig habe der Meister dann die Flamme angefacht und das herrlichste Gold über die roten Küchensteine gegossen. Und dazu erzählte Elias die unglaubliche Geschichte, daß es ihm daraufhin unmöglich war, auch nur ein einzig Wort hervorzubringen. Aber sein Lehrmeister habe ihm gesagt, er möge getrost und vergnügt sein. Den zehnten Teil des Metalls könne er als Erinnerung behalten und die anderen fünfzehn Teile solle er den Armen geben.
Wenn er sich recht besänne, so sagte der Künstler Elias, dann hätte sein Meister selbst der Sparrendamer Kirche eine Spende gemacht. Darüber aber war Elias sehr vage und erinnerte sich nicht, ob sie einmal oder fortlaufend, ob in Gold oder Silber gemacht worden war. Ihm jedoch habe der Meister am Ende jedenfalls die Große Kunst gelehrt.
So kam es daß, wenn alle Erzählungen zu Ende waren, Helvetius noch einmal inständig bat, der Fremde möge ihm doch die Umwandlung der Metalle zeigen, damit er von der Wahrheit dessen, was er nun gehört und erfahren, ganz gewiß und versichert sein könnte. Der Künstler Elias versprach am Ende jedoch nur, in drei Wochen wiederzukommen, um ihm dann, sofern er inzwischen von seinem Gelübde befreit sei, einige kuriose Dinge am Feuer zu weisen.

Es ist wahr, der Fremde hielt sein Versprechen insoweit, als er nach drei Wochen wiederkam und unseren Helvetius zu einen einstündigen Spaziergang einlud. Aber als der wissensdurstige Arzt immer wieder von den heimlichen Künsten der Alchemie und dem großen Geheimnis, dem Secreto Magno zu reden anhub, da fand der sonst so beredte Gefährte nur wenig Worte dafür. Er sprach vielmehr davon, daß dieses große Geheimnis einzig und allein der Verherrlichung Gottes dienen könne. Er betonte, wie wenig aber daran dächten, sich durch heilige Taten und Opfer einem so großen Gott würdig zu weisen. Kurzum, Elias sprach nun nicht mehr wie ein Alchemist, sondern wie ein Pfaffe.
Doktor Helvetius war aber hartgesotten genug, dem Fremden nicht allzu willig auf diese Pfade zu folgen. Er lud Elias höflich zu Mittag ein, bot ihm Gastfreundschaft in seinem Hause an, ja er gab dem Fremden überschwengliche Worte, wie er sie einer Geliebten hätte nicht mehr sagen mögen. Helvetius, der das große Geheimnis den kunstvollen Prozeß zu machen schon wieder wie einen Nebel zerfließen sah, wurde desperat: »Mein Herr, er hat gesehen, daß mein Laboratorium geeignet ist die Transmution auszuführen – Was er versprochen hat, ist er verpflichtet zu halten!« Elias sagte nur kurz, daß er von seinem Gelübde leider nicht entbunden sei.
Nun, wenn der Himmel ihm verboten habe das Begehrte zu zeigen, so flehte jetzt der Arzt, dann möge er ihm soviel von jenem Stein schenken, daß es genug sei ein Tröpfchen Blei von vier Gran in Gold zu verwandeln. Und hier hat sich nun Elias erbarmt und nachdem beide zurück in das Laboratorium gegangen waren, da brach er ein Stückchen so groß wie einen Rübsamen von seinem Stein. »Nimm hin von dem großen Schatz der Welt, welchen wenig Könige und Fürsten zu Gesicht bekommen haben!«, so sagte er dazu feierlich. Aber Helvetius starrte mißtrauisch auf das kleine Stückchen Stein und meinte zweifelnd, daß dies gar kleine Stück vielleicht nicht genügen möge, die vier Gran Blei zu tingieren. Der Doktor hätte gerne gesehen, wenn der Rotgießer seine flehende Bescheidenheit nicht gar zu buchstäblich genommen hätte.
»Gib mirs wieder!« sagte nun der Fremde kurz.

Johann Friedrich Helvetius

Gierig gab Helvetius es hin und hoffte ein größeres Stück zu bekommen. Aber der Fremde teilte das korngroße Stückchen Stein mit dem Daumennagel und warf die eine Hälfte davon ins Feuer. Die andere wickelte er in ein Fetzchen rotes Papier und gab sie dem Bestürzten zurück. »Es ist noch genug« sagte er dazu.
Wie aus dem Himmel gefallen sah der Arzt nun auf das Körnchen. »Oh mein Herr«, so jammerte er, »was soll dies nun bedeuten? Zuerst zweifelte ich und jetzt ist mir aller Glaube genommen!«
»Nun«, meinte der Fremde, prahlerisch das zu tingierende Metallgewicht steigernd, »langt es nicht zu vier Gran, nimm zwei Drachmen oder auch eine halbe Unze von dem Blei. Man soll natürlich nicht mehr nehmen als möglich ist.«
Aber der Arzt jammerte weiter und der Fremde, mit den Pocken narben im Gesicht und den strähnigen schwarzen Haaren, hatte ihm das Gewimmere kurz abzuschneiden: »Es ist wahr, was ich gesagt!«
Schweigend packte nun der etwas beschämte Arzt seinen winzigen Schatz in eine Kapsel und sagte zögernd: »Ich will es morgen versuchen und – keinem Menschen davon sagen.«
Darauf aber, merkwürdigerweise genug, sagte der Fremde eifrig: »Nicht also! Nicht also! Alles was zur Ehre Gottes gereicht, das muß man den Jüngern der Kunst verkünden. Auf daß sie in der Weisheit Gottes leben und nicht als Zweifler sterben!«
Da gestand Johann Helvetius den Grund seiner Zweifel. Vor drei Wochen, als er den Stein zum ersten Mal in seiner Hand gehalten und gedreht und geprüft habe, da hätte er heimlich versucht, etwas davon unter seine Nägel zu kratzen. Es wäre aber kaum soviel wie ein Sonnenstäubchen gewesen. Das setzte er entschuldigend hinzu. Als er nachher das Zeug unter den Nägeln hervorgeholt, in einem Papierchen gesammelt und später auf geschmolzenes Blei geworfen hätte, da wäre keine Verwandlung zu Gold geschehen. Die ganze Masse des Bleies war in die Luft geflogen. Der Rest im Tiegel war in eine grüne glasige Erde verwandelt worden.
Als er das Geständnis hörte, da lachte Elias wieder zum ersten Mal. »Du konntest geschickter stehlen, denn die Tinktur gebrauchen« meinte er trocken. »Ich wundere mich«, setzte der Rotgie-

ßer dazu, »daß du, der du so erfahren im Feuer bist, dennoch die Natur des Bleirauchs nicht kennst. Hättest du dein Diebsgut in gelbes Wachs gewickelt, daß es vom Rauch des Bleies geschützt gewesen wäre, so hätte es in das Blei eindringen und das Gold zuwege bringen können.«

Beschämt zeigte Helvetius nun den Tiegel, an dessen Wänden noch die grüne Masse hing. »Morgen um neun«, so versprach ihm nun der Fremde freundlich, »da will ich zu dir kommen und dir zeigen wie diese grüne Medizin Blei in Gold verwandeln kann!«

Helvetius war nun zufrieden. Er wollte nur noch wissen, ob der ganze alchemistische Prozeß der Bereitung des Steins, das Philosophische Werk, viel Unkosten und Zeit erfordere?

»Oh Freund«, antwortete diesmal der Fremde gut gelaunt, »du willst alles gar zu genau wissen.« Aber er erklärte bereitwillig, daß alles in einem Tiegel auf offenem Feuer in wenig Tagen, mit keinen größeren Ausgaben als zwei Gulden, geschafft werden könne. Nur zwei Metalle und Mineralien seien notwendig. Das Lösungsmittel aber sei ein himmlisches Salz, das dem Körper des Metalls das Philosophische Elixier entziehe. Einige letzte Zweifel zerstreute der Fremde mit dem Hinweis auf den Philosophorum Sigillum Hermetis vitreum, in dem die Sonne ihre metallisch wunderlich gefärbten Strahlen läßt, wenn die Metalle vor einem Spiegel sich mit Narcissi Augen verwandeln.

Und indem der Fremde, bis morgen neuen Uhr, so Gott wolle, dem bewilderten Herrn Johann Friedrich Helvetius eine vergnügliche Nachtruhe wünschte, spazierte er aus dem Haus – und ward nicht mehr gesehen bis auf den heutigen Tag.

Merkwürdigerweise ist nun diese Geschichte nicht zu Ende. Wir hören sogar erst noch einmal von unserem Unbekannten, Elias Artista.

Es war gegen halb zehn Uhr morgens am nächsten Tag, da klopfte ein anderer Fremder an die Tür des Doktor Helvetius, um eine Nachricht des goldmachenden Wiedertäufers zu überbringen. Elias ließ ausrichten, daß er dringender Geschäfte wegen erst um drei Uhr nachmittags kommen könne.

Doktor Helvetius wartete geduldig bis um halb acht Uhr abends. Dann war es seine Frau, die die Ungewißheit nicht länger ertragen wollte. Eine kuriose Forscherin in der Art der Alchemie nennt der Doktor seine Ehehälfte. »Laßt uns die Wahrheit dieses Werks nach des Mannes vorgeschriebenen Worten probieren«, so drängte sie. Und hurtig setzte sie hinzu: »Ich werde sonst wahrhaftig diese Nacht nicht schlafen können!«

So befahl denn Doktor Helvetius seinem Sohn das Feuer zu entfachen. Aber in seinem Herzen dachte er: Wie bin ich blamiert, nun hat mich der Kerl doch betrogen. Dennoch ließ er gelbes Wachs bringen, um das winzige Stückchen des Steins sorgsam und getreu der Vorschrift einzuhüllen. Es war die Frau, die es sich nicht nehmen ließ, diese Arbeit zu tun. Der Doktor selber schlug mittlerweile von einem langen Stück Blei an eineinhalb Unzen ab und steckte den Brocken in den Schmelztiegel.

Als das Blei gut geschmolzen war, da war es die Frau, die das Kügelchen recht in die Masse warf. Helvetius deckte den Tiegel gut zu, in dem nun mit Zischen und Blasen der Prozeß vor sich ging. Nun rührte sich aber nichts mehr und der Doktor – oder die Frau, man weiß es nicht sicher – hob den Deckel ab um den Erfolg zu sehen.

Das flüssige Metall zeigte nun die allerschönste grüne Farbe auf der Oberfläche und als es in den Gießbecher geschüttet wurde, da begann es ins Blutrote zu spielen. Nachdem das Metall aber kalt geworden war, zeigte es die klare gelbe Farbe des Goldes.

Mit einem leichten Schauer blickten alle drei, Vater, Mutter und Sohn, auf das verwandelte Metall. Als der Barren sich kalt genug zum Anfassen zeigte, ergriff die Frau den Brocken und alle drei rannten mit dem noch warmen Gold zum Goldschmied. Der machte die rechte Probe und erklärte es als das allerreinste Gold der Welt. Was mehr war, er bot fünfzig Gulden für die Unze.

Wie Lauffeuer war bis zum nächsten Tag die Geschichte von der wunderbaren Metallverwandlung durch die Stadt Haag geflogen. Viel vornehme Leute und alchemistische Liebhaber kamen und wollten ein Stäubchen von dem künstlichen Gold haben, um es den Proben zu unterwerfen. Sogar Herr Porelius, der General-

münzprüfer der Provinz Holland kam und man ging miteinander zu eines interessierten Silberschmiedes Haus.
Dieser Silberschmied, Brechtel hieß er, machte die schwierige Goldprobe, die man die vierte nennt. Aber nach der Arbeit mit Silber und mit Scheidewasser und auch mit Antimon und nach der stärksten Feuerprobe, da hatte man fünf Scrupel Gold mehr als zuvor.
Kein Wunder, Doktor Johann Friedrich Helvetius, nicht ärmer geworden und berühmt dazu, wünscht dem Unbekannten, dem Elias Artista auf seiner weiten Reise nach Asien ins heilige Land, denn dahin hatte er einmal angedeutet zu gehen, den Schutz aller Schutzengel.

Der Philosoph Benedictus de Spinoza, ein Forscher und Studierender in den Naturwissenschaften, war 1663 nach Voorburg beim Haag übergesiedelt. Auch ihn erreichte rasch die wunderbare Geschichte, die sich im Hause des Dr. Helvetius zugetragen hatte, und auch er machte sich auf, persönlich mit den Zeugen des Ereignisses zu sprechen. Da er darüber ausführlich seinem Freund Jarig Jelles, einem reichen und in den Wissenschaften interessierten Mennoniten, brieflich berichtete, so schließen wir den Bericht am besten mit diesem Brief Spinozas, den dieser am 25. März 1667 schreibt:
»Was die Sache mit Helvetius betrifft, so habe ich darüber mit Herrn Vossius gesprochen. Er machte sich darüber lustig und tat verwundert, daß ich mich über ein solch unbedeutendes Ding bei ihm zu erkundigen suchte. Ich ignorierte sein Gehaben und ging trotz alledem zu dem Silberschmied Brechtel, der das Gold geprüft hatte. Dieser nun führte eine recht andere Sprache wie Vossius. Er sagte, daß das Gold zwischen Einschmelzen und Scheiden an Gewicht zugenommen habe. Und zwar wäre es um das Gewicht schwerer geworden, das gerade das Silber hatte, das er in den Schmelztiegel zum Zweck der Scheidung gebracht hätte. Deshalb glaubte er fest, daß dieses Gold, welches sein Silber zu Gold wandelte, etwas Ungewöhnliches enthalten habe. Er war nicht der einzige, der diesen Eindruck gewonnen hatte. Verschiedene an-

dere Personen, die anwesend waren, hatten die gleiche Meinung. Nachher ging ich auch zu Helvetius selber. Er zeigte mir das Gold und auch den Schmelztiegel, der an der Innenseite immer noch seine Vergoldung zeigte. Er sagte mir, daß er nicht mehr als ein Viertel eines Haferkorns oder Senfkorns in die geschmolzene Bleimasse geworfen habe. In Kürze werde er einen Bericht über die ganze Angelegenheit veröffentlichen.«

Robert Boyle und das Anti-Elixier

Es ist nur zu allgemein bekannt, daß Robert Boyle der berühmte Physiker und Chemiker im Jahr 1661 ein Buch veröffentlicht hat, das sich »Der Skeptische Alchemist« nennt, aber es ist ebenso allgemein unbekannt, was er eigentlich in diesem Buch geschrieben hat. So nimmt es nicht Wunder, wenn Robert Boyle immer wieder als der Anti-Alchemist aufgeführt wird, während der Leser seiner Werke weiß, daß Boyle nur unter die vorsichtigen Alchemisten gezählt werden wollte.

Boyle wendet sich als »Skeptischer Alchemist« gegen die hohlen Schwätzer in dieser Wissenschaft: »Wenn die Verständigen, die in chemischen Sachen Geschulten, sich nur einmal einigen würden, klar und einfach zu schreiben und dadurch die Menschen davor bewahren würden durch dunkle und leere Worte betäubt zu werden, dann würden auch die nichtssagenden chemischen Schwätzer gezwungen werden, etwas zu sagen oder den Mund zu halten, statt die Welt mit Rätseln zu belästigen.«

Aber das ist doch kein Angriff auf die Alchemie, oder eine Beweiskette gegen die Unmöglichkeit der Transmution! Es ist ein allgemeines philosophisches Mißbehagen, das Robert Boyle in seinem Skeptischen Alchemisten gegen die unbefriedigenden Theorien über den Aufbau der Elemente zum Ausdruck bringt. Es ist in Unzufriedenheit darüber, daß wir alle nichts wissen, nicht in Selbstzufriedenheit, daß er es besser wüßte als andere, in der das Buch endet:

»So unzufrieden man mich über die Lehren der Anhänger von Aristoteles und der anderen Chemiker finden wird – ich kann so wenig entdecken was, mich zufriedenstellt, daß die Forschungen anderer mir kaum unbefriedigender waren, als mir meine unbefriedigenden eigenen.«

Wenn aber Robert Boyle in seinem Skeptischen Alchemisten in der Hauptsache nur eine Demonstration seiner chemisch-philosophischen Unzufriedenheit gab, so war er in späteren Werken durchaus positiver in seinen Theorien aber zugleich auch positiver in seiner Stellung zur Alchemie. Es ist sein im Jahr 1666 zu Oxford erschienenes Werk über die Entstehung der Formen und

Robert Boyle

Eigenschaften der Stoffe, das die Alchemisten lasen. Darin sagt er ihnen:
»Ich will dir freimütig sagen, daß, angenommen alle Metalle, wie auch alle anderen Körper, wären aus einem universalen Urstoff, der allen gleich wäre, und sie würden sich nur in Form, Größe, Bewegungszustand und Struktur ihrer kleinsten Teilchen unterscheiden, von welchen dann die Affinitäten, die Eigenschaften der verschiedenen Körper herkommen, so würde ich keine Unmöglichkeit in der Natur der Sache sehen, ein Metall in das andere zu verwandeln.«
Und Boyle nimmt auch die alte philosophische Streitfrage, wann künstliches Gold echtes Gold sei, wieder auf:
»Nicht nur die meisten Chemiker, sondern auch verschiedene Philosophen und was mehr ist, selbst führende Professoren bestehen darauf, daß es möglich sei, die unedlen Metalle durch Transmution zu Gold zu machen. Daraus folgt, daß, wenn einer irgendeinen Klumpen Materie gelb, formbar, schwer, fest im Feuer, unlösbar in Scheidewasser machen, kurzum ihm alle Kennzeichen geben würde, bei welchen der Mensch echtes Gold von falschem unterscheidet, man es ohne Bedenken als wahres Gold nehmen würde.«
Als leichteste von diesen Eigenschaftsänderungen erscheint den Zeitgenossenn Boyles noch die Entfernung der Metallfarbe. So berichtet Boyle von einem holländischen Forscher, der ihm erzählt, wie ein Mann in seiner Heimat damit viel Geld verdiene, daß er die rote Farbe des Kupfers auslauge und bei diesem Prozeß ein silberweißes Metall herstelle.
Bei diesem Verfahren wurde Kupfer zuerst in Scheidewasser gelöst und dann die Flüssigkeit verdampft. Der Rückstand wurde dann einige Stunden in einer geheimen Flüssigkeit gelaugt, bis die Kupferfarbe als blaue Tinktur herausging und ein schneeweißes Pulver zurückblieb. Durch Schmelzen ließ sich das weiße Pulver am Ende in das silberweiße Metall verwandeln.
Aber Boyle erzählt nicht nur solche Berichte aus zweiter Hand. Er hatte selber einmal sein kleines Abenteuer mit einem »östlichen Alchemisten«. Wenn gerade uns dieses Erlebnis nicht so überzeu-

gend sein mag, wie es damals Boyle erschienen ist, so hat es doch genügt, um Robert Boyle allezeit alchemistischen Problemen gegenüber aufgeschlossen sein zu lassen.
Bei einem ihm empfohlenen Fremden hatte Boyle eines Tages einen anderen Fremden kennen gelernt, mit dem er in so angeregten wissenschaftlichen Disput kam, daß er ihn bei seinem Abschied bis zum Schiff im Hafen brachte. Dieser Fremde hatte ihm beim Abschied eine sehr kleine Dosis eines dunkelroten Pulvers in die Hand gedrückt, das ein Anti-Elixier, der Anti-Stein der Weisen sein sollte.
Ein alter Grundsatz alchemistischer Philosophen war es immer, daß die Methode Gold zu machen über die Methode Gold zu zerstören zu finden sei. Sie sagten dies allerdings lateinisch: Facilius est aurum construere quam destruere. Sie sagten sich, wenn Unzerstörbares zerstört werden kann, dann kann Unverwandelbares auch verwandelt werden. Mit diesen Gedanken war Boyle gut vertraut, als der Fremde ihm das rote Pulver schenkte.
Um das Experiment wissenschaftlich einwandfrei zu machen, bestellte Boyle einen Doktor der Physik mit seinem Assistenten und noch einen weiteren Zeugen zum Versuch. Dabei warfen sie das rote Pulver auf zwei Drachmen Gold. Nach dem Erkalten zeigte sich das Gold in ein wie schlechte Bronze aussehendes, sprödes, bei Hammerschlag zu grobem Bruch springendes Metall verwandelt. Weiteres Umschmelzen mit Blei und nachfolgendes Abdampfen brachte wieder einen Teil Gold und noch ein anderes silbriges Metall, das man für zerstörtes oder verwandeltes Gold hielt. Boyle war überzeugt. Heute würden wir dahinter erst einmal eine merkwürdige Legierung mit einem seltenen Metall vermuten.
Man hat auch andere Wissenschaftler nach Boyle noch mit dieser Idee vom Antielixier hereinzulegen versucht. So wurde dem Abte Bignon in Frankreich, der etwa eine Generation nach Robert Boyle lebte, einst ein Goldzerstörungsverfahren gezeigt. Gold wurde dabei in schlechte Erde verwandelt, die selber dann nicht mehr zu Gold umgeschmolzen werden konnte.
Mit dreißig Teilen eines bestimmten Pulvers ließ man einen Teil

Gold im Tiegel zusammenschmelzen. Dabei erhielt man nach dem Erkalten eine salzige Masse. Diese wurde in einem feuchten Keller zum zerfließen gebracht und am Ende durch Löschpapier einmal abgeseiht. Zurück blieb ein schwarzes Pulver, etwa vom Gewicht des zugesetzten Goldes. Aber die Masse gab bei allen Proben kein Zeichen von Gold mehr.

Dieses Problem legte man nun den führenden französischen Wissenschaftlern Reaumur, Lemery und Geofroy vor. Die drei aber zogen den simplen Schluß, daß, wenn das Gold nicht im Rückstand sei, man es eben im Durchgeseihten suchen müsse. Und richtig, es war in jener rötlichen Flüssigkeit. Die schwarze Erde, die »entseeltes Gold« darstellen sollte, war nichts als verkohlter Weinsteinrahm.

Francesco Borri, der Goldmacher in der Engelsburg

Francesco Borri war der Mann, dessen chemische Kenntnisse den Kaiser Leopold vom sicheren Vergiftungstod retteten, dessen medizinisches Wissen den als unheilbar aufgegebenen Herzog von Etree heilte, der Mann, auf dessen Goldmacherkunst die Königin Christine von Schweden bis zu ihrem letzten Tag baute und den dies alles doch nicht davor bewahrte, die letzten langen dreiundzwanzig Jahre seinen eigenen Lebens als Gefangener der Inquisition zu fristen.

Giuseppe Francesco Borri hat immer behauptet, daß seine Familie von jenem Burrhus abstamme, den Tacitus erwähnt. Aber blühende Phantasie war schon in früher Jugend eine seiner hervorstechenden Eigenschaften. Jedoch wurden seine geistigen Talente und sein wunderbares Gedächtnis im Jesuitenseminar geschätzt. Er hätte eine Leuchte des Ordens werden können, wenn seine Phantasie in rechten Bahnen geblieben wäre. Sie aber trieb ihn einmal zu weltlichen Ausschweifungen – in der Litanei sang er dann die Liste der allzu bekannten, allzu willigen Mädchen – und zum anderen Mal trieb sie ihn zu religiösem Wahn, in dem er sich für würdig hielt, besondere Erscheinungen und Erleuchtungen zu haben.

In seinem weltabgewandten Zustand hatte er es eine Zeitlang in Rom ausgehalten. Dann befiel ihn der Drang zur Änderung. Er kehrte nach Mailand zurück und gründete dort eine geheime philosophisch-religiöse Gesellschaft. Alle Mitglieder des Geheimbundes wurden durch wilde Eide verpflichtet. Francesco Borri wurde der Führer in den weitreichenden, auch politischen Plänen. Als die Verhaftungen seiner Mitglieder in Mailand begannen, gelang es Borri noch rechtzeitig zu entkommen. Die Inquisition verurteilte ihn in Abwesenheit zum Tode und am 3. Januar 1661 wurde er – symbolisch – zusammen mit seinen Büchern verbrannt.

Francesco Borri aber war nach einem der Zentren mittelalterlicher

Gelehrsamheit, nach Straßburg geflohen. Mit Eifer, im Gefühl seiner neuen geistigen Freiheit, begann er dort Alchemie und Medizin zu studieren. Als Borri glaubte, im gelehrten Straßburg alles gelernt zu haben, was man dort lernen konnte, ging er nach dem reichen Amsterdam, um es mit Profit anzuwenden.
Borri hatte nun wieder seine Zeit, wo er auf großem Fuße leben mußte. Dazu hatte er von einem sehr reichen Kaufmann eine sehr große Summe geborgt. Diesem hatte er erzählt, daß er nun nahe daran wäre, das Elixier des Lebens zu erzeugen. Nur wenige Verbesserungen im Herstellungsprozeß seien noch nötig. Als sich aber mit den Monaten jene letzte Stufe der Vervollkommnung immer wieder als unüberbrückbar erwies, da fand es Borri besser, in einer Nacht aus Amsterdam zu verschwinden.
Im Jahre 1664 kam Francesco Borri nach Hamburg. Er war nun wieder ernüchtert und legte sich ernsthaft auf alchemistische Studien. Eine tatkräftige Stütze fand er hierbei in der hier im Exil lebenden Königin Christine von Schweden, der katholisch gewordenen Tochter Gustav Adolfs.
Borri fand jedoch in Hamburg bald heraus, daß es viel zu nahe nach Amsterdam war. Er fühlte sich nicht sicher und reiste weiter nach Kopenhagen. Dort war ein anderer Fürst, Friedrich der Dritte, König von Dänemark, an der Kunst Gold zu machen interessiert. Obwohl es Borri auch in den Laboratorien des Dänenkönigs nie gelang einen neuen Weg in der Kunst der Legierung der Metalle zu finden, so wurde er doch gut Freund mit König Friedrich, dem er in anderer Weise nützlich war.
Francesco Borri verlebte so am dänischen Hofe sechs friedliche, ruhige Jahre, in denen sich seine besten Eigenschaften voll entfalten konnten. Er verbesserte seine Kenntnisse in chemischen Prozessen mehr und mehr. Mit dieser Kunst verbunden wurde er zu einem tüchtigen Arzt. Aber als 1670 sein Beschützer und Freund, König Friedrich starb, da war für ihn eine ehrbare, gelehrte und ruhige Existenz zu Ende. Auf dem Haupt von Borri stand immer noch der Kopfpreis der Inquisition von 35 000 Franken.
Francesco Borri sah nur eine große Weltstadt, die Raum für seine Fähigkeiten hatte und in die der Arm der Inquisition nicht reichte.

Das war Konstantinopel am Goldenen Horn. Auf dem Weg dorthin, in Goldingen an der schlesischen Grenze, wurde Borri am 28. April verhaftet und nach Wien gebracht.
Hier in Wien hatte Borri ein merkwürdiges nächtliches Erlebnis. Kaiser Leopold der Erste, der der Inquisition nicht ungehorsam erscheinen wollte, aber zugleich von den ärztlichen Talenten Francesco Borris gehört hatte, ließ ihn im Dunkel der Nacht durch einen zuverlässigen Offizier aufs Schloß holen.
Leopold litt an einer merkwürdigen Krankheit, die man für eine Vergiftung hielt, deren Ursache aber keiner der Ärzte deuten oder finden konnte. Leopold aß an gemeinsamer Hoftafel und alle hier Speisenden waren, wenn auch nicht vergnügt, so doch gesund. In jenen kurzen Stunden der Nacht entdeckte nun Borri, ein scharfer Beobachter und erfahrener Chemiker, daß die dicken Dochte jener riesigen Kerzen im Zimmer des Kaisers vor dem Einziehen in das Wachs mit Arsenik getränkt und vergiftet worden waren.
Kaiser Leopold war so dankbar über diese Entdeckung der Todesfalle, daß er dem Heiligen Stuhl zu trotzen wagte und Borri an seine Hoftafel lud. Aber jene Dankbarkeit verdorrte mit zunehmender Gesundheit, während der Haß der Inquisition immer grün und hart blieb.
Am 14. Juni 1670 wurde Francesco Borri der Inquisition ausgeliefert. Um sein Gesicht zu wahren, hatte der Kaiser das Versprechen verlangt und erhalten, daß Borri weder gefoltert noch getötet werdenn durfte. Im Einklang mit diesem Versprechen wurde er auch in Rom begnadigt – zu lebenslangem Kerker begnadigt und in die Keller der Inquisition geworfen.
Es war Borris Ruf als Arzt und als Kenner besonderer Elixiere, die ihn eines Tages aus dem Verlis holten. Der Herzog von Estree war totkrank von seinen Ärzten aufgegeben worden. Da erinnerte sich jemand, daß Borris chemisches Wissen den Kaiser in Wien gerettet hatte. Warum sollte er nicht durch einen Trank dem verlorenen Herzog neues Leben geben? Man schob Bedenken religiösen Seelenheils beiseite und holte Borri aus den Kellern. Und Borri heilte den Herzog!
Borri hatte seinen Ruf als Arzt und seinen Ruf als Alchemist.

Wenn er sich in einem bewährt hatte, warum sollte es ihm nicht auch im anderen gelingen? Einflußreiche Leute sorgten dafür, daß er in leichtere Haft auf die Feste Sankt Angelo, die Engelsburg, kam und in seiner Zelle schreiben und experimentieren durfte. Neben dem Herzog von Estree war es die Königin Christina von Schweden, die beim Papst im höchsten Ansehen stand und nun in Rom lebte, die es durchsetzte, daß Borri seine alchemistischen Forschungen wieder aufnehmen durfte. Die Alchemistin besuchte ihn sogar selbst öfters in seiner Zelle auf der Engelsburg.
Trotz hoher Protektion gelang es aber dem Gefangenen nicht, das lockende Ziel, den großen Stein der Weisen, bis zum 20. August 1695 – dem Tag seines Todes, zu finden.

Aus Wenzel Seilers Pulver Macht, bin ich von Zinn zu Gold gemacht

Als der in Ungnade gefallene kaiserliche Rat und Alchemist Doktor Joachim Becher in den siebziger Jahren des siebzehnten Jahrhunderts als Flüchtling nach London kam, da war er einer von jenen fachmännischen Augenzeugen, die dem Chemiker Robert Boyle versicherten, mit eigenen Händen Transmutionen gemacht und mit eigenen Augen Projektion zu Gold gesehen zu haben. Der Held der Projektionsgeschichte des Doktor Becher war Wenzelaus Seiler, der Hofalchemist des Kaisers Leopold. Wenzel Seiler hatte Zinn zu Gold gemacht, während Doktor Becher selber nur Blei zu Silber machen konnte. Und wenn Herr Boyle die Geschichte nicht glauben wolle – gerade jetzt in diesem Jahr 1680 lebe Wenzel Seiler noch gesund und munter zu Prag, betonte Herr Doktor Becher. Wer immer Wenzel Seiler nach der Geschichte fragen wolle, der könne es sicherlich tun.

Zacharias Seiler war Zeugmeister in der kaiserlichen Artillerie unter Wallenstein. Sein hoher Vorgesetzter war der Oberkommissar der Feldartillerie, Egid Fuchs von Rheinburg. Es mag eine romantische Geschichte gewesen sein, wie der schlichte Zeugmeister Seiler um die Gunst des Edelfräuleins von Rheinburg warb. Aber die Chroniken können uns nichts darüber erzählen. Wir wissen nur, daß er schließlich ihre Hand erhielt und sie heiratete. Wir können nicht einmal sagen, ob Fuchs von Rheinberg seine Tochter enterbte, verstieß oder ob er arm genug war, um sich mit der Soldatenheirat abzufinden. Nach dem Frieden von 1651 finden wir jedenfalls den Schwiegervater als den Landhauptmann zu Prandeiss, den Schwiegersohn aber immer noch bei der Armee. Zacharias Seiler führt im Auftrag des Generalfeldzeugmeisters des Kaisers, des Grafen von Tieffenbach, Experimente mit großen Raketen durch. Dabei wird er im Jahr 1652 bei einer Explosion getötet.
Als Zeugmeister hatte Seiler keine Reichtümer anhäufen können. Deshalb waren die üblichen Karrieren für die beiden Söhne, die er

hinterließ, rasch aufzuzählen. Es gab den Weg in die Armee, in den niederen Hofdienst und ins Kloster. Der eine Sohn fand Dienst beim jungen Grafen Weißenwolf. Der andere, Johann Wenzel Seiler, kam in das Kloster der Augustiner zu Brünn in Mähren.

Wenzel Seiler war nun zwanzig und er spürte wenig Lust zum Klosterleben. Aber es blieb ihm doch nach dem Probejahr nichts anderes übrig, als in die Reihe der Brüder zu treten. Seine Pläne, bei günstiger Gelegenheit den Klostermauern zu entfliehen, hatte er damit nicht aufgegeben. Aber er wußte, dazu muß er Geld haben und Geld war für einen Mönch auf rechten Wegen nicht zu erlangen.

Nun gab es unter den Augustinern im Brünner Kloster eine Tradition, daß irgendwo in den alten Mauern ein großer Schatz verborgen wäre. Das mußte dem jungen Wenzelaus als die rechte Geldquelle erscheinen und es war kein Wunder, daß er bald auf Mittel und Wege sann, diesen Schatz zu heben. Wenzel war so begierig in die große Welt zu kommen, daß er auch keine Gewissensbisse hatte, sich den Schatz durch Zaubersprüche zu verschaffen. Wenn er nur jemand gekannt hätte, der solche Dinge lehrte.

Aber da der Teufel denen, die seine Künste proben wollen, immer die Gelegenheit gibt, so fand Mönch Wenzelaus bald einen Weg zur schwarzen Kunst. Wenzel hörte raunen, daß vor dem Stadttor eine Alte, die Frau eines Kuhhirten lebte, die war in diesen Künsten erfahren. So brannte das Mönchlein ihre Gunst und Kunst zu erwerben. Gelegenheit dazu gab es an gewissen Tagen, wenn die jüngeren Mönche und Klosterschüler Erlaubnis erhielten, sich vor dem Tor der Stadt zu ergehen. Sie sollten sich an der kühlen Luft erfreuen, die sie von den Bücherstudien der Woche erfrischen sollte. An solchen Tagen bildeten sich immer kleine Gruppen, die hier und dort nach Laune ihre kleinen Ablenkungen betrieben.

Bruder Wenzel hielt sich von nun an allein und unter dem Vorwand, frische Milch zu trinken, schlüpfte er in die Hütte der Alten. Dem Kräuterweib gefiel die blutjunge Seele. Wenzel erwarb bald ihr Vertrauen und nachdem er ihr sein Herz wegen des Schatzes ausgeschüttet hatte, machte sie ihm eine magische Kugel. Sie sollte die Kraft haben, immer nach verborgenem Gold hin zu rollen. »Laß ihn nicht an das Licht der Sonne kommen!«, sagte die Alte ihm noch. Der Ball war aus Wachs und mit fein geritzten Zeichen und Figuren bedeckt.

Wie es der Brauch in den Klöstern ist, erhalten die betagten Mönche, wenn sie altersschwach werden, einen jungen Mönch als ihren Helfer. Bruder Wenzel wurde so, und wie von ungefähr, der Helfer eines alten Mönches, der Liebhaber der Magie und der Kabbala war und jeden freien Augenblick seines Klosterlebens an diese Dinge wendete.
Der alte Mönch unterhielt seinen jungen Helfer immer wieder mit der Geschichte von dem großen Schatz, der wie er sagte, in der Kirche des Klosters irgendwo hinter den Ziegeln verborgen wäre. Als diese Geschichte eines Tages wieder einmal erzählt war, da antwortete der junge Wenzel, daß er nun eine besondere Kugel hätte, die einen solchen Schatz wohl auffinden könne.
Der Alte, der in seinem langen Leben viel von Magie gelesen und wenig davon gesehen hatte, ließ sich die wächserne Kugel zeigen. Sogleich jedoch, als er die Zeichen und Figuren gesehen hatte, da wußte er, daß jemand von der Zunft, einer der die alten Beschwörungsformeln kannte, den Ball gemacht haben mußte. Auch der Alte hielt die wächserne Kugel des Versuchs wohl wert.

Es war nicht lange nachher, als die beiden allein in der Stille der Klosterkirche waren, sodaß sie die geheime Kraft des Balls probierten. Wo sie es aber immer versuchten – der Ball zeigte keine Neigung in einer besonderen Richtung zu rollen. Erst als sie ihr Glück im Mittelschiff der Kirche probierten, da fing die wächserne Kugel an zu taumeln und zu schwingen. Nach einem neuen Anstoß rollte sie auf eine geborstene, etwas eingesunkene Säule hin. Von wo sie das Spiel nun auch immer begannen, von welcher Seite sie es versuchten, zuletzt war der Ball an der Säule.
Der alte und der junge Mönch, beide waren nun fest überzeugt, daß hier an dieser Stelle der große Schatz liegen müsse. Die Frage war nur, wie man an ihn herankommen könne. Da war keine

Möglichkeit, die Säule etwa unbemerkt abzutragen. Sie konnten ja nicht die Kirche einreißen, ohne daß es den anderen Mönchen dann aufgefallen wäre.
Es war die Vorsehung – oder wie man sonst die Kräfte hinter dem Ball höflich nennen wollte – die den Schatzgräbern zu Hilfe kam. In einem nächtlich heftigen Sturm wurde die alte Klosterkirche schwer beschädigt. Die geborstene Säule neigte sich nun so gefährlich, daß der Abt beschloß, sie abtragen zu lassen. Es war der alte Klosterbruder, dem unser Wenzel als Helfer gegeben war, der angeblich etwas von Baukunst verstand. Da er dazu für andere Arbeiten sowieso zu alt war, so wurde er beauftragt die Brünner Handwerker beim Niederreißen der Säule zu überwachen.
Wir wundern uns nicht, wenn die beiden Mönche überaus eifrig bei dieser Aufgabe waren. Sie ließen die Säule nur zur Schlafenszeit ganz aus den Augen. Wirklich, als sie beinahe abgetragen war – es war am Abend und die Maurer hatten lange Feierabend gemacht – da schob Wenzel noch ein paar Ziegel beiseite und da lag sie – eine grünkupferne Kassette. Die beiden Bauaufseher sahen sich an, stürzten sich wortlos auf den Kasten und schleppten ihn in ihre Zelle. Dort verloren sie nicht viel Zeit ihn aufzukriegen. Es war ein kompliziertes Schloß. Aber die Riegel waren von Grünspan zerfressen und wichen einem kräftigen Hebeldruck. Mit einem Geräusch zwischen Knarren und Quieken gab der Deckel nach und sprang auf.
Der alte Mönch, nun da er den Schatz vor sich stehen hatte, zeigte keine nervöse Hast. Er packte jedes Stück der Reihe nach aus und untersuchte es auch gründlich. Wenzel hätte sich am liebsten gleich bis zum Boden des Kastens durchgewühlt. Aber die Ruhe des Alten hielt ihn zurück.
Obenauf lag ein Stück Pergament. Es zeigte sich als eine Urkunde des ersten Abtes. Es war jener Abt, der einst Gesandter am Reichstag zu Regensburg gewesen war. Die Jahreszahl war das Gründungsjahr des Klosters. Das Motto des Abtes war in harten klaren Buchstaben über das Pergament geschrieben: Sei Freund zu Dir allein!
Unter der Urkunde lagen Pergamentblätter, die mit merkwürdi-

gen Zeichen bedeckt waren, Worte und Zeichen zwischen denen die Figuren der Planeten auftauchten. Es war unter diesen Blättern, daß sie die vier Büchsen voll roten Pulvers fanden.
Als alle die Büchsen geöffnet waren und mit ihrem merkwürdigen Inhalt dastanden, malte sich grenzenlose Enttäuschung in des jungen Wenzel Gesicht. Wenn es schon nicht alte Goldstücke waren, so hatte er doch zumindest auf Silberzeug und Edelsteine gerechnet. Und jetzt war es nichts als diese vier Büchsen eines braunroten Pulvers! Wenzel war wirklich so enttäuscht, daß er, wäre er allein gewesen, ohne Zweifel die ganze Kupferkiste samt Inhalt auf den Schutthaufen der Maurer geworfen hätte. Von Alchemie verstand er so wenig wie von der großen Roten Tinktur.
Der ältere Mönch jedoch schien nicht so leicht entmutigt. Vielleicht dachte er, daß das Pulver irgendeinen Heilwert haben könnte. Er mochte auch schon eine andere Theorie über die Kräfte des roten Pulvers haben. Jedenfalls schien er entschlossen – das war aus den Aufträgen zu schließen, die er dem jungen Wenzel gab – aus Büchern und Manuskripten der Klosterbibliothek den rechten Sinn aller Zeichen auf den Pergamenten zu finden. Er dachte nicht daran in der Zwischenzeit die Büchsen mit dem roten Pulver aus der Hand zu geben.
Es war auch nicht lange nachher, daß der alte Pater den Mönch Wenzelaus in die Klosterküche schickte, um einen unbrauchbaren alten Zinnteller zu finden. Er hieß ihn auch vier Mauerziegel aus dem Kirchenschutt holen. Daraus bauten sie zusammen einen primitiven kleinen Ofen in die Mitte der Zelle. Darin machten sie dann ein Holzkohlenfeuer, das Wenzel mit dem Küchenblasbalg zum hellen Glühen bringen mußte. Der alte Mönch hatte dazu einen Schmelztiegel hervorgezogen, den er weiß wo aufgestöbert hatte. Er drückte ihn nun dem Bruder Wenzel in die Hand. Aber der stülpte ihn in die Kohlen, als wenn er einen Igel braten wollte. So mußte unter Ächzen der alte Pater selbst niederknien und den Tiegel richtig in die Kohlen betten.
Sie zerbrachen nun den Zinnteller, bogen die Stücke zusammen, daß sie in den Tiegel paßten. Das Zinn war natürlich bald geschmolzen. Darauf nahm der Pater eine Portion des roten Pulvers

aus einer der Büchsen, hüllte es in ein Stückchen Wachs und warf es auf die regenbogenfarbig schillernde Haut des flüssigen Zinns. Zischend verdampfte das Wachs, riß die Metallhaut auf und brachte das Pulver in das reine Zinn.
Dem mit offenem Maule dastehenden Wenzel gab der Alte nun das Zeichen, daß er hurtig den Blasbalg pressen und das Feuer nochmals anfachen solle. »Nun werden wir ja sehen, ob ich die Zeichen mir recht erklärt habe!« meinte er dazu. Und das war das erste, was der bewilderte Wenzel an theoretischen Erklärungen über den geheimnisvollen Vorgang erhielt.
Es zeigte sich nun bald, wie das Pulver wirkte. Das fließende Zinn erstarrte, wie sich das Pulver in der brodelnden Metallmasse verteilte. Da sie keine Zange hatten, um den Tiegel herunterzunehmen, rissen sie das Holzkohlenfeuer auseinander und warteten, bis der Tiegel kalt genug war. Dann gaben sie ihm einen Stoß und zerschlugen ihn. Da lag nun ein halbkugeliger Barren einer schweren gelbglänzenden Metallmasse, die überall noch mit roten Linien durchzogen war.

Unter dem Vorwand ein Buch zum Binder zu bringen, konnte der Alte den jungen Wenzelaus in die Stadt schicken. Er sollte mit dem gelben Klumpen zu einem der Brünner Goldschmiede gehen und dem erzählen, er hätte da verschiedene alte römische Goldmünzen gehabt, die hätte er versucht zusammenzuschmelzen. Aber auf dem schwachen Kohlenfeuer sei das nicht recht gelungen. Der Goldschmied möge es doch noch einmal umschmelzen und zu einem rechten Barren gießen.
Alles ging wie geplant. Wenzel ließ, wie ihm der Alte aufgetragen, vom Barren ein Stückchen abbrechen, steckte es ein und fragte den Goldschmied, was der Rest wohl wert wäre. Der Goldschmied wog es nochmal, probierte es am Prüfstein und meinte, an zwanzig Dukaten wäre es wert. Zu diesem Preis verkaufte Wenzel es ihm, nahm das Geld in Empfang und kehrte vergnügt zu den Augustinern zurück.
Der alte Mönch war nur auf das Stückchen Goldbarren, auf das Zeugnis der Großen Kunst erpicht. Die zwanzig Golddukaten

durfte Mönch Wenzelaus behalten. Nur gab ihm der Alte den guten Rat, er möge das Geld ja niemanden im ganzen Kloster sehen lassen.
Aber mit solchen wohlgemeinten Ratschlägen war dem jungen Wenzel nicht geholfen. Er dürstete nach jenem Leben jenseits der Klostermauern, von dem ihn das Geschick so grausam ausgeschlossen hatte. Sein erster Impuls war, einfach mit jenen zwanzig blanken Goldstücken zu verschwinden und so das Klosterleben mit einem Schlag von sich zu werfen. Aber dann bedachte er, daß dies hieße, die Kupferbüchsen, an deren Auffindung er doch den Löwenanteil hatte, einfach nutzlos bei dem alten Mönch stehen zu lassen. Vielleicht konnte er den Alten noch überreden mit ihm gerecht und ehrlich zu teilen. Und wenn nicht – dann mußte er eben diesen Anteil auf eine andere Weise zu bekommen suchen!
Noch in den nächsten Nächten trieben ihn Phantasie und wilde Wünsche, doch einfach dieses nutzlose Klosterleben zu beenden und in die weite Welt zu rennen. Aber eben jene Phantasie zeigte ihm auch den mächtigen Haufen Gold, der mit den vier Büchsen der Roten Tinktur zu machen war. Nur ein bißchen Geduld würde helfen ihm alle Wünsche zu erfüllen. Es gehörte keine Alchemie, sondern nur ein wenig Arithmetik dazu, sich hier die angenehmsten Dinge auszurechnen. Wenn diese kleine Portion des Pulvers einen ganzen Zinnteller zu Gold verwandelt hatte, dann mußte man viele Stangen Gold aus dem roten Pulver in den Büchsen machen können! Der törichte Wenzel dacht natürlich nicht, wie der alte Pater daran, erst das Geheimnis der Multiplikation des Pulvers aus den Pergamenten zu finden. Ihm schien die so beschränkte Menge der Roten Tinktur ein unerschöpflicher Goldbrunnen.
Immer dachte Wenzel dabei daran, wie doch seine Wachskugel mit den Zauberzeichen erst den Weg zum Schatz gewiesen hatte. Und zur Bitternis kam die Furcht, daß der Alte in seiner Selbstgefälligkeit, die er Ergebung in die Klosterpflichten nennen würde, das ganze goldene Geheimnis dem Abt enthüllen würde. Da wäre es dann mit jedem Zugriff zum roten Pulver für ihn vorbei.
Mönchlein Wenzelaus wurde in diesen Befürchtungen nur be-

stärkt, als der Pater anfing, die vier Büchsen mit weit mehr Sorgfalt zu bewahren als bisher. Er hatte sie nun fest in seiner Schreiblade versperrt. Und davor saß er die meiste Zeit, wenn er nicht gerade mit dem jungen Wenzel in der Kirche war. Der alte Mönch betete viel, betete mehr als zuvor. Er schien mit sich zu ringen.
Alle diese Ängste trieben Wenzelaus, frank und gerade eine Portion des Pulvers für sich zu verlangen. Aber der Alte schaute ihn nur freundlich mißbilligend an und schüttelte den Kopf. Als er die schwarze Verzweiflung in des Jungen Gesicht sah, suchte er es ihm wohlwollend zu erklären:
»Du bist viel zu jung und weißt viel zu wenig von der Roten Tinktur. Seele und Leben kannst du dabei verlieren. Es ist ein Schatz, der dich zum miserabelsten aller Menschen machen kann. Und zudem – was brauchst du viel Geld im Kloster?«
Mit Liebe suchte ihm der alte Mönch zu zeigen, wie man doch erst einmal alle die wunderbaren Eigenschaften der Roten Tinktur studieren und herausfinden müsse. Und am Ende versprach er dem jungen Wenzel zudem noch, daß er jede Woche einen Dukaten für seine persönlichen Wünsche haben könne.
Alle die guten Worte des Paters klangen jedoch nicht schön in des Mönchleins Ohr. Er hatte ja andere Pläne. Und der Teufel half ihm gern auf dem Weg dazu. Es war gar nicht lange danach. Die beiden waren eben von der Frühmesse zurückgekehrt, als der Alte über seine Gicht und über eine Erkältung im Kopf zu klagen begann. Er schickte Wenzelaus in den Klosterkeller um einen Becher wärmenden Weins zu holen. Als der junge Mönch jedoch zurückkam, da lag der Alte auf den Steinfliesen. Er hatte einen Schlaganfall und konnte kein Wort mehr herausbringen.
Hier war Gelegenheit für das Mönchlein, sein Gesellenstück für den Pferdefüßigen zu machen. Wenzel stürzte sich auf den Alten, nahm ihm den Schlüssel aus der Kutte und schloß die Schreiblade auf. Rasch nahm er die vier Kupferbüchsen heraus und schaffte sie in aller Eile in seine eigene Zelle. Dort verbarg er sie geschickt.
Nachdem er nun so seine eigenen Geschäfte besorgt hatte, läutete er die Glocke in des Alten Zelle, um die Mönche zu rufen. Aus allen Zellen kamen sie nun und eilten dem Bruder die bewährten

Hausmittel zu geben. Aber sie kamen zu spät. Der Alte war längst tot. Feierlich wurde die Schreiblade mit den wenigen Habseligkeiten eines Mönches versiegelt und die Totengebete gesprochen. Wenzelaus war nicht ganz ungerührt. Aber sehr zufrieden mit sich selbst. Der Tod selber hatte eingegriffen und er hatte die Gelegenheit nicht verplempert. Er war nun Herr, alleiniger Herr, des ganzen Schatzes. Mit allem Vorbedacht konnte er nun seine Flucht aus dem Kloster planen und ins Werk setzen.

Alles war jedoch nicht so einfach, als es zuerst aussah. Wenzel hatte sich zu großsprecherisch und gönnerhaft benommen, während er seine zwanzig Dukaten leichtfertig ausgab. So hatte er mit diesem Kapital nicht nur keine Freunde erworben, sondern sich noch eine ganze Menge Neider gemacht. Sie bliesen den Oberen ihre Mißbilligung über den Mönch Wenzelaus ein. Sie verlangten, daß Wenzel, da er nun keine Sonderpflichten mehr hätte, so gut wie andere straff zu Kirche und Schule gehalten werden müsse.

In dieser Zeit wurde in der Klosterschule eine Disputation über das Thema der Umwandlung geringer Metalle zu Gold festgesetzt. Bruder Francis Preyhausen, ein junger Mönch, klug und aufgeweckt und im gleichen Alter wie Wenzel Seiler, sollte die These vertreten, daß Transmution unmöglich sei. Wenzel wurde ausgewählt, sein Gegner zu sein. Aber da Wenzelaus kaum ernsthaft an dem Thema studiert hatte, wurde er leicht vom Bruder Francis mit Beweisen erschlagen und unter dem Gelächter der Zuhörer im Wortstreit erledigt. Aber das brachte den eitlen Wenzel außer Rand und Band. »Was lacht ihr da?« fuhr er die lauten jungen Brüder an. »Ich kann es praktisch beweisen, daß die Sache wahr ist!«

Nun erhob sich der Lehrer ärgerlich. »Halt Frieden du Esel«, sagte er grob zu Wenzel, »willst du auch noch ein Alchemist sein? Ich werde dich eher in einen Ochsen verwandeln können, als du die Metalle transmutieren wirst!« Hier hatte Wenzel Seiler soviel Verstand um einzusehen, daß er nun den vorlauten Mund halten müsse.

Für den aufgeweckten Bruder Francis, dem die Alchemie ein phantastisches Reich unbekannter Möglichkeiten und nicht eine

erledigte Streitfrage war – wie er sie eben auftragsgemäß dargestellt hatte – war die Sache damit jedoch nicht zu Ende. Nach der Disputation schleppte er Wenzel in den Klostergarten. »Was redest du für Zeug«, begann er mit ihm, »behauptest öffentlich, die Metalle verwandeln zu können! Wie dumm, wie unklug so zu reden – ob es nun wahr oder falsch ist. Um so schlimmer wenn es wahr wäre und die Sache käme zu des Abts Ohren, da hättest du dich die längste Zeit deiner Freiheit erfreut.«
Der gewitzte Francis fuhr bedeutungsvoll fort, indem er seinem Gesicht einen wissenden Ausdruck zu geben suchte: »Da ist ein großes Gerede im Kloster, daß der Alte und du einen Schatz in der Kirche gefunden hätten. Die Maurer meinen, sie hätten eine grünzerfressene Kassette gesehen. Und dann – da hat auch ein Mönch, angeblich ein Augustiner, einem Goldschmied in Brünn einen sonderbaren Klumpen Gold verkauft.«
Wenzel konnte nur schweigen. Die anderen mochten sich diese Dinge wohl zusammenreimen.
Unerbittlich jedoch brachte Francis neue Stücke zu seiner Beweisführung. »Und hast du nicht einen alten Zinnteller aus der Klosterküche geholt – geholt und nicht zurückgebracht!«
Hier versuchte nun Wenzel den, wie er meinte berechtigten Einwand vorzubringen, daß es doch nur ein sehr alter, sehr zerfressener Zinnteller, ein Zinnteller mit einem Loch gewesen wäre. Aber Francis disputierte wie ein Jesuit der Inquisition. »Ah«, meinte er triumphierend, »ein Zinnteller mit einem Loch. Wer sonst braucht Zinnteller mit Löchern, als ein Alchemist um Gold zu machen!« Diese Beweisführung wäre zwar nicht gut genug für eine öffentliche Disputation gewesen. Aber sie genügte für den Freund Wenzel.
Für Wenzelaus war das alles nun zuviel. Er konnte ja auch das große Geheimnis nicht länger allein mit sich schleppen. Zumindest einem Freund, einer Menschenseele mußte er sich offenbaren. Aber zuvor ließ er Francis einen schweren Eid schwören, ja kein Wörtlein zu verraten und immer treu zu ihm zu stehen. Sie könnten ja beide aus dem Kloster verschwinden und draußen in der Welt würde sie sein Schatz reich machen, würde sie zu großen

Dingen bringen. Alles Glück wolle er mit Francis teilen, wenn Francis mit ihm alle Gefahren teilen wolle!
Da auch Francis Preyhausen zum Klosterleben gekommen war, wie Wenzel Seiler zu Kutte, so war es kein Wunder, daß die beiden bald ein Übereinkommen finden konnten. Sie gingen in Preyhausens Zelle und schwuren sich dort mit allem Rituell einen fürchterlichen Eid. Bruder Wenzel erzählte darauf haargenau alles, was sich bis jetzt ereignet hatte. Und Bruder Francis, der allgewandte, wurde sogleich mit der Aufgabe betraut, in der Stadt ein Pfund Blei zu kaufen.
In der Einsamkeit der Zelle schmolzen sie das Metall wie zuvor. Wie zuvor wurde eine Portion Pulver in Wachs gepackt und in das geschmolzene Metall geworfen. Wiederum war das Ergebnis ein goldglänzender rotgeäderter Klumpen. Francis, der auch diesmal das Geschäft zu erledigen hatte, ging vorsichtshalber nicht wieder zum Goldschmied, sondern zu einem Brünner Juden. Der zahlte ihm für den Barren einhundert Dukaten und war überzeugt, noch ein gutes Geschäft gemacht zu haben.
Geld für die Flucht war nun genug beisammen. Aber es war inzwischen der Winter herangekommen. Die Wälder waren verschneit, die Steige im Gebirge vereist. Es war besser bis zum Frühjahr im Kloster auszuhalten. Diese Wartezeit fiel den beiden Mönchlein nicht allzu schwer, da sie Wege gefunden hatten sich diese lustig zu vertreiben. Francis schaffte immer wieder einmal einen Krug Wein auf die Zelle und dazu oft noch ein gebratenes Huhn.
Der übermütige Bruder Wenzelaus aber zeigte nicht nur Lust auf Hühner. Er hatte da ein gewisses Luderchen aus der Brünner Stadt und der allerweltsgeschickte Francis verstand auch das Weibsstück mit Perücke und Männerkleidern so aufzumachen, daß sie den guten Wenzel in der Zelle besuchen konnte. Als Signor Anastasio gab sie vor aus Wien zu kommen, um den lieben Vetter Wenzel zu sehen.
Die Besuche des Herrn Anastasio wurden jedoch immer häufiger und dringender. Zuletzt fiel es dem einen oder anderen Mönch doch auf, daß Herr Anastasio mit der hohen Mädchenstimme öfter anscheinend die ganze Nacht bei dem lieben Vetter Wenzel

blieb. Immerhin, Klostermühlen mahlen langsam und Bruder Wenzel konnte eine schöne Zeit in sündiger Liebe mit dem Dirnchen Anastasia leben.
An einem schönen Vorfrühlingstag jedoch war es mit der Liebe im Brünner Augustinerkloster aus. Das Gerücht war von den Mönchen zu den Oberen, von den Oberen zum Abt gedrungen. Am Morgen, in der Frühmesse, verlangte der Abt Wenzels Zellenschlüssel zur Inspektion. Was blieb Wenzel schließlich übrig als den Zellenschlüssel herauszugeben und dann der Dinge zu harren, die da kommen sollten.
Mit langen Schritten, zuerst der Abt, dann die Oberen, dann die Mönche, so zogen sie zu Wenzels Zelle. Der Schlüssel knarrte, das Schloß schnappte und siehe, hier war Herr Anastasio in des Bruders Wenzel Bett und nackend. Allzu offensichtlich war nur, daß es sich nicht um Anastasio, sondern um eine Anastasia handelte. Die Verwirrung war auf beiden Seiten groß.
Anastasia hielt es für unmöglich vor solch geistlich würdiger Gesellschaft gleich einer Eva aus dem Bett zu hüpfen. Abt und Mönche waren ebenso unschlüssig, was hier zu tun wäre. Einer schlug vor an den Magistrat von Brünn zu appellieren, damit die weltliche Obrigkeit dieses Mädchen mit Rauheit aus dem Klostermöbel entferne. Da aber die Stadtgewaltigen immer nach solchen Gelegenheiten schnüffeln, um den Klöstern noch ein paar Freiheiten und Privilegien abzunehmen, so entschied man sich anders. Anastasia durfte sich ankleiden und wurde nach einer schweren Strafpredigt aus dem Tor gelassen.
Für den Bruder Wenzelaus gab es keinen so leichten Ausweg. Er wurde von der Messe geholt und in seine Zelle eingeriegelt. Schon aber wurde ein festeres und wenig freundliches Gewölbe für Wenzel bereit gemacht. Nun galt es rasch zu handeln, ehe es zu spät war. An einer langen Hanfschnur ließ Wenzel die Kupferbüchsen seinem Freund Francis zum Fenster hinunter. Zumindest der Schatz war damit in Sicherheit.
Bruder Wenzelaus wurde am nächsten Tag prompt in seine neue Gefängniszelle gebracht. Bei Wasser und Brot, unter geißeln und beten, mit den Gedanken bei Anastasia und den Kupferbüchsen,

verbrachte er hier vier lange Wochen. Mittlerweile aber war sein Kamerad Francis Preyhausen durchaus nicht untätig. Da war Prinz Karl von Lichtenstein, ein großer Förderer der Alchemie. Der hatte in Brünn ein Haus und mit dessen Hausmeister hatte Francis inzwischen dicke Freundschaft geschlossen. Nach geschickter Bearbeitung durch Francis, bei der dieser da und dort interessante Einzelheiten von der Goldmacherkunst seines guten Freundes Wenzel geflüstert hatte, erklärte sich der Hausmeister bereit, einen Brief mit einer Probe des goldmachenden Pulvers zu seinem Prinzen nach Schloß Felixburg zu bringen. Den Brief hatte Francis Preyhausen mit all seiner klösterlichen Kunst entworfen. Er schilderte die bemitleidenswerte Lage des jungen Wenzel auf der einen Seite und die bekannte Herzensgüte des Prinzen auf der anderen. Dazwischen war als verbindende Goldkette die Geschichte von der verwandelnden Roten Tinktur geschlungen.
Der Hausmeister war nicht ohne einige Hemmungen nach Schloß Felixburg abgereist. Kein Hofdiener in sicherer Lebensstellung macht sich unnötig zum Narren. Aber die Sache schien etwas auf sich zu haben. Nach der Probe mit der Prise roter Tinktur war der Prinz sichtlich aufgetaut. Sie mußte sehr zufriedenstellend ausgefallen sein.
Der Brünner Hausmeister bekam den strikten Auftrag, bei der Befreiung des jungen Mönchleins im weitesten Maße behilflich zu sein. Der Prinz ging sogar soweit, ihm für diese Aufgabe seinen Siegelring zu überlassen, um im Notfall die Flucht mit prinzlicher Autorität zu stützen.
So war es nicht schwer einen wirksamen Befreiungsplan zu entwerfen. Der tüchtige Francis machte mit Bienenwachs einen Abdruck vom Schloß der Büßerzelle und besorgte in Brünn einen Nachschlüssel. Mit Mantel und Perücke verkleidet brachte man Wenzel durch das Türchen im Küchengarten des Klosters nach dem Haus des Prinzen. Dort schaffte man Wenzel in ein Zimmer, das vom Hausmeister in klugem Vorbedacht sofort an zwei Stellen der Türe mit dem Wappen des Hauses Lichtenstein versiegelt wurde.
Es war am frühen Morgen, als der Klosterpförtner dem Büßenden

das übliche Brot und Wasser reichen wollte, daß man die Zelle leer fand. Der Pförtner schlug Lärm, die Feinde und Neider Wenzels schlugen noch mehr Lärm und sorgten dafür, daß die Nachricht wie Feuer bis zum Grafen von Collebrat, dem kaiserlichen Kommandanten von Brünn flog.

Graf von Collebrat ließ sofort alle Tore der Stadt schließen und befahl jedes Haus in Brünn ohne jede Ausnahme sorgfältig zu durchsuchen. Darum wurde auch das Haus des Prinzen Lichtenstein nicht ausgenommen. Der Hausmeister hatte den Soldaten selber mit größter Freizügigkeit das Tor geöffnet und ihnen mit einer Handbewegung angedeutet, daß sie suchen könnten wo immer es ihnen beliebe. So waren sie endlich auch an das versiegelte Gemach gekommen. Hier schien es nun der Hausmeister des Prinzen an der Zeit zu halten, einige Bemerkungen an den führenden Offizier zu richten. Mit würdigen Worten machte er darauf aufmerksam, daß dies hier das Arbeitszimmer des Prinzen sei und daß dieser es persönlich, wie sie selbst sehen könnten, mit seinem Handsiegel verschlossen habe. Er als Hausmeister erlaube sich deshalb der Meinung Ausdruck zu geben, daß diese Siegel nur unter größter Gefahr für die Beteiligten gebrochen werden könnten. Denn es wäre anzunehmen, daß man sich dadurch das Mißvergnügen seiner Hoheit zuziehen würde. Der Offizier der Wache, der zwischen dem möglichen Mißvergnügen des Grafen Collebrat und dem sicheren Mißvergnügen des Fürsten Lichtenstein zu entscheiden hatte, brach die Suche hier ab.

Wenzel Seiler hatte immerhin erst einmal einige Wochen in diesem Zimmer versteckt zu bleiben. Seine Flucht hatte genug Staub aufgewirbelt. Aber an einem schönen Frühlingstag wurde er in der eigenen Kutsche des Prinzen, in Gesellschaft einiger Offiziere, früh beim Öffnen des Tores aus der Stadt geschmuggelt. In Felixburg wurde er dann vom Prinzen mit aller Zuvorkommenheit empfangen. Wenzel durfte auch gleich noch einmal eine Probe seiner goldenen Kunst vorführen.

Der Prinz sah bald ein, daß ein Mann im Besitze eines solchen Geheimnisses nicht allzu lange an seinem kleinen Hofe verborgen gehalten werden könne. Die Spione des Brünner Abtes und seiner

Oberen, die bereits auf allen Wegen waren, die würden diesen Wenzel Seiler bald im Felixburger Schloß aufgespürt haben. Für den mächtigen Augustinerorden war es dann eine Leichtigkeit, vom Kirchenkonsistorium in Wien das Auslieferungsmandat zu erhalten. Prinz Karl von Lichtenstein beschloß deshalb rasch und zu seinem Vorteil zu handeln. Wer war schon dieser leichtfertige Wenzel Seiler.

Prinz Karl machte dem Goldmacher plausibel, daß es das Beste für

ihn wäre, direkt nach Rom zu reisen um dort vom Papste selbst von seinem Ordenseid entbunden zu werden. Nur auf diese Weise könne er vor der langen Hand der Augustiner sicher sein. Einmal in Rom, würde ihm der Vertrauensmann des Prinzen den Dispens bald besorgt haben. Geld spiele ja keine Rolle, wenn man einer so großen Sache helfen wolle. Und hier wäre ein Kreditbrief von eintausend Dukaten, die Wenzel in Rom abheben könne.
Der Prinz hatte Wenzel Seiler in dieser Sache richtig eingeschätzt. Er nahm es als eine Art Selbstverständlichkeit, daß man ihm helfen wolle. Es fiel ihm nicht einmal auf, daß der Prinz so besorgt um ihn war, daß er ihm seinen eigenen Kammerdiener, einen Italiener, mit auf die lange Reise gab.
Wenn der Prinz Wenzel Seiler richtig eingeschätzt hatte, so hatte er aber zugleich den gewitzten Francis Preyhausen übersehen. Preyhausen hatte, ganz auf sich allein gestellt, seine Flucht aus dem Kloster gemacht. Er war es gewesen, der in den Chroniken alle Arten studiert hatte, mit denen man draußen in der Welt die Goldmacher von ihren Tinkturen zu erleichtern suchte. Preyhausen hatte den Plan entworfen, daß er, mit der Roten Tinktur in den Büchsen, nach Wien in ein sicheres, unauffälliges Quartier gehe. Wenzel konnte ohne weitere Vorsicht aus einer kleinen Musterbüchse die Proben der goldmachenden Tinktur für die Versuche nehmen.
So reiste denn Wenzelaus in heiterer Naivität, aber durch die Vorsorge von Francis Preyhausen geschützt, mit seinem italienischen Diener und dem Tausend-Dukaten-Kreditbrief nach dem Süden ab.
Die Jäger nach der Goldtinktur verloren aber in der Tat keinen Tag. Kaum war Wenzel einen halben Tag südwärts gekommen, da brach des Prinzen Kammerdiener seinen Streit vom Zaun, zog die Pistole und verlangte die rascheste Ablieferung der Tinktur. Wenzel, der selbst nichts von allerfeinsten Manieren hielt, war nun doch überrascht mit welch grober Hast man sich auf seine Tinktur zu stürzen suchte. Dazu fühlte er die kalte Mündung der Pistole an seinem Bauch zu realistisch, um nicht zu fürchten, daß das Schießeisen in der Eile losgehen könnte. Eiligst erklärte er deshalb dem

drängenden Italiener, welchem Irrtum er hier verfallen wäre. Wie Francis Preyhausen, den er ja auf Schloß Felixburg selber hatte kommen und gehen sehen, die rote Tinktur an einen unbekannten Ort mitgenommen hätte. Bereitwilligst bekräftigte er dem Zweifelnden dies auch noch mit allen heiligen Eiden.

Mehr als die Eide überzeugt eine sorgfältige Untersuchung den Italiener. In allen Taschen und dem Felleisen war nichts, das wie eine Kupferbüchse ausgesehen hätte. So hatten sich denn die beiden zu einigen. Wenzel Seiler zahlte dem Kammerdiener hundert Dukaten, um ihn für kommende Unannehmlichkeiten zu entschädigen. Da der Italiener den Kreditbrief auf die eintausend Dukaten anscheinend vergessen hatte, so hielt es Wenzel durchaus nicht für wichtig, ihn noch daran zu erinnern. So schieden beide in dem freundlichen Gedanken, bei dem Unternehmen doch noch einen Profit gemacht zu haben. In diesem Sinne wünschten sie sich gute Reise.

Wenzel reiste natürlich nun in aller Geschwindigkeit weiter nach Wien, um seinen Freund Francis am verabredeten Ort zu finden. Wenzel erzählte ihm das ganze Abenteuer auf der Stelle. Preyhausen, der etwas praktischer veranlagt war, lachte über den schönen italienischen Kreditbrief und meinte, man könne ihn immerhin als Erinnerung aufheben.

Wenzel und Francis hatten nun in aller Eile neue Pläne für ihre Sicherheit zu machen. Einen neuen Helfer dazu fanden sie in einem freundlichen Sachsen, der Schreiber in der böhmischen Verwaltung war. Dieser Schreiber Gorits machte sie mit dem Grafen Schlick bekannt. Graf Franziskus Joseph Schlick, ein junger Mann der schon viele Kunstgriffe kannte, war auch ein großer Förderer der Alchemie. Er war erfreut die Bekanntschaft Wenzel Seilers zu machen, eines Mannes, wie er höre, der als Besitzer der transmutierenden Roten Tinktur schon einige Abenteuer hinter sich habe.

Graf Franz Schlick nahm Wenzel Seiler unter seinen Schutz und brachte ihn in sein Haus in Wien. Hier machte Seiler einige Versuche und gab auch dem Grafen ein wenig von dem Pulver, damit er selbst ein Experiment machen möge.

Während dessen war Francis Preyhausen immer so klug, irgendwo allein außerhalb Wiens Wohnung zu nehmen. Er zog nie mit zu den neuen Freunden Wenzels und damit blieb ihm auch manches Abenteuer erspart.
Wenzel Seiler hatte nur wenige Wochen bei dem Grafen Schlick gewohnt, da hielt auch dieser schon den Augenblick für gekommen, nun die rechten Maßnahmen zur Erlangung des Pulvers zu ergreifen. Er eröffnete dem Goldmacher, daß er kaum länger Sicherheit bieten könne, nachdem die Augustiner und auch Prinz Karl hinter ihm her wären. Er selber sei zur Zeit am kaiserlichen Hof nicht allzu gut angeschrieben und sie würden beide Gefahr laufen, wenn er ihn hier in Wien noch länger verborgen halten wolle. Aber trotzdem würde er tun was er könne. Da wäre sein Landhaus und Schloß in Böhmen, da wäre Wenzel Seiler sicher genug. Alles sei bereits vorbereitet, für die Reise dorthin.
Aber Wenzel hatte nun bereits einige Erfahrung wie die Dinge im allgemeinen abzurollen pflegten. Er würde den Kuckuck auf diese Reise geben. Die Bedienten des Grafen Schlick sahen ihn schon an – na, wie der Bauer einen Hahn ansieht, der noch nicht ganz fett zum schlachten ist.

Seinen Fluchtweg nahm Wenzel Seiler durch einen alten Gang im Weinkeller. Es war gerade ein Tag vor der Reise nach dem böhmischen Schloß, die ihm sicher eine bemerkenswerte geworden wäre. Wenzel flüchtete außerhalb Wiens in das Quartier seines Freundes Francis. Hier, in einer sehr relativen Sicherheit wurden neue Pläne durchgegangen. Nun wollten sie aber ihr Glück beim Kaiser selbst versuchen. Alles andere, das wußten sie nun, führte immer allzu rasch zum dicken Ende.
Ihre Wahl fiel diesmal auf den Grafen Peter Paar, dem Bruder des Grafen Karl von Paar, kaiserlichen Generalpostmeisters in den Erblanden. Dieser Peter von Paar war ein großer Alchemist und ein Vertrauter des Kaisers dazu. Der alte Intrigant war für den Kaiser Leopold verschiedene Male mit den heikelsten Aufträgen als Gesandter in Spanien gewesen. Aber nun hielt ihn das Zipperlein meist zu Hause, was jedoch seinem Ränkeschmieden durch-

aus keinen Abbruch tat. Dem Grafen Peter erschien Wenzel Seiler gerade zur richtigen Zeit. Schon lange hatte er darauf gebrannt, den ausgerissenen Mönch mit seiner Roten Tinktur kennen zu lernen!

Wenzel Seiler wurde wiederum eingeladen, diesmal unter angenommenem Namen, im Hause des Grafen von Paar zu leben. Auch in diesem Hause, das hatte Wenzel bald herausgefunden, hatten die Bedienten genau so scharf auf ihn aufzupassen, wie zuvor im Hause des Grafen Schlick.

Seiler machte wieder die übliche kleine Transmution von Zinn zu Gold. Danach ging Graf Peter Paar wirklich zum Kaiser und erzählte ihm die ganze Geschichte. Nun war aber Leopold der Erste gar nicht sehr an der Erzählung des Grafen interessiert. Er hielt die Alchemie für einen Tummelplatz von Schwindlern. Hatte sie nicht schon seinem Vater und auch seinem Onkel, dem Erzherzog Leopold, schon allzuviel Zeit und Geld gekostet! Überdies lagen in seinem Schreibtisch bereits die Berichte über den flüchtigen Mönch. Darin wurde er als ein übler Zauberer bezeichnet.

Aber Graf Peter Paar hatte seine Zeit als Gesandter am Spanischen Hof nicht ohne Nutzen verbracht. Als der Kaiser mit ein paar mißtrauisch mißbilligenden Worten die Sache für abgeschlossen hielt, verneigte sich Graf Paar geziemend und stimmte durchaus zu:

»Ich gestehe, kaiserliche Majestät, wie gewichtig die Einwände sind. Es wäre unpassend, wenn eine Person so nichtssagend wie die meine, dazu noch etwas vorbringen wollte.«

Graf Paar machte eine Pause, um anzudeuten, wie er mit sich kämpfe. Dann setzte er wie zögernd hinzu: »Aber Majestät, dieser Fall ist ein außerordentlicher. Wir wissen alle durch Erfahrung, welch nützliche Erfindungen schon von schlechten Menschen gemacht worden sind. Die kaiserlichen Archive sind voll brauchbarer Ideen, die von üblen Subjekten kamen. Und wie es wahr ist, daß alle Menschen Sünder sind, so müßten wir ebenso alle ihre Entdeckungen und guten Taten zurückweisen!«

Peter von Paar sah es am Gesicht des Kaisers, daß er noch keinen besonderen Eindruck gemacht hatte. Auf der anderen Seite zeigte

Leopold kein wirkliches Zeichen von Mißvergnügen, so wagte er seinen Sermon noch etwas kühner und dringender zu machen:
»Eure Majestät ist eine Person der Gott sichtbarlich wohl will. Grausame Kriege mögen in Aussicht stehen und hier schickt Gott das Mittel, um eine Belastung Ihrer Untertanen zu ersparen! Es ist des Teufels Art, Mißtrauen gegen solche Hilfe zu sähen.«
»Ich selber«, beteuerte Graf Paar, »ich habe keine Ursache ein Freund der Alchemie zu sein. Ich habe genug Schaden von ihr gehabt und nie Wahrheit darin gefunden – bis auf das Pulver des Mönches Wenzel! Um was ich bitte, ist das Wohlwollen und der Schutz Eurer Majestät bei den Versuchen, die unter guter Aufsicht gemacht werden sollen.«
Und diesen Vorschlag nahm der Kaiser an. Er sah keine Gefahr, daß er selber dabei betrogen werden könne. Den Grafen Paar aber warnte er, sich nicht betrügen zu lassen, oder – sich selber zu betrügen. »Alchemie ist voll gefährlicher Täuschungen«, sagte er dem Grafen, der es wissen mußte. Die Schmeicheleien Peter von Paars hatten aber wohl gewirkt und er setzte freundlicher hinzu: »Ich werde nicht die Gaben Gottes zurückweisen!«
So hatte nun Graf Paar die Erlaubnis des Kaisers, die Sache in dessen Namen weiter zu prüfen. Das war das, worauf er von Anfang an spekuliert hatte. Gleich am nächsten Tage lud er den Pater Spies und Doktor Joachim Becher zu sich zum Essen ein. Beim Wein sagte er ihnen, daß er den Auftrag des Kaisers habe, bestimmte Experimente durchzuführen. Dabei sollten sie beide, der eine als geistlicher, der andere als weltlicher Sachverständiger, wirken.
Es wurde nun unter der Aufsicht der neu gebildeten Kommission ein fester Schmelztiegel und eine Unze böhmisches Zinn gekauft. Die Anschaffungen wurden von Doktor Becher fachtechnisch geprüft und von Pater Spies zum Schutz gegen Zauberei mit Weihwasser besprengt. Dann konnte der Versuch beginnen und in einer kleinen Viertelstunde hatte Wenzel Seiler das Zinn zu rotgeädertem Gold gemacht.
Wie die Kommission feststellte, hatte ein Teil des Roten Pulvers zehntausend Teile Zinn in Gold verwandelt. Graf Paar, Doktor Becher und Pater Spies nahmen sich vor dem Versuch vom Zinn

und nach dem Versuch vom Gold je ein kleines Stückchen zum ewigen Andenken. Der verbleibende Goldklumpen wurde mit einer weiteren Portion des roten Pulvers zusammengepackt. Es wurde eine gemeinsame Erklärung unterzeichnet und das ganze mit dem Siegel der drei Zeugen verschlossen.
Am nächsten Tag gab Graf Peter Paar dem Kaiser Leopold Bericht. Der empfing ihn gnädig und gab ihm den Auftrag, den Bruder Wenzelaus freundlich zu behandeln und ihn der Gnade des Kaisers zu versichern.
Graf Paar möge doch nun Wenzel Seiler den Rat geben, von einem ausschweifenden Leben abzustehen. Er solle sich mit der Kirche versöhnen und die Mönchskutte neu annehmen. Für den Rest würde er, der Kaiser sorgen. Leopold fand es auch wie Graf Paar richtig, wenn der Mönch Wenzelaus zu seiner eigenen Sicherheit, bis alles besser geklärt sei, an einen privaten Landsitz gebracht würde.
So war nun – für die Pläne Paars – alles in bester Ordnung. Peter von Paar eilte heim, so schnell ihm sein Zipperlein es erlaubte, und sorgte dafür, daß Wenzel Seiler wieder zum Bruder Wenzelaus wurde. Zwei Pater des Augustinerordens, Vater Dunoll und Vater Vostaller, übernahmen die feierliche Handlung. Dazu wurde ein Brief an den Abt von Brünn gerichtet, daß er sich über den Bruder Wenzelaus keine weiteren Sorgen mehr machen brauche. Bruder Wenzelaus hätte nur aus dem einzigen Grund weltliche Kleidung getragen, um seinem Gefängnis entfliehen zu können. Und dies hätte er getan, damit er dem Kaiser ein großes Geheimnis, das in seinen Besitz gekommen war, enthüllen möge. Bruder Wenzelaus hätte diese Aufgabe nun brav erfüllt und wäre getreu wieder zum Leben eines Augustinermönches zurückgekehrt.

Natürlich war es für Peter von Paar nun leicht, Wenzelaus zu überzeugen, daß das Rote Pulver bei ihm selber weit sicherer als bei Francis Preyhausen wäre. Er, Wenzelaus, wäre nun doppelt gegen alle Gewalttat geschützt. Einmal durch die Mönchskutte und zum anderen durch das Wohlwollen des Kaisers. Peter Graf von Paar versicherte, daß er ihm selber nun ein Vater sei und Wenzelaus wäre ihm mehr als ein adoptierter Sohn.

Daraufhin wurde die Kupferbüchse mit dem Roten Pulver von Francis geholt. Wenige Tage später unternahm Wenzel mit seinem neuen väterlichen Freund eine Reise zu dessen Landhaus am Neusiedler See. Nach ihrer Ankunft – und noch in der gleichen Nacht – handelte Graf Paar, um sich in den alleinigen Besitz der Roten Tinktur zu setzen.
Als sie zusammen in des Grafen Arbeitszimmer saßen, startete die Komödie. Der Graf nahm einen versiegelten Umschlag aus der Tasche, den er dann als einen Befehl des Kaisers ausgab. Seiner Stimme gab er eine Färbung besten Mitleids.
»Mein Sohn«, rief er aus, »in welchen Abgrund des Leids bist du gestoßen! Hier in diesem Umschlag ist der Befehl des Kaisers. Er verlangt die Tinktur und – wenn du verweigern solltest, sie auszuliefern, dann, zu meinem großen Gram, dann muß dies Urteil, das in diesem versiegelten Befehl gesprochen ist, auch durchgeführt werden!«
Verständlicherweise wollte Wenzel Seiler, er fühlte sich nicht gerade als der zweimal geschützte Mönch Wenzelaus, erst einmal den kaiserlichen Befehl wirklich sehen. Er hatte denselben Ablauf der Dinge nun schon zu oft erlebt, um von einer neuen Schurkerei wirklich überrascht zu sein. Aber den Befehl wollte er sehen!
»Ah«, rief jedoch der Graf mit brechender Stimme, »wenn das Siegel gebrochen wird, dann muß der Befehl auch sofort durchgeführt werden!« Dabei zur besseren Illustration eine Pistole ziehend, schien der edle Graf nun einen großen Seelenkampf zu bestehen: »In welch schreckliche Lage sind wir beide gebracht! Verspreche meinem Rat zu folgen, an dem du meine väterliche Liebe erkennen wirst. Nur mein Rat wird uns von allem Unglück befreien, wird uns beide glücklich machen!«
Wenzel Seiler, der nun wenigstens sah, daß die Pistole nur zur Illustration der Erpressung diente, dachte abgebrüht: Kommt Zeit, kommt Rat. Er versprach feierlich den väterlichen Vorschlägen zu folgen.
Der Rat des Grafen bestand in einem Plan, wie man den Kaiser hinhalten und um den Besitz der Tinktur bringen könne. Aber das war nur der eine Teil davon. Der zweite Teil bestand darin, daß

eben jene Tinktur, um wirkliches gemeinsames Vertrauen zu erzeugen, wie Graf Paar meinte, zwischen dem Grafen und Wenzel Seiler aufgeteilt werden müsse.
Natürlich willigte Wenzel Seiler in die Teilung. Er wußte genau, daß er hier am Neusiedler See auf Gedeih und Verderb in den Händen des Grafen war. Die Rote Tinktur wurde in zwei Portionen geschüttet und darauf verschwand der sogenannte Befehl des Kaisers in der Versenkung. Der Goldmacher hatte einen Eid zu leisten, daß er, solange beide lebten, nie ein Wort über den Vertrag sagen dürfe.
Es war nicht Wenzel selbst, sondern die Hand eines anderen Alchemisten, die ihn, eher als er hoffte, von diesem Vertrag mit dem Grafen Peter Paar befreite.
Im Sommer 1670, als der Alchemist Francesco Borri nach Wien gebracht worden war, dort in einer Nacht den Kaiser Leopold vom Gifttod rettete und für einige kurze Wochen in allgemeine Hofgunst kam, da hatte sich auch Graf Peter Paar an ihn herangemacht. Damals hatte Borri immer noch an einem Universal Lebenselixier laboriert und Graf Paar hatte ihm ein Fläschchen des flüssigen Goldes, des Aurum Potabile, herausgeschwätzt. Francesco Borri hatte sich allerdings vor der unmittelbaren Probe aufs Exempel gesichert, indem er erzählte, daß es zwar flüssiges Gold, aber noch nicht ganz trinkbar sei.
An dieses goldene Elixier des Lebens dachte nun Graf Paar wieder, als er hier am Einsiedler See ohne die rechte Pflege seines Doktors einen seiner Gichtanfälle bekam, der ihn schier toll vor Schmerzen machte. Jetzt dachte er ist die Zeit, den Versuch mit dem Aurum Potabile zu machen. Es braucht ja zur Vorsicht nur ein ganz kleines Schlückchen zu sein. Und wirklich nahm er auch nur wenige Tropfen. Aber das Teufelszeug ging wie Feuer in alle Gelenke und Peter von Paar konnte es gerade noch schaffen, mit Wenzel Seiler nach Wien zurückzukehren.
In Wien ließ man sofort den Feldscher Doktor Kreisset kommen. Es schien jedoch keines der üblichen Mittel mehr gegen das Lebenselixier zu helfen. So bereitete sich denn Graf Paar aufs Sterben vor und bestellte seinen Bruder Karl von Paar ans Krankenlager.

Da Graf Peter Paar Junggeselle war und sein Bruder Rudolf tot, so war Karl von Paar, der letzte der drei Brüder, alleiniger Erbe. Diesem Bruder erzählte Peter von Paar nun mit schwerem Atem, wie ihm in Italien die Weissagung gemacht worden sei, daß er die wahre Tinktur, den Stein der Weisen finden – und dann sterben werde: »Der erste Teil der Weissagung ist erfüllt! Der zweite ist nahe erfüllt zu werden.«

»Du hast wie ich viel Zeit an der Kunst gespendet«, sagte er seinem Bruder. »Nichts, unter dem, was ich dir hinterlassen werde, ist wertvoller als die Rote Tinktur. Sie liegt versiegelt dort in jenem Schreibpult. Mein Beichtvater wird es in Verwahrung nehmen und es dir nach meinem Tod übergeben.«

Hier winkte Graf Peter Paar seinem Beichtvater und das Pult wurde förmlich seiner Obhut übergeben. Karl von Paar jedoch, der seinen Bruder alle die Jahre hatte klagen hören, glaubte nicht ernstlich, daß die italienische Weissagung allzu wörtlich zu nehmen sei. Es war bereits spät und er ritt für diese Nacht heim.

In der gleichen Nacht dieses Jahres 1674 und nur wenige Stunden später, war der Tod zum Grafen Peter Paar gekommen. Nachdem der Beichtvater die Sterbegebete gesprochen hatte, brachte auch ihn eine Kutsche heim in das Kloster von Sankt Franziskus. Des Grafen Diener, der den Beichtvater nach Hause gebracht hatte, begab sich sofort zu Karl von Paar, um ihm die Trauerbotschaft zu bringen.

Es ist merkwürdig, wie die Erfüllung des zweiten Teils der Weissagung im Grafen Karl Paar den Glauben an den ersten Teil, an die wahre Rote Tinktur fixierte. »Die Tinktur!« Sie rasch – sofort – noch in der Nacht aus den Händen der Franziskaner zu bringen, das war nun der einzige Gedanke des Grafen Paar. Er sprang aus dem Bett, kleidete sich in Eile an. Dann warf er sich aufs Pferd und galoppierte zum Franziskanerkloster an der Seilerstätte. Es war nun zwei Uhr in der Nacht, als Graf Paar wild am Tor zum Kloster pochte. Ein schläfriger Pater Pförtner öffnete. Von ihm verlangte der Graf, sofort zum Beichtvater seines Bruders geführt zu werden.

Bruder Pförtner hielt jedoch Zeit und Stunde für ausgesprochen

unpassend. Er versuchte dem Ungeduldigen klar zu machen, daß der Beichtvater ein alter Mann und schwach und müde vom langen Wachen sei. »Man könne ihn doch nicht...«
Karl von Paar, kaiserlicher Kämmerer, kaiserlicher Generalpostmeister, schnitt alle weiteren Worte mit einer Handbewegung ab. »Führ mich zu ihm!«, sagte er kurz. Als der Pförtner noch zögerte, gab er seinen eigenen Dienern einen Wink. Die drangen nun in die Zelle des alten Mannes ein, schüttelten ihn aus dem Schlaf – der Graf verlangte das Pult, das seiner Obhut übergeben worden war und das nun rechtmäßig ihm übergeben werden müsse.
Der alte Pater, überrascht und mißtrauisch gegenüber dieser raschen nächtlichen Transaktion, bat den Grafen, doch bis zum Morgen zu warten. Dann könne auch das Pult ordnungsgemäß in Gegenwart eines zweiten Mönches übergeben werden. Aber von Paar hatte keine Lust mehr, sich die begehrte Tinktur auch nur eine Stunde länger vorenthalten zu lassen. Er brauste auf und versuchte mit Hilfe seiner Diener sich auf eigene Faust in den Besitz des Pultes zu setzen.
Darüber erhob sich Tumult und Aufruhr. Man rief nach der Wache. Die Mönche strömten zusammen. Ein spanischer Pater, der Beichtvater der Kaiserin Margarete, wurde gleichfalls aus dem Schlaf geweckt. Als spanischer Mönch war er nächtlichen Krawall an einem so bevorrechteten Platz weit weniger gewöhnt als seine deutschen Ordensbrüder. Er verlangte den Grund des Geschreis zu wissen und als er unterrichtet worden war, nahm er sofort das versiegelte Pult in Beschlag, um es am nächsten Morgen zum Kaiser zu bringen.
Schon vor Sonnenaufgang wanderte die Geschichte vom Grafen Paar und seinem Pult durch ganz Wien von Mund zu Mund, von Dienern zu Kutschern und von den Milchfrauen bis zu den Stubenmädchen. Darum erfuhr sie auch Wenzel Seiler schneller, als wenn ihm die Brüder vom Heiligen Franziskus einen reitenden Boten geschickt hätten. Wenzelaus fand, daß nun endlich seine Stunde gekommen war. Er eilte auf die Burg, zum Beichtvater der Kaiserin. Dieser hörte die erstaunliche Mär an und verschaffte ihm bald Zutritt zum Kaiser selber.

Ihm, dem Kaiser, erzählte nun Wenzelaus, wie er im ungarischen Landhaus des Peter von Paar erpreßt worden war und wie ihm Paar die Hälfte der Tinktur abgenommen hatte. Er schilderte, wie Paar ihn mit der Pistole in der Hand zu schwören gezwungen hatte, zu seinen Lebzeiten niemandem ein Wort der Abmachung zu entdecken. Nun, da er durch den Tod des Grafen frei von seinem Eide sei, wäre er glücklich, daß die Tinktur wie durch Gottes Fügung endlich in jene Hände gekommen sei, für die sie von Anfang an bestimmt gewesen. Wenzel erbat dafür nichts weiter, als den Schutz des Kaisers vor den Gewalttaten seines Kämmerers, des Grafen Karls von Paar und seiner Anhänger.
Kaiser Leopold, der sich wohl der frommen Worte Peter von Paars erinnerte, die dieser über die Bestimmung der Goldtinktur bei seiner ersten Audienz benutzt hatte, mußte wirklich an einen höheren Eingriff glauben. Wie wunderbar war, trotz aller betrügerischen Winkelzüge, die Tinktur wie von selber in seine Hände gekommen! Leopold nahm Bruder Wenzelaus darum sehr freundlich auf, bewirtete ihn und empfahl ihn am Ende der besonderen Aufmerksamkeit und dem Schutz seines Hatschir-Hauptmanns, des Grafen Franz Augustin von Waldstein.
Es war im Jahr 1675, nicht lange danach, daß auch der letzte der drei Brüder Paar, Graf Karl von Paar starb. So war Wenzel nun vor aller Verfolgung durch die Sippe derer von Paar sicher. Der Kaiser hatte Wenzel Seiler eine eigene Wohnung anweisen lassen. Dort machte er in Gegenwart des Kaisers und des Grafen Waldstein einige gelungene Versuche. Im Palast der Johanniter in der Kärntnerstraße machte er für fünfzehn Mark Gold. Von diesem Gold ließ ihm Graf Waldstein zum ewigen Andenken eine Kette machen.
Nicht lange nach diesem Versuch machte der Kaiser, zusammen mit dem Grafen Waldstein, mit seinem Teil der Roten Tinktur ein großes Experiment. Zu seiner Freude erhielt er dabei einen großen Klumpen guten, wenn auch etwas leichteren Goldes. Von diesem Gold ließ der Kaiser einen Dukaten schlagen, den er an ganz besonders bevorzugte verschenkte. Die Dukaten zeigten auf der Vorderseite das seitwärts gewendete Brustbild des Kaisers und als

Umschrift die kaiserlichen Titel. Auf der ungeprägten Rückseite waren mit dem Stahlstichel zwei Verse im Kreis und in der Mitte das Jahr 1675 eingegraben worden. Die Gravierung aber sagte: »Aus Wenzel Seilers Pulver Macht – bin ich von Zinn zu Gold gemacht«.

Kaiser Leopold kannte nun die Schwächen und die Vorzüge Wenzel Seilers aus eigener Anschauung. Er sah selber, daß dieser ihm durch chemisches Studium mehr nützen könne, als durch den vergeblichen Versuch ein frommes Leben zu führen. Nichts war wichtiger, als das Geheimnis der Multiplikation der Roten Tinktur zu finden.

Für diese Aufgabe studierte Wenzel Seiler nun ernstlich Alchemie. Eines seiner Ziele war, Mercury, den reinen flüssigen Grundstoff der Metalle zu finden, um mit ihm die Verflüssigung der Roten Tinktur und ihre Multiplikation zu erreichen. War dieser Prozeß gelungen, dann konnte mit Hilfe der Roten Tinktur die große Aufgabe erfüllt werden, des Kaisers böhmische Zinnbergwerke ertragreicher zu machen, als alle ungarischen Goldminen.

Seiler verließ sich bei diesen Forschungen nicht nur auf seine eigenen Experimente. Sicherlich mit dem stillschweigenden Einverständnis des Kaisers, der nicht selber diese oft zweifelhaften Gestalten am Halse haben wollte, lud Wenzel Seiler fahrende Alchemisten und berühmte Goldmacher zu sich. Er zeigte ernstlich Forschenden und angeblichen Adepten Vertrauen und verlangte ein gleiches von ihnen, als von einem Weisen zum anderen. Denen, die Wissen wollten, gab er Wissen, leihte Traktate und zeigte Rezepte – aber denen, die Wein wollten, gab er Wein. Auf den Banketten holte er die Eingeladenen aus, machte sie betrunken.

Wenzels Gäste waren jedoch nicht alle solche Kumpane. So lernte er an einem Septembertag einen guten Freund des Johann Georg Volckamer, Mitglied der Kaiserlich Leopoldischen Akademie der Naturae Kuriosum und Mitglied der Alchemistischen Gesellschaft zu Nürnberg, den alchemisch interessierten Pater Leinker kennen. Mit Pater Leinker stand sich Wenzel Seiler so gut, daß er sich erbot, ihn in das geheime Laboratorium des Kaisers, zu dem er von der Bastei aus den Schlüssel hatte, zu führen.

Wenzel Seiler arbeitete damals eben an einem neuen Prozeß, den der Kaiser von einem Mönch angeboten erhalten hatte. Es wurde dabei ein Gold erzeugt, das bleich wie Rheingold war und das man für Quecksilberamalgam halten konnte. Weil aber Seiler nach dem Mercury des Goldes forschte, sah er in diesem Prozeß eine neue Hoffnung.
In der Sonne des Kaisers hatte nun Wenzel Seiler alles was er wollte. Gerade darum kam jetzt das alte Sprichwort zurecht: Wenn es dem Esel zu wohl wird, dann geht er aufs Eis. Dazu hätte Wenzel Seiler gerne etwas mehr abgelegene, der Inspektion des guten Grafen Waldstein nicht so offenliegende Räumlichkeiten gehabt. Dem Grafen Waldstein erzählte Wenzelaus deshalb, daß er Scheidewasser und andere Chemikalien zu fabrizieren hätte und daß man doch dem Hof nicht zumuten könne, solch stinkende, ja schädliche Dämpfe einzuatmen.

Wenzel Seiler war in die Kärntner Bastion umgezogen. Es war ihm dort, im Bereich des kaiserlichen Chefingenieurs ein Laboratorium und eine Wohnung eingerichtet worden. Dieser Chefingenieur Fischer fühlte sich durch den Zuzug des großen Alchemisten sehr geehrt. Er half eifrig die merkwürdigen Öfen zu bauen, die nach Angaben Wenzel Seilers entworfen worden waren. Aber Fischer war selbst ein Freund der Alchemie und Wenzel fühlte bald, daß dieser Mann zuviel wußte, um ihn nicht in seinen Lotterplänen zu stören. Nur daß Ingenieur Fischer eine hübsche junge Frau hatte, hielt den Goldmacher noch eine Weile in Stimmung, die ermüdenden Fragen des Liebhaberalchemisten anzuhören.
Es ist leicht zu erraten, warum der biedere, gerade denkende Ingenieur eines schönen Tages zum unversöhnlichen Feind des Alchemisten wurde. Aber Wenzel brauchte sich nicht viel Kopfzerbrechen darüber zu machen. Es war ihm leicht die Versetzung des Ingenieurs zu erreichen, der nach Javarin in Ungarn geschickt wurde.
So leicht allerdings konnte Wenzel Seiler, der wiederum übermütig gewordene Mönch Wenzelaus, nicht mit allen seinen Feinden fertig werden. Er machte sich deren soviele, daß er sie in Rot-

ten zusammenstehen sehen konnte, wenn immer er an den Hof kam.
Es ist wahr, im Kaiser hatte Wenzel einen mächtigen Freund und daneben schmeichelten ihm viel Damen und Herren, Grafen und Gräfinnen. Aber fast alle waren nur auf seine Rote Tinktur aus und sie machten seine Feinde nicht weniger feindlich. So war es kein Wunder, daß eines Tages ein gewisses zuverlässiges Pülverchen in sein Essen wanderte, da man ihm mit blankem Stahl ohne den Zorn des Kaisers auf sich zu lenken, weit weniger gut zu Leibe gehen konnte.
Der Teufel verläßt die seinen nicht, sagten nachher seine Feinde. Es war Wenzel Seilers Diener, der vergiftet unter Krämpfen starb. Der Goldmacher lag totkrank zu Bett, aber er lebte. Einige seiner Feinde allerdings hatten immer noch Hoffnung, daß er es am Ende doch nicht überstehen würde. Da kamen Besucher, die die Freundlichkeit des mitfühlenden Herzens selber waren, die aber nur nach einer Gelegenheit ausschauten, nun die Rote Tinktur zu erwischen.
Kein Wunder, daß auch der immer sorgfältig kalkulierende Graf Ludwig Philipp von Sintzendorff, kaiserlicher geheimer Rat und Oberhofkanzler, der mit Wenzel ein unbefriedigendes Geschäft mit einer kleinen Portion nicht ganz echter Roter Tinktur gemacht hatte, die Zeit für günstig hielt. Er hatte eintausend harte Taler bezahlt, die man einem Sterbenden leichter vom Gewissen, als einem Gesunden aus dem Lederbeutel nehmen konnte. So schickte der immer diplomatische Staatsmann nun seinen französischen Arzt Monsieur Biliot zu einem Kondolenzbesuch, mit dem kleinen Nebenauftrag, entweder die eintausend Taler oder echte Rote Tinktur zu bringen. Man sagt, daß Monsieur Biliot in Bezug auf die tausend Taler erfolgreich war.
In all dem Elend fand der Alchemist Wenzel Seiler zum Ende doch ein Goldkorn. Es fand sich eine treue Pflegerin, die unermüdlich an seinem Krankenbette saß. Es war Angerlee, die schöne Angerlee. Das wunderhübsche Mädchen war nicht gerade aus dem Kloster zu seiner Pflege gekommen. Sie war auch eine Alchemistin in ihrer Art gewesen und hatte aus Wiener Baronen mehr Gold ge-

macht als Wenzel Seiler aus allem seinem böhmischen Zinn. Aber nun saß sie an ihres Freundes Wenzel Bett, lächelte und verzagte nicht. Sie war es, die gegen einen sehr allgemeinen Wunsch, Wenzel Seiler wieder zum Leben zurückbrachte.
Und Wenzel Seiler, dem der andere treue Freund, Francis Preyhausen, wohl mit des Kaisers Hilfe am Ende doch in Rom Dispens von seinem Klostergelübde erwirkt hatte, warf die Mönchskutte beiseite und heiratete Angerlee mit aller Förmlichkeit. Dabei gehörte sicher Mut dazu, in Angerlees Familie einzuheiraten. Ihre Schwester starb nach Ehebruch und Beihilfe zum Mord unterm Schaffot. Aber Wenzel Seiler lebte glücklich mit Angerlee, bis sie an der Franzosenkrankheit starb.
Dabei war das Leben eines Alchemisten für Wenzel Seiler zu dieser Zeit durchaus nicht glatt und eben. Am leichtesten war noch mit den konkurrierenden Alchemisten auszukommen. Einer von ihnen hatte in Schweden in einem lateinischen Traktat über ihn geschrieben und seine Feinde hatten dieses Druckwerk dem Kaiser in die Hände gespielt. Aber darin wurde nicht nur von des Wenzel Lotterleben gesprochen, das einem Veri Philosopho, einem wahren Philosophen, nicht zieme, es wurde auch gerügt, daß er das Geheimnis der Roten Tinktur, entgegen der Lehre der alten Weisen, dem Kaiser offenbahrt habe.
Schwieriger waren schon all die vom Halse zu halten, denen Seiler Zinnober, rotes Bleioxyd und Scheidewasserrückstände zusammengemischt und als die rechte Rote Tinktur verkauft oder verpfändet hatte. Es gab einen großen Prozeß und nach viel Zeit und Kosten erreichten die Angeschmierten auch ein Urteil. Aber es wurde nie ausgeführt. Der Kaiser selbst zahlte alle Schulden, die sich auf über zehntausend Gulden beliefen.
Der Kaiser fühlte sich durch all die Schwindeleien nicht gekränkt. Er sagte sich, daß dies ja alles nur Manöver gewesen waren, die wahre Rote Tinktur zurückzuhalten und allein dem Kaiser zu bewahren. Krumm hätte es der Kaiser nur genommen, wenn Wenzel Seiler an all die Gierigen die wahre Rote Tinktur verhökert hätte. So kam es, daß Wenzel nicht in Leopolds Ungnade fiel, sondern noch belohnt wurde. Am 16. September des Jahres 1676 erhob der

Kaiser Johann Wenzel Seiler in den Ritterstand. Er gab ihm das Recht den Adel seiner Mutter wieder zu führen und sich Ritter Seiler von Rheinburg zu nennen.
Seiler von Rheinburg war nun des Kaisers wohlbestallter Hof-Chymicus. Leopold hatte sich mit der offenbaren Unmöglichkeit der Multiplikation der Roten Tinktur abgefunden. Eben darum hielt er den übriggebliebenen Rest umso besser unter Verschluß und in Ehren. Seiler hatte nur die Aufgabe, gewisse Partikularprozesse, die in die Hand des Kaisers kamen zu dessen Zufriedenheit durchzuführen. Er wurde seßhaft und heiratete zum zweiten Mal. Es war diesmal ein Mädchen aus guter Familie, Waldes Kircheriana.
Im Jahre 1677 zeigte Seiler von Rheinburg sein letztes großes alchemisches Kunststück, ehe er sich nach Prag ganz ins bürgerliche Leben zurückzog – mit dem treuen Francis Preyhausen als seinen Haushofmeister!
Am Namenstag Leopolds hatte Seiler vor den Augen des Kaisers eine sieben Kilogramm schwere ovale Silberplatte zu zwei Dritteln ihrer Höhe in Gold verwandelt, indem er sie so weit in eine transmutierende Tinktur getaucht hatte. Auf der Rückseite hatte die Platte eine lange lateinische Inschrift, die so begann:
»Dem geheiligsten und mächtigsten und unbesiegbarsten Römischen Kaiser Leopold I., dem sorgfältigsten Erforscher der Geheimnisse der Natur, widmet und bringt diese echte Probe wahrer und vollkommener metallischer Umwandlung als geringes Denkzeichen des jährlichen Namensfestes mit dem Wunsch jeglicher Beglückung ein untertänigster Diener Seiner Erhabenheit, Hoheit und Majestät ganz ergebener Johann Wenzel von Reinburg im Jahre Christi 1677 am Feste des heiligen Leopold, dem Beinamen des einstigen frommen Markgrafen von Österreich, jetzt aber des gnädigsten Schutzherrn des allerhöchsten österreichischen Hauses.«
Nun war aber diese Platte auf der Vorderseite mit dem Stammbaum des Kaiserhauses, von Pharamund dem Frankenkönig bis zu Leopold dem Ersten, so schön verziert, daß nur am Rande oben und unten wenige glatte Stellen blieben, an denen nachher ein

Stückchen Metall zur Probe herausgeschnitten werden konnte. Das wurde auch feierlich getan. Das oben herausgeschnittene Dreieckchen war gutes Silber und das unten herausgeschnittene Dreieck war reines Gold.
Nun ist die Platte heute noch in Wien und man könnte ja auch in der Mitte nun einmal ein Stückchen herausschneiden. Aber wer will schon die schönen Figuren beschädigen?
Manche behaupten, das Gold könnte in Form eines angelöteten und dann versilberten Randstreifen eingefügt worden sein. Aber beweisen könnte man das nur durch Zerstörung des Kunstwerks.

Selbstkostenberechnung für eine Goldfabrik

Mit Wenzel Seiler, Francesco Borri und einigen anderen war die neue Woge der Alchemie an den österreichischen Kaiserhof gekommen. Aber es war nicht nur am Hof, daß jeder der etwas auf sich hielt, einmal Gold oder zumindest beinahe Gold gemacht haben mußte. Alchemie war ein allgemeiner vornehmer Zeitvertreib geworden, dem sich nicht nur die Herren, sondern mehr noch die Damen widmeten. Wie man heute in den Geschäften der Berufsfotografen den schönen Spruch, »Sie knipsen, ich entwickele«, lesen kann, so war es damals mit dem Alchemieren. Man schmolz ein verschwiegenes neues Rezept aus unmöglichen Stoffen zusammen und brachte es dann zum Entwickeln. Das heißt, es gab Bergingenieure zu denen man das alchemisch erzeugte Produkt brachte, um es auf seinen Goldgehalt untersuchen zu lassen. Ein solcher Bergingenieur, der zur Zeit Kaiser Leopolds den böhmischen Edelfräuleins solche Untersuchungen machte, war Johann Christian Orschall. Er war mit Baron Wenzel, dem Bergmeister von Kuttenberg befreundet und sein Beruf war sicherlich ehrenwert, wenn auch der Gedanke nicht von der Hand zu weisen ist, daß die Goldfunde in dem alchemischen Gesudel der Kunden vom gezahlten Honorar nicht ganz unabhängig gewesen sein mochten.

Immerhin wäre Johann Christian Orschall für die Geschichte ein Mann geblieben, dem nichts nachzuweisen ist, wenn er nicht im Jahr 1684 ein Büchlein herausgegeben hätte, das sein Geschäft auf eine ganz breite Basis stellen sollte. Das Traktätchen nannte sich »Wunder Drey – Beschreibung Dreier dem Ansehen nach Unannehmlicher, der Practic nach aber wohl practicabler Particularien« und erschien anonym. Diejenigen, welche nach dem angegebenen Schema eine Goldfabrik errichten wollten und einen fachmännischen Direktor suchten, konnten ihren Namen und Adresse an den Verleger des Büchleins nach Kassel schicken. Um diesen Direktor mit dem fetten Gehalt ist das ganze Buch geschrieben.

Durch die benutzte Methode konnte Orschall jedoch im Hintergrund bleiben und die Interessenten auf ihre Finanzquellen und Geistesgaben studieren, bis er den richtigen Mann gefunden glaubte.
In den Geschäftsmethoden Orschalls zeigt sich der beginnende Umbruch der Zeit. Der Angriffswinkel des Betrugs wandert vom Feudalen und Mystischen zum Industriellen und Merkantilen. Orschall beginnt damit, daß er sein Verfahren glatt und in klaren Worten auf den Tisch legt. In seinem Vorversuch verwandelt nicht der übliche eine Teil Tinktur die üblichen tausend Teile Blei in Gold oder Silber. In seinem Kleinversuch wird Gold und Silber mit einem kleinen finanziellen Verlust erzeugt. Die Kalkulation muß dann zeigen, wie der Großbetrieb die Kunstgolderzeugung einträglich macht.
In seinem Grundversuch macht Orschall ein Amalgam aus Blei und Quecksilber. Dann nimmt er Kupfersinter oder Kupferoxyd und übergießt mit Säure, bis eine grüne Flüssigkeit entsteht. Nun wird das Amalgam heiß gemacht, bis es zu rauchen anfängt. Dabei wird die grüne Flüssigkeit darübergegossen. Das ganze wird weiter erhitzt bis alles Quecksilber wieder verdampft ist. Zuletzt wird auch das Blei im Glühofen abgetrieben und hier bleiben dann einige schöne Silber- und Goldkörner.
Bei diesem Experiment sind die Kosten für drei Viertel Pfund Quecksilber, ein Viertel Pfund Blei, fünf Pfund Säure und vier Pfund Kupferasche zusammen mit Kohlen und Lohn an sechs Gulden und sieben Kreuzer. Dazu ist das verfertigte Gold vier Gulden und vierzig Kreuzer, das Silber zweiundzwanzig Kreuzer wert.
Wie wir sehen, entsteht ein Verlust von etwas über einen Gulden. Immerhin, mancher wäre froh schon das theoretische Goldmachen für nur einen Gulden gelernt zu haben. Manch anderer sähe noch die Möglichkeit der Spekulation mit Valutaschwankungen im Goldwert. Dann ist bereits der Arbeitslohn in diese Unkostenrechnung aufgenommen! All das gibt Grundlage zu Vertrauen in die kommende Großkalkulation.
Zuerst sagt Orschall mit Recht, daß die Säure, der Spiritum Salis,

das Aquafort, ein so hoher Posten in den Ausgaben ist, daß wir schon davon reich werden müssen, wenn wir sie selber machen. Dem Nachdenklichen erscheint dann allerdings eine kleine Schwierigkeit, wenn er erfährt, daß die schöne Säure ja nicht verkauft, sondern in das eigene Goldmachergeschäft gegossen werden muß.

Dazu sind wir uns noch im Unklaren, ob wir nun Salpetersäure oder Salzsäure für das Unternehmen erzeugen sollen. Gerade an diesem kleinen aber wichtigen Punkt der rechten Säure läßt uns Orschall im Unklaren. Aber er meint, daß wir an diese Arbeit einen ganz gewöhnlichen Bauernkerl stellen können, der uns die wenigsten Unkosten machen würde. Zudem würde ja der anzustellende Direktor solche kleinen Punkte aufs beste klären.

Dieser neue Wunderdirektor würde überhaupt die ganze Koalition ändern. Man würde dann die benötigten Materialien zentnerweise kaufen und mit den Taglöhnern, samt den Reisespesen für den Direktor, würden sich die Gesamtkosten im ersten Jahr gerade auf 2224 Gulden belaufen. Bei siebenstündiger täglicher Arbeitszeit stünde dem ein Ertrag an Gold und Silber von 4331 Gulden gegenüber. Wie wir sehen, ist das eine Dividende von neunzig Prozent. Mit vollem Recht weist Orschall darauf hin, daß dies besser wäre, als das Geld auf fünf Prozent herzuleihen.

Für solche, denen neunzig Prozent Dividende ein noch zu langsamer Weg beim schnellen Reichwerden ist, hat Johann Christian Orschall noch einen Sonderprozeß. Das angelegte Kapital ist dazu allerdings etwa das Vierfache. Die Betriebskostenberechnung für eine Jahresproduktion von einhundertdreißig Pfund alchemistischen Goldes ist wie folgt:

Der Direktor erhält mit den Reisekosten eintausend Gulden. Fünfundzwanzig starke Taglöhner und vier geschickte angelernte Arbeiter erhalten zusammen 2475 Gulden. Die benötigten dreihundert Zentner Grünspan und sechs Zentner Quecksilber kosten 5216 Gulden. Das ist zusammen mit den siebenhundert Gulden für die Öfen, Gläser und Kohlen, immer nach Johann Orschall, eine Summe von 8591 Gulden. Selbst wenn man aber die von guten Kopfrechnern vorgeschlagene Endsumme von 9391 Gulden

einsetzen würde, dann würde der Unterschied gegen die horrenden Einnahmen keine Rolle spielen.
Direktor Orschall kalkuliert den Wert der Jahresgoldproduktion auf fünfzigtausend Gulden und den des Silbers auf fünfzehntausend Gulden. Dazu kommt die Rückgewinnung von Quecksilber und Kupfer mit eintausend und dreitausendzweihundert Gulden. Nach Abzug der Kosten bleibt bei diesem Prozeß ein Reingewinn von über sechzigtausend Gulden im ersten Jahr.
So bleibt uns nur noch zu erwähnen, was Christoph Berger zu Prag im Jahr 1794 in seinem Handbuch für Apotheker und Scheidekünstler über den Bergingenieur Johann Christian Orschall sagt:
»Ich habe auch den weitläufigen Prozeß aus der Continuation des Wunderdreyes Pagina 94 mit aller Accuratesse gearbeitet, aber solchen ganz falsch und unrichtig befunden.«

6093 Num. 234. 6094

Kaiserlich privilegirter

Reichs-Anzeiger.

Sonnabends, d. 8. October. 1796.

Nützliche Anstalten und Vorschläge.

Höhere Chemie.

Der Reichs Anzeiger hat das unschätzbare Verdienst, daß in ihm, als dem Sprechsaale Deutschlands, die Angelegenheiten aus dem Gebiete der Kenntnisse und Wissenschaften zur Discussion gebracht, und auf eine Art abgethan werden können, wobey die Menschheit gewinnt. Sollte also darin nicht ein Ding zur Sprache gebracht werden müssen, welches viele tausend — ohne Uebertreibung ist es historisch wahr! — deutsche Köpfe und Hände beschäftigt? Ich meine die sogenannte Alchemie oder Metallverwandlung. Es wäre ein unaussprechliches Verdienst für den R. A. wenn er die vielen Sucher des Steins der Weisen, die Forscher der alten Weisheit auf ihrem Pfade leitete oder ihnen zuletzt zeigte, daß sie einem Irrlichte nachgiengen. Die Chemie hat nunmehr diejenige Gestalt gewonnen, daß sie im Stande seyn dürfte, die Axiome und die Grundsätze der Alchemie zu würdigen, und zu entscheiden in wiefern die Metallverwandlung auf gewissen Gründen beruhe oder nicht, und auf der andern Seite darf man es dem, den Deutschen eignen Forschungsgeiste zutrauen, daß noch Männer vorhanden sind, welche ohne Vorurtheil und als Kenner der Scheidekunst die Alchemie studirt haben.

Von dieser letzten Gattung hat sich eine Gesellschaft vereinigt, welche den ganzen Vorrath ächter hermetischer Kenntnisse gesichtet und verdaut und beydes mit einer Geduld gethan hat, die manche in Erstaunen setzen würde. Sie ist auch überzeugt, daß, wenn der ihr bekannte Weg nicht der wahre ist, so giebt es keine wahre Alchemie und hat keine gegeben. Diese große Aufgabe zu lösen, ist der Zweck dieser Motion. Ihre Namen wird das Publikum nicht erfahren, aber sie wird frey von der Sache reden und nichts bedenkliches darin finden, wenn auch wirklich die Goldkunst eine bekannte Sache werden sollte.

Alle Beweise der Geschichte und der Autorität für die Alchemie werden nicht anerkannt; nur die der Erfahrung oder philosophisch-chemischer Grundsätze, sollen stehen bleiben, und dadurch will sie sich zuvor vor aller Weitschweifigkeit und allem Wortgezänke sichern, wodurch die Wahrheit, die hier allein gesucht werden soll, nichts gewinnt.

Zuförderst mögen hier einige Hauptgrundsätze stehen, welche einsichtsvolle Chemisten entweder einräumen, oder ihre Gründe dagegen im R. Anz. bekannt machen wollen. Eins von beyden muß geschehen, ehe die Gesellschaft sich weiter erklärt, und es muß öffentlich geschehen. Wenn ein oder anderer sich handschriftlich der Gesellschaft mittheilen will, so wird alles dahin gehörige unter der Addresse „an die hermetische Gesellschaft" mit einem doppelten Couvert an die Expedition des R. Anz. eingesandt, von woher jeder Freund der Wahrheit richtige Antwort erhält und auf Verschweigung seines Namens sicher rechnen darf.

Der Reichs-Anzeiger, 2. D. 1796.

Doktor Johann Joachim Becher macht Gold aus Donausand

Doktor Johannes Joachim Becher war Professor der Medizin zu Mainz, Leibarzt des Kurfürsten von Bayern und Kommerzienrat des Kaisers Leopold in Wien. Joachim Becher begann arm wie eine Kirchenmaus und starb arm wie ein Bettler. All das Gold aus Sand und Silber aus Blei, das er gemacht hat, konnte ihn nicht vor diesem Schicksal bewahren.

Im Jahr 1635, dem siebzehnten Jahr des Dreißigjährigen Krieges wurde Joachim Becher in der alten Kaiserstadt Speyer geboren. Sein Vater war ein gelehrter aber armer Mann und starb auch früh. So kam es, daß der junge Johannes Joachim bei Tag Nachhilfeunterricht geben mußte, damit er leben und des nachts studieren konnte. Zuerst studierte er Theologie. Aber das war kein Studium, um seine Mutter und die kleineren Brüder zu ernähren. So stürzte er sich denn auf die Mathematik und lernte bald verschiedenes, was in der Welt mit klingender Münze bezahlt wird.

Es unterstützte seine Betriebsamkeit, daß er nun auch Politik und Rechtsgelehrsamkeit studierte. Er war ein guter Plänemacher und seine reiche Phantasie, die er damit verband, brachte ihn bald mit vielen Vornehmen, Gelehrten und allerlei Potentaten in ganz Europa in Verbindung. Er fand dabei heraus, daß Fürsten und Könige nebenbei von einem klugen Mann auch immer Ratschläge für ein langes Leben und über die Methoden, billig Gold zu machen verlangten. So studierte denn Becher auch noch Medizin und Chemie.

Es ist merkwürdig, aber aus seiner unabhängigen Denkweise und eigenwilligen Gedankenweite leicht zu erklären, daß Joachim Becher gerade jene Wissenschaft, die er zuletzt studierte, die Chemie und Alchemie, am meisten in sein Herz schloß. Mit Feuereifer stürzte er sich an die Arbeit und begann bald sein erstes alchemistisches Buch zu schreiben. Als Fünfundzwanzigjähriger, im Jahr

Johann Joachim Becher

1660, veröffentlichte er zu Frankfurt seine Metallurgie, einen Traktat über die Erzeugung und Verbesserung der Metalle.
Seinem ersten Chemiebuch hatte Becher eine Liste »Chimischer« Traktate angefügt, die er zu schreiben bereit wäre, wenn sich eine gute Nachfrage nach seinen Arbeiten zeigen würde. Da dies dann wirklich der Fall war, machte sich Becher sogleich an ein zweites Buch. Dieses brachte er unter dem Titel »Oedipum Chimicum« im März 1663 zu Mainz heraus.
Diese Zeit war die glücklichste in Joachim Bechers Leben. Eine große Zukunft schien hell und glänzend vor ihm zu liegen. Viele hohe Persönlichkeiten in Europa gingen den glitzernden Alleswisser um Rat in allen denkbaren Fragen an. Schließlich ließ ihm sogar der Kaiser Leopold in Wien durch seinen Minister Sintzendorff eine gutbezahlte und bequeme Stelle als kaiserlicher Kommerzienrat anbieten.
Zur Untermauerung seines Eintritts in die besten Kreise heiratete Becher die hochmütige schöne Tochter des Herrn Ludewig von Hoernigk und wurde auch katholisch. Von dieser eitlen Handlung sagt er in schöner Einsicht später: »Die schönen Weiber haben den allerstärksten Simson und den allerklügsten Salomon verblendet, warum nicht auch mich?«
Aber vorläufig saß Johann Joachim Becher noch auf hohem Roß. Am 20. Februar 1666 war Becher nach Wien gekommen und zwei Tage später war er feierlich als kaiserlicher Kommerzienrat in Pflicht genommen worden. Seine offizielle Aufgabe war, gewinnbringende Geschäftszweige und neue Industrien einzuführen, um die Ebbe in der Staatskasse zu beseitigen. Da der Präsident dieser Handelskammer, Georg Ludwig Graf von Sintzendorff aber auch ein großer Forscher nach goldmachenden Prozessen war, ist es sicher, daß die Wahl auf Becher nicht wegen seiner ökonomischen Kenntnisse gefallen war, sondern daß er von Sintzendorff wegen seines literarischen Ruhmes als Alchemist in Vorschlag gebracht wurde.
Becher in seinem Größenwahn war sich von Anfang an dieser Sache durchaus nicht klar. Er begriff nicht, daß er als Kommerzienrat nichts weiter zu tun hatte als das Maul zu halten und seinem

Kammerpräsidenten, der ja auch Ministerpräsident war, bei seiner privaten Goldmacherei und Geldmacherei mit Rat und Tat beiseite zu stehen. So war es nicht zu vermeiden, daß sich Becher bald mit seinen ewigen Staatsverbesserungsvorschlägen, mit denen er dem Sintzendorff in den schlampigen Staatsbetrieb pfuschen wollte, mit diesem fürchterlich verkrachte. Obwohl eine förmliche Aussöhnung arrangiert wurde, hatte Becher nicht begriffen, warum Sintzendorff eigentlich wütend war.
So widmete Becher im Juli 1668 seinem Chef Sintzendorff ein nationalökonomisches Werkchen, der sich zwar höflich dafür bedankte, aber den Becher weiter als einen ekelhaften Schnüffler betrachtete, der sich am allerliebsten in die Sachen mischte, die ihn am wenigsten angingen.
Es ist wahr, Graf Sintzendorff war ja auch ein Alchemist besonderer Sorte. Er hatte da in Neuburg am Inn eine Gold- und Silberdrahtfabrik errichtet, in der Messingdrähte, mit einer hauchfeinen Schicht von Silber oder Gold überzogen, erzeugt und dann als Golddraht und Silberdraht verkauft wurden. Das Verfahren hatte Jakob Müller aus Lindau am Bodensee eingeführt, der dafür vom Kaiser Ferdinand die Herstellungsrechte erhalten hatte. Aber Sintzendorff betrieb den Vergoldeschwindel soweit, daß Müller als ehrbarer Handwerker zum Kaiser Leopold Bericht geben wollte. Jakob Müller wurde aber von dem allmächtigen Minister prompt eingelocht. Das waren Dinge, in die Joachim Becher seine Nase steckte. Auch daß Sintzendorff in Neuburg noch dazu eine Münze bauen ließ, in der er, wie Becher meinte, gute bayerische Groschen in schlimme Fünfzehner ummünzen ließ, interessierte den neuen Kommerzienrat.
Inzwischen war Becher in den Gebieten , in denen Sintzendorff auf Bechers Rat gerechnet hatte, in der Alchemie, dem Gold- und Silbermachen, nicht so erfolgreich. Literarisch war zwar Becher auf dem Gebiet der Alchemie auch in diesen Jahren in der ersten Reihe. Im Jahr 1669 hatte er seine »Physica Subterranea« herausgegeben. Den ersten Nachtrag dazu widmet er 1671 dem Rektor des Münchener Jesuitenklosters, Pater Christoph Schorrer. In diesem Traktat schildert er auch ein Experiment, wie man aus Zie-

gelerde und Fett Eisen machen könne. Aber Sintzendorff wollte Bechers Rat beim Goldmachen, nicht bei der Eisenfabrikation aus Ziegeln und Schmalz.

Da kam um diese Zeit ein Alchemist nach Wien, der erzählte dem Grafen Sintzendorff, daß er ein Verfahren kenne, mit einem Schwefelarsenpulver aus Silber gutes Gold auszuschmelzen. Er wäre bereit die Kunst zu lehren und die Probe zu machen. Dabei verlange er nichts als einen Anteil am Gewinn!
Natürlich war der Kabinettspräsident für einen solchen Vorschlag zu haben. Hier brauchte man nichts zu verlieren und konnte viel gewinnen. »Wenn die Sache nichts für mich abwirft, dann hat der Mann auch für sich keine Einnahmen!« So dachte sich Sintzendorff und fand das Ganze als das ehrlichste Angebot, das er je erhalten. Das Silber würde man schon stellen und gut darauf achten, daß es nicht verschwände. Das Auripigment als Pulver würde man in einer Viertelstunde aus Schwefel und Arsen gemacht haben. Das wußte auch er, daß das nicht mehr als einen halben Gulden kosten konnte. Gerne gab deshalb Georg Ludwig Graf von Sintzendorff, Handelskammerpräsident und Kabinettsminister, dem hergelaufenen Alchemisten die schriftliche Versicherung in einem formalen Kontrakt, daß er als Besitzer eines Goldrezeptes vom Grafen soundsoviel am Gewinn erhalten solle.
Gerade zum Kontrollieren und Ausschnüffeln solcher Versuche hatte er ja extra den Doktor Joachim Becher kommen lassen. Dessen Aufgabe war es, bei solchen Versuchen gut aufzupassen und die Tricks zu entdecken oder die chemischen Theorien zu erklären. Darum beorderte Sintzendorff Doktor Becher, er möge dem Experiment beiwohnen. Zur Vorsicht wurde auch noch ein weiterer sachverständiger Vertrauensmann und überdies auch der kaiserliche Münzmeister dazugeholt.
So dreifach gesichert konnte Sintzendorffs Ungeduld kaum den Morgen des Versuchs erwarten. Als das Experiment dann beginnen sollte, da gab es noch eine weitere freundliche Überraschung. »Der Prozeß ist eine ganz sichere Sache«, meint der Alchemist. »Ich werde natürlich nichts dabei anrühren und nur Sie, meine

Herren, werden nach meinem Rezept das Gold aus dem Silber scheiden.«

Es gab nicht viel Alchemisten, die ihrer Sache so sicher waren, daß sie es beim entscheidenden Versuch für unnötig fanden, selbst die Pulver einzurühren. Da konnte nun von Schwindel keine Rede mehr sein. So mischten Doktor Becher und der Münzmeister selbst die Pulver, ließen die Blasebälge zischen und füllten die Schmelztiegel. In artigen Reden die philosophische Kunst besprechend stand dieweilen der Alchemist beim Grafen Sintzendorff und gab nur hin und wieder von der Ferne eine Anweisung oder einen Wink. Aber am Ende, und der Hinkende weiß nur wie, da hatten sie ein schönes Stück Gold, als der Münzmeister das Silber schied.

Doktor Becher war bewildert, denn er fühlte sich zu seiner Schande böse über das Ohr gehauen. Aber dem Grafen Sintzendorff hing an diesem Vormittag der Himmel voller Geigen. Es gab ein schönes gemeinsames Festessen mit Trinksprüchen, nach dem sich Doktor Becher mit seinem Freund, dem anderen Sachverständigen wieder in das Laboratorium schlich, um den merkwürdigen Wunderprozeß nochmals allein in aller Ruhe durchzuprobieren.

Das Ergebnis war, wie Becher es befürchtet hatte. Sie bekamen dabei auch nicht ein Stäubchen Gold und dazu war noch ein guter Teil des eingesetzten Silber mit zum Schornstein hinausgeflogen. So waren die beiden sich zwar nun einig, daß etwas faul an der Sache war. Aber wie das dem Grafen Sintzendorff beizubringen?

Sicherlich würde des Grafen Sintzendorff erster Gedanke sein, daß dieser Miesmacher Becher ihm einfach das prachtvolle Verfahren nicht gönne. Hatte der Herr Doktor Becher nicht mit seinen eigenen Händen den ersten Versuch nach Anweisung des Alchemisten durchgeführt? Nun, weil dem gelang, was ihm nicht gelungen war, war er nun eifersüchtig? Je mehr Becher selber darüber nachdachte, desto schwächer kam ihm seine Position nun vor. Hatte er vielleicht beim zweiten Mal wirklich einen Handgriff falsch gemacht? Und da sie sicherlich nichts mehr gewinnen konn-

ten, ob es nun so oder so ging, beschlossen die beiden, die Sache erst noch einmal zu beschlafen.
Am nächsten Morgen sah es jedoch nicht besser aus. Becher machte deshalb in wohlgewählten Worten – vielleicht hätte er sie noch etwas besser wählen sollen – den vernünftigen Vorschlag, die schöne Sache doch nun auch selber noch einmal zu probieren. Sintzendorff nahm den Vorschlag etwas hochmütig, aber weil er sich des Verfahrens sicher war, nicht zu unfreundlich auf. So gingen Becher, der Münzmeister und der Graf nochmals ins Laboratorium. Dort wurde der Prozeß dreimal wiederholt.
Zuerst machte ihn der Doktor Becher. Dann machte ihn der wohlerfahrene kaiserliche Münzmeister. Zuletzt machte ihn Graf Ludewig von Sintzendorff. Das Ergebnis war dreimal haargenau dasselbe. Von Gold war keine Spur zu finden.
Sofort bestellte Graf Sintzendorff den Alchemisten wiederum zu einem Versuch. Der aber lachte über ihre Unerfahrenheit und sagte ihnen, daß sie eben nur das Auripigment mit dem Schwefel und dem Salpeter zu rasch verbrannt hätten. Er überwachte den Prozeß wiederum und am Ende kam ein großes Stück Gold zum Vorschein.
Als aber die drei den Prozeß wieder allein machten, da war wieder alles beim alten. Kein Stäubchen Gold weit und breit! Doktor Becher ärgerte sich zum platzen. Er war gewöhnt, den Alchemisten, die Goldherstellungsverfahren zu verkaufen suchten und die Probe anboten, auf Hände, Tiegel, Zangen, Pulver und Kohlen zu schauen, denn er war selbst in solchen Nothilfen nicht ganz unerfahren. Aber dieser Kerl kam her, produzierte Gold mit einem unmöglichen Prozeß, bei dem er dazu noch selbst keinen Finger gerührt hatte. Aber man konnte nicht herausfinden, wie er es nur machte!
Kein Wunder, daß Graf von Sintzendorff immer noch fest an das neue Verfahren glaubte. So hatten denn seine Sachverständigen herumzurennen und den Goldmacher immer wieder um Rat zu fragen, bis dieser mit einem guten Schein des Rechtes erklären konnte, er sei des Überlaufenwerdens und der Ausfragerei satt. Entweder wären sie zu dumm oder wollten eben böswillig den

Prozeß und das Abkommen nicht ausführen. Darum schicke er hiemit seiner Exzellenz den Vertrag zurück und betrachte ihn als aufgehoben! Und der Alchemist fügte gekränkt hinzu, daß ihm eine solche Schweinerei mit einem Münzmeister, der Gold nicht vom Silber scheiden könne, schon einmal in Paris passiert wäre. Aber er hätte nun Wichtigeres zu tun, müsse mit dem Kaiser nach Eger reisen, um dort ein Regiment zu übernehmen.

So endete nun anscheinend die Geschichte mit dem schönen Auripigmentprozeß. Graf Sintzendorff glaubte steif und fest weiter an seinen Goldmacher. Denn, wie sollte der einen Betrug gemacht haben? War er, Graf Sintzendorff, nicht selber um ein paar schöne Klümpchen Gold reicher geworden! Und obwohl er es nicht beweisen konnte und deshalb nicht sagen durfte – dieser großschnäuzige, laute und selbstgefällige Doktor Becher, der sehr wohl immer seinen eigenen Vorteil sah, der hatte die ganze Sache in den Dreck geschoben. Ihm, seinem Vorgesetzten, gönnte dieser siebenkluge Schwätzer das schöne Gold nicht. Und der Graf nährte sich einen soliden, dauerhaften Haß gegen den Doktor Becher heran.
Doktor Becher ließ jedoch die Sache mit dem Auripigment nicht ruhen. Er fühlte, zu dieser Medaille mußte es noch eine Kehrseite geben. Es dauerte auch gar nicht zu lange, da hatte er es herausgefunden. Er, der Münzmeister und der Graf waren nur die Lockvögel für andere und bessere Geschäfte des Alchemisten gewesen. Dem Hauptaushängeschild, dem Grafen Sintzendorff, hatte man die Rolle sogar mit Goldklümpchen aus ein paar lumpigen Dukaten bezahlt.
Der Angelpunkt der Sache war der förmliche Vertrag mit dem Grafen Sintzendorff gewesen. Kaum hatte der Kerl den in der Tasche gehabt, so war er damit zum Grafen Bucquoy gegangen. Diesen hatte er lange vorher als eine einfache aber zahlungsfähige Seele und schwachen Amateuralchemisten im Auge gehabt.
»Da hat mir«, so sagte er nun zum Grafen Bucquoy, »dieser Sintzendorff einen Vertrag gemacht und Sie sehen ja selbst, welche Summe der Graf schätzt, daß er und ich dabei verdienen werden.

Aber ich sage Ihnen, ich will mit dem Kabinettspräsidenten nichts zu tun haben. Die Sache ist mir zu offiziell. Das kann so nicht geheim bleiben! Und wo bleibt dann der Verdienst, wenn die Sache aus privaten Händen genommen wird!«
Der Graf Bucquoy hatte unterdessen interessiert in den Vertrag geglotzt. Da waren Siegel und Unterschrift des Sintzendorff. Da war die schöne Summe, die der investieren wollte und da war der Batzen harter Golddukaten, der als Gewinn ausgerechnet war. Und der Sintzendorff war ein gehauener schlauer Fuchs. Wo der seine Finger drin hatte, da sprang etwas heraus!
Wie sagte dieser Goldmischer da? Private Hände! Natürlich waren das keine privaten Hände, wenn der Kabinettspräsident das Verfahren hatte. Das war beinahe so schlecht wie staatlich. Er zum Beispiel, er der Graf Bucquoy hatte private Hände. Aber wie war es denn mit dem Rezept, das der Sintzendorff doch schon in Händen hatte?
»Ah, das!« lachte der Goldmacher. »Denen hab ich eine schöne Brille aufgesetzt. Den wichtigsten Kunstgriff habe ich ihnen verschwiegen. Sie werden ja sehen, wie die gerannt kommen!«
Und wirklich, so war es. Im Auftrag des Grafen Sintzendorff rannte man dem Alchemisten das Haus ein. Das mußte natürlich den Grafen Bucquoy überzeugen. Er schloß den Goldmacher in sein Herz. Der Alchemist mußte alle Tage an seiner Tafel speisen. Dazu lieh er ihm Roß und Wagen und als die Wechsel aus Italien für den Herrn Goldmacher nicht pünktlich bei Partalotti eintrafen, da pumpte ihm Graf Bucquoy noch ein paar hundert Dukaten dazu.
Mit diesem Graf Bucquoy war der Goldmacher dann eines Tages von Wien nach Böhmen abgereist. Aber was man dann hörte, war überraschend. Diesem gewissenlosen Alchemisten war es in der Glasschmelze der Grafen Bucquoy gelungen, ein Kristallglas zu machen, das der Doktor Becher in Wien vergeblich versucht hatte, wohlfeil für die Staatskasse herzustellen.
Das war in der Tat unerfreulich für Doktor Becher und nicht dazu angetan, seine Position als kaiserlicher Kommerzienrat zu stärken. Und wenn auch Doktor Becher in Wien bald hörte, daß Graf

Bucquoy versuche eine Anleihe von vierzigtausend Dukaten aufzunehmen und er für sich so sicher sein konnte, daß Graf Bucquoy am Ende der Betrogene sein würde – den schwelenden Haß des Grafen Sintzendorff konnte er damit nicht auslöschen. Kein Wunder, wenn sich Kommerzienrat Becher beklagen muß, daß in den sechs Jahren, die nun seit der Gründung des Kommerzien-Kollegiums verstrichen waren, gerade zwölf Sitzungen gehalten wurden und man ihm keine Gelegenheit gebe seine ausgezeichneten Pläne vorzutragen.

Einer der Pläne Bechers, für die sich das Kommerzien-Kollegium, das heißt Graf Sintzendorff, nicht interessierte, war ein Prozeß Bechers aus Silber und Donausand Gold zu schmelzen. Wenn Sintzendorff an seinen schönen Auripigmentprozeß dachte, dann konnte er über die schmale Goldausbeute dieses Donausandprozesses des Doktor Becher nur mitleidig lächeln.
Da Staatskapital für den Donausandprozeß also nicht zu haben war, so hatte sich Becher nach privatem Kapital umzusehen. Er fand es bei den drei Grafen von Pöttingen. Am 8. Juni 1672 schloß er mit ihnen einen Goldproduktionsvertrag, den die Brüder Johann Sebastian von Pöttingen, kaiserlicher Kammerherr, Wolff Sebastian von Pöttingen und Sebastian von Pöttingen, Bischof zu Lawand und Domprobst zu Passau, unterzeichneten. Nach Bechers Prozeß sollte aus Donausand mit Einsatz von Silber soviel Gold ausgeschmolzen werden, daß mit einer Mark Silber, das heißt mit sechzehn Lot, wöchentlich für einen Dukaten Gold erzielt werden könne. Doktor Becher erklärte sich in dem Abkommen bereit, den entscheidenden Vorversuch ganz auf eigene Kosten zu unternehmen und nur wenn dieser zur allgemeinen Zufriedenheit gelungen sei, müßten sich die gräflichen Brüder verpflichten, die Großproduktion aufzunehmen. Von ihnen wäre dann auch auf den Namen Bechers eine Beteiligung von einhundertzwanzig Mark Silber einzulegen. Die daraus nach der Vorkalkulation wöchentlich zu erwartenden einhundertzwanzig Dukaten Gold wären dann daraus, ohne weitere Unkosten, an Doktor Becher an seinem jeweiligen Wohnort in Wien, Prag oder Leipzig

Amsterdam 1680

auszuzahlen. Der Silbereinsatz, den die Grafen Pöttingen auf ihre eigene Rechnung machen konnten war unbeschränkt. Die Großproduktion mußte aber in einem Zeitraum von höchstens zwölf Wochen nach gelungener Probe aufgenommen werden.
Es war ein einfacher chemischer Prozeß, aber ein scharfer Vertrag. Neben der immerwährend goldheckenden Silbereinlage hatten die Grafen noch innerhalb von zehn Jahren eine runde Summe von 62400 Dukaten an Becher zu zahlen. Die Zahlungen hatten quartalsweise zu erfolgen und die dabei jeweils fälligen 1560 Dukaten verpflichteten sich die Grafen bei Gefahr der Pfändung ihrer Güter in aller Regelmäßigkeit zu liefern. Weder Feuersbrunst, Flut noch Kriegsempörung, kein Todesfall und keine Veruntreuung, weder Materialmangel noch gebrochene Tiegel sollten als Entschuldigung dienen können.
Da die Grafen, wenn sie einmal begonnen hatten, nie mehr das Recht haben sollten, von der Goldproduktion abzustehen, so war das Ganze eine wilde Sache. Wir wissen heute nicht mehr, welcher glückliche Umstand die drei Brüder abhielt, in den Vertrag bis zum Beginn der Großproduktion zu steigen. Wenn auch, wie wir sehen werden, aus Bechers Prozeß Gold zu erhalten war, so wäre er doch der einzig Gewinnende und die anderen die Verlierer gewesen.
Als so die Grafen Pöttingen abgesprungen waren, da war Becher entschlossen, nicht zu ruhen, bis er einen neuen Geldgeber für seinen Sandgoldprozeß gefunden hätte. Das sollte allerdings lange dauern. Man schrieb schon 1673, als Doktor Becher Gelegenheit bekam, mit dem Prinzen Hermann von Baden über sein »Immerwährendes Sandbergwerk« zu sprechen, wie man nämlich durch Schmelzen von Silber mit Flußsand oder Seesand etwas Gold erzeugen und dann ausscheiden könne.
Prinz Hermann empfahl Doktor Becher, den Prozeß den Holländern anzubieten. Durch die Vermittlung des damaligen kaiserlichen Gesandten im Haag, des Barons von Isola, wurde einer der Räte interessiert, der das Projekt der Staaten-Versammlung vortrug. Diese faßte am 22. September 1673 den Beschluß, den Vorschlag durchzuführen. Doktor Becher wurde in Wien verständigt,

aber mit Ausbruch des Französischen Krieges in Holland blieb alles stecken.
Es kamen die Jahre 1674 und 1675, in denen der Goldmacher Wenzel Seiler in Wien seine größten Triumphe feierte. Doktor Becher selbst war zur ersten Prüfung der Goldmacherkunst Seilers vom Grafen von Paar, zusammen mit dem aus Köln stammenden alchemistischen Dominikanermönch Spies, zugezogen worden. Er hatte ein bestätigendes Gutachten abgegeben, aber nicht verstanden, seinen Chef von Sintzendorff ins Spiel zu bringen. Das war wiederum ein Grund mehr, warum Graf Sintzendorff darauf lauerte, diesem Doktor Becher bald den rechten Knüppel zwischen die Beine zu werfen.
Joachim Becher wußte, welche Schwierigkeiten Wenzel Seiler mit der Multiplikation seines Roten Pulvers hatte, und er widmet dem Kaiser am 20. März 1675 sein lateinisches »Supplementum Secundum«, seinen zweiten Zusatz zu seinem großen Buch »Physicam Subterraneam«. Dieses ist nichts als ein Gutachten, eine Beweisführung über die wahre Art der Verwandlung der Metalle in Gold.
In diesem Disput erklärt Becher, daß Gold als ein fester Körper nicht tingieren, umwandeln kann, weil es in diesem Zustand keine Durchdringungskraft hat. Es muß subtiliert, aufgeschlossen werden. Und das muß so geschehen, daß es seine Goldeigenschaften dabei nicht verliert. Eine solche Aufschließung ergibt sich nur durch das Quecksilber. Gold wird im Aqua Regis, dem Königswasser aufgelöst und dann das Mercurium dazugegeben. Davon wird das Nasse bis zur Entstehung von Salz abgezogen und dann der Rückstand wieder in Spiritu Aceti aufgelöst. Dann wird filtriert, gereinigt, und nochmals bis zur Beständigkeit eingedickt, bis die Tinktur wie Wachs fließt. So wird sie nun jedes Silber und sei es auch einen Taler dick, in Gold verwandeln, wenn es mit diesem geglüht wird.
Becher behauptet, daß dieser ganze Prozeß unter Zunahme des Goldes abrollt. Im Hinblick auf Seilers rotes Pulver sagt er, daß die Tinktur niemals pulverförmig, sondern nur flüssig multipliziert werden kann.

Es ist bemerkenswert wie Doktor Becher den Mann, der wirklich über sein Wohl und Wehe entscheidet, den Grafen von Sintzendorff, aus den Augen läßt. Statt dessen mißt er sich in tändelnder Konkurrenz mit dem Liebling des Kaisers, dem Hofalchemisten Wenzel Seiler. Da aus dem von Zinn zu Gold gemachten Metall Wenzels eine Münze geschlagen wird, so fühlt auch Becher sich bewogen, aus minderem Metall ein Edelmetall zu machen und eine Münze daraus schlagen zu lassen. Im höflichen Abstand vom kaiserlichen Alchemisten macht er nicht Zinn zu Gold, sondern nur Blei zu Silber. Bechers Münze zeigt auf der Vorderseite einen Mann mit Sense und Stelzfuß, auf der Rückseite aber die lateinische Aufschrift: Im Monat Juli des Jahres 1675 habe ich Doktor J. J. Becher aus Blei durch alchemische Transmution diese Unze feinsten Silbers erzeugt.
Es ist über ein Jahr später, daß Joachim Becher wieder auf seinen soliden alten Prozeß der Goldsandschmelze zurückkommt. Im September 1676 stellt er ein großes Experiment mit Donau sand auf eigene Kosten an und gewinnt auf diese Weise tatsächlich Gold. Die Tragik Bechers ist, daß er nicht erkennt, daß das Gold schon im Donausand und nicht in der Kunst seines Verfahrens liegt.
So war es erst über zweihundertfünfzig Jahre später, daß man wiederum eine Goldproduktion aus den Donausandanschwemmungen in der Nähe Wiens ins Auge faßte. Um das Jahr 1934 wurden auf österreichischer Seite Probebohrungen mit einem zwanzig Meter langen Spirallöffel bei Deutsch-Wagram unternommen, um die genaue Stärke der dort in den Donauniederungen lagernden Goldsande zu untersuchen. Zur selben Zeit wurde die Arbeit auf der tschechischen Seite der Donau noch großzügiger begonnen. Das Prager Ministerium für öffentliche Arbeiten verpachtete an die Gesellschaft »Aurea« dreißig Quadratkilometer der Donausandbänke für die Goldproduktion. Der dort lagernde Goldstaub ist allerdings von besonderer Feinheit, sodaß auf ein Gramm Gold rund einhunderttausend Körnchen entfallen. Doktor Becher konnte ihn deshalb mit bloßem Auge kaum entdecken. Immerhin wollte die Gesellschaft »Aurea« mit ihrem 1936 in Betrieb genom-

menen Spezialbagger eine Tagesförderung von einem Kilo Gold und eine Jahresausbeute von zweihundertfünfzig Kilogramm erreichen. Mit dieser Produktion erscheint uns der Vertrag des guten Doktor Bechers mit den drei Grafen von Pöttingen gar nicht mehr so wild.

Alle diese schönen Mengen Gold im Donausand blieben aber damals, trotz des schönen Experiments des Herrn Doktor Joachim Becher, ungehoben und unberührt. Im ganzen Jahr 1677 fand sich kein Mensch, der in Wien das »Immerwährende Sandbergwerk« des Doktor Becher finanzieren wollte. Und zu Anfang des nächsten Jahres ließ Graf Sintzendorff auch wirklich den so lange drohend erhobenen Knüppel zuschlagen. Die Leitung des kaiserlichen Kunst- und Werkhauses wird Herrn Kommerzienrat Becher abgenommen und Herrn Wilhelm Schröder übergeben. Für die ausstehenden Löhne werden die Handwerker jedoch an Joachim Becher verwiesen, der prompt ins Schuldgefängnis wandert.

Joachim Becher muß froh sein, daß man ihn zuletzt mit einigen Gulden in der Tasche nach Holland reisen läßt. Aber immer noch ist der Plänemacher in Becher ungebrochen. In Holland verkauft er als erstes der Stadt Harlem die Idee einer neuartigen Spulmaschine für Seidenkokons. Beim Abschluß des Vertrages erinnert sich jemand wieder des alten Goldmacherprojektes. Es wird wiederum vor die Staaten-Versammlung gebracht und die »Herren Staaten« bieten Joachim Becher für die Sandgoldschmelze neuerdings ihre Unterstützung an. Am 27. April 1678 wird er gefragt, ob ihm ein Unkostenzuschuß von fünfzigtausend Talern und eine dauernde Beteiligung von zwei Prozent genügen würde und ob er bereit wäre, seinen Plan den Herren zu erklären?

Becher trägt daraufhin den Deputierten das Projekt erst schriftlich und dann mündlich vor. Er sagt ihnen, daß bei den schlechten Zeiten die indirekten Steuern, von denen der Staat nun lebe, kaum erhöht werden könnten. Sie bedrückten schon, so wie sie seien, den kleinen Mann schwer. Auf der anderen Seite aber hätte der Staat gerade jetzt höhere Einkünfte dringend nötig. Das rechte Mittel die Einnahmen zu erhöhen sei dieses Gold-Sandschmelzwerk, das niemanden belaste oder Nachteile bringe. Die neue Geldquelle

könne sicherlich jährlich eine Million Taler bringen. Dadurch wäre es vielleicht sogar möglich, die Umlagen auf Butter und Dünnbier, die gerade den kleinen Mann so bedrückten, ganz abzuschaffen.
Die Rede gefiel den Vertretern der General-Staaten ausgezeichnet. Sie beschlossen das Projekt auf der Stelle aufzunehmen und sogleich Proben anstellen zu lassen. Es wurden Herr Hudde, der Bürgermeister von Amsterdam und Herr Hove, Bürgermeister von Harlem, zu Kommissaren dieses Projektes benannt. Sie hatten vor allem die Durchführung der Proben zu überwachen.
Mit den Proben jedoch hatte es noch seine Weile. Becher brauchte für seine Schmelzhütte ein Gebläse, das er mit einem oberschlächtigen Wasserrad treiben wollte. Um das Triebwasser erst auf die richtige Höhe zu bringen, machte der Doktor eine besondere Erfindung. Diese Erfindung aber wollte er wiederum nicht herausrücken, bis er sein Patent darauf erhalten hätte. So wartete Becher den ganzen Sommer auf sein Patent, das endlich, im Laufe des ordentlichen Geschäftsganges, am 17. Dezember 1678 ausgestellt wurde.
Nach einigen anderen Unterbrechungen rückte dann doch der Tag des ersten Versuches, der 22. März 1679 heran. Das Experiment wurde im Beisein der beiden Kommissare durch den offiziellen Münzmeister Laurenz Keerwolff vorgenommen. Dieser hatte in seiner Wohnung in der Kälberstraße zu Amsterdam ein Laboratorium und dort wurde der Versuch gemacht. Aus gewöhnlichem Scheuersand wurde mit Flußmitteln ein Glas geschmolzen. Dann wurde der Glasfluß mit Silber behandelt. Das Ergebnis war tatsächlich eine gewisse Menge Gold. Münzmeister Keerwolff errechnete nach dem Verhältnis der Silbermenge, daß die Mark Silber sechs Esse Gold ergeben habe.
Die vorsichtigen Holländer beschlossen nun aber, erst einmal einen weiteren Großversuch zu machen. Die beiden Kommissare wollten ganz sicher sein, bevor sie an den langwierigen und kostspieligen Bau des Schmelzwerkes herangingen. Man setzte den Tag einer neuen Probe an, bei der 2840 Lot Silber eingeschmolzen werden sollten.

Ob nun Becher selbst Zweifel bekommen hatte, oder ob seine Wiener Feinde, wie er sagt, ihn wirklich auch in Amsterdam bedrängten und verdächtigten – er verschwand, reiste von Holland nach England. Dort schrieb er 1680 den dritten Nachtrag zu seiner »Physicam Subterraneam«. Er widmet ihn den Vertretern der holländischen Generalstaaten und empfiehlt ihnen darin seine Sandgoldschmelze doch ohne ihn zu probieren.

In England machte Doktor Johann Joachim Becher bald Freunde, obwohl Graf Sintzendorff ihn durch den kaiserlichen Sekretär Nabiz in London böse ausrichten läßt. Er war nun endgültig Emigrant und nicht mehr eingeladener Experte. Vermögensreste und Familie hatte er – hatten ihn – im Stich gelassen. Es scheint nicht, daß Frau Becher, geborene von Hörnigk, und seine Tochter viel Lust gehabt hätten, dem Schiffbrüchigen mit den Vermögensresten in neue zweifelhafte Abenteuer zu folgen.

Becher, der Siebenundvierzigjährige, mußte allein wieder von vorne anfangen. Er hatte zwar seine Erfahrungen, aber gerade diese Erfahrungen gaben ihm das Aussehen eines Sechzigjährigen. Immerhin, seine neuen englischen Freunde halfen ihm über das Schwierigste hinweg.

Im Auftrag dieser Freunde besucht er erst die Bergwerke in Schottland, dann die in der Provinz Cornwall. Nach Cornwall fährt er mit dem sächsischen Berginspektor Friedrich Heyus und bleibt mit ihm dort über ein Jahr.

Hier in Cornwall findet Becher auch eine neue Lebensgefährtin. Doktor Becher ist nun ein Mann, dessen Haar schon mehr und mehr ins Graue übergeht. Seinen flotten Schnurrbart hat er sich abrasiert. Er ist nicht mehr so fett wie früher. Darum fallen seine großen, leicht hervortretenden Augen mehr auf. Im ganzen ist er körperlich und geistig gesetzt geworden, nicht mehr allzu auf kühne oder zu großsprecherische Experimente aus.

In Cornwall arbeitet er eifrig an seinen chemischen Werken. In Falmouth am Landsende entsteht das »Laboratorium Portabile«. Auf der Insel Wight schreibt er den »Duumviratum Hermeticum«. Im Frühjahr 1682 kommt Becher nach London zurück und beendet dort am 22. März sein bekanntestes Buch, das große Sammelwerk »Chimischer Glückshafen«, eine Sammlung von eintausendfünfhundert möglichen und unmöglichen alchemistischen Rezepten.

Im Sommer dieses Jahres korrigiert er noch die Druckbogen seines letzten Werkes, der »Psychosophia«, deren Erscheinen er nicht mehr erleben sollte. In diesem Buch stellt er auch vier Hauptgrundsätze zur Alchemie auf. Im ersten davon sagt er: »Wer dafür hält, daß die Alchemie nicht in der Natur gegründet sei, der versteht weder sich selbst, noch die Natur, sondern ist ein Idiot.« Im zweiten Hauptgrundsatz faßt er seine eigenen Erfahrungen zusammen: »Wer die Kunst der Alchemie hat und nicht schweigen kann, sondern solche anderen, etwa großen Herren gegen Geld oder umsonst anträgt, der ist entweder ein Betrüger, oder der Kunst, seinem Leben und seiner Freiheit Feind.«

Den Kopf immer noch voller Pläne und Hoffnungenn – den Plan nach Westindien zu reisen, die Hoffnung an den Hof des Herzogs Gustav Adolph zu Mecklenburg-Guestrow gerufen zu werden – beendete Doktor Johann Joachim Becher im Oktober 1682 sein Leben. Er ruht zusammen mit dem großen Chemiker Robert Boyle und vielen anderen berühmten Leuten an einem Brennpunkt Londoner Lebens, in der Kirche »Sankt Martin in the Fields« am Trafalgar Square. Und wenn jemand versuchen wollte den Grabstein des Doktor Joachim Becher dort zu sehen, so möge er sich beeilen. In langen Reihen dienen die Grabsteine nun als Bodenbelag der Kirche und langsam, aber unaufhaltsam sicher, treten die Schuhe der Gläubigen die gemeißelten Schriften aus den Steinen.

Es ist ein freundlicher Epilog zu dem unermüdlich arbeitssamen aber oft so unfruchtbar scheinenden Leben Doktor Bechers, daß aus seinen Ideen Georg Ernst Stahl jene berühmte Phlogistontheorie aufbaute, die eine gute Zeit die chemische Forschung beherrschen sollte. Professor Ernst Stahl, der seine chemischen Vorlesungen im Jahr 1684 an der Universität Jena begann, schuf für die Erklärung der Verbrennung einen hypothetischen Stoff Phlogiston, der, wie der Äther in der späteren Wellentheorie, eine zeitlang schlecht und recht seine Pflicht tat.

In den eigentlich brennbaren und in anderen in der Hitze bei Zutritt von Luft sich verändernden Stoffen, wie zum Beispiel bei den Metallen, sei ein Stoff Phlogiston enthalten. Dieser entweiche bei der Verbrennung und lasse eine Asche zurück, die man bei den Metallen schon immer Kalk nannte.

Wie wir wissen, mußte diese in ihren Erklärungen so unvollkommen funktionierende Theorie, mit der Entdeckung des Sauerstoffs und seiner Rolle bei allen Verbrennungen, im Laufe des chemischen Fortschritts wieder aufgegeben werden.

Johann Kunckel, der Mann der alles besser erfand

Johann Kunckel war aus einer alten Glasmacherfamilie. Er hatte eine Leidenschaft für Chemie und eine Spürnase für die neuen Rezepte anderer. Kein Wunder, daß er schon mit neunundzwanzig Jahren, um 1659, der Privatchemiker des Herzogs Julius Heinrich von Sachsen-Lauenburg war.
Und Johann Kunckel brauchte nicht allzulange auf die beste Stelle im Lande warten. Empfohlen von dem weitgereisten und gelehrten Chemiker Joel Langelott war Kunckel der Direktor des kursächsischen Laboratoriums in Dresden geworden. Johann Georg, der Kurfürst von Sachsen, übergibt ihm dort die in silbernen Büchsen aufbewahrten geheimen Pulver und auch die Handschriften Sebald Schwertzers, des großen Alchemisten.
Kein Wunder, daß dies Kunckel reizt, bald mit neuen Experimenten in der Goldmacherkunst zu beginnen. Er hatte nun dazu zwei Laboranten und einen Kohlenträger, die ihm aus der fürstlichen Kasse bezahlt wurden.
Es ist wahr, Kunckel hatte mit den beiden Laboranten auch seine Schwierigkeiten. Der eine war zu liederlich und der andere zu gescheit. Dabei waren die Unannehmlichkeiten mit dem Liederlichen noch die unkomplizierteren. Dieser Lotterbube von Laborant ging eines Tages mit einer jungen drallen Magd auf und davon und ließ Herrn Kunckel Weib und Kind zur Betreuung zurück.
Der andere Laborant hieß Christoph Grummet. Er war anstellig, konnte Versuche durchführen, Scheidewasser verstand er zu destillieren und eine gute Handschrift hatte er auch. Aber Grummet war über all das hinaus lernbegierig und ehrgeizig. Er wollte es auch zu etwas bringen! Wie leicht konnte es da Johann Kunckel passieren, daß dieser Naseweis vor lauter Eifer irgendein schwieriges Verfahren auf eigene Art und eigene Faust fortsetzte und – Erfolg hatte. Solche Gedanken machten Kunckel große Sorgen. Er selber hatte es ganz gern, wenn er da und dort einem anderen eine

Johann Kunckel

Idee abluchsen konnte. Aber eben darum fürchtete er gerade, daß es auch einmal ihm so passieren könne.

Zum Glück schien dieser Christoph Grummet wenigstens eine ehrliche Haut zu sein. Mit schönen Worten war da eine Menge zu machen. Solch einen Kerl muß man loben, dachte sich Kunckel. Man muß ihm sagen, daß wir hier alle an einem Strange ziehen, daß wir alle hier für den gnädigsten Fürsten Johann Georg arbeiten und daß dessen Wohl unser aller Wohl sei.

All dies erzählte Kunckel dem jungen Grummet, klopfte ihm wohlwollend auf die Schulter und erklärte ihm freundlich, daß zwar niemand außerhalb des Laboratoriums nur ein Wort von dem Gang der Versuche hören dürfe – aber innerhalb des Laboratoriums, da gebe es kein Geheimnis voreinander. Grummet möge treu und brav alles berichten, was er auch immer finde.

In dieser Zeit aber arbeitete Johann Kunckel hart an einem Verfahren über Vitriol aus Silber Gold zu machen, den er halb ausgearbeitet in den geheimen Aufzeichnungen des Alchemisten Sebald Schwertzers gefunden hatte. Kunckel hatte in seinem Direktorzimmer, das neben dem Laboratorium lag, selbst einen kleinen Schmelzofen und die wichtigsten Geräte. Dort machte er diese Experimente für sich allein.

Eines Tages hatte er in den Schmelztiegel zwölf Lot Silber eingesetzt und von der neu ausgearbeiteten Goldtinktur ein bis zwei Lot aufgeworfen. Aber die Mischung wollte nicht schmelzen. So rief er denn in das Laboratorium hinaus nach Grummet: Mach ein Flußmittel, aus den und den Stoffen, damit ich das Metall hier zum Schmelzen kriege!

Grummet kam, brachte das Flußmittel. Aber während beide damit beschäftigt waren es aufzulegen, kam ein Diener außer Atem hereingestürzt. Herr Kunckel möge sofort auf die Geheime Kanzlei zu Herrn Baron von Friesen kommen, es wären einige wichtige Rezeptschriften gefunden worden! Kunckel wischt sich die Hände ab und überläßt dem Grummet den Schmelztiegel. Er schärft ihm noch ein, es auch gut anzuwärmen, bis er wiederkomme.

Aber Kunckel kam nicht zurück. Die alten handschriftlichen Re-

zepte waren interessant, schienen wertvoll zu sein und der Herr Baron war guter Laune. Und welche Ehre, er lud Kunckel ein, mit ihm nach Hause zu fahren und mit ihm zu speisen.
Grummet wird wohl auf den Tiegel passen und das Silber rechtzeitig ausgießen, sagte sich Kunckel. Es ist so oft kein Gold geworden – es wird heute nicht gerade etwas werden, wenn dieser Grünschnabel seine Nase darüber hat. Kunckel war zwar nicht ganz beruhigt. Aber der Herr Baron war heute wirklich gut gelaunt. Die Zeit bis drei Uhr nachmittags ging wie im Flug.
Als Kunckel nun endlich wieder in das Laboratorium kam, da sah er schon an dem strahlenden Gesicht des Grummet, daß etwas besonderes geschehen sein mußte. Die ersten Worte bestätigten auch seine fatalen Befürchtungen. »Was geben sie mir für die gute Nachricht!« Grummet sprudelte und schwang dabei ein Stück blaßgelben Metalls. Dieser Vorwitzige hatte sogar schon eine Probe im Tiegel damit gemacht und es war rechtes Gold.
Kunckel kämpfte seine Aufregung nieder und versuchte ruhig und alltäglich auszuschauen. »Ach«, sagte er dem Grummet leichthin, »da freu dich nur nicht zu sehr. Ich hab fein Gold mit Silber in den Tiegel gesetzt und gegen das Silber ausgewechselt.«
»Ich wollte dich nur vexieren«, setzte er dann leicht überredet hinzu als er sah, daß ihn Grummet mit offenem Mund, erstaunt über diese Märchen von angeblichen Unterschiebungen, ansah.
Aber der junge Christoph Grummet hatte das Spiel bereits erfaßt. »Und wo ist das verwechselte Silber?« fragte er Kunckel glatt. »Das müßte ich sehen – wenn ich Ihnen doch noch glauben sollte«, fügte er dann langsam, zögernd hinzu. Er war maßlos enttäuscht über seinen verehrten Lehrer.
Da war natürlich kein zweites Silber zu zeigen. Es war einfach nicht da. Nun hatte er diesen Grünschnabel zu beschwätzen gesucht. Aber der war schon gefährlich gescheit, und – hatte inzwischen auch seine Meinung abgemacht: Der Herr Kunckel spielte sein eigenes Spiel!
»Also so ist es gemeint«, sagte der Junge hart und laut. Aber dann fügte er wie bedauernd hinzu: »Und ich hatte Hoffnung gehabt . . .« Aber was er für Hoffnungen gehabt, ließ er unerklärt. Er

wußte nun, was für ihn zu tun blieb. Auch er würde von nun an sein eigenes Spiel spielen.
Johann Kunckel jedoch war kein Narr. Er wußte genau, daß schöne Reden von jetzt an nutzlos geworden waren.
Der junge Grummet zeigte sich auch weiterhin durchaus nicht aufsässig. Er war eher noch eifriger und arbeitsfreudiger geworden. »Als wenn er auf eigene Rechnung arbeitete«, dachte sich Kunckel. Und damit hatte er nicht so unrecht. Nur paßte Kunckel jetzt höllisch auf, damit er keine neuen Handgriffe und Prozesse, zumindest soweit es die Goldmacherei betraf, preisgebe. Der junge Grummet war jedoch schon gewitzt und erfahren genug, seine Schlüsse bereits aus der Art der Materialien zu ziehen, die Kunckel aus dem Lager holte.
Kunckel schickte nun Grummet selbst dann nach Hause, wenn an diesem die Reihe für die Nachtwache war. Statt dessen blieb Kunckel selber mit dem Kohlenjungen, um jenes sonderbar faszinierende blasse Gold in aller Heimlichkeit herzustellen und einzuschmelzen. Er hatte auf diese Weise fünf Pfund davon hergestellt.
Kunckel hatte jedoch nicht gewagt den Kohlenjungen irgendwie besonders feierlich zum Schweigen zu verpflichten. Er hätte sowieso dabei nur das Gegenteil erreicht. Von diesem Kohlenjungen erfuhr Christoph Grummet genug, um zu wissen, was da nächtlich vorging. »Arbeitete Kunckel auch noch nächtlich in seine eigene Tasche?«
Grummet glaubte sich nun verpflichtet, einigen Ministern über die Erlebnisse Bericht zu geben, die er mit Kunckel gehabt hatte. Dabei hatte Grummet sorgfältige Arbeit gemacht. Er hatte die Zusammensetzung der Asche studiert, die am Morgen im Schmelzofen lag. Überdies hatte er in Schmelztiegeln noch kleine Goldkörner gefunden.
Aus all diesen Dingen war es verständlich, daß sich Christoph Grummet nun abot – wenn man ihn auch die Schriften Sebald Schwertzers studieren lassen würde – das Gold ebenso zu produzieren. Es dann aber wirklich dem Kurfürsten auf den Tisch zu legen.

Natürlich waren die Minister mißtrauisch aber diplomatisch, so wie nur Minister sein können. Sie ließen Christoph Grummets Aussagen eidlich niederlegen und hießen ihn zu schweigen. Dann wurden sie freundlich, sehr freundlich zu Kunckel.
Zuerst luden sie ihn einmal der Reihe um zum Abendessen ein. Und wenn er dann nach dem Essenn und Trinken nach Hause wollte, dann wurde die Kutsche angespannt und Diener mit Fakkeln leuchteten den Weg. Es waren gerade diese Ehren, die Kunckel so verdächtig vorkamen. Es war gar nicht so lange, da hatten sie nicht einmal gefragt, ob er denn eine Laterne hätte, wenn er allein und zu Fuß nach Hause gegangen war. Er bekam ein Gefühl, als wenn eine erzene Glocke über ihn gegossen würde.
Eines schönen Tages kam nun wirklich einer der Herren Minister selber in das kurfürstliche Laboratorium zu Kunckel. Als er sich genug hatte herumführen lassen – dabei hatte er verschiedene Male an unpassenden Stellen »Sehr interessant! Sehr interessant!« gerufen – setzte er sich in Kunckels Direktorstübchen nieder. Hier begann er dann von den allgemein schlechten Zeiten zu reden. Wie besonders hier in Dresden Holz und Kohlen so teuer wären und wie Kunckel bei seinem Gehalt sicherlich nicht allzuviel würde sparen können. Aber der Ministerrat wolle natürlich soweit als möglich helfen. Da wäre zum Beispiel das Schloß Hohenstein mit einem Laboratorium. Dort könne er geruhig und viel besser leben.
Nun war die Katze aus dem Sack. Nach dem festen Hohenstein wollten sie ihn bringen. Aber Kunckel war natürlich abgebrüht genug und konnte seine Gedanken verbergen. Er zeigte sich überrascht und erfreut über all das Entgegenkommen. Bei allernächster Gelegenheit werde er natürlich hinfahren und besonders das Laboratorium auf seine Brauchbarkeit ansehen!
In Wirklichkeit war Kunckel gar nicht geneigt hinzufahren und sich sein eigenes Gefängnis auch noch auf eigene Kosten anzusehen. Kaum war der gütige Besucher aus dem Hause, rannte Johann Kunckel straks zum Kurfürsten. Die zehn Mark des produzierten blaßgelben Goldes brachte er klugerweise gleich mit.
Johann Georg hörte Kunckel gnädig an und versicherte ihn seines

vollen Vertrauens. Er hielt den Ministern eine Standpauke, wobei jene sich verneigten und ihre ungerührten Gesichter in bekümmerte Falten zu legen versuchten. Aber die Minister hatten die Kontrolle der Kasse, nicht der Fürst. Sie sagten zu Kunckel: »Kannst du Gold machen, wozu brauchst du dann unser Geld? – Kannst du es nicht – für was sollen wir dich dann bezahlen?«
So war sich Kunckel zwar weiter der Gnade des Herrschers sicher – aber Geld bekam er keines mehr.

Nun war zu dieser Zeit auf der Universität zu Wittenberg gerade kein Professor, der Experimentalchemie hätte lehren können. So wurde denn Johann Kunckel gnädigst gestattet – obwohl er selber nicht studiert hatte – das Collegium Chymicum Experimentale dort zu halten. Zu seiner Einführung ließ Johann Kunckel am 14. Februar 1677 zu Wittenberg ein kleines Buch erscheinen, das seine, des Chur-Fürstlich Sächsischen Geheimen Kammerdiener und Chymici, »Chymische Anmerkungen« enthielt. Er erklärt darin, warum denn so wenige Erfolg bei der Umwandlung zu Gold hätten:
»Halte auch davor, dass es daher komme, dass in Alchymia von vielen so wenig nutzen geschafft werde, weil sie nicht wissen ob sie eine Sulphurische oder Mercurialische Materiam haben und nicht versichert sind ob sie similia oder contraria zusammen tractieren, westheils zu viel oder zu wenig sey. Derwegen sie öffters so wunderliches zeuchs durcheinander giessen und schmelzen, sublimieren und figieren, dass es dem Popphans selbst davor grauen möchte.«
Bei der Umwandlung Silbers zu Gold ist die Idee Kunckels, daß mann Silber dadurch schwerer macht, daß man ihm alle kleinen Zwischenräume und Poren heraushämmert und walzt und dabei noch die Metallstruktur durch Glühen in Salz niederbricht, bis sich Silber endlich in die dichtere Struktur des Goldes bequemt und damit automatisch andere Eigenschaften des Goldes und schließlich auch seine Farbe annimmt.
Zu dieser Theorie liefert Kunckel in seiner »Chymischen Brille« das folgende Rezept:

Dünn gehämmertes goldfreies Silber, mit reinem Kochsalz Schicht um Schicht in einen irdenen Topf gepackt und im Ofen zwölf Stunden geglüht, wird bröckelig. Danach fein zerrieben, wird es mit Salz zusammengeschmolzen, ausgewalzt und wieder auf die alte Weise geglüht. Nach sieben Wiederholungen des Prozesses wird das Produkt in Scheidewasser gelöst. Hierbei bleibt ein Rest von Gold zurück.
Wenn ein vornehmer Herr künstliches Gold für ein besonderes Kleinod haben will, kann man es auf diese Weise herstellen, meint Kunckel. Aber er fügt hinzu, daß dabei am Golde nichts zu verdienen ist. Und das wäre doch für ihn das Wesentlichste bei seinem schmalen Universitätseinkommen und seinem nicht existierenden kurfürstlichen Einkommen gewesen. Zudem hielt man auf der Universität Wittenberg vom ganzen Experimentieren überhaupt sehr wenig. Man betrachtete es einfach als unfein und vulgär. Kunckel beklagt sich bitter über einen Kollegen, von dem er sagt, daß er auf Mathematik abgerichtet war, wie die Katze aufs Mäusefangen. Um zu sehen, wie man mit dem Stein der Weisen Metalle verwandeln könne, wäre dieser Professor nicht hundert Schritte weit gegangen. Er meinte, er könne das am Schreibtisch mathematisch weit genauer untersuchen. Diese Ansicht des Professors ist in der Chemie heute populärer geworden, als sie damals bei dem verbitterten Kunckel war. Trotzdem ist das Experiment heute so im Recht wie es damals war, als die Studenten, die »Höheres« im Sinne hatten, sich nicht bei Kunckel die feinen Hände schmutzig machen wollten.
Wie verständlich ist es bei diesem Hintergrund, daß Johann Kunckel mit beiden Händen zugriff, als ihm schließlich der Kurfürst von Brandenburg eine bescheidene aber wirklich bezahlte Stelle anbot.
In Großenhayn, drei Meilen von Dresden, lebte im Jahr 1677 ein pensionierter Amtmann, namens Christoph Adolph Balduin. Dieser Herr Balduin verbrachte seine Tage mit Alchemie, braute wunderliche Arzneien und Lebenswasser, studierte das Geheimnis der Metalle und die sonderbaren Wege der Natur.
Eine dieser Quackmixturen, die er Spiritum Mundi, Welt-Geist

nannte, verkaufte er mit großem Erfolg für zwölf Groschen das Lot. Im ersten Teil der Produktion dieses Lebenswassers wurde Kreide in Scheidewasser gelöst und danach die Salpetersäure wieder abgedampft. Weil aber die Bestellungen sich häuften und die Produktion nicht recht nachkam, so hatte Herr Balduin ein zu scharfes Feuer unter die Kolben gegeben. Dabei hatte sich ein gelblich weißer Niederschlag am Retortenhals angesetzt und den ganzen Fabrikationsprozeß aufgehalten.

Weil es gerade schon dunkel wurde, darum war Adolph Balduin etwas grob und eilig, als er mit Hammer und einem Eisenstänglein den harten Ansatz abzuschlagen suchte. Der Erfolg war deshalb nur, daß der ganze Retortenhals abbrach. Herr Balduin, der von Natur durchaus nicht lammsgeduldig, sondern eher etwas zappelig und eilfertig war, packte den Glashals und warf ihn in die fernste Ecke.

Dort lag er nun und – oh Wunder – leuchtete! Adolph Balduin hatte bald heraus – denn er hatte das Glasstück mit Triumph aus der Ecke gezogen – daß die Masse leuchtete, wenn sie vorher von der Sonne beschienen worden war. Mit seinem kostbaren Schatz kam er sofort nach Dresden und zeigte ihn allen Ministern, von Herrn Geheimrat Baron von Friesen angefangen, die ganze Ministerliste durch.

Balduin hatte die erste Leuchtmasse in der Retorte erzeugt. Einen jener Stoffe, die Licht aufnehmen und die es dann, ohne sich chemisch zu verändern, im Dunkeln langsam wieder von sich strahlen.

Am Nachmittag dieses Tages war Adolph Balduin bei seiner Vorführungstour schließlich auch bei Herrn Kunckel gelandet. Er wußte, daß das ein scharfer Konkurrent mit schnellem Witz und raschem Auge war. Aber Balduins Glück wäre nicht vollständig gewesen, wenn er es sich aus Vorsicht verkniffen hätte, auch bei dem übergescheiten Kunckel mit seiner Entdeckung zu prahlen. Balduin war natürlich so schlau, hier die Masse nicht aus der Hand zu geben. Er führte den Stein vor, zeigte auch das Leuchten in einer dunklen Ecke, aber hielt sich im übrigen Herrn Kunckel auf Armeslänge vom Leibe.

Johann Kunckel tat ein bißchen abwesend, nicht zu sehr eingenommen und schien sich im übrigen nur rein theoretisch an der Erscheinung zu interessieren. Als aber Balduin dann abgereist war, ohne daß Kunckel etwas hätte herausfinden können, da hielt er es einfach nicht mehr aus vor neugieriger Begierde. Seine ganze Kulisse künstlicher Uninteressiertheit brach zusammen. Er nahm sich eine Kutsche und fuhr geradewegs nach Großenhayn zum Laboratorium des Herrn Balduin.

Wir können es uns vorstellen, wie sich Adolph Balduin fühlte, als da eine Mietskutsche heranrollte und aus ihr der hochmütige Herr Johann Kunckel tauchte. Gekitzelt vor Stolz war Balduin, aber er war zugleich auf der Hut vor dem Fuchs. Zuerst traktierte er Herrn Kunckel mit guter Musik. Herr Balduin war Künstler mit der Flöte und auf der Geige. Herr Kunckel hörte zu – mit höchster Befriedigung, wie er versicherte. Später hatten sie allgemein theoretisch philosophische Gespräche über die Natur des Leuchtens. Jeder der beiden redete so gelehrt und unverbindlich wie nur möglich. Keiner wollte den anderen etwas lehren.

Als es nun aber dunkel wurde und die Wachskerzen brannten, da hatte nun Balduin wohl oder übel noch einmal mit seiner leuchtenden Masse herauszurücken. Aber er hielt den Stein wohl entfernt von Kunckel und der konnte sich ja nicht offensichtlich darauf stürzen.

»Oh«, meinte Kunckel, »haben sie es schon probiert, ob der Stein das Licht der Kerzen ebenso aufnimmt, wie das der Sonne?« Und die langsam mißtrauischen Bewegungen des Herrn Balduin aufmunternd fügte er jovial hinzu: »Halten sie ihn doch nur einmal ganz dicht hier an die Kerze!« Balduin tat es, aber Kunckel konnte den Stein so immer noch nicht in seine Hand bekommen. Deshalb probierte er einen neuen Weg.

»Könnte man nicht durch einen Sammelspiegel das Licht noch viel konzentrierter in den Stein werfen?« schlug Kunckel nun vor. Das schien Herrn Balduin eine glänzende Idee. Er rannte, um einen Brennspiegel zu holen.

Hier war nun für den Fuchs Kunckel der lang erwartete Moment. Begierig griff er nach dem Stück Retortenhals, an dem die Masse

noch immer hing, kratzte ein wenig heraus und steckte es in den Mund, um den Geschmack zu prüfen.
Als der eifrige Balduin zurückkam, da lag das Glasstück wie zuvor auf dem Tisch. Kunckel aber war schon ein bedeutendes Stück näher am Geheimnis. Es war ihm bekannt, daß Balduin schon immer viel Kreide und Scheidewasser verpantscht hatte und er wußte jetzt nach dem Geschmack, was es ungefähr sein mußte.
Trotzdem fragte er nun den alten Amtmann, um ihn in sicherer Selbstzufriedenheit zu halten, ob er das geheime Verfahren nicht weiter mitteilen würde? Da eröffnete ihm Balduin, daß es nicht allein sein Geheimnis wäre, sondern daß es nun Gemeingut einer geheimen alchemistischen Gesellschaft sei, der er als Mitglied angehöre.
Jene Geheimgesellschaft, der auch Herr Hofrat Baron von Friesen angehöre, wäre seit einiger Zeit bereit, Herrn Johann Kunckel als ihr Mitglied aufzunehmen. Eine der Bedingungen des Bundes sei, daß jedes Mitglied sein geheimes Wissen, seine alchemistischen Erfahrungen in den Dienst der Gesellschaft stellen müsse.
Kunckel zeigte sich diesem Angebot gegenüber freundlich zögernd. Während er aber die Gastfreundschaft des Amtmanns annahm, hatte er durch einen Boten schriftliche Anweisung an seinen Laboranten Tutzky gehen lassen, diesen und jenen Prozeß in aller Eile auszuführen.
Am nächsten Tag waren Kunckel und Balduin bei dem Baron von Friesen, der auch Amtshauptmann in Meissen war, zu Mittag geladen. Die neue Bundesfreundschaft sollte so untermauert werden. Kunckel aber blieb immer noch allgemein und verpflichtete sich zu nichts. Mit des Barons Kutsche fuhr er nach Dresden zurück. Als er dort vom Trittbrett stieg, erwartete ihn bereits der Bote seines tüchtigen Tutzky – mit einer Probe des neuen Leuchtsteins. Johann Kunckel lächelte selbstgefällig. Er hatte der alchemistischen Gesellschaft und diesem Balduin das Geheimnis entrissen, ohne den Preis zu zahlen.
Es ist wahr, auch der Schuhmacher Casciorolo aus Bologna hatte schon um das Jahr 1602 einen Leuchtstein gemacht, der nach vorheriger Sonnenbestrahlung im Dunkel leuchtete. Er hatte jene

sonderbar radial gefaserten Kugeln – es war Schwerspat –, die man auf dem Berge Paterno findet, in Mehl gewälzt und geglüht. Dadurch hatte er nachleuchtendes Bariumsulfid erhalten. Aber wir wollen zu Ehren des Herrn Adolph Balduin sagen, daß er die erste in der Retorte erzeugte Leuchtmasse alchemisiert hat.

Für Johann Kunckel bleibt deshalb nicht viel Ruhm, wenn er sich auch schließlich mit »seiner« Leuchtmasse bei seinem zukünftigen Protektor, dem Kurfürsten Friedrich Wilhelm von Brandenburg, gut einführte. Trotzdem ist es an der Zeit zu zeigen, daß neben dem Talent, mit Virtuosität die Entdeckungen und Erfindungen anderer auszuschnüffeln und zu verbessern, Johann Kunckel auch ein hundert Prozent leistungsfähiger, praktischer Chemiker seiner Zeit war.

Wenn Kunckel auch keinem Fürsten goldene Reichtümer verschaffte, so hat er doch in ihren Diensten etwas ebenso Wichtiges geleistet. Solange er in Kontrolle war, konnte kein Betrüger versuchen, irgendein Pseudoverfahren im Goldmachen zu verkaufen.

Da hatte im Jahr 1677 ein Baron dem Kurfürsten von Brandenburg ein Verfahren angeboten, das immerhin ein Weg zum Stein der Weisen sein sollte. Es war, was die Alchemisten ein Partikularverfahren nennen. Man konnte damit Silber soweit angreifen und zerstören, daß man daraus genug Gold mit großem Profit ausscheiden sollte.

Es war ein Vertrag aufgesetzt worden, daß der Herr Baron, wenn er den Prozeß dem Kurfürsten enthüllt, und einen Versuch erfolgreich vorgeführt habe, in Hamburg fünfzehntausend Reichstaler ausgezahlt bekommen sollte. Nun hatte man bereits das Experiment gemacht. Das erzeugte Metall war in der Berliner Münze eingeschmolzen und das Gold war richtig gefunden worden. Jetzt wollte der Herr Baron zumindest einen ziemlichen Vorschuß, ehe er sein Geheimnis auspacken werde.

In diesem kitzligen Augenblick hatte Herr Doktor Mentzel, Vertrauter und Leibarzt des Kurfürsten, die profitable Idee, man möge doch Herrn Johann Kunckel von der Universität Wittenberg kommen lassen und erst einmal abwarten, was der zu sagen habe.

Das ganze war natürlich ein klassischer Fall für die Spürnase Johann Kunckels. Er kam auch ohne Verzug aus Wittenberg angefahren. Aber als er aus der Postkutsche stieg, da war auch schon der Herr Baron da.
Der Herr Baron meinte, er hätte gerne ein paar Worte mit Herrn Kunckel gesprochen, persönlich, ganz allein. »Bitte sehr!«, sagte Kunckel. Er war nicht abgeneigt, die ersten Informationen vom Goldmacher selbst zu erhalten.
Der Baron räusperte sich. »Ja?«, meinte Kunckel. »Sicherlich will der Herr Kurfürst ihren werten Rat«, sagte der Herr Baron etwas leichthin. »Ich habe ihm da nämlich ein kleines Verfahren angeboten – « Dann setzte er etwas bedeutungsvoller hinzu: »Lassen Sie das nur in der Schwebe. Wenn ich meinen Zweck erreicht habe, werde ich Ihnen gerne tausend Reichstaler auszahlen.«
Von diesem Holz jedoch war Johann Kunckel nicht. Er wies den feinen Baron höflich, aber deutlich ab. Gerne wäre er bereit, dem Herrn Baron auf allen redlichen Wegen zu helfen.
Als Kunckel auf das Schloß kam, lag der Kurfürst mit Zipperlein zu Bett. Die Kurfürstin saß bei ihm, um ihn zu unterhalten und Johann Kunckel wurde gleich hereingeführt.
»Ha, Kunckel!« bellte der Kurfürst vergnüglich, trotz seiner Gicht. »Was sagt Ihr nun?« Er griff nach einer braunroten Masse, zeigte sie dem Chemiker und meinte: »Wenn ich das auf Silber werfe, dann gibt es einen schönen Profit in Gold. Schaut es Euch nur an!«
Kunckel wendete den Brocken hin und her. Dann lächelte er leicht, brach ein klein wenig davon ab und steckte es in den Mund.
»Halt!«, rief da der Kurfürst erschrocken. »Tun Sie das bei Leibe nicht. Es ist Gift darin!« Aber Kunckel nickte nur: »Es sind drei böse Hunde in einen Stall gesperrt. Nun hat einer den anderen überwunden und sie sind lammfromm.«
»Ich hätte nicht gedacht«, setzte Kunckel hinzu, »daß man diesen alten Trick hier in Berlin anwenden könnte. Der Herr Kurfürst möge mich in Seine Apotheke gehen lassen, da mache ich es Ihm in vier Stunden. Oder lasse Er den Apotheker kommen. Dem will ich es sagen. Dann kann er es auch alleine machen.«

Kunckel erklärte nun wie diese Masse aus Arsenik, Schwefel und Antimon zusammengeschmolzen wäre, und wie leicht man da hinein auch einiges Gold praktizieren könne.
Aber die Kurfürstin war schon ungeduldig. Sie hatte in ihrem Schoß einen gegossenen Brocken, den wollte sie nun Kunckel geben. »Das kommt auch noch hinein!« sagte sie. Kunckel nickte, aber nahm den Brocken gar nicht in die Hand. »Ich weiß was es ist«, meinte er, »ich brauch den Barren gar nicht anfassen. Er ist schwer wie Blei und wenn man etwas Essig darauf gießt, dann wird es süßlich – und auch dahinein kann man Gold praktizieren!«
Kunckel hatte natürlich sofort an der Art des glänzenden Bruches gesehen, daß es Bleiglätte war, wie sie sonst bei der Reinigung des Goldes abfällt.
Über diese prompte Art fachmännischer Prognose waren Friedrich Wilhelm und die Kurfürstin zuerst sprachlos vor Staunen. Natürlich fand die Kurfürstin zuerst ihre Sprache wieder. »Siehst du nun mein Lieber«, sagte sie zum Kurfürsten, »so geht es, wenn man keine Leute hat, die auch etwas verstehen! Was hat man nicht für Wunder aus diesem Ding gemacht und hier der Kunckel schmeißt es auf einmal hin in den Dreck!« Grollend setzte sie noch hinzu: »Und hätten Sie nun nicht wiederum um soviel tausend gute Taler betrogen werden sollen!«
Es ist überflüssig zu sagen, daß der Herr Baron seine 15000 Taler nun nicht erhielt. Und es ist verständlich, wenn schließlich der Kurfürst Herrn Kunckel die Stelle als Hofchemiker anbot.
Nebenbei ist daraus zu sehen, wie recht der Kurfürst der Kurfürstin gab.

Bis zur Mitte des siebzehnten Jahrhunderts war es nicht gelungen, echtes Rubinglas herzustellen. Das, was in Kelchen und Kirchenfenstern als blutrotes Glas erschien, war grünes Bleiglas, dessen Oberfläche durch Einwirkung von außen in rotes Glas verwandelt worden war. Es war mit einer Goldlösung bestrichen worden und hatte sich nach wiederholtem Glühen in scheinbar blutrotes Glas verwandelt.
Aber der Fortschritt in der Alchemie zeichnete sich gerade darin

aus, daß man weniger und weniger mit dem Anschein zufrieden war. Man wollte Gold, das allen Proben wiederstehe und sich ein für allemal als durch und durch echtes Gold erweise.
Nun, Alchemisten verlangten dasselbe auch vom Rubinglas, jener wunderbar fixierten und kristallinen Form des roten flüssigen Goldes, des Aurum Potabile. Sie verlangten ein Rubinglas, das zerschnitten oder zerbrochen nicht einen häßlichen grünen Kern zeige, sondern leuchtender Rubin in allen Schnittflächen und Bruchstücken blieb.
Solch ein Glas, das gleich dem natürlichen Rubin leuchtete und war, das schien den Skeptikern so unmöglich zu sein, wie künstliches transmutiertes Gold, das nicht nur auf der Oberfläche Gold geworden war.
Aber das Unmögliche ist der wahre Bereich des Alchemisten. Alchemie heißt, das in der Chemie zu tun, was die Schulweisheit für unmöglich erklärt. Doktor Andreas Cassius hieß hier in diesem Fall der Mann, der zuerst versuchte, das Unmögliche möglich zu machen: Goldlösung mit glühendem Schmelzfluß des Glases zu mischen.
Doktor Cassius ging systematisch wissenschaftlich vor. Zuerst stellte er jene Metallösung her, die auch die beste Oberflächenfärbung erzielte. Es war eine Gold-Zinn-Lösung. Von dieser Lösung erzeugte er einen trockenen Rückstand, ein Pulver. Dieses Pulver konnte er nun ohne Gefahr in den Glasfluß mischen, während die Säurelösung ihm einfach den Tiegel gesprengt hätte.
Zuerst jedoch erhielt Doktor Cassius durch das Verfahren noch durchaus kein Rubinglas. Wie er auch die Zusätze mischte, der Glasfluß war am Ende immer klar und farblos. Andreas Cassius ließ jedoch nicht nach und fand endlich – daß alle jene bis jetzt erzeugten Gläser durchaus kein Fehlschlag waren. Sie mußten nur noch einmal im Ofen geglüht werden, um ihre Farbe in jenes so lange gesuchte Rubinrot zu verwandeln. Die Schwierigkeiten waren noch viele, die Gleichmäßigkeit des Glasflusses und damit die Farbe ließ zu wünschen übrig. Aber hier war es, das echte Rubinglas!
»Als ich dieses erfuhr, legte ich alsofort Hand an. Aber was ich vor

Mühe hatte, die Komposition zu treffen und zu finden, und wie man es beständig rot kriegen sollte, weiß ich am besten.« So sagt Johann Kunckel, sonst als Erfinder des Rubinglases genannt, in seinem »Laboratorium Chymicum«. Und wenn es auch so ist, daß, wie Thomas Alva Edison sagt, jede Erfindung nur ein Prozent Genie und neunundneunzig Prozent Schweiß ist, und wenn auch Kunckel ein Jahrzehnt des Schweißes zur wirklichen Vervollkommnung des Rubinglases spendete – so sollten wir doch jenen Ersterfinder, den so unbekannten Alchemisten Doktor Andreas Cassius nicht vergessen.

Es war im Jahr 1679, sechs Jahre nach dem Tode des Doktor Cassius, daß es Johann Kunckel gelang, selbst das erste Stück schönen Rubinglases herzustellen. Er verehrte es seinem Brotgeber, dem Kurfürsten Friedrich Wilhelm von Brandenburg. Der Kurfürst war von der Arbeit begeistert. Er ließ seinem Chemiker Kunckel sofort einhundert Dukaten als Belohnung auszuzahlen. Voll Stolz zeigte Friedrich Wilhelm das Glas allen fremden Gesandten an seinem Hof. So fehlte es Kunckel von Anfang an nicht an Propaganda. Der Kurfürst von Köln wollte sogleich einen großen Kelch aus Rubinglas haben und Friedrich Wilhelm feuerte den Kunckel, der noch nicht recht an ein größeres Wagnis wollte, recht von Herzen an. Es gehe um die Ehre, das erste Rubinglas gemacht zu haben, meinte sein Protektor, so möge es kosten was es wolle.

Aber es war nun gar nicht mehr so schwer. Nur der erste Kelch ging beim Glühen in Stücke. Der zweite sprang nicht und hatte eine wunderbar gleichmäßige Rubinfärbung. Es war ein Prachtstück von vierundzwanzig Pfund Gewicht. Maximilian Heinrich, der Kurfürst von Köln, zahlte Kunckel dafür achthundert Reichstaler.

Mittlerweile fanden auch kleinere Rubinglasstücke guten Absatz. Steinschneider zahlten Herrn Kunckel vier Reichstaler für das Lot, sodaß er für das Pfund einhundertzwanzig Taler bekam. Die Schwierigkeiten kamen bei diesem glänzenden Geschäft, weil der Doktor Cassius zu seiner Zeit nicht daran gedacht hatte, ein Geheimnis aus seinem goldzinnernen Zusatzpulver zu machen. Er hatte sein Wissen nach Art der Gelehrten mit befreundeten Seelen

ausgetauscht. Fürsten brauchten da jetzt nur, wegen der handwerklichen Griffe, den einen oder anderen Glasschmelzer aus dem Laboratorium Kunckels, der nun auf der Pfaueninsel bei Potsdam arbeitet, abspenstig machen. Schon konnte dann die Rubinglasfabrikation auch woanders starten.
So wurde Kunckel erst im Preis gedrückt. Er konnte für das Pfund Rubinglas nur noch zehn Reichstaler verlangen. Die rechte Schmutzkonkurrenz kam aber schließlich vom Schreiber Kunckels. Der konnte nämlich das kleine Einmaleins gut und machte sich eine Selbstkostenberechnung. Als deren Ergebnis erzählte er jedem der es hören wollte, und das waren eine ganze Menge, daß er das Rubinglas für zwölf Groschen das Pfund wohl machen könne.
Kein Wunder, daß man nun den Johann Kunckel fragte, warum er das Rubinglas so teuer mache? Weil es für die großen Herren sei und nicht für die Bauern, meinte Kunckel fürs erste. Aber seine Abnehmer waren nicht immer große Herren. So gab Kunckel denn noch eine ausführlichere philosophische Preisberechnung:
»Ich machte etwas, was mir keiner nachmachen konnte, und es war rar. Ein Liebhaber, der es gerne hatte, mußte hundert Reichstaler bezahlen, obwohl es mir nicht fünf Reichstaler kostete. Aber soll denn der Erfinder nichts für seine Idee haben? Er übervorteilt seinen Nächsten dabei nicht, denn er muß es ja nicht haben. Es ist nur für den, der es schätzt und Geld genug hat.
Gesetzt den Fall, ich würde Quecksilber oder Silber zu Gold machen und das Pfund käme mir, neben dem Preis des Silbers oder Quecksilbers, auf zwei Taler zu stehen. Wäre ich nicht ein Narr, wenn ich darum das Pfund Gold für zwei oder drei Taler weggeben würde?«
Es war eine philosphische Preisberechnung. Aber ihre Grundlage begann sich mit den Jahren mehr und mehr aufzulösen. Was erst selten war, war nun aller Straßen Kunst. So blieb Kunckel am Ende selbst nur die Resignation:
»Also ist der Rubin aufgekommen, und also ist er gemein geworden, darum mache ich keinen mehr.«

Hennig Brand fragt: »Leuchtet der Stein der Weisen?«

Im Jahr 1632 beschrieb Thomas Kessler in seinem Straßburger Buch der vierhundert Chimischen Prozesse auch ein gewisses Partikular, womit man unedle Metalle in gutes Silber verwandeln konnte. Hierbei hatte man Kinderurin in einem kupfernen Kessel zu sieden. Dann wurde destilliert und mit Salpeter und Alaun gearbeitet, bis man den Partikular-Stein, den unvollkommenen Stein der Weisen hatte.

Diesen Prozeß hatte in Hamburg auch Hennig Brand, ein in vielen Schlachten avancierter, schließlich pensionierter Soldat, der nun wohlverheiratet sein Glück in der Alchemie suchte, mit allen Finessen durchprobiert. Es war ihm gelungen ein gewisses Wasser zu konzentrieren, das geschüttelt und mit Luft vermischt, im Dunkeln leuchtete. So wußte Brand, daß er auf der Spur einer großen Sache sei. Es war nur so schwer den Stein weiter zu konzentrieren und schließlich zu fixieren! Und war es dann auch wirklich die große Tinktur? Leuchtete der Stein der Weisen?

Endlich, im Jahre 1669, hatte Hennig Brand nach scharfer Destillation und Abrauchung des Urins eine gelbwächserne, leuchtende Masse im Rezipienten gefunden. Dies mußte der recht konzentrierte, fixierte Stein der Weisen sein! Aber dieser Stein, wie Brand zu seiner Sorge erkennen mußte, verwandelte Blei weder in Silber noch in Gold. Was war es denn dann, was er da erzeugt hatte? Hennig Brand war bewildert und entmutigt.

Aber andere schienen auch in der gleichen Richtung zu arbeiten. Und wie sie den Mund voll nahmen, schienen sie doch ein klein wenig mehr Erfolg zu haben. Da hatte Johann Naumann im Jahr 1674 zu Hamburg ein Büchlein veröffentlicht, das er »Alchemisches Siebengestirn« nannte. Darin wurde auch zu jenem Ausgangsstoff im großen Prozeß gedeutet, mit dem auch Hennig Brand schon solange gearbeitet hatte. Auch da wurde von dem gleichen Zwischenprodukt, dem feurigen Wasser gesprochen: »Das Gold der Weisen, so wol gekochet und recht reiff gemacht ist

durchs feurige Wasser, bringet das Ixsir zuwege. Denn das Gold der Weisen ist schwerer als das Blei, welches ist durch mässige Zusammensetzung das Ferment Ixsir.«
Und wurde nicht in demselben Buch, bei der Zitierung des Raimund Lull gesagt, daß das Ferment rein Gold oder rein Silber sei, aber die Medizin dazu eine teigige Masse wie Wachs? Und sagte nicht das Buch, nachdem die Medizin mit Silber fermentiert war: »Von selbiger Medizin nimm und wirff über hundert Teil Blei oder Zinn oder eines von den anderen Metallen, so wird in Silber verwandelt werden, beständig in allen seinen Proben mit allen seinen Eigenschaften.«
Es ist nicht verwunderlich, daß Hennig Brand nach diesem Studium noch einmal mit aller Energie seinen alten Prozeß aufnahm, seinen leuchtenden Stein konzentrierter herstellte und ihn mit Edelmetall zu fermentieren suchte. Aber er hatte keinen Erfolg. Entweder faselte jener Naumann in der Art der Fermentation oder – dies war noch nicht der Weg zum großen Stein, war nur Fixierung, Konzentrierung und Reindarstellung des Elementes Feuer!

Es war im Jahr 1677, in der Zeit zweifelnder, verzweifelnder Resignation des Hennig Brand, daß Johann Kunckel vorübergehend nach Hamburg kam. Er hatte auf einem Scherben den neuen Balduin-Phosphorus mitgebracht und zeigte ihn bei den gelehrten Spitzen der Gesellschaft herum. Er erklärte, wie sein Stein das Licht bei Tage einsauge und bei Nacht so wunderbarlich leuchte. Johann Kunckel bekam auf diesem Prahl- und Rennomier-Rundgang aber bald einen Einwand. Einer nahm ihn beiseite und sagte ihm, daß das, was er da hätte, noch garnichts sei: »Lieber Freund Kunckel, da ist hier einer – er läßt sich Doktor Brand nennen – der hat etwas gemacht, das leuchtet aber allezeit bei Nacht!«
Kunckel mußte natürlich sofort mit diesem Brand bekannt werden! Der, der es ihm gesteckt hatte, der konnte auch wirklich bald diese Bekanntschaft vermitteln. Nur hatte Hennig Brand gerade keinen neuen Phosphorus fertig. Daß er allen weggegeben hatte, das zeugt nicht von der gierigen Bösartigkeit, die ihm Kunckel später anzuhängen suchte.

Den neuen Brand'schen Phosphorus konnte Kunckel bei einem guten Freund sehen, der noch ein Stückchen davon hatte. Er machte auf Johann Kunckel starken Eindruck, wenn er auch sein Interesse verbergen konnte. Um aber die Aufregung von der Seele zu laden, schrieb er darüber einen Brief nach Sachsen heim. Er schilderte Herrn Johann Daniel Krafft, dem ehemaligen Harzer Bergarzt und nunmehrigen kursächsischen Kommerzienrate zu Dresden, die wunderbaren Eigenschaften des neuen Steines, den er eben hier in Hamburg entdeckt hatte.
Aber gerade Daniel Krafft kannte die Wege des Kunckel nur allzu gut. Es war das Beste, diesem Hennig Brand eine Portion des Steines abzukaufen, noch bevor sich Kunckel das Geheimnis wie üblich umsonst erschlichen hatte. Dann konnte er selber den Stein des Brand herumzeigen, bevor ihn noch Kunckel als sein eigenes Produkt ausposaunte und damit auf die Renommiertour ging.
So fuhr Doktor Krafft sofort mit der nächsten Eilpost von Dresden nach Hamburg und ging geradeaus zu Hennig Brand, während Johann Kunckel noch herumschnüffelnd sich die Zeit nahm Uninteressiertheit zu heucheln.
Daniel Krafft legte dem Hennig Brand sofort zweihundert Taler auf den Tisch, unter der Bedingung, daß dieser sofort einige Lot des Phosphorus für Krafft anfertigte und dazu den Herrn Kunckel aus dem Spiele halte. Hennig Brand versprach auch bis zu einem gewissen festgesetzten Zeitpunkt die Kunst den Phosphorus zu machen niemanden zu lehren und im besonderen dem Herrn Kunckel nicht. Darüber wurde eine förmliche Abmachung getroffen und dazu von Brand der Prediger vom Pesthofe zum Eidesbürgen eingesetzt.
Es war an diesem Tag der feierlichen Abmachung, daß auch Kunckel eine Verabredung zu einem freundlichen Besuch mit Brand getroffen hatte. Gerade um eine Nasenlänge war diesmal der schlaue Chemiker geschlagen worden. Als Kunckel an das Brand'sche Haus kam, entschuldigte sich der Alchemist, daß er den Herrn Kunckel heute nicht hereinführen könne, da seine Frau krank sei und er auch bereits jemanden bei sich habe. Der unverwüstliche Kunckel versuchte noch auf der Treppe schnell etwas

herauszuhorchen. Aber Brand war gut gewarnt und alles war vergeblich.
Dafür aber hatte Kunckel schon an anderer Stelle in Hamburg herausgefunden, daß Brand einer gewissen Frau zugestanden hatte, daß er den wunderbar leuchtenden Stein aus dem Urin mache. So dachte sich Kunckel, obwohl er nun eigentlich unverrichteter Dinge abreiste, er würde es zu Hause schon treffen!
Aber das Verfahren war nicht so einfach zu finden, wie er es sich in Hamburg theoretisch vorgestellt hatte. So nahm Johann Kunckel von Wittenberg aus noch einmal einen Briefwechsel mit Brand in Hamburg auf. Kunckel drohte Brand, daß er bereits schon mit dem rechten Stoff laboriere und es früher oder später finden müsse. Wenn also jetzt Brand, so kurz vor der Entdeckung durch ihn selber, noch immer hartnäckig schweige, so wäre es eben dann auch Kunckels eigene Erfindung und nicht die Brands. Hennig Brand geriet nun in Panik. Er gestand dem Kunckel, daß er einen Vertrag mit Daniel Krafft zu halten hätte. Aber Krafft hätte sich schon am Hannoverischen Hof für den neuen Phosphorus bezahlen lassen. Und wenn Krafft unlauter handle, dann könne er selber nun mit Kunckel paktieren. Nun fand Kunckel jedoch am Ende das Verfahren selber.
Inzwischen war Daniel Krafft auch nach England gereist und hatte den Phosphorus dem englischen König und in London dem Chemiker Robert Boyle gezeigt. In seinem Mißtrauen aber war Hennig Brand ungerecht. Daniel Krafft hatte sich niemals als den Entdecker des Phosphorus ausgegeben und hat auch das Geheimnis seiner Herstellung weder umsonst verraten noch verkauft. Selbst Robert Boyle konnte es von ihm nicht erfahren.
Dafür ließ sich Kunckel – von anderen – als den rechten Wiederentdecker der Phosphorerzeugung ausposaunen, einer Kunst, die nach dem Tode des Ersterfinders Brand verloren gegangen sei. Von Johann Kunckel selber erscheint zu Wittenberg im Jahr 1678 noch eine Streitschrift, die sich »Phosphoro Mirabili« nennt. Darin verteidigt er seine Methode der Nacherfindung und die Schrift beginnt:
»Wohledle, Beste, und hochgelehrte Herren! Ich habe nicht Ursa-

che das Licht zu scheuen, wenn ich von meinem vor kurzer Zeit erfundenen Wunderlichte jetzt etwas deutlicher handle... Ich wende mich besonders zu Ihrer Magnifizenz, dem Kurfürstlich Sächsischen Wohlbetrauten Rat und ältesten, bestverdienten Leibmedikus, Herrn Doktor Abraham Birnbaum, mit welchem ich die hohe Ehre gehabt in genauere Bekanntschaft zu geraten, und ersuche denselben besonders sie alle hochgelehrte Herren, wenn dergleichen verläumderische Nachrede, die Ihnen mehr als mir selber wissend waren... mich der Wahrheit zum besten kräftiglich zu schützen.«

Es fällt also Kunckel in diesem Jahr noch etwas schwer, seine erfinderische Überlegenheit allgemein anerkannt zu finden. Dieses sein Traktat endet deshalb das Argument:

»Da ich denn anfangs, dessen Erfindung betreffend, zwar nicht in Abrede stellen kann, daß ich einigen Anlaß dazu bekommen, so wird aber niemand beweisen können, daß er es mich gelehrt, oder mir mitgeteilt hat, darum ichs billig als meine Erfindung ausgeben kann. Ganz zu schweigen von dem bekannten Sprichwort, daß man von einem rechtschaffenen Mann und einem guten Wein nicht fragen soll, woher sie sind.«

Alles das war im Jahr 1678. Im Jahr 1692 erschien jedoch ein französisch geschriebener Bericht, in dem schwarz und weiß, die Schurken und die Ehrenmänner schon viel besser getrennt waren. Brand wurde darin als ein recht verfinsterter Mensch, von geringem Herkommen und einem morösen und phantastischen Gemüte geschildert. Als ein Mensch, der alles, was er machte, sehr geheim tat und der auch wirklich mit dem Geheimnis des so zufällig gefundenen Phosphorus ins Grab gestiegen wäre. Dieses so verlorene Kunststück wollte der Kurfürstlich Sächsische Chimist Johann Kunckel nicht gänzlich untergehen lassen und hatte sich befleißigt, solches wieder hervorzubringen.

Gerade dieser Bericht brachte den so unbillig totgesagten, aber zu dieser Zeit immer noch schlecht und recht in Hamburg existierenden Alchemisten die glückliche Ehrenrettung und zum Schluß eine gut bürgerliche Anstellung. Es war der berühmte Gottfried

Wilhelm Leibnitz, dem die Alchemisten in seiner Jugend auch ein Stück weitergeholfen hatten, der nun für Brand eintrat, einen Brief an die Berliner Königliche Akademie der Wissenschaften schrieb und damit die Tatsachen wieder geradebog.
Auf das veröffentlichte Schreiben des Freiherrn von Leibnitz hin, wurde der arme Hennig Brand in seinem Laboratorium zu Hamburg wiederentdeckt, zwischen seinen Phiolen und Retorten ausgegraben und nach Hannover berufen, wo er von nun an, gegen festes Gehalt, Phosphor herstellte.

Van Helmonts Stein der Weisen: Schimmernd, schwer und safranfarben

Wohl der bedeutendste unter den vor der Mitte des siebzehnten Jahrhunderts lebenden Chemikern war für diese Zeit Jan Baptista van Helmont. Ihm gelang die Entdeckung des Kohlensäuregases, das er Gas Sylvestre nannte und das erst einhundert Jahre später von dem englischen Chemiker Joseph Black wiederentdeckt wurde. Jan Baptista van Helmont schon begann die Gase in brennbare und unbrennbare zu teilen.

Dieser Chemiker van Helmont glaubte fest an die Kraft des Steins der Weisen. Hatte er ihn nicht selber eines Abends von einem Fremdling, der ihm in wenig Stunden zum Freund geworden war, geschenkt bekommen! Hatte er nicht selber den transmutierenden Stein als ein schweres, safranfarbenes Pulver, schimmernd wie nicht ganz fein zerstoßenes Glas, in seiner Hand gehabt! Und hatte er nicht ganz allein und mit diesen, seinen eigenen Händen einen Versuch damit erfolgreich beendet!

Van Helmont schildert immer wieder, an verschiedenen Stellen seiner Werke, mit nur leichten unwesentlichen Änderungen, den Ablauf dieses merkwürdigen Experiments.

Er hatte nur sehr wenig von diesem Pulver erhalten und hatte es, in Siegelwachs eingehüllt, auf ein Pfund von eben gekauftem Quecksilber geworfen. Das Quecksilber war im Schmelztiegel über die Temperatur, bei welcher Blei schmilzt, erhitzt gewesen. In dem Moment, in dem das Quecksilber das Pulver aufgenommen hatte, da war es unter Knistern erstarrt. Erst nach weiterem Anheizen schmolz es wieder. Nach dem Umgießen zeigte sich, daß acht Unzen reines Gold entstanden waren.

Dieser Alchemist und chemische Entdecker van Helmont sollte wiederum in dem Leben eines anderen Alchemisten und chemischen Entdeckers, des Apothekerjungen Johann Friedrich Böttgers, dem Erfinder des Porzellans die wegweisende Rolle spielen. Es sind die »Aphorismi Chemici« van Helmonts, die der junge Böttger an seinem Scheidewege studierte.

Fr. Roth-Scheltzii Theatr Chem I Theil.

In dieser rechten Alchemistenfibel waren in 153 Lehrsätzen, Ratschlägen und Weisheiten, die alten Goldmacher ins rechte Licht gerückt und in schlichten Worten dargestellt. Das Buch enthielt nicht viel von den ermüdenden dunklen Redewendungen der alchemistischen Schundliteratur jener Zeit. Was er sagte, das sagte er gerade heraus. Deshalb fand das Buch reißenden Absatz und Liebhaber in allen Ländern.

Obwohl aber das Buch zu Böttgers Lehrzeit schon acht Jahre alt war – es erschien 1688 in Amsterdam – hatte der junge Alchemist doch Schwierigkeit es in die Hände zu bekommen. Wer es hatte, der hielt es für so gut, daß er es nicht mehr herausgab. Als Böttger es schließlich hatte, hatte er noch weitere Schwierigkeiten es zu lesen. Zwar waren englische Übersetzungen des lateinischen Buches rasch erschienen – eine im gleichen Jahr 1688 und eine andere in 1690 – es gab jedoch zu Böttgers Zeit noch keine deutsche. Der junge Böttger hatte sich mit dem Latein zu plagen. Hier sind Dinge, die er daraus lernte:

Metalle bestehen aus einem heißen und einem kalten Schwefel.

In den Minen macht die Natur das Gold und das Silber aus rotem und weißem Arsenik.

Man zählt sechs Metalle. Zwei vollkommene: Gold und Silber. Vier unvollkommene: Zinn, Blei, Kupfer, Eisen.

Die Unvollkommenheit in den Metallen entsteht durch Schwefelüberschuß und ungenügende Mischung, die wiederum durch zu kurzes heftiges Kochen hervorgerufen wird.

Deshalb sind unvollkommene Metalle geeignet sich in vollkommene zu verwandeln. Das geschieht entweder in der Natur selbst oder in den Tiefen der Erde in langen Zeiträumen. Oder man macht es künstlich durch das Auftragen der Tinktur, die unvollkommene geschmolzene Metalle oder auch heißgemachtes Quecksilber im Augenblick umwandelt.

Da dieser Stein der Weisen, die Tinktur, die Eigenschaften des Goldes konzentriert enthalten muß und kein anderer Stoff alle Eigenschaften des Goldes enthält, so muß Gold die Grundlage abgeben. Gemeines Gold hat aber nur soviel gute Eigenschaft, daß es gerade reicht golden zu sein. Deshalb müssen die Eigenschaften

des Goldes überhöht werden. Unter den Mineralien ist es allein das Antimon, welches Fluß und Farbe des Goldes verbessert. Darum ist es das Material, aus dem der Mercurius Philosophorus zur Verbesserung des Goldes erzeugt werden muß.
Diese erhöhende Kraft muß durch zwei Metalle mit gewissen goldischen Eigenschaften ergänzt werden. Diese sind Kupfer und Eisen. Alle drei Stoffe müssen aber, um wirken zu können, von ihrem unreinen Schwefel befreit werden. Dann können sie mit dem Gold, das ebenfalls erst von seinem Schwefel befreit wurde, zur Tinktur verarbeitet werden.

Johann Friedrich Böttger machte Gold und Porzellan

Im Jahre 1696 kam zu dem Apotheker Friedrich Zorn am Neuen Markte in Berlin ein scheuer aber eifriger Junge in die Lehre. Johann Friedrich Böttger hieß das Bürschlein und obwohl er erst zwölf Jahre alt war, zeigte er eine seltene Wißbegier und eine rasche Auffassungsgabe für Experimente in der Chemie.
Um es gleich zu sagen, Zorns Gehilfen hielten diesen Eifer und Wissensdurst für närrisch. Sie rechneten es nicht zu seinen Gunsten, daß dieser schmächtige Knabe in Fragen der Chemie schon weit mehr wußte als sie, die alten abgebrühten Apothekersgehilfen.
Für die gute chemische Erziehung hatte der junge Böttger nicht außerhalb der Familie zu suchen brauchen. Sein Vater war Münzmeister in Magdeburg gewesen und hatte, der Familientradition nach, schon selbst versucht Gold zu machen. Er hatte sogar Aufzeichnungen für Metallmischungen hinterlassen, aus denen sein Junge Rezepte fürs Goldmachen herausträumte.
Vom Vater erbte Johann Friedrich den Sinn zu selbstbetrügerischem Träumen. Es war der Stiefvater Johann Friedrich Tiemann, ein tüchtiger Ingenieur, der ihm die exakteren Grundlagen in Mathematik und der Feuerwerkskunst gab. Warum nun sollte es der junge Böttger mit einer solchen Erziehung nicht weit in den Künsten der Chemie bringen!
Johann Friedrich Böttger war ja auch ein Sonntagskind. Er war am Sonntag, den 4. Februar 1682 geboren. Und Böttger vergaß nie dies zu betonen. Große Dinge würde er tun! Daran glaubte Johann Friedrich mit der Kraft seiner vorwärtsstrebenden Jugend.
Jede Stunde, die er durfte, arbeitete deshalb der Junge im Laboratorium des Apothekers Zorn, seines Meisters. Aber es standen ihm auch bald andere Laboratorien offen. So sehr zünftige Apothekersgehilfen von dem unpassenden Eifer des Lehrlings verletzt und abgestoßen wurden, so sehr übte der fanatische Sucher nach

Erkenntnis, der in dieser Knabenhülle steckte, seine Anziehung auf Liebhaber der hohen Chemie aus. Dies waren alles ältere Herren, Freunde des Apothekenbesitzers Zorn, die sich in Privatlaboratorien der Alchemie widmeten.

Diese in allen Abenteuern des Lebens bereits abgeklärten Alten waren von der Inbrunst angezogen, mit der dieser Knabe lauschte, wenn sie von den besonderen Experimenten sprachen, mit denen sie die Geheimnisse der Natur zu kopieren hofften.

Als erster von diesen Honoratioren lud Dagelius, ein Fabrikant von lackierten Stahlwaren, den Jungen in sein Laboratorium vor dem Leipziger Tor ein. Lackierte Stahlwaren gingen gerade sehr gut als ein Modeartikel und der junge Laborant Böttger half bald die Methoden der Produktion zu verbessern. Er trug den nötigen Zierat mit Asphalt auf. So konnten nun die Stahlwaren tief geätzt werden, da Scheidewasser die aufgemalten Stellen nicht angriff.

Aber natürlich neigte sich die abenteuerlich blühende Phantasie des jungen Böttgers mehr der Alchemie denn der Chemie, mehr dem alles umwälzenden Neuen denn dem schrittweisen Fortschritt zu. Verbesserung von Lackierverfahren schien dem Jungen ein allzu langsamer Weg, um berühmt und reich dazu zu werden.

Eines Tages war die Umwandlung der minderen Metalle in die edlen wieder das Gesprächsthema in der Apotheke. Dagelius war da und der junge Franz Köpke, der bei seinem Bruder, dem Apotheker Köpke zu Heymersheim in der Lehre war. Franz Köpke prahlte ein altes Buch zu besitzen, welches viel Arcana probata, erprobte Geheimnisse enthalte. Das Buch gehörte zwar, genau besehen, seinem Bruder, der es angeblich von einem schweizer Mönch geerbt hatte, als er noch in der Apotheke zu Sankt Gallen war. Als Köpke jedoch sah, mit welcher Begier der junge Böttger nach dem Besitz eines solchen Buches strebte – und als er merkte, daß Böttger sich einiges Geld bei Dagelius verdient hatte – da wurde er mit ihm bald handelseinig.

Das besagte Buch verschwand in Heymersheim und tauchte im Besitz Johann Friedrich Böttgers auf. Böttger brauchte jedoch nicht lang, um herauszufinden, daß das ganze Werk ihm ein Buch mit sieben Siegeln war. Vor allem war es in Latein geschrieben.

Zwar half ihm seines Lehrmeisters Rechtsberater, der Magister Adelung, alle die krausen Ausführungen zu übersetzen. Aber da blieben soviel unverständliche Abkürzungen, alchemistische Zeichen und Decknamen, daß das ganze Manuskript durch die holperige Übersetzung noch nicht licht wurde. Auf den Seiten des Buches gab es rote Löwen, schwarze Raben und grüne Drachen. Man sprach von silbernen Jungfrauen und dem goldenen Mantel. Dazu bezog sich der Schreiber dieses Buches dauernd auf andere alchemistische Autoren, deren Hauptmethoden er bei dem Leser als nicht ganz unbekannt voraussetzte, deren blanke Namen der junge Böttger aber noch nicht einmal gehört hatte. Da wurde von Basilius Valentinus, Theophrastus Paracelsus und Raimund Lull gesprochen und Böttger wußte nicht, ob diese Männer noch lebten oder schon gestorben waren.
So sehr es dem jungen zukünftigen Goldmacher widerstrebte jemanden ins Vertrauen zu ziehen, er mußte doch mit Dagelius, Franz Köpke und seinem Freund Ebers, einem anderen Apothekergehilfen, die Sache beraten. Da saßen sie nun oft zu dreien oder zu vieren bis tief in die Nacht hinein und brüteten und rieten. Aber allzu klug wurden sie dabei nicht. Trotzdem Böttger bei diesen Sitzungen mit seinen Busenfreunden den Geheimnissen der Großen Kunst nicht viel näher kam, so lernte er doch wenigstens den Jargon, die Fachsprache der Alchemisten zu gebrauchen. Er konnte vom Roten Löwen und der Silbernen Jungfrau reden hören, ohne verwirrt zu werden. Und er konnte selbst den Schwarzen Raben und den Grünen Drachen erwähnen, ohne sich allzuviel dabei zu denken.
Solche sprachlichen Taschenspieler-Kunststücke brachten ihm wiederum das Zutrauen anderer Männer, die bereits tiefer in den Mysterien der Goldmacherkunst zu stehen glaubten, wie das des Geheimen Staatsrates von Haugwitz.
Aber all das soll nicht heißen, daß der Junge sich damit begnügte ein alchemistischer Schwätzer zu werden. Dazu hatten ihn die großen Möglichkeiten des Geheimnisses der Transmution zu tief erfaßt, als daß er bereit gewesen wäre, auf der Oberfläche der Dinge zu bleiben. Dazu war er zu jung und zu ernsthaft, um das

zu tun, was so viele alte Schwätzer vor und nach ihm getan haben, zu reden aber nicht zu experimentieren!
Johann Friedrich Böttger experimentierte in dieser Zeit mehr, als seiner jungen Gesundheit zuträglich gewesen sein mag. Er ging in seinen Freistunden nicht promenieren, um nach den Mädchen zu schauen, wie es die anderen Gehilfen des Apothekers Zorn taten. Er versäumte die Kirche und versäumte seinen Schlaf – er war immer beim Lesen, Träumen und Grübeln.
In den Nächten schloß er sich in das Laboratorium, um die tagsüber ausgedachten Verbesserungen seiner Prozesse praktisch durchzuführen. Kein Wunder, wenn er dann am nächsten Morgen mehr schlafend als wachend herumging. So war auch immer Gefahr, daß er den Kunden der Apotheke, statt Kamillentee und Magentropfen, in seinem Wachtraum eine neue Mischung zur Erstarrung von Quecksilber verabreichte.
Eines Nachts, als er wieder nicht in seinem Bett in der gemeinsamen Schlafstube der Gehilfen auftauchte, beschlossen die anderen ihn zu holen. Sie wußten ja, daß er sicherlich im Laboratorium unten steckte. Dort fanden sie ihn dann auch. Er lag bewußtlos vor dem Ofen.
Böttger hatte Fenster und Türen verhängt und verschlossen gehabt, um jeden Lichtschimmer nach außen hin zu vermeiden. Dabei hatte er dann in den giftigen Dämpfen von Arsenik gearbeitet. Im Ofen standen noch die zwei aufeinander gepaßten Schmelztiegel, in denen er den Prozeß versucht hatte, der rotes Kupfer silberweiß färben sollte.

Mit nächtlichen Versuchen zur Transmution der Metalle und den täglichen Spottreden der anderen am Mittagstisch waren inzwischen zwei Jahre vergangen. Um diese Zeit hielt sich in Berlin einer jener griechischen Mönche auf, die durch Europa wanderten, um Gaben für die Befreiung christlicher Sklaven aus türkischer Gefangenschaft zu sammeln. Dieser Mönch nannte sich Laskaris und es ging die Sage, daß er ein Adept, ein Wisser des Großen Geheimnisses, der Besitzer des Roten Löwen sei. Man erzählte von ihm, daß er in Wahrheit nur durch die Welt reise, um einen Wür-

digen zu finden, dem er das Geheimnis des Goldmachens vererben könne.
Der grauhaarige Mönch, in seinem schäbigen blauen Polenrock, seiner verschossenen Scharlachbinde um den Leib, sah gar nicht so aus, als wenn er den Schlüssel zum Tor der großen Reichtümer bei sich trüge. Ah, das ist nur, weil der weise Mann es weiß, wie gefährlich es ist, solch ein Geheimnis zu haben! So flüsterten sich die Leute zu. Er weiß was die Fürsten tun, wenn sie glauben, einen Goldmacher zu haben – nickte man bedeutungsvoll. Der Mönch Laskaris aber ging durch die Straßen mit erhobenem Haupt und seine hohe Ungarische Mütze machte ihn noch größer. Den Takt zu seinen weitausholenden Schritten schlug die eiserne Spitze seines über mannslangen Stockes.
Johann Böttger hatte längst das goldene Gerücht gehört, das diesem griechischen Mönch voranging. Als Laskaris es sich deshalb zur Gewohnheit machte, in der Zorn'schen Apotheke am Neuen Markt seine Kleinigkeiten an Honig und Pfeffer zu kaufen, da war der junge Böttger die Aufmerksamkeit selber. Er entwickelte früh alle Künste eines Erbschleichers, um den Mönch zu betören. – Wir müssen solch harte Worte gebrauchen, denn Böttger nennt es später selbst eine Schwäche, was der Mönch aus Zuneigung für ihn getan. Und man sagt, Laskaris bereute es, als er auf dem Stroh in Stralsund starb.
Aber vorerst war Böttger für Laskaris ein braver artiger Knabe, der das Alter ehrte und die Wissenschaften liebte. Und der Mönch nennt ihn »seinen herzlieben, gelehrten Knaben«. Böttger erzählt ihm von seinem nächtlichen Mühen am Ofen, vom täglichen Spott seiner Kameraden und von seinem großen Wunsch, seiner heimlichen Sehnsucht, eines Tages mit eigener Hand das Werk der Umwandlung des Bleis zu Gold machen zu dürfen.
So ist es, daß der Mönch Laskaris, durch den Knaben gerührt, ihm eine Dose mit jener Roten Tinktur gibt, von der ein Gran acht Lot Blei in Gold verwandelt. Und vielleicht nur um den jungen Alchemisten zu prüfen, ob er schweigsam, arbeitsam und vorsichtig sein könne, gibt er ihm auch Anweisung zu einem Prozeß, der ohne langes und hartes Selbststudium nimmermehr auf den rechten

Weg führen kann, den aber der eitle triumphierende Junge für das Geheimnis der Roten Tinktur hält.
Böttger, der sich nun so schnell und leicht und billig am Ziel all seiner hochfliegenden Träume glaubt, verlacht heimlich alle Warnung des Mönches, schlägt dessen Rat in den Wind.
Im Kreis bewundernder Freunde zeigt Böttger seinen ersten Versuch mit dem so wohlfeil erworbenen Roten Pulver. Zu diesem Zirkel neuer Freunde gehörte ein Rechtsanwalt, dann der Laborant Christian Siebert und der Gewürzkrämer Röber. Vor ihnen macht Böttger aus zwei Lot Quecksilber ein Stückchen Gold. Er schlägt es in drei Stücke und gibt jedem der staunend bewundernden Freunde eines davon. Um diese Zeit aber verschwindet auch der Mönch Laskaris aus Berlin.
Johann Friedrich Böttgers Glaube an sich selber war, nach diesem erfolgreichen Experiment mit dem Pulver des Mönches, immer mehr geschwollen. Wie sollte es ihm nun fehlen, so dachte er, Gold auch auf eigne Tinktur und Rechnung herzustellen. Er als Adept und Goldmacher hatte es nun satt, alle die unwilligen Reden seines Prinzipals mit dem täglichen Brot zu kriegen.
An einem schönen Tag, es war der 30. Mai 1698, macht sich der junge Goldmacher zum ersten Mal auf, um sein Glück in der Welt zu suchen. Sein erstes Wanderziel ist Breslau. Aber die Angst vor der großen fremden Welt, der er so ganz mittellos gegenübersteht, die überwältigt ihn bald. Man muß das Gold und genügende Tinktur bereits in der Tasche haben – so sagt er sich selber – wenn man Erfolg und Glück in der Welt haben will! Das Ende solcher Überlegungen war natürlich, daß der Junge sich im schnellsten Tempo wieder auf den Heimweg machte.
In der Zorn'schen Apotheke entwickelt Böttger ein kompliziertes Lügengewebe, das seine Abwesenheit nicht besonders zufriedenstellend erklärt. Aber des Apothekers weichherzige Frau sorgt, daß alles wieder in Ordnung gebracht wird. Sie kann den aufgeweckten, komplizierten Jungen am besten verstehen und am besten leiden.
Aber ehrgeizige junge Männer danken nichts. Böttger hatte nur einen strategischen Rückzug angetreten. Woche für Woche schaffte

er nun Material – Schwefel, Quecksilber und andere Stoffe – in das Haus seines windigen Freundes Christian Siebert. In diesem Haus vor dem Leipziger Tor hatte Siebert eine kleine chemische Sudelküche und dort hoffte Böttger, wenn der rechte Tag käme, neue Tinktur mit Erfolg zu machen.

Als diesen rechten Tag fand Böttger den Sankt Michaelis Tag, den 29. September 1699. Der nun vierzehneinhalb Jahre alte Junge entlief wiederum der Lehre des Apothekers Zorn und zog zu seinem Freund Siebert der selber nur von allerlei chemistischen Gelegenheitsarbeiten lebte. Ein paar Wochen brauten dort die beiden fröhlich darauf los – und diese kurze Zeit seines Lebens fühlte Böttger wie herrlich es wäre, nur immer zu experimentieren, was man wolle, die Öfen für die eigenen Mischungen anzublasen und in den Retorten die ausgedachten Essenzen zu destillieren.

Doch die Freude des unabhängigen Lebens hielt nicht an. Erst kam Krankheit, dann kam Hunger. Erst gingen die Materialien für die Experimente aus, dann kamen die Tage an denen die Kupfermünzen fehlten um Brot zu kaufen.

Gegen Ostern war der junge Ausreißer so zahm und elend daran, daß er einen schönen wehmütigen Brief an die weichherzige Apothekerin Zorn schrieb. Und hier hatten seine Apelle immer noch Erfolg. Die gute Seele renkte alles wieder ein. Der Apotheker schrieb ihm, daß er wieder kommen möge, vorausgesetzt – daß er gelobe »sich hinführo alles Sudelns und Laborierens zu enthalten und blos die Apotheke zu versehen!«

Es war eine der Schwächen Böttgers, daß er alle Zeit seines Lebens, und um kleinen Vorteils willen, leicht bereit war die schönsten Versprechungen zu geben. So gelobte er dem Apotheker Zorn heilig alles, was verlangt wurde. Aber kaum saß er wieder hinter den Fleischtöpfen der guten Frau Apothekerin, kaum fühlte sich seine Magengegend wieder voll und angenehm, da schlüpfte er auch schon wieder heimlich bei jeder Gelegenheit hinaus vor das Leipziger Tor zur Sudelküche Sieberts. Bei langen Gängen sparte er durch Eile eine halbe Stunde für sein eigenes Laboratorium. Statt in die Kirche, schlüpfte er am Sonntag zu Siebert. Alle besonderen Freistunden verbrachte er dort.

Wenige Monate später, es war Juli des Jahres 1700 geworden, zeigt Böttger seinem Kameraden Christoph, der mit ihm nun in der Lehre des Apothekers war, ein Stückchen goldgelbes Metall. Es war in der Länge und der Dicke etwa wie ein kleiner Finger und Böttger behauptete, daß es Gold sei, daß er mit Hilfe eines geheimen Pulvers selber gemacht habe. Der andere Lehrjunge, Johann Christoph Schrader, war nun ein nüchterner, langsam aber genau handelnder und sorgfältig denkender junger Mann. Darum wurde ja später auch er, und nicht der abenteuerlich geniale Böttger, wohlhabender Besitzer der Apotheke am Neuen Markt.
Dieser Christoph Schrader sagte ganz richtig zu dem wichtigtuenden Böttger: »Das seh ich, daß es gelbes Metall ist. Aber selbst wenn es Gold wäre – zwischen Gold haben und Gold machen ist ein Unterschied!«
»Noch heute Abend sollst du es sehen!«, fuhr ihm da der entrüstete Goldmacher dazwischen. »Komm nur nach Zehn, wenn alle schlafen, mit herunter ins Laboratorium.«

Es war eine helle Sommernacht und wollte gar nicht dunkel werden. Aber es war zehn Uhr vorbei und die Schritte des Nachtwächters waren lange drüben hinter der Marienkirche verhallt. Die beiden Jungen hatten sich wieder aus den Betten gemacht und waren zum Laboratorium hinuntergeschlichen.
Böttger dichtet die Fenster ab, riegelt die Türen zu. Schrader bläst das Feuer zu neuer Glut an und setzt einen Schmelztiegel auf. Beim schwankenden Schein des Feuers beginnt der Tiegel langsam dunkelrot zu erglühen. Schatten tanzen über die Wände. Der glühende Tiegel wird heller. Beide wiegen ein halbes Lot Quecksilber ab und Schrader wirft es ohne weitere Umstände in den Tiegel. Böttger dagegen, der noch nicht sechzehnjährige, scheint schon alle Griffe und Gebärden des zünftigen Goldmachers zu kennen. Mancher alte Alchemist hätte von seiner Vorführung etwas absehen können. Zuerst zieht Johann Friedrich Böttger eine silberne Dose aus der Tasche. Sie zeigt sich mit einem rotgelben Pulver gefüllt. Von diesem Pulver gibt er ein wenig in ein Gläschen, das wiederum an einen Stock gekittet ist. Dann wird das Gläschen mit

Wachs verschlossen – so, daß man es am Stöckchen mit der Öffnung nach unten halten kann, ohne daß das rote Pulver herausfällt. Schrader betrachtet wortlos die komplizierte Vorbereitung der Tinkturauftragung. Von Zeit zu Zeit wirft er einen raschen Blick auf das dampfende Quecksilber. Böttger scheint nun die Hitze im Tiegel für recht zu halten. Er nickt dem Kameraden zu und hält das Gläschen mit der wachsverschlossenen Öffnung in den brodelnden Tiegel.

Wie das angekittete Glas wieder aus dem Tiegel genommen wird, sieht auch Schrader, daß der rotgelbe Inhalt verschwunden ist. Die Tinktur ist im Metall! Mit raschem Griff nimmt Böttger nun einen Deckel, verschließt den Tiegel und läßt noch eine Viertelstunde aufglühen. Dann gießen sie den Inhalt in eine Form. Es ist leuchtend gelbes Metall.

Triumphierend blickt der junge Goldmacher auf. Der nüchterne Apothekerlehrling schüttelt leicht den Kopf: »Auch Messing ist gelb und glänzend!« So führt Böttger den zweifelnden Schrader an einen Mörser mit Quecksilber. Er nimmt einen eisernen Nagel, ein Stückchen Kupfer, ein Stückchen Blei. Alle drei schwimmen auf der Oberfläche des Quecksilbers. Aber das Stückchen gelbes Metall aus der Gußform geht unter! Es muß rasch wieder vom Boden heraufgefischt werden. Es ist schweres Gold.

Schrader war nun überzeugt. Aber das weiter sickernde Geheimnis schuf bald neue ungläubig Wissende, die mit einem Brocken Gold gerne überzeugt werden wollten. Schrader zeigte am Morgen das Gold dem Gürtler Johann Knabe weiter. Kurz zuvor hatten sie es im Laboratorium am Feuer noch ein wenig vom Quecksilber abdampfen lassen und dabei hatten sie den Johann Reisser, einen Stößer und Laboratoriumshilfsarbeiter, wild gemacht. Der wollte sich nun auch durch praktische Vorführung aufklären lassen.

Die nächste Nacht nahm Böttger diese simple Seele mit herunter ins Laboratorium. Diesmal setzte er die Zeit zur Geisterstunde, nach Mitternacht an. Der junge Goldmacher nahm für den zweiten Versuch eine bleierne Schraube aus einer alten zerbrochenen Glasflasche und warf dann selber den Schraubenstöpsel in den

Schmelztiegel. Wieder wurden alle die Handgriffe mit dem roten Tingierpulver wiederholt – und wieder gab es gutes Gold.
Der Stößer ließ es sich in ein hohles Gewicht gießen und bewahrte es lange als seinen kostbarsten Schatz auf. Er hat sich erst im hohen Alter davon getrennt. Da verkaufte er es an Schrader, der inzwischen Besitzer der Apotheke am Neuen Markt geworden war, für acht Dukaten.

Diese beiden Experimente, die unter dem Siegel der tiefsten Verschwiegenheit aller Beteiligten vorgenommen worden waren, wurden nicht allzu schnell, aber langsam und sicher das Gesprächsthema von Berlin.
Das Geheimnis verbreitete sich so gut, daß Böttger bald daran konnte, Kapital daraus zu schlagen. Vor allem fand er es als bekannter Goldmacher – als ein immerhin verschiedenen Leuten bekannter Goldmacher – wirklich unerträglich immer noch Lehrling zu sein.
Er schickte seiner Mutter einige Dukaten und teilte ihr vertraulich mit, daß er nun Gold machen könne und es ihr daher nie mehr an diesem Stoff fehlen werde. Dazu war es nicht schwer ihr einzureden, zu seiner Hilfe nach Berlin zu kommen. Sie sollte dem Apotheker Zorn einreden und überzeugen, daß der junge Böttger, obwohl seine Lehrzeit nicht zu Ende war, nun ein so guter Apothekergeselle wie jeder andere wäre.
So wurde Johann Friedrich Böttger vor der Zeit Geselle und der Apotheker Zorn war bereit, sich von einem Gesellen das zeigen zu lassen, was er von seinem Lehrling nimmermehr anerkannt hätte – wenn auch das Gold zuletzt tonnenweise im Laboratorium herumgelegen wäre.
Es war nach einem guten Abendessen, am 1. Oktober 1701, daß der Herr Apotheker Zorn, nach einigen ermunternden Blicken seiner treuen Gattin, den Apothekergesellen Böttger einlud, doch nun seine schöne Kunst einmal zu zeigen. Der Apotheker Zorn hatte an diesem Tage noch zwei Gäste im Hause, seinen Schwiegersohn, den Prediger Johannes Porst aus Malchow, und noch den Herrn Rat Winkler aus Magdeburg. Mit ihm selber und seiner

Frau waren es deshalb acht Augen, die dem jungen Goldmacher wohl auf die Finger schauen würden.
Aber Böttger war gerne bereit unter all den beobachtenden Blikken eine Probe seiner Kunst zu geben. In den großen Saal im mittleren Stockwerk der Apotheke ließ er einen Windofen bringen und setzte ihn in den breiten Kamin des Zimmers ein. Dann baute er seinen Schmelztiegel auf und brachte ihn zum hellen Glühen.
Nun aber verlangte der Alchemist auch Metall zum Umwandeln und Rat Winkler brachte achtzehn silberne Zweigroschenstücke aus seiner Geldkatze. Das war gerade vier Lot an Silber. Der Herr Rat, als ein vorsichtiger Mann, warf die Silberstücke selbst in den Tiegel und arbeitete selbst am Blasbalg, um die Glut zu steigern.
Als Rat Winkler fand, daß die Metallmasse flüssig war, da nickte er Böttger zu. Der zog nun mit selbstbewußter Miene eine rote durchscheinende Glasflasche aus der Tasche – Böttger legte immer Wert auf vornehm aussehende Behälter für seine Tinktur – und nahm eine Portion des Roten Pulvers heraus. Das gab er dem Pastor Porst, um auch den bis jetzt schweigend Zusehenden in Tätigkeit zu setzen. Böttger erklärte dem Pastor wie das Pulver einzuwickeln sei. Dann möge er es rasch in den Schmelztiegel werfen und den Deckel genau aufsetzen.
Unterdessen gab der Herr Rat Winkler dem Blasbalg keine Ruhe – die flinken Augen der Apothekerin tanzten derweil von einem zum anderen und der Apotheker Zorn beobachtete alle Handgriffe. Aber da war nichts weiter mehr zu sehen. Die Metallmasse wurde ausgegossen, floß hellweiß leuchtend in die Gußform, erstarrte glänzend und gelb. Es war Gold, blieb Gold bei allen Proben.
Alle die Anwesenden waren erstaunt und überrascht und überzeugt. Rat Winkler sprach schön gesetzte Worte an Böttger. Er möge bescheiden bleiben, den Fallstricken und den Versuchungen großen Reichtums widerstehen. Johann Friedrich gelobte Vorsicht und Mäßigkeit, verlangte heilige Verschwiegenheit. Jeder versicherte schöne Dinge. Aber wie die Zeit es zeigte, hielt sie keiner.
Herr Pfarrer Porst, der Mann aus Malchow, war der Erste, der

seine Gelöbnisse in den Wind schlug. Er trug eilfertig das seiner Schwiegermutter von Böttger zu Geschenk gemachte Stück Gold in die Werkstätte des Goldschmiedes Bosen, um es dort fachmännisch prüfen zu lassen. Der Angestellte der die Probe machte, der wußte natürlich, daß Porst des Apothekers Schwiegersohn war und dazu hatte er selbstverständlich längst von den goldenen Gerüchten vernommen, die aus jener Gegend kamen.

Kein Wunder, daß nun dem braven Prediger vom Lande die Dinge aus der Nase gezogen werden sollten. Und unser Angestellter, David Borchard, als Verkäufer sündteurer Schmuckstücke, der wußte natürlich wie man Menschen behandelt. Er legte den Kopf schief, klapperte mit den Augendeckeln und zog die linke Augenbraue ein wenig hoch. »Ei, ei, Herr Pastor!«, flötete er. »Ihr Gold ist soo gut – so ungewöhnlich gut. Und wenn der Herr Pastor nicht so rühmlich bekannt wäre, dann müßte man fragen – man wäre praktisch gezwungen zu fragen, woher dieses so sonderbar gute Gold wäre!«

»Ha ha!« setzte der impertinente Goldhändler nach seinem Geschwätz hinzu. Es hieß: Ich weiß alles! Und es war nur der überquellenden Höflichkeit halber in einer Art von Lachen dargebracht.

Des Herrn Apotheker biederer Schwiegersohn vom Lande wurde rot, stotterte und ließ dem frech neugierigen Borchard, halb ängstlich und halb stolz merken, woher der Wind kam. So waren nun bereits über ein Dutzend Personen in das tiefste Geheimnis von Berlin eingeweiht. Jeder von ihnen tat sein bißchen, um die Flut der Gerüchte noch schwellen zu lassen. Und Böttger selber stand darin all den anderen nicht zurück.

Alle diese Wisperer und Flüsterer hätten aber sicherlich die Lawine nicht so bald ins Rollen gebracht, wenn nicht der Hofchemiker so vieler Fürsten, der nunmehr geadelte Johann Kunckel von Löwenstern, sich für die Experimente interessiert hätte. Kunckel war Hausfreund in der Zorn'schen Apotheke, hatte auch Pate zu einer der Apothekerstöchter gestanden und war nun natürlich über die am Neuen Markt geschehenen Wunder unterrichtet worden. So wie die Katz das Mausen nicht lassen kann, so hatte sich

der alte Kunckel beeilt, wieder in die Goldmacherabenteuer zu steigen. Er hatte den jungen Böttger auf sein livländisches Gut Dreißighufen eingeladen gehabt und erzählte nachher überall herum, wie ihm die Unterhaltung mit dem jungen Goldmacher so sehr ersprießlich gewesen sei. Ja der sechzehnjährige Alchemist hatte sogar dem, nun allerdings zweiundsiebzigjährigen, aber doch mit allen wirkenden Wässern gewaschenen Chemiker in einem Experiment gezeigt, wie man Feinsilber zu Gold macht.
So setzten die Geschichten aus dem Zorn'schen Haus die Ereignisse nur noch ins Rollen. Der neue König von Preußen, Friedrich III., verlangte erst einmal die Goldprobe zu sehen. Frau Zorn schenkte sie ihm mit geziemendem Respekt. Es war klar, daß der Goldmacher nun bald folgen müßte.
So klug war aber Johann Friedrich Böttger durch fleißiges Lesen der Lebensgeschichten anderer Goldmacher schon geworden, daß er wußte, was geschehen könnte, wenn so ein Vogel wie er in die Hand eines etwas ungeduldigen Fürsten kam. Darum verschwand Böttger in der Nacht vom 26. Oktober 1701 in aller Heimlichkeit aus der Apotheke am Neuen Markt.

Erst flüchtete Böttger nur gerade aus den Toren Berlins hinaus in die Vorstadt zu seinem alten Freund, dem Gewürzkrämer Röber. Dort saß er still in der Hinterstube und wartete der Dinge.
Als dann die Trommel rasselte und eine laute grobe Stimme draußen eine Bekanntmachung verlas – da ging Freund Röber sacht hinaus, um den Stand der Dinge herauszufinden. Bleich kam er wieder. Es stand böse genug. Draußen klebten große Anschlagzettel, die demjenigen eintausend gute Taler versprachen, der den flüchtigen Goldvogel einbringen würde.
Noch in der nächsten Nacht flüchtete Böttger weiter nach Schöneberg das heute ein Teil Berlins, damals aber noch ein Dorf war. Dort fand sich dann ein Verwandter des Gewürzkrämers, der Böttger, für zwei Dukaten Vorschuß auf versprochene goldene Berge, im verdeckten Leiterwagen nach der sächsischen Universitätsstadt und Festung Wittenberg brachte.
Es war in Wittenberg, wo um den jungen Goldmacher die erste di-

plomatische Kraftprobe zwischen Preußen und Sachsen-Polen stattfand. Eine Kraftprobe, die auf beiden Seiten durch unauffällige militärische Sicherungen unterstützt wurde.
Da eilten nun Expreßkuriere mit Berichten. Diplomatische Sondervertreter reisten mit Beuteln voller Bestechungsgelder. Unter harmloser Aufmachung manövrierten Personen nach geheimen Aufträgen. Militärische Detachements wurden geschickt. Verstärkung von Garnisonen wurden erwogen. Könige wälzten Entscheidungen, bekamen Wutanfälle. Alles um den sechzehnjährigen Johann Friedrich Böttger.
König Friedrich von Preußen war so außer sich, den Goldmacher nicht sogleich wieder ausgeliefert zu bekommen, daß er auf den Depeschen seiner Diplomaten herumtrampelte und bereit war, sofort einige Regimenter Kavallerie und Infanterie gegen Wittenberg zu schicken. Als seine Berater ihm vorhielten, daß das doch Krieg bedeute, da meinte er: »Ach was, August wird nicht wegen eines Apothekergesellen ins Feld ziehen!« Aber er selber war sehr wohl bereit es zu tun. Nur das Versprechen seiner Minister, daß sie es erst noch einmal mit List versuchen wollten, hielt ihn zurück.
In der Nacht des 25. November wurde Böttger jedoch plötzlich geweckt und in einen Wagen gepackt. Man war dabei, ihn von Wittenberg nach dem sicheren Dresden zu bringen. Ein Kavalleriekommando von sechzehn Mann übernahm die militärische Deckung. Vorposten wurden ausgeschickt, um gegen preußische Truppen zu sichern.
Am 29. November 1701 kam Böttger in Dresden an und wurde in dem Teil des kurfürstlichen Schlosses »sichergestellt«, den man das Goldhaus nennt und die alten Laboratorien enthalten hatte. So war der junge Goldmacher im ersten jener fürstlichen Gefängnisse angelangt, die er erst nach dreizehn Jahren wieder frei, aber als kranker Mann mit kurzer Lebensfrist verlassen sollte.
Friedrich August I., August der Starke genannt, König von Polen und Kurfürst von Sachsen, war während der Sicherstellung seines in der finanziellen Not wie vom Himmel gesandten Goldmachers, auf dem polnischen Reichstag zu Warschau. Dorthin wurde ihm

durch den Kanzler Sachsens, dem Reichsfürsten Anton Egon zu Fürstenberg, eine kleine Probe von Böttgers Tinktur, samt einem Gläschen Quecksilber und den nötigen Tiegeln gebracht. Der Fürst zu Fürstenberg hatte dem Goldmacher dabei unter Eid geloben müssen, daß er mit dem König die Probe nur dann machen werde, wenn sie beide ohne einen weiteren Zeugen wären und die aufrichtigste Gottesfurcht und wirkliche Frömmigkeit bei ihm, dem Fürsten und beim König selber sicher sei. In der letzten Bedingung hatte sich Böttger sicherlich eine schöne Hintertüre offen gehalten, denn August der Starke war gar nicht lange vorher nur aus dem Grund Katholik geworden, damit er die polnische Königskrone tragen könne.

Aber zum ersten brachte das Schicksal noch einen Aufschub auf weit simplere Weise. Als der Fürst zu Fürstenberg am 14. Dezember 1701 in Warschau eintraf, war das erste Ding das passierte, daß der Hund des Königs die alte Schachtel, in der alles Goldmacherzeug eingepackt war, vom Stuhl herunterwarf. Dabei zerbrach das Gläschen Quecksilber. Böttger aber hatte extra auf den besonderen Charakter dieser Mercurio hingewiesen, das in Warschau nicht zu haben sein werde.

So schrieb denn Fürstenberg einen wirren Brief an den Goldmacher nach Dresden, um über das Quecksilber neuen Bescheid zu bekommen. Er fragte an, ob auch sonst alles richtig wäre, da man in der Schachtel nur noch eine Masse wie Waschseife, nach Rosenwasser schmeckend, gefunden habe. Am meisten Sorge machten dem Fürsten zu Fürstenberg die mündlich gegebenen chemischen Anweisungen Böttgers. Durch den Aufschub verwirrte sich ihm alles mehr und mehr. Was er erst begriffen zu haben meinte, das schien ihm nun aus dem Kopf zu verrauchen. Besonders wollte er eines der ihm von Böttger geschilderten alchemischen Symbole, den »Mann mit dem weißen Pferd«, nochmals erklärt haben.

Erst am zweiten Weihnachtsfeiertag fanden sich der König und der Kanzler nächtlich im sichersten Zimmer des Warschauer Schlosses zusammen, um die kleine Probe der Großen Umwandlung zu unternehmen. Beide Amateur-Goldmacher banden sich lederne Schurzfelle vor. Der eine bestrich die Schmelztiegel sorg-

fältig mit Kreide. Der andere legte Kohlen an, zündete das Feuer und preßte den Blasbalg.
In den größeren Tiegel gaben sie, der Anweisung Böttgers genau folgend, Quecksilber und Borax. Dann brachten sie die Tiegel zur Glut, gaben die Tinktur in beschriebener Weise hinein und stülpten dann den zweiten Tiegel darüber. Eineinhalb Stunden kochten und schürten und bliesen sie so. Aber am Ende hatten sie nicht schönes gelbes Gold – kein bißchen davon – sondern eine merkwürdig harte Masse, die nicht mehr aus dem Tiegel zu kriegen war. August der Starke mußte zuletzt den Tiegel zerschlagen, um herauszufinden ob das Gold vielleicht unter der Schicht zähharter Schlacke saß. Es war aber durchaus nichts zu finden, als durch und durch derselbe steinharte Kuchen.
Der Kanzler war von dem Mißerfolg bestürzt und betäubt. An der nötigen Frömmigkeit konnte es doch nicht gefehlt haben! Der König hatte zwei Tage vorher das heilige Abendmahl genommen. Und er selbst, der Fürst zu Fürstenberg, Reichsgraf, Graf zu Heiligenberg und Wartenberg, Landgraf zu Bar und Stuhleigen, Herr auf Hausen im Kintzinger Tal und zu Jungenau, was konnte ihm gemangelt haben?! Nur König August blieb gelassen.
Am 15. Februar 1702 wurde Johann Friedrich Böttger vom Goldhaus in Dresden auf die Festung Königstein gebracht. Von dort berichtet der Kommandant von Crux am 12. April 1702, der Gefangene verlange einen Geistlichen, schäume wie ein Pferd, brülle wie ein Ochse, knirsche mit den Zähnen, renne mit dem Kopfe gegen die Wand, krieche an den Wänden herum, zittere am ganzen Leibe, halte den Kommandanten für den Erzengel Gabriel, und trinke dabei zwölf Kannen Bier täglich.
Fürst zu Fürstenberg bekam nun ernstliche Zweifel, ob er so auf dem rechten Wege sei, den Goldmacher zum Arbeiten zu bringen. Man setzte einen Fragebogen mit einundsiebzig Fragen auf. Der Leibarzt Doktor Tittmann und der Geheimkämmerer Starke wurden beauftragt, damit nach Königstein zu gehen und die Liste dem Böttger vorzulegen. Darin waren die wichtigsten Fragen:
Was er, wenn er frei wäre, vornehmen werde?
Ob er im Lande bleiben wolle?

Mit wem er in Dresden bekannt sei?
Ob er schädliche Dinge bei sich führe?
Die Befragung durch diese Zwei-Männer-Kommission wurde zu einem vollen Erfolg für Böttger. Arzt und Kämmerer gaben einen günstigen Bericht. Der Fürst zu Fürstenberg schwenkte um und ließ Böttger nach Dresden zurückbringen.

Nun war der berühmte Walter Graf von Tschirnhaus, ein Mathematiker und Chemiker, der Besitzer von Glashütten und einer Schleifmühle für Brennspiegel zu Hochtemperaturschmelzungen, mit dem Statthalter und Kanzler Fürstenberg befreundet. Graf Tschirnhaus hatte ein ständiges Quartier und auch ein eigenes Laboratorium im Statthalterpalast zu Dresden. Dort wohnte er immer, wenn er nach der Hauptstadt kam. So ist es denn nicht verwunderlich, daß der Fürst, als Graf Tschirnhaus gerade mit seiner jungen Frau zu Besuch kam, die gute Idee hatte, den Chemiker mit dem jungen Goldmacher zusammenzubringen und zu sehen, was die beiden einander zu sagen hätten.
Fürst zu Fürstenberg bereitete dies Zusammentreffen auf seine eigene Weise vor. Er sagte dem Grafen Tschirnhaus, daß einer seiner Neffen hier sei, der am anderen Tage weiter zum Studium nach Wittenberg fahren werde. Der Junge werde mit beim Abendtisch sein.
Mit solchen angehenden Studenten hatte Tschirnhaus immer sein Vergnügen. Er fragte sie aus, stellte kitzlige Fragen und freute sich, wenn sie in eine gestellte Falle nicht hineingingen. Am Abend war der Graf deshalb besonders pünktlich, um diesen Neffen schon vor der Tafel auszufragen und auf Herz und Nieren zu prüfen. Aber mit diesem jungen Mann hatte er diesmal seinen besonderen Spaß. Der Siebzehnjährige zeigte sich klug, belesen und unterrichtet. Er blieb dem Einundfünfziger nicht viele Antworten schuldig. Graf Tschirnhaus war begeistert. Er bat sich den Jungen zum Tafelnachbar aus und flüsterte dem Statthalter lächelnd zu: »Das wird mal ein ganzer Mann in unserem Fache!«
Fürst zu Fürstenberg lächelte befriedigt. Er lenkte beim Essen bald das Gespräch auf den jungen Apothekergesellen, den Gold-

macher, der dem König von Preußen durchgebrannt war. »Das ist mal ein Kerl!«, ruft Tschirnhaus und erhebt sich, um ein Hoch auf Johann Friedrich Böttger auszubringen. Als erstes stößt er mit dem neu angekommenen Neffen an, wundert sich wie dieser rot, verwirrt wird und alle Zeichen von Verlegenheit zeigt. Erst das unbändige Lachen des Fürsten läßt ihn dann entdecken, wen er in dem jungen Neffen kennen gelernt hat.

Die rasche und ernste Freundschaft des Grafen Tschirnhaus hätte für den jungen Böttger der Wendepunkt seines Lebens sein können. Wenn irgendwo gutes Gold in dem Apothekergesellen steckte, dann mußte es nun zu Tage kommen. Hier war ein einflußreicher kluger Freund, der aus aller Not hätte helfen können. Hier war jene große Gelegenheit die, wie man sagt, nur einmal im Leben zu jedem kommt. Aber der eitle Junge entdeckte sich nicht. Er spielte weiter sein verschleiertes gefährlich hohes Spiel. Böttger wendete hier nicht sein Leben – er verbesserte nur seine Lage.

Johann Böttger erhielt nun neue Zimmer. Das Tafelgeschirr war nun aus Silber und sein Küchengeschirr aus englischem Zinn. Er konnte sich sein Laboratorium einrichten, wie er wollte. Sooft er nur konnte, kam Graf Tschirnhaus ins Laboratorium. Bei Tisch waren Tschirnhaus und Fürstenberg oft seine Gäste.

Die täglichen Zuweisungen zu Böttgers Tafel waren zu Mittag: Brühsuppe, fünf bis sechs Pfund Rindfleisch, Fisch, neun bis zehn Pfund Braten, Butter, Käse, Konfekt. Und zum Abendtisch: Suppe, Eier, Kalbfleisch, Hühner oder Tauben, Fisch oder Gebackenes, Butter und Käse. Zu trinken hatte Böttger für die Mittagstafel zwei Flaschen Wein und sechs bis acht Kannen Bier. Für den Abendtisch gab es täglich eine Flasche Wein und vier bis sechs Kannen Bier. Dazu pro Woche noch eine Flasche Likör.

Es ist keine erquickende Geschichte, wie nun Böttger Jahr um Jahr August den Starken mit Ausflüchten, umständlichen Vorbereitungen und wiederum neuen Ausreden hinhielt. Aber Böttger hatte die eine gute Entschuldigung, daß er ja nicht freiwillig in Dresden war. Er war bei einem gelungenen Fluchtversuch bis hinter Wien verfolgt, verhaftet und zurückgebracht worden.

Dazwischen schreibt Böttger jedoch dem König August solche Briefe:
»Endlich habe ich es, durch Treue unde Fleiß, dahin gebracht, daß ich seiner Majestät zur nächsten Peter-Paul-Messe auf einmal 300 000 Thaler, dann aber monatlich 100 000 Thaler schaffen kann.«
In einer Nachschrift fügt Böttger dem Brief hinzu, daß er im Notfalle auch viermal soviel liefern könne und nur auf seiner Majestät Befehl warte, ob das Quantum immer erst dem Statthalter angezeigt, oder direkt an den König geliefert werden solle. Der König selbst traf alle Vorbereitungen über diese Goldmengen zu verfügen. Das Gold sollte sofort verprägt und an die General-Kriegskasse geliefert werden. August der Erste ließ am 12. Juni 1703 den Münzmeister Holland, die Münzwarden Schomburgk und Span und den Kriegszahlmeister Doebaer vereidigen, über gewisse Mengen Goldes, die von Moskau eintreffen würden – dies war die Deckadresse des Kunstgoldes – keiner Menschenseele etwas zu verraten. Aber bis Ende 1705, als Friedrich August seinen Goldmacher von Dresden auf die feste Albrechtsburg in Meißen bringen ließ, hatte er die erste Rate dieses Goldes noch nicht.
August hatte das Gold auch im September 1706 noch nicht, als Böttger zur Sicherheit, wegen der befürchteten schwedischen Invasion, zum zweiten Mal auf die Festung Königstein geschafft wurde, obwohl Böttger zu Zeiten bis zu sechsunddreißig Laborieröfen in Betrieb hatte.

Die Venusbastei, im Dresdener Volksmund nur die »Jungfrau« genannt, war der Schauplatz zu vielen unheimlichen Gerüchten. Dorthin sollte schon mancher gegangen sein, der sich den Hof, den König oder dessen Geliebte, die Gräfin Cosel, zu Feinden gemacht hatte. Warum solche Männer nicht wiederkamen, das wurde ausführlich beschrieben. Da war eine Maschine in Gestalt einer stählernen Jungfrau mit blanken Schwertern in den Händen. Diese Schwerter begannen zu kreisen, sobald eines der Opfer auf eine gewisse Diele getreten war, die zu Anfang des langen dunklen Ganges lag, den der zu Tötende hinunterzugehen hatte. War der

Mensch zerstückelt, der Kopf abgeschlagen, dann öffnete sich der Boden vor der eisernen Jungfrau und der entseelte Körper glitt hinab in die Tiefe und in den Elbfluß.

An diesem Ort der Schauergeschichten hatte Friedrich August für Böttger ein Laboratorium nach Tschirnhausens Plänen bauen lassen. Auf der Jungfraubastei waren auch die klobigen Maschinen zum Schneiden und Polieren des bei Krottendorf gefundenen sächsischen Marmors und es war dort auch das Laboratorium des Hofapothekers Werner. In den Kellern der Bastei war die sogenannte Vulkanshöhle, das Artillerielaboratorium. So kam Böttger nach seiner Rückkunft von der Feste Königstein in eine fachmännische Umgebung und wenn ihm die Wachen und das Militär um die Bastei nicht gefielen, dann konnte er es ja auf das Artillerie-Laboratorium beziehen.

Übrigens war es dem König gleich, auf was der Böttger die Wachen bezog. August hatte den Goldmacher in dem neuen Laboratorium aufgesucht und hatte nicht allzu viel geredet. Was er aber sagte, war deutlich genug: »Tu mir's zurecht Böttger – sonst laß ich dich hängen!«

In diesen entscheidungsschweren Wochen und Monaten des Jahres 1707, da war es noch einmal Walter von Tschirnhaus, der dem Leben Böttgers die rettende Wendung gab. Am Hofe August des Starken und im ganzen Land wurde zu dieser Zeit weit mehr Gold an chinesisches und Delfter Porzellan verschwendet, denn an Goldschmuck und anderes Edelmetall. Porzellan war der Angelpunkt aller Verschwendungssucht, nicht etwa Gold. Gold brauchte man nur, um jenes sündteuere Porzellan zu bezahlen. Es war der gesunde Menschenverstand von Tschirnhaus – und nebenbei hatte Tschirnhaus in seinen Glashütten schon selber erfolglos an dem Problem laboriert – der Böttger die Idee gab, doch statt der Umwandlung des Goldes lieber gleich das Geheimnis der Erzeugung von Porzellan zu entdecken.

Der nun zweiundzwanzigjährige Böttger war sich über alle seine Aussichten in der Goldfabrikation ziemlich klar. Nach dem letzten Besuch des Königs hatte er den Strick schon allzu real um seinen Hals gespürt. Kein Wunder, daß er als genialer Laborant, der er sicherlich war, nun mit Feuereifer nach diesem Ausweg griff und alle seine Talente in den Kampf um die Erzeugnisse des kostbaren weißen Materials warf.

Es ist eine Laune des Schicksals, daß es dem leichtsinnigen Böttger gelingen sollte, in Monaten das zu erreichen, was der ernst forschende Tschirnhaus in einem Jahrzehnt systematischer Experimente nicht zu Wege bringen konnte. Vielleicht war es aber auch, daß eben Böttger eine geniale Veranlagung für chemische Probleme hatte, die ihn das, was andere auf dem langen Weg fachmännischer Erfahrung zu finden verzweifelten, im Traumland des Unterbewußtseins schaffen ließ.

Und Johann Friedrich Böttger hat dies selbst empfunden, wenn er über die Tür seines Porzellan-Laboratoriums schrieb: »Es machte Gott, der große Schöpfer / Aus einem Goldmacher einen Töpfer.«

Wenn auch das erste von Böttger hergestellte Porzellan noch braunrot war, so erachtete man es doch für so wertvoll, daß die Wucherer auf Böttger'sches Porzellan wie auf Silber borgten. Als man jedoch die rechten Fundstellen für weißes Kaolin im Erzgebirge gefunden hatte, da gab es keine Grenzen mehr, was man alles aus Meissener Porzellan herstellte. Als Böttger am 13. März 1719, frühzeitig verbraucht und gealtert starb, da machte man aus seinem Porzellan nicht nur Tassen und Teller, sondern auch Kämme und Kindersärge, Bilderrahmen und Degenscheiden.

Nur eines hat der Goldmacher nicht erlebt, obwohl es das Nächstliegende gewesen wäre – er hat nicht erlebt, daß Geld aus seinem Porzellan geprägt wurde. Diese Idee erlebte erst zweihundert Jahre später ihre Verwirklichung. In der deutschen Inflation von 1923 wurde Notgeld aus rotem und weißen Meissener Porzellan geprägt.

Dem Grafen Cagliostro ist Goldmachen nur Zeitvertreib

Der große Graf Alexander von Cagliostro kam am 8. Juni 1743 in Palermo als ein schlichter Giuseppe Balsamo zur Welt. Und weil sein Vater früh starb, wurde der junge Joseph Balsam von den Verwandten in das Seminar zum Heiligen Rochus gegeben. Dort brannte er dann bei allen passenden Gelegenheiten durch, sodaß er schließlich dem General der Barmherzigen Brüder anvertraut wurde, der ihn dann von Palermo in das Kloster zu Cartagirone mitnahm. Dort wurde Joseph in die schwarze Kutte der Klosternovizen gesteckt. All das gefiel dem jungen Balsam nicht im geringsten und besonders hatte er keine Lust, allzu lange in der schwarzen Kutte zu bleiben. Inzwischen begann er einige Großstadtweisheiten in der Weise unter seine Mitnovizen zu verbreiten, daß er beim Vorlesen statt der Heiligen die Namen der leichten Mädchen von Cartagirone aufzählte. Das war ein alter Trick bei den bösen Buben zu Palermo, aber in Cartagirone konnte er damit noch Aufsehen erregen. Jedoch auch diese Sensation war bald verbraucht und nur, daß man Joseph Balsam dem Apotheker des Klosters übergab, das bewog den Jungen nicht gleich, sondern erst nach einer Weile durchzubrennen. Es gefiel ihm, durch den Apotheker in die Geheimnisse der Mineralien und die Heilwirkungen der Kräuter eingeführt zu werden, allerlei kleine Prozesse an Tiegel und Retorte kennen zu lernen. Als Joseph Balsam aber dachte, daß er nun solche Kunststücke genug für seinen Lebensunterhalt konnte, da bereitete er still seine Flucht vor und verschwand aus dem Kloster. Balsam ging nach Palermo und genoß dort sein Leben wild. Im Jahre 1769 hatte er dringend aus dieser Stadt zu verschwinden, nachdem er dem Goldschmied Marano sechzig Unzen Gold abgelockt hatte.

Balsam floh quer durch Sizilien nach Messina, dem Übersetzhafen zum italienischen Festland. Er hielt es für das Beste, ganz von der Insel zu verschwinden. Ehe er jedoch in Messina übersetzte, lernte

er einen mytisch mystischen alten Mann, den Althotes kennen, der ihn als seinen Famulus, seinen Schüler nach Alexandria in Ägypten mitnimmt.
Hier in Ägypten verdienen die beiden Alchemiker ihr Geld mit einem Verfahren, das Hanf und Flachs glänzend wie Seide macht. Heute machen wir Baumwollgewebe durch Mercerisieren seidenartig. Dies ist ein Verfahren, das von dem englischen Chemiker John Mercer um 1850, also fast hundert Jahre nach Althotes, beobachtet wurde und der in einer Behandlung der Gewebe mit Ätznatron besteht. Da Ätznatron durch Kochen mit gelöschtem Kalk aus dem in Unterägypten gefundenen Natron hergestellt werden kann, ist es wohl möglich, daß der Lehrmeister Balsams ein nicht unähnliches Geheimverfahren besitzt. Althotes Kunst bringt ihnen eine Einladung vom Großmeister Pinto der Tempelritter, in seinem Laboratorium auf Malta zu arbeiten.
Dort stirbt Althotes während der Experimente. Joseph Balsam wird durch einen Tempelritter, vom Großmeister noch mit Geld versorgt, nach Neapel gebracht. Dort versteht er es, sich die Zuneigung eines der Alchemie ergebenen Fürsten zu gewinnen. Dieser bringt ihn schließlich unter seinem Schutz auf die fürstlichen Güter in das heimatliche Sizilien zurück.
Aber dem rastlosen Gemüt Balsamos erscheint das geruhige Leben auf den fürstlichen Gütern bald schal und öde. Er verschwindet nach dem italienischen Festland, geht nach Rom und heiratet dort das reizende Dienstmädchen Lorenza Feliciani. Diese Frau gehört fortan zu seiner magischen Hauptausrüstung.
Im Jahr 1771 geht er mit ihr nach London und von da nach Paris, wo er zwei reichen Bürgern verspricht, ihnen die Kunst Gold zu machen zu lehren. Mit dem Lehrgeld von fünfhundert Goldstükken flüchtet er in Hast mit Lorenza nach Südfrankreich. Dort verlangsamt er das Reisetempo und zieht gemächlich durch Italien und Spanien.
Dreißig Jahre ist nun der Unstete alt. Er glaubt nun zu größerem fähig zu sein, als er im Jahr 1773 zum zweiten Male nach London kommt. Er ist nun nicht mehr irgendein nach irgendwas duftender Sizilianer namens – ah, Namen sind Schall und Rauch. Er ist der

»bekannte« Graf Alexander von Cagliostro und wer seinen Stammbaum nicht kennt, der ist ungebildet.

Graf Alexander von Cagliostro und Gräfin Lorenza wohnen fein und feines Leben kostet Geld. So muß sich Graf Cagliostro doch noch mit einigen kleineren Beschäftigungen abgeben. Er rühmt sich der Kunst Gold zu vermehren und Diamanten vergrößern zu können.

Graf Cagliostro ist gerne bereit, die Theorie des Verfahrens zu erklären. Bei den Diamanten ist es so, daß kleine Diamanten eine gewisse Zeit in die Erde vergraben würden. Dort erweichen sie dann und schwellen auf. In diesem aufgetriebenen Zustand würden sie durch sein Rotes Pulver gehärtet. Bei vergrößertem Durchmesser erreichte man dabei etwa hundertfachen Wert. Eine gewisse Miß Fry gab dem Herrn Grafen ihr Halsband mit zweiundsechzig Diamanten für das erste Experiment. Unglücklicherweise wurden dabei die Diamanten zu weich und verschwanden vollständig.

Das aber waren nur Kleinigkeiten. Hier in London gelang es Cagliostro nun eine Stufe höher zu steigen und jener Mysterienschwindler zu werden, als der er in der Geschichte berühmt ist. Unter Andeutungen auf seine fürstlich hohe Abkunft und sein Wissen um die hohen Geheimnisse ägyptischer Riten begann er Londoner Freimaurerlogen in Pseudo-Rosenkreuzerorden zu verwandeln. Seine Weisheiten dazu schöpfte er aus einem kleinen Buch, das er bei einem Londoner Antiquar aufgestöbert hatte. Wer in den innersten Ring des Geheimnisses dieser Logen aufrückte, so sagte man, der konnte Quecksilber fest machen und in Gold verwandeln.

Besonders bei Frauen hatte Cagliostro große Erfolge. Aber nicht wegen seiner männlichen Schönheit, sondern wegen des Elixiers ewiger Jugend, das Cagliostro ausgab in seinem Besitz zu haben. Er selber war ein kleiner und dicker, breitschultriger Mann, mit rundem Kopf, schwarzen Haaren und niedriger Stirn. Wenn seine Freunde seine fein gebogene Nase, sein kleines Ohr und seinen schönen Fuß hervorhoben, so sahen seine Feinde die runden, dikken Lippen und seinen Bauch. Für die einen waren seine schwarzen Augen glühend und trübschimmernd und für die anderen wa-

ren sie schielend. Aber ein Teil seines Gesichtes sagte es klar, wo seine wahre Stärke lag. Sein Kinn war fest, hervortretend und mit runder eiserner Kinnlade.
Manche sagen, daß seine Stimme überzeugen und verführen konnte. Der Königsberger Kirchenrat Borowski nennt sie voll und gewaltig klingend. Aber der Pater Marcelles sprach dafür später von seiner Sprache, daß er sein italienisch und französisch in sizilianischer Mundart formte, so daß es wie hebräisch klang. Die Sprache war auch wirklich der Grund, warum Cagliostro in Deutschland keine Erfolge erringen konnte. Er konnte nicht deutsch und als er nach Königsberg in Ostpreußen kam, wo die Leute nicht fein sind, da sagte Kanzler von Korff sogleich nach seinem ersten Auftreten: »Kinder, der Kerl ist ein verkleideter Bedienter, traut ihm nicht. Er ist dem Henker ein Graf – vielleicht ein Jesuit, oder ihr Emissär!«
Als Cagliostro dann 1779 nach Mittau in Kurland kam, da tat er es ein wenig besser. Er erweckte aber auch Mißtrauen, weil er die lokale Kunst unterschätzte. Es ist von alters her ein alchemistisches Problem, das selbst die modernste Chemie nur unvollkommen ausführen kann, wie man kleine Stückchen Bernstein zu einem einzigen großen zusammenfügt. Und in Kurland hatte sich schon immer jeder Alchemist damit beschäftigt, denn dort gräbt man ja den Bernstein aus den Ostseedünen. Nun erzählte man bei einem großen Essen dem Grafen Cagliostro so beiläufig von dem unlösbaren Problem des Bernsteinschmelzens. Frech erklärte Cagliostro da, daß dies ihm eine Kleinigkeit wäre. Man bestürmte ihn das Rezept zu geben und er setzte sich auch richtig in Positur, um es zu diktieren. Alle die alten Bernstein-Alchemisten spitzten die Ohren, denn das war ein recht geldergiebiges Geheimnis! Jedoch die Berge bebten und gebaren nur ein Mäuslein. Das Schmelzrezept stellte sich als eine alte Räucherpulver-Mischung heraus, wie man sie auch in Kurland schon alters her anfertigte.

Es war in Warschau, wo sich dann Cagliostro wirkliche Mühe gab, seine alchemistische Kunst mit allen Finessen zu zeigen. Wir haben einen genauen Bericht, wie er am 7. Juni 1780 in einer War-

schauer Freimaurerloge Silber machte. Ein Logenmitglied hat den Versuch in allen Einzelheiten niedergeschrieben:
Cagliostro ließ mich ein Pfund Quecksilber abwiegen, das mir selber gehört hatte und schon gereinigt war. Dazu hatte er mich vorher Regenwasser bis zur Trockenheit destillieren lassen, um die Rückstände zu erhalten, die er jungfräuliche Erde und Secunda Materia nannte. Davon blieb mir rund sechzehn Gran zurück. Außerdem hatte ich auf seinen Befehl einen Bleiextrakt präpariert. Nachdem alle diese Vorbereitungen geschehen waren, führte er uns in die Loge und gab mir den Auftrag, das ganze Experiment mit eigenen Händen durchzuführen. Das tat ich nach seinen Anweisungen auf folgende Weise.
Die jungfräuliche Erde wurde in eine Flasche geworfen und die Hälfte des vorhandenen Quecksilbers darüber gegossen. Dann ließ ich dreißig Tropfen des Bleiextraktes darauf fallen. Nachdem nun die Flasche ein wenig geschüttelt war, schien das Quecksilber tot oder erstarrt zu sein.
Auf die zweite Hälfte des Quecksilber goß ich dann auch Bleiextrakt, aber dieses Quecksilber blieb wie es war. So mußte ich denn die beiden Portionen Quecksilber zusammen in eine größere Flasche schütten. Nachdem ich aber die Flasche eine Weile geschüttelt hatte, nahm das ganze Quecksilber die selbe Konsistenz an. Seine Farbe ging in ein schmutziges Grau über.
Nun wurde alles in eine Schale geschüttet, die dabei zur Hälfte voll wurde. Jetzt gab mir Cagliostro ein kleines Papier, das aber nur als Hülle für zwei andere Papiere diente. Das letzte von allen enthielt ein glänzend karminrotes Pulver. Sein Gewicht mag etwa ein zehntel Gran gewesen sein. Das Pulver wurde in die Schale gegeben und darauf verschluckte Cagliostro die drei verbliebenen Umschläge.
Während dieser Zeit füllte ich den Rest der Schale mit Gips, der mit warmem Wasser angemacht worden war. Trotzdem ich die Schale schon voll Gips hatte, nahm sie Cagliostro mir noch einmal aus den Händen, fügte neuen Gips hinzu und befestigte ihn mit den Händen. Dann reichte er mir die Schale, damit ich sie auf einem Kohlenfeuer trocknen ließe.

Jetzt wurde die Schale in ein Aschenbad auf den Windofen gesetzt. Das Feuer wurde entzündet und die Schale blieb eine halbe Stunde darauf. Mit einer Zange wurde sie dann herausgenommen und in die Loge getragen. Dort wurde die Schale zerbrochen und auf dem Grunde fand sich ein Stück Silber im Gewicht von neunundzwanzig Lot.
Dem Bericht ist nur hinzuzufügen, daß trotz allem Cagliostro weder in Warschau noch später in Petersburg irgendwelche Erfolge erringen konnte. Enttäuscht kehrt er aus dem kalten Osten in den wärmeren Westen zurück.

Über Frankfurt reist Graf Alexander von Cagliostro nach Straßburg. Und schon dort beginnen seine alten Fähigkeiten und Talente zurückzukommen. Am 28. April 1781 bringt die kaiserliche Reichspostamtzeitung einen langen Bericht aus Straßburg über die Wundertaten des Grafen Casgliostro. Darin heißt es: »Überhaupt ist er ein unbegreiflicher Mann, der nur etwas wollen darf, um es zu können. Geister erscheinen machen, Goldmachen, Edelsteine schmelzen, sind nur Zeitvertreibe für ihn.«
Im Jahr 1785 geht Cagliostro nach Paris, kommt in Beziehungen zu höchsten Kreisen, wird aber dann unschuldig in die Affäre des verschwundenen Halsbands der Königin verwickelt. Vom Staatsgerichtshof freigesprochen wird er 1786 aus Frankreich verbannt. Er geht nach Rom, in den Rachen der Inquisition, um dort eine Freimaurerloge zu errichten.
Hier wird Cagliostro auf Befehl des Papstes verhaftet. Am 21. März 1791 gibt die Inquisition ihr endgültiges Urteil und am 7. April bestätigt es Papst Puis VI., Cagliostro wird als Freimaurer und Ketzer zu lebenslänglichem Kerker verurteilt. Seine Frau Lorenza kommt auf Lebenszeit ins Kloster.
Mit dem Manne, der nun auf Fort San Leone sitzt, beschäftigen sich die großen Geister Europas. Im Jahr 1789 benutzt Friedrich von Schiller seine Gestalt im »Geisterseher«. Wolfgang von Goethe verewigt ihn 1791 in seinem »Großkophta«.
Cagliostro, der Rastlose, stirbt nach vier Jahren Haft im Jahr 1795 im Kerker der Inquisition.

Der Stein der Weisen in der Steinkohle

Die gelesenste Zeitung Deutschlands in jener Zeit, der in Gotha erscheinende »Kaiserlich privilegierte Reichsanzeiger«, veröffentlichte am Sonnabend, den 8. Oktober 1796 einen Aufsehen erregenden Aufruf. Die Veröffentlichung trug die Überschrift »Höhere Chemie« und die Unterschrift »Die Hermetische Gesellschaft«. Sie erklärte im Interesse tausender deutscher Alchemisten zu handeln und bot ihnen Hilfe, den rechten Weg zu finden, forderte aber auch die Alchemisten auf, die schwere, mühsame Forschungsarbeit der Gesellschaft mit den eigenen Erfahrungen zu unterstützen.

Der Aufruf der neuen Goldmacher-Liga begann: »Der Reichsanzeiger hat das unschätzbare Verdienst, daß in ihm, als dem Sprechsaale Deutschlands, die Angelegenheiten aus dem Gebiete der Kenntnisse und Wissenschaften zur Diskussion gebracht, und auf eine Art abgetan werden können, wobei die Menschheit gewinnt. Sollte also darin nicht ein Ding zur Sprache gebracht werden müssen, welches viele tausend deutsche Köpfe und Hände beschäftigt? Ich meine die sogenannte Alchemie, oder Metallumwandlung. Es wäre ein unaussprechliches Verdienst für den Reichs-Anzeiger, wenn er die vielen Sucher des Steins der Weisen, die Forscher der alten Weisheit auf ihrem Pfade leitete oder ihnen zuletzt zeigte, daß sie einem Irrtum nachgingen. Die Chemie hat nunmehr diejenige Gestalt gewonnen, daß sie im Stande sein dürfte, die Axiome und die Grundsätze der Alchemie zu würdigen, und zu entscheiden, in wiefern die Metallverwandlung auf gewissen Gründen beruhe oder nicht. Auf der anderen Seite darf man es dem den Deutschen eigenen Forschungsgeiste zutrauen, daß noch Männer vorhanden sind, welche ohne Vorurteil und als Kenner der Scheidekunst die Alchemie studiert haben.«

Dieser Aufruf hatte eine magnetische Wirkung. Aus allen Teilen der deutschen Lande kamen die Zuschriften in Paketen. Die meisten schrieben anonym, die wenigsten zeichneten mit vollem Namen und Stand. Aber diese Wenigen zeigen, welche Stände, Schichten und Berufe sich mit Alchemie beschäftigten. Da waren Minister und Freiherren, Geheime Finanzräte und Fürstliche Leibärzte, pensionierte Professoren und aktive Offiziere, evangelische Pfarrer und katholische Kaplane, Kaufleute und Handlungsgehilfen, da waren Lehrer, Organisten, Apotheker, Masseure, Schlosser, Schneider, da waren Uhrmacher, Küfer, Buchbinder und auch eine Wittwe aus Ulm.

Eine kulturhistorische Aufgabe hatte damit die Hermetische Gesellschaft ohne Zweifel erfüllt. Man wußte nun statistisch, wer sich im Jahre 1796 mit Alchemie befaßte. Aber obwohl die Gesellschaft in vielen Spalten monatelang den Reichsanzeiger weiterhin in Anspruch nahm, obwohl der Briefstrom lange genug anhielt – obwohl über die ganze Sache am Ende noch Doktorarbeiten geschrieben wurden, ist doch nichts für die Probleme der Alchemie oder Chemie Nützliches daraus hervorgekommen.

Zwar versuchten viele Kluge mit vorsichtig-schlauen Briefen der Hermetischen Gesellschaft die goldenen Geheimnisse herauszulocken. Da aber die Hermetische Gesellschaft eben zu dem Zweck gegründet worden war, dies bei den anderen zu tun, führten die Manöver natürlicherweise beiderseits zu keinem Ergebnis.

Wer stand denn nun aber hinter dieser geheimnisvollen Gesellschaft, die nun anfing – aber alsbald wieder aufhörte – eine eigene Zeitschrift herauszugeben, besonders Würdigen Diplome auszustellen und korrespondierende Mitglieder aufzunehmen? Heute wissen wir es genau. Es war der Geistliche und spätere Arzt Johann Christian Baehrens aus Westfalen und Doktor Karl Arnold Kortum aus Bochum. Der eine hatte ein wenig praktische Erfahrung in Alchemie, aber keine theoretische, dem anderen ging es umgekehrt. So kam Kortum auf die Idee, sich einen Kranz kostenloser Mitarbeiter zuzulegen. Er würde dann aus seinem reicheren theoretischen Schatz, der Geschichte der Alchemie, beisteuern und dafür alle eingehenden Rosinen herauspicken. Es gingen aber keine Rosinen ein – kein Mensch war bereit, einer mystischen Gesellschaft seine Geheimnisse ohne Gegendienst zu enthüllen.

Karl Arnold Kortum ist heute berühmt, nicht als ein Umwandler

der Metalle, sondern als der Verfasser eines satirischen Heldengedichtes, die Jobsiade genannt. Trotzdem soll Kortum seinen Platz in der Geschichte der Alchemie haben. Er hatte bei seiner Beschäftigung mit der Kunst der Metalltransmution zumindest einen originalen Einfall. Er erklärte bei seiner Ausdeutung eines Teils der Sibyllischen Weissagungen – geschrieben im ersten Jahrhundert unserer Zeitrechnung –, daß jene, dort als Grundstoff zur Prima Materia genannte pechige Masse, die Steinkohle sei. Er hatte damit nahe genug geraten. Wenn er dafür die Pechblende, das Trägererz des Urans und Radiums, genannt hätte, dann wäre er vielleicht dem großen Geheimnis der Natur noch näher gekommen.
Trotzdem hatte hier Kortum eine Prima Materia benannt, die Prima Materia der organischen Chemie, aus der gewaltigen Industrie der Kohlenstoffverbindungen. Hier war ein neues Kapitel der Chemie im Kommen, das uns schließlich nahezu eine Viertel Million chemischer Verbindungen des Kohlenstoffs benennen sollte, gegen die baren 25 000 aller andern Elemente zusammen, obwohl eine neue Zeit auch hier Wege zu brechen beginnt.
In solcher Hinsicht war die große alchemistische Initiative Kortums doch vielleicht auch in anderer Richtung nützlich. Es ist uns heute kaum mehr verständlich, mit welcher Hitze Universitätsbehörden gerade wieder zu Kortums Zeit sich gegen Experimente und alle praktischen Versuche stellten, die man als unfeine, ja erniedrigende Sudelei ansah.
Als Justus Liebig 1825 an der Universität Gießen ein chemisches Laboratorium zur praktischen Unterweisung einrichtete, da sagte ihm noch der Senat, es sei »die Aufgabe der Universität, künftige Staatsdiener heranzubilden, nicht aber Apotheker, Seifensieder, Bierbrauer, Likörfabrikanten, Färber, Essigsieder, Drogisten und Spezereikrämer«.
Einer der bei Liebig ausgebildeten Studenten richtete in Darmstadt eine Teerdestillation ein, deren erstes Produkt er sogleich an seinen ehemaligen Professor sandte. Liebig gab es seinem Assistenten Wilhelm von Hofmann, der damit seine Untersuchungen über die Anilinfarben begann.

Justus von Liebig (1803–1873)

Doktor Stephen H. Emmens zwingt Gold aus Argentaurum

Zu Beginn des Jahres 1897 behauptete der Amerikaner Emmens, die Zwischen- und Urform der Edelmetalle Gold und Silber rekonstruiert zu haben. Dieses bis jetzt unbekannte Metall, das durch Strukturlockerung in Silber, aber durch Komprimierung der Struktur in Gold verwandelt werden sollte, nannte er Argentaurum. Zum äußeren Beweis der Arbeitsfähigkeit seines Verfahrens verkaufte er im April desselben Jahres sechs Barren einer Gold-Silber-Legierung an die Münze der Vereingiten Staaten für zusammen 954 Dollar.

Doktor Stephen H. Emmens erklärte, daß sein Argentaurum wohl auch jene Rohmaterie sei, aus der alles Gold und Silber in der Natur entstanden wäre. Sein Verfahren, mit dem er Silber wieder zu diesem Urmetall Argentaurum zurückverwandelte und damit wieder an den Kreuzweg zwischen Gold und Silber brachte, hatte er inzwischen zur Patentierung nach Washington eingereicht.

Das Emmens-Verfahren hat fünf Stufen. Zuerst erfolgte eine mechanische Bearbeitung des eingesetzten Silbers. Hierauf wurde das Material geschmolzen und granuliert. In der dritten Stufe wurde das Produkt aufs neue gehämmert. Dann erfolgte eine Behandlung mit Oxyden des Stickstoffs. Die letzte Stufe nannte Doktor Emmens eine Läuterung. Sie führte zum Endprodukt des Verfahrens, zu Gold.

Für sein Verfahren hatte Emmens eine besondere Apparatur entworfen und gebaut. Diese erlaubte ihm Drücke von fünfhundert Tonnen auf den Quadratzoll seines Materials auszuüben.

Im Laufe des Jahres 1898 hatte dann Stephen Emmens die Argentaurum Company gegründet. Es war ein Syndikat, das die Großproduktion mit dem Argentaurum-Verfahren aufnehmen sollte. Das Syndikat versprach für jede Unze eingelieferten Silbers, das einen Wert von etwa einem halben Dollar hatte, wenn dazu die Umwandlungskosten von viereinhalb Dollar die Unze bezahlt

würden, dreifünftel Unzen Gold im Werte von elf Dollar zu liefern.
Die Patente für das Verfahren wurden jedoch nicht gegeben, die Produktion nie aufgenommen.

Franz Tausend erdenkt die Symphonische Goldsynthese

Zu Krumbach im bayerischen Schwaben wurde dem Klempnermeister Tausend im Jahre 1884 der Sohn Franz geboren. Dieser Franz Tausend wuchs auf, um wie sein Vater das Spenglerhandwerk zu lernen. Aber Franz war ein aufgeweckter Junge. Der Herr Pfarrer und der Herr Lehrer sahen es, daß aus diesem wissensdurstigen Büblein mit der schmalen hohen Stirne und den großen sinnenden Augen, unter der rechten Leitung etwas Besseres werden müßte.

So wurden denn Gesuche geschrieben und der junge Franz wanderte vier lange trockene Jahre in eine Lehrerbildungsanstalt. Doch in die rechten Hände schien seine rastlose Phantasie hier nicht gekommen zu sein. Er verließ das Seminar nicht als Lehrer, sondern als Kandidat einer Unteroffiziersschule. Und das Heer verließ Franz aber schließlich auch nicht als Unteroffizier, sondern als simpler Gemeiner nach drei Jahren Dienstzeit in Metz. Nun aber ging er straks nach Hamburg als Laborant in eine chemische Fabrik. Und hier hatte er endlich was er wollte. Mit Mischen, Brauen und Probieren konnte er seinen Witz schärfen. Das große Reich der Chemie war es, das seine Phantasie nun ganz gefangen nahm.

Dann kommt der Weltkrieg. Für Franz Tausend bringt er den ersten wirklichen Dauerposten. Er wird Kanzleisoldat in der Etappe. Seinen Laborantenposten hatte er aufgeben müssen, ehe er ihm über war. Darum schweifte seine Phantasie in der Langeweile der Kanzlei immer weiter frischfröhlich durch das weite mächtige Reich der Chemie. Franz Tausend las jedes chemische Buch, das er erwischen konnte. Und weil das nicht genug war, ließ er auch seinen eigenen Witz arbeiten, der ihn, das können wir uns denken, auch von den sicheren Bezirken der Chemie weit in das unabgesteckte, trügerisch lockende Gebiet der Alchemie führte. Franz Tausend begann seine eigene universale Theorie vom Aufbau der Materie zu erträumen. Ton- und Licht- und Wellensymphonien waren ihm der Träger alles Stofflichen. Er schuf sich die Hypothese von der symphonischen Chemie. Es war eine überraschende, neue Blickrichtung im großen Reich der guten alten Alchemie.

So kam es, daß Franz Tausend, sobald er 1919 seine Uniform ausgezogen hatte, zielbewußt danach strebte sein eigenes Laboratorium einzurichten, um dort recht nach Herzenslust alchemieren zu können. Als Sechsunddreißigjähriger, im Jahre 1921, richtete sich Tausend seine erste Alchemistenküche in Obermenzing, einem Münchener Vorort, ein. Hier unternahm er die ersten Versuche, seine Ideen im Experiment zu erhärten. Er arbeitete an einem Verfahren, Aluminium aus einfachem Feldton herzustellen. Dann versuchte er eine Methode, um Morphium aus Kochsalz zu machen. Von den Metallen wollte er Nickel auf eine neue Art erzeugen und Stahl wollte er auf eine billige Weise veredeln. Nebenbei versuchte er auch die Herstellung künstlicher Edelsteine.

Aus keinem der Verfahren kann Tausend wirklich greifbare Ergebnisse buchen. Aber er ist fest überzeugt, auf neuen, weltumwälzenden Wegen zu sein. Nachdem er sein Laboratorium nach Aubing bei München verlegt hat, setzt er sich hin, um sein neues System der symphonischen Stoffsynthese zu Papier zu bringen. Er schreibt eine Broschüre über »180 Elemente, deren Atomgewichte und Eingliederung in das harmonisch-periodische System«.

Die Grundlehre Franz Tausends war, daß jedes Element auch seine besondere Schwingungszahl habe, wie jeder Ton, jede Farbe, oder jede spezifische elektrische Welle. Er dachte sich diese Schwingungszahl harmonisch mit den den Elementcharakter bestimmenden Elektronenringen und dem Atomgewicht des Elementkerns verknüpft. Tausend will nun durch »harmonische« chemische Zusatzmischungen die Schwingungszahlen und damit die Elemente selber ändern, sie in neue Stoffharmonien überführen. Dies stellt sich der Alchemist Tausend als ein künstliches Nachahmen, Nachschaffen des natürlichen Stoffaufbaues im System der Elemente vor.

Die durch die modernen Produktionsverfahren der Chemieindustrie erhaltenen chemischen Rohprodukte erklärt Tausend als aus dem natürlichen Kreislauf herausgerissene Zerstörungsprodukte. Aus ihnen, sagt er, kann wahrer Stoffumbau und Stoffaufbau nicht unmittelbar mehr entstehen. Durch sein System der harmonischen Synthese, das Rücksicht auf die Schwingungszahlen und einen harmonisch-symphonischen Aufbau nehme, will Tausend die chemische Produktion revolutionieren.

Tausend sieht nur die Schwierigkeit, die wahren Schwingungszahlen der Elemente zu finden, weil er die durch übliche Verfahren gefundenen Atomgewichte in vielen Fällen für falsch und dadurch die Atomgewichte der meisten Elemente für noch unbekannt hält.

Um die chemische Produktion mit neuen Verfahren aufzunehmen, die auf seiner Theorie basierten, gründete Tausend im Jahre 1923 sein erstes Gesellschaftsunternehmen, die Tausend-Rienhardt G.m.b.H. Durch ein Zeitungsinserat hatte Franz Tausend den Referendar Rudolf Rienhardt kennengelernt, einen 21-jährigen jungen Mann, der sich bereit erklärte, die finanzielle Seite der G.m.b.H. zu übernehmen. Rienhardt selber zahlte 5000 Mark ein, wurde als Geschäftsführer angestellt und besorgte als erstes von einer Frau Schielbach ein Darlehen von 100 000 Mark, das gegen vierundzwanzig Prozent Zinsen und fünfzig Prozent Gewinnbeteiligung gegeben wurde.

Von diesem Geld kaufte Franz Tausend vor allem das Schloß Paschbach bei Eppan im italienischen Südtirol für 300 000 Lire als zukünftige Arbeitsstätte. Dazu heiratete er eine hübsche Kellnerin, die ihm das Schloß als Heim einrichten sollte. Diese beiden Handlungen Tausends sollten sich als die Mißklänge in seinem harmonischen System erweisen. Das Interesse von Tausends chemischer Gesellschaft war zu dieser Zeit in erster Linie auf die Produktion von Zinksuperoxyd konzentriert. Das Interesse von Tausends Frau konzentrierte sich auf die Etablierung als geheimnisvoll reiche Baronin im tiroler Schloß und fernerhin grundsätzlich aufs Geldausgeben.

Immerhin waren 25 000 Mark für die Einrichtung eines Laboratoriums reserviert worden, in dem Tausend seine Versuche im größeren Stil fortsetzte. Bei einem der Experimente war dabei eine gewisse Bleimischung explodiert und an die Wände geschleudert worden. Als man das Produkt dort abkratzte, zeigten sich darin überall Goldspuren. Das war der Zeitpunkt der Erhöhung des Alchemisten Tausend zum Goldmacher.

Auf Anraten seines Geschäftsführers Rienhardt ging Franz Tausend mit diesem Goldprozeß geradewegs zum bayerischen Finanzminister. Der war ein musikalischer Mann und es leuchteten ihm die von Tausend mit langsam eindringlicher Stimme vorgetragenen Theorien von den chemischen Schwingungsharmonien ein. Er war auch bereit, die Versuche im Münchener Münzamt durchführen zu lassen. Augenscheinlich aber waren die Beamten am Münzamt ganz unmusikalisch. Sie sahen die Dinge von allen möglichen anderen Blickwinkeln an und machten Schwierigkeiten über Schwierigkeiten.

Nun nahm Referendar Rienhardt die Sache in die Hand. Er fuhr nach Berlin und ging in die Reichskanzlei – oder in ein in deren Nähe liegendes Zimmer. Dort versprach man ihm dann, einen Berliner Treuhänder in München zu benennen. Dieser Treuhändler war dann schließlich niemand anderes als der General Erich Ludendorff.

General Ludendorff setzte sich mit Franz Tausend erst durch einen Chemieingenieur Kummer in Verbindung. Als Kummer die ersten Zweifel Ludendorffs zerstreuen konnte, ließ dieser, als Treuhänder des deutschen Volkes, das Goldlaboratorium in ein einsames Haus des Münchener Vorortes Gilching verlegen.

Dort fand dann das erste entscheidende Experiment statt. Ludendorff kam eines Tages mit sechs Herren, teils Fachleuten, teils Vertrauten, nach Gilching, um sich einen Versuch zeigen zu lassen. Unter diesen Herren war der Chemieingenieur Kummer, der Großindustrielle Alfred Mannesmann, der Bankdirektor Osthoff, der Kaufmann Stremmel aus Köln und Franz von Rebay, ein anderer Vertrauensmann Ludendorffs.

Die nötige Masse, in der Hauptsache Eisenoxyd und Quarz, war am Tage vorher nach dem Rezept Tausends vom Stremmel in Münchener Geschäften zusammengekauft und dann von den Vertrauensleuten Ludendorffs, in Abwesenheit Tausends, jedoch nach dessen Anweisungen eingeschmolzen worden. Damit niemand die Masse entwenden und analysieren, oder austauschen konnte, hatte Stremmel den Schmelztiegel über Nacht mit in sein Hotelzimmer genommen. Nun hatte er ihn zum endgültigen Experiment wieder mitgebracht.

Franz Tausend erklärte nun kurz, wie es ihm gelungen sei, einen Naturprozeß, der sich normalerweise auf ungeheure Zeiträume erstrecke, in seinem Verfahren auf eine Zeitspanne von Sekunden zusammenzupressen. Dann gab Tausend die Mischung im Schmelztiegel nochmal in den Elektro-Ofen, um sie wieder flüssig zu machen. Nach dem Erkalten und Zerschlagen des Tiegels fand sich dann wirklich ein etwa fingernagelgroßes, halbkugelförmiges Stück Gold. Auf der Waage zeigte es ein Gewicht von sieben Gramm.

Jedem der anwesenden Herren muß es wohl etwas unheimlich und etwas feierlich zu Mute gewesen sein. Hier war Gold vor ihren Augen mit einem modernen Verfahren erzeugt worden. Besonders Stremmel rann es einen Augenblick kalt den Rücken herunter. Er war von Köln nach München gekommen, um Geschäftsführer dieser Goldgesellschaft zu werden, wenn – nun ja, wenn er sich mit eigenen Augen überzeugen konnte, daß die Sache Hand und Fuß hatte, Wirklichkeit war. Und hier war das gelungene Experiment, hier lag das Stückchen Gold!

Stremmel war auch der Mann, der das Stückchen Gold persönlich zu einem Münchener Juwelier brachte, um es prüfen zu lassen. Dort sagte man ihm, daß es mindestens dreiundzwanzigkarätiges Gold sei. Trotzdem war Stremmel noch nicht zufrieden. Er traute allen Münchener Goldschmieden nicht und ließ das Gold in Berlin untersuchen. Dort ergab sich, daß das Klümpchen chemisch reines Gold war.

Nun erst fand sich Stremmel mit der wahnsinnigen Idee ab, Geschäftsführer in einer Goldfabrik zu werden und trat seinen Posten an. Jetzt wurden auch andere Leute angestellt, die in den

Handgriffen der Goldproduktion eingeschult werden sollten. Die Helfer waren meist besonders ausgewählte ehemalige Soldaten. Und da sie es nicht anders wußten, standen sie stramm, wann immer auch Franz Tausend auftauchte. Dazu nannten sie ihn Meister. Trotzdem bekam Franz Tausend selber nie besonderen Appetit auf große Manieren. Er aß mit Vergnügen weiter seinen grünen Salat. Als Leidenschaften blieben ihm weiter nur, neben seinem Schachspiel und dem Mineraliensammeln im Zugspitzgebiet, eine undämmbar ausschweifende Phantasie. Währenddessen aber kam und verschwand das Geld in Tausendmarkscheinen um ihn.

Im Juni 1925 schloß Franz Tausend mit General Erich Ludendorff einen Privatvertrag, in dem er dem General, als Treuhänder des deutschen Volkes, die Nutznießung der neuen synthetischen Golderzeugung überließ. Dieser Vertrag sollte augenscheinlich an eine Ratifikation durch den deutschen Reichspräsidenten Paul von Hindenburg gebunden sein. Ludendorff hatte dem Goldmacher auch bereits den Tag angekündigt, an dem der Reichspräsident nach München kommen sollte, um das Dokument zu bestätigen. Franz Tausend sollte an diesem Tage zum Tee mit Hindenburg und Ludendorff gerufen werden.
Am Abend dieses Tages, an dem Tausend vergeblich gewartet hatte, zeigte ihm Ludendorff ein Handschreiben Hindenburgs, worin dieser es ablehnte, sich mit der Golderzeugung zu befassen. Ludendorff erklärte dazu, daß, nachdem der Übergang der Erfindung an das Deutsche Reich so verhindert worden sei, er allein das Verfahren zu treuen Händen halten werde.

So ließ sich General Ludendorff am 1. Juli 1925 von Franz Tausend eine Zessionsurkunde ausstellen, in der der Alchemist auf jede eigene Verwertung des Transmutionsverfahrens verzichtete und sich selbst auch zur absoluten Geheimhaltung der Methode synthetischer Goldherstellung verpflichtet. Überdies hatte er auch alle künftigen Verbesserungen des Verfahrens an Ludendorff zur Verwertung zu übergeben.
Am 14. Oktober desselben Jahres wurde Franz Tausend zu dem

Münchener Rechtsanwalt Justizrat Schramm bestellt, wo man ihm zwei Verträge zur Unterschrift vorlegte. Der eine war ein Privatvertrag mit Erich Ludendorff, der andere ein Gesellschaftsvertrag. Im Privatvertrag hieß es: Alle Erfindungen werden Ludendorff zugesichert. Die Erlöse wird Ludendorff zu vaterländischen Zwecken verwenden.

Im Vertrag der neuen »Gesellschaft 164« – 164 war der Deckname für Gold – wurde dagegen bestimmt, daß Franz Tausend fünf Prozent vom Gewinn erhalte. Die Geldgeber würden zwölf Prozent und die »besonderen Mitarbeiter«, die Vertrauensleute Ludendorffs, die nichts einzuzahlen hatten, würden acht Prozent erhalten. Der Löwenanteil am Gewinn wurde für den Treuhänder Erich Ludendorff reserviert. Fünfundsiebzig Prozent des Gewinns sollten an ihn zur Verwendung für vaterländische Zwecke abgeführt werden. Über die Art der Verwendung sollte jedoch General Ludendorff niemandem Rechenschaft schuldig sein.

Faul an der Sache war, daß sich diese Art der Verwendung von Geldern nicht auf den Gewinn beschränkte. Ein großer Teil der eingezahlten Gelder verschwand von vornherein in jene Richtung. Dazu tauchten bei Tausend immer wieder neue Herren als jene Gesellschafter auf, die acht Prozent Gewinn ohne Einzahlung beanspruchen konnten. Sie stellten sich als Vertrauensmänner Ludendorffs vor und wollten den Goldprozeß sehen. Bei solchen Versuchen erschienen Goldausbeuten bis zu achtundzwanzig Gramm. Einer von diesen Vertrauensleuten, der Chemiker Döring, beschnupperte das Verfahren genau, machte sich die entsprechenden Notizen und ging dann zu Ludendorff, um ihm zu sagen, daß er jetzt auch Gold und in größeren Mengen als Tausend machen könne.

Aber Ludendorff blieb bei Tausend. So sprang denn Döring ab und gründete seine eigene Gesellschaft zur Erzeugung künstlichen Goldes.

Die Gelder flossen jedoch nicht zu Döring, sondern weiter in die Kasse der »Gesellschaft 164«. Neue kapitalkräftige Mitglieder traten bei, andere erhöhten ihre Einlagen. Es ging hier um hunderttausende von Mark. Einlagen, die nicht von vornherein drei Nul-

len als letzte Stellen zeigten, die wurden als Kleinkrämerei angesehen. Die Prinzen Hermann und Ulrich von Schönburg-Waldenberg hatten von den Abfindungsbeträgen, die sie von der deutschen Republik erhielten, eine Summe von 72 500 Mark eingezahlt. Gewöhnlich hielt man sich jedoch an runde Summen. Ein schlichter Herr Maibach aus Plauen gab 300 000 Mark.
Herr Wilhelm Peters aus Köln gab erst 50 000 Mark und wurde dann von seiner Frau zur Nachzahlung von 30 000 Mark gezwungen. Herr Peters wollte nichts mehr zahlen. Aber Frau Peter, die sehr patriotisch war und eigenes Geld hatte, sagte ihm: Wenn du nichts gibst, geb ich fünfzigtausend Mark! So zahlte denn der geplagte Ehemann 30 000 Mark, um 20 000 Mark zu sparen. Ihm schenkte Franz Tausend zwei Körner echten künstlichen Goldes.
Andere waren noch glücklicher. Da war der Kaufmann von Winkler aus Weinböhla. Er zahlte 40 000 Mark. Zur Goldenen Hochzeit seiner Eltern erbat er sich aber ein Stückchen künstlichen Goldes, um seiner Mutter daraus ein Armband machen zu lassen. Franz Tausend schickte ihm ein etwa hundert Gramm schweres Stück, für das er kein Geld annahm.
Alfred Mannesmann, der Berliner Großindustrielle, hatte 20 000 Mark eingezahlt. Unter dem Siegel tiefster Verschwiegenheit informierte er den Präsidenten des Verwaltungsrates der Deutschen Rentenbank, Exzellenz Lentze, von dem Projekt durch Herstellung unbeschränkter Goldmengen das Reich von den Reparationen zu befreien. Lentze riet Mannesmann und Tausend, der ihm bei seinem Besuch einen ansehnlichen Goldklumpen zeigte, sich unbedingt mit der Reichsbank in Verbindung zu setzen.
Natürlich waren alle von dem vaterländischen Hintergrund noch mehr berückt, als von dem intelligenten schlanken Goldmacher, mit seinen markanten Zügen, seinen großen Augen, seiner hohen Stirn. Aber Franz Tausend versicherte denen auch, bei denen es notwendig war, daß das Berliner Golddepot der Gesellschaft bereits hundertzwanzig Kilogramm betrage. Er sei in der Lage, monatlich vierzig Kilogramm Gold herzustellen und eine Tonnenproduktion stehe in Aussicht.

Das war es zumindest, was die Geldgeber aus seinen Reden verstanden. Tausend war im allgemeinen sehr zurückhaltend, das Wort Gold in den Mund zu nehmen. Er sprach gerne von »Ausgangsmaterial« und »Endprodukt«. Am meisten sprach er vom »Material 164«.
Aber solche Dinge waren es nicht, die die Geldgeber kränkten. Sie waren nicht blind, wohin der Löwenanteil der Einzahlungen wanderte. Einige, wie der Industrielle Philipp Held in Barmen, erklärten freimütig, daß sie sich zwar für die Erfindung interessierten, daß sie aber nicht daran dächten, ihr Geld an Ludendorff nach München zu schicken, wo es doch nur für politische Zwecke verwendet werde.
Solche Leute hatten Sonderbehandlung. Franz Tausend fuhr nach Barmen, um dort die Versuche vorzuführen. Dieses Zweigunternehmen finanzierte Ludendorff, indem er monatlich zweitausend Mark an Tausend nach Barmen schickte. Wirklich brachte der Goldmacher auch diesen Geldgeber soweit, daß er 100 000 Mark in das Unternehmen steckte.
Mittlerweile waren etwa 400 000 Mark in die vaterländischen Kanäle geglitten. Franz Tausend zeigte immer noch phantastische Versuche. Da war zum Beispiel bei einem Versuch Gas in den Schmelzofen gelassen worden. Das Gas war explodiert, hatte den Tiegelinhalt an die Ofenwände gespritzt und dort klebte er, aber mit reinem Gold untermischt. Franz von Rebay, der Vertrauensmann Ludendorffs, der bei diesem Versuch zugegen war, fand das Innere des Ofens geradezu vergoldet. Die Mitarbeiter kratzten sich die Goldplättchen als Andenken ab und sammelten so 25 bis 30 Gramm.
Aber all die schönen Experimente hielten es mit der Zeit nicht ab, daß sich eine gewisse Unsicherheit verbreitete. Es knisterte ein bißchen. Die Geldgeber wollten sehen, wohin ihr Geld gewandert war. Es erschienen einige Veröffentlichungen in der Presse. Im Dezember 1926 fand es General Ludendorff an der Zeit auszusteigen.
Franz Tausend bekam seine Rechte über das Goldverfahren vom Treuhänder des deutschen Volkes zurück und mußte dafür alle

Schulden der »Gesellschaft 164« übernehmen. Für die aufgelöste Gesellschaft wurde sofort eine neue Gruppe, die »Studiengesellschaft Tausend« gebildet. Dahinein wurden die alten Geldgeber mit ihren nur noch fiktiv bestehenden Einzahlungen übernommen. In den Statuten dieser neuen Gesellschaft war großsprecherisch festgesetzt, daß die Gewinnauszahlungen an die Geldgeber nur bis zum Fünfzehnfachen des Originalkapitals erfolgen würden. Tausend wurde nun Vorsitzender und es wurden ihm fünfzehn Prozent von allen neuen Einzahlungen zugestanden. Alle Einzahler der neuen Gesellschaft übernahmen mit ihrem Kapital ein klares Risiko, denn es hieß ja im Statut: Alle Mitglieder sind sich darüber klar, daß ihre finanziellen Leistungen ohne Gegensicherung im Vertrauen auf die Sache gegeben sind. Die neue Gesellschaft wurde am 9. Januar 1927 mit dem Sitz in Frankfurt a. M. gegründet.

Die Clique um Ludendorff war jedoch immer noch nicht mit dem zufrieden, was sie bis jetzt aus der Goldgrube von Tausend herausgeholt hatte. Zwei alte Geldgeber Ludendorffs, die sächsischen Industriellen Johann und Fritz Küchenmeister, waren inzwischen in finanzielle Schwierigkeiten geraten und man faßte den Plan, sie nun von der »Studiengesellschaft Tausend« sanieren zu lassen. Man verkaufte an Tausend eine unbrauchbare alte Spinnerei der Gebrüder Küchenmeister in Freiburg, die angeblich zur Goldgroßproduktion umgebaut werden sollte. Dafür erhielten die Brüder Küchenmeister 150 000 Mark.

Das war nun auch dem gewiß vaterländischen, treuen Stremmel zuviel Vaterlandsliebe. Er sah wohin die Reise nun ging und trat im November 1927 als Geschäftsführer Tausends zurück. An seine Stelle trat Herbert von Oberwurzer, ein Dresdner Fabrikbesitzer. Da die deutschen Industriellen nun schon ziemlich abgegrast waren, reiste Tausend zur weiteren Finanzierung seines Unternehmens ohne Boden nach Wien. Dort führte er den Stahlindustriellen Philipp und Richard von Schöller ein erfolgreiches Experiment vor und erhielt von ihnen und einigen anderen, der sogenannten Wiener Gruppe, zusammen 235 000 Mark. Die Herren von Schöller waren auch bereit ihre drei Hochöfen mit je sechzig

Tonnen Fassungsvermögen für die Goldproduktion zur Verfügung zu stellen. Das hätte bei der zehnprozentigen Ausbeute, die Tausend versprach, bei jeder Beschickung sechstausend Kilogramm Gold gegeben. Tausend dankte aber bescheiden mit dem Hinweis, daß zur Superproduktion die Zeit noch nicht reif sei.
Um diese Zeit, es war am 16. Juni 1928, macht Tausend das erste Experiment einer Großproduktion. An diesem Tag wurden 750 Gramm Masse, die in seiner Abwesenheit nach Tausends Rezept präpariert worden waren, in einem Chamottetiegel erhitzt und geschmolzen. Zwei Messerspitzen eines weißen Pulvers geheimer Mischung waren dazugegeben worden.
Kurz vor der Erreichung des Schmelzpunktes von Gold war der Tiegel aus dem Elektro-Ofen genommen worden und zeigte nun unter dem geschmolzenen Blei des Materials eine halbflüssige gelbliche Masse. Man holte nun Tausend herbei und auf seine Anordnung wurde der Versuch fortgesetzt. Der Tiegel wurde wieder in den Ofen gegeben und weitere vierundzwanzig Stunden erhitzt. Dann wird er herausgenommen, abgekühlt und zerschlagen. Die gelbe Farbe hatte sich nun durch die ganze Masse verbreitet. Der Tiegel enthielt einen Klumpen Gold von 723 Gramm. An ihm saß noch etwas bleihaltiges Borax. An den Tiegelwänden klebte ein Bleiüberzug.
Es muß dieses Experiment gewesen sein, das Tausend zur Serienproduktion von Goldgutscheinen anregte. Diese lauteten auf zehn Kilogramm Feingold oder 25 000 Mark. Um diese Gutscheine riß man sich.

So kam bei ausbleibender Produktion unausweichlich der Tag, an dem Franz Tausend verhaftet wurde. Die Untersuchung begann zu rollen. Es war ein schwieriger Prozeß – hohe Persönlichkeiten wohin man auch blickte. Und Tausend saß eineinhalb Jahre in Untersuchungshaft.
Es ist wahr, man hatte Tausend inzwischen Gelegenheit gegeben, unter strengster Bewachung nach genauester körperlicher Untersuchung, ein Experiment in der Münchener Münze zu machen. Zwar war der erste Versuch abgebrochen worden, weil sich der

anwesende Sachverständige, Professor Doktor Paul Röntgen, weigerte, sich zur Geheimhaltung des Verfahrens zu verpflichten. Aber der zweite Versuch wurde durchgeführt und Tausend behauptet, daß man ihm bei positivem Ausgang seine Freiheit versprochen habe. Nun ist bei diesem Experiment in der Tat Gold erzeugt worden. Auch der dabei anwesende Direktor der Münchener Münze, Doktor Koell, kann das nicht bestreiten. Da aber die Sachverständigen sich nicht einig werden, woher nun eigentlich das Gold gekommen sei, so bleibt alles beim alten.
Endlich, am 19. Januar 1931, wird der Prozeß in München eröffnet und Tausend, das Gesicht in der ungesund fahlgelben Farbe des Häftlings, wird vorgeführt. Nach einem sensationellen Prozeß wird er, am 5. Februar 1931, wegen Betrugs zu drei Jahren und acht Monaten Gefängnis verurteilt.

Schwing-Gold

Nach dem Ersten Weltkriege war es eine immer wieder auftauchende Idee, die deutschen Reparationskosten durch künstliche Golderzeugung zu decken. Nicht alle beschritten aber den korrekten Weg, ihr neues Verfahren der Erzeugung künstlichen Goldes in die Hände der Deutschen Nationalversammlung in Weimar zu legen. Darum blieben auch nicht alle unbereichert, wie es der Rechnungsrat August auf dem Thye aus Elberfeld blieb, der sein Verfahren der Nationalversammlung zur Finanzierung vorlegte und über dessen Prozeß »betreffend Herstellung von Gold aus den Elementen« der Petitionsausschuß in Weimar am 20. April 1920 zur Tagesordnung überging.
Da war zum Beispiel Heinrich Kurschildgen in Hilden, der machte es klüger. Obwohl er es nur bis zur dritten Volksschulklasse gebracht hatte, legte er sein Verfahren der Goldtransmution durchaus nicht der Nationalversammlung vor und machte in der Folge einen Haufen Geld damit. Kurschildgens Verfahren, um Schwing-Gold in der Flasche zu erzeugen, war folgendes. Er hatte eine elektrische Batterie, an die einige geheimnisvoll aussehende Kästen angeschlossen waren. Diese waren wiederum durch Drahtleitung mit einigen Flaschen verbunden. Eine dieser Flaschen enthielt die aufzuspaltenden Elemente in einer Mischung von Sand und Wasser, das ist also in Gestalt einer Silizium-Sauerstoff- und einer Wasserstoff-Sauerstoff-Verbindung. Durch Sprengung des Elementes Silizium, unter Reaktion von Sauerstoff, sollte durch Einbau von Wasserstoff das Endprodukt Gold erreicht werden. Daß die ganze Idee etwas wirr war, das machte nichts. Heinrich Kurschildgen überzeugte seine Geldgeber durch das Ergebnis seiner Experimentalvorführung. Kurschildgen ließ seine elektrischen Resonanzschwingungen etwa zwanzig Minuten auf den nassen Sand in der Flasche einwirken. Dann stellte er die Stromzufuhr ab, leerte den feuchten Sand in ein Becken und dort konnte man dann schon mit dem bloßen Auge die Goldflitterchen erkennen.

Der erste, dem Kurschildgen seine Schwing-Gold Ideen enthüllte, war der Düsseldorfer Rechtsanwalt Schäfer, Syndikus des größten deutschen Flaschenwerkes. Besonders für Frau Syndikus Schäfer war die Golderzeugung sofort einleuchtend. Sie überließ dem Goldmacher die Waschküche, um das Laboratorium einzurichten. Dort machte Kurschildgen dann Gold auf verschiedene Methoden. Erst erzeugte er mit Eisenchlorid auf Quarzsand goldähnliche Niederschläge. Die hielten aber der Schmelzprobe nicht Stand. Dann brachte Kurschildgen Eisenblech – von Frau Schäfer aus einer Zigarettenschachtel geschnitten – in eine Sandmischung, tränkte diese mit Eisenchlorid und nach den schwingenden zwanzig Minuten war das Blech in reines Gold verwandelt. Daraufhin war Rechtsanwalt Schäfer bereit, fünfzehntausend Mark vorzuschießen. Ein bekannter Kölner Großkaufmann gab dazu noch 50 000 Mark. Es fanden sich weitere Einleger. Einige der Beteiligten fragten schon bei den Düsseldorfer Banken an, wie sie die erwarteten Millionen aus der Goldproduktion am besten anlegen könnten.
Auch Alfred Hugenberg vom Hugenbergkonzern wurde nun für die Sache interessiert. Kurschildgen ließ durchblicken, daß man die deutschen Reparationen mit der Goldproduktion bezahlen könne und die Hugenberg-Gruppe war bereit, etwa acht Millionen Mark in das Unternehmen zu stecken. Man wandte sich sogar an das Reichsfinanzministerium und an den Reichsbankpräsidenten Hjalmar Schacht.
Dabei wurden aber auch die internationalen Finanzbeziehungen nicht vernachlässigt. Syndikus Schäfer brachte Kurschildgen mit dem französischen Mineningenieur Montague zusammen, der von den Experimenten »frappiert« war und neue Geldgeber mobilisierte. Ein schweizer Großindustrieller bot Kurschildgen ein Jahresgehalt von 24 000 Mark zur Durchführung der Experimente. Der amerikanische Finanzmann Harris gab 60 000 Mark. Ein englischer Mittelsmann sandte folgendes Telegramm aus Paris:
»Vertrag fertig, Finanzmagnat abreist übermorgen! Sofort kommen, zwei bis drei Millionen sicher!«

Der englische Unterhändler traf mit einem Privatflugzeug in Hilden ein. Aber das Laboratorium Kurschildgens war leer. Er war einen Tag vorher verhaftet worden.

Heinrich Kurschildgen hat durch die Finanzpropaganda seiner Golderzeugung unter Elektroschwingungen etwa 250 000 Mark eingenommen. Andere hatten ein verbessertes Verfahren, aber blieben ehrlich und arm. »Ich bin zu alt und auch nicht gesund genug«, erklärt einer von ihnen, »um mich noch mit Kapitalisten herumzuärgern. Deshalb habe ich mein Verfahren in einer Broschüre niedergelegt, die sich jeder Interessent kaufen kann. Vielleicht wird mir so ein Goldfabrikant freiwillig etwas zukommen lassen, brauchen könnte ich es schon, weil meine Pension gekürzt ist.«
Solch einen gemütvollen Goldmacher gibt es natürlich nur in Wien. Es ist der pensionierte Chemiker Adalbert Klobasa, der im Jahre 1937 in der Hustergasse, weit draußen in der Wiener Vorstadt wohnt. Nach Reichtum schaut es bei ihm nicht aus. Aber er hat eine wissenschaftliche Begründung dafür. Sein Goldverfahren gibt nur eine Ausbeute von noch nicht ein Prozent, während die Wirtschaftlichkeit erst bei vier Prozent beginnen würde.
Zur Schwingungserzeugung gibt es bei Adalbert Klobasa keine geheimnisvollen schwarzen Kästen, aus denen dann die Elektrowellen kommen. Nach dem Verfahren von Klobasa braucht man einen guten Elektromagnet und einen Funkeninduktor. Die Flasche, in der die Mischung durchstrahlt wird, ist eine Retorte, die nach dem Prinzip der Leydener Flasche gebaut ist.
Klobasas Idee ist, daß Gold ein Aufbauprodukt aus Eisen, Titanium und Natrium sei und daß diese Synthese unter dem Einfluß elektrischer Schwingungen erreicht werden könne. Im Gegensatz zu anderen Goldmachern gibt er ein klares Rezept zur Mischung der Aufbaumasse.
Diese Mischung besteht aus 36 Gramm Titankaliumoxalat, 84 Gramm Ferrosulfat, 50 Gramm Kupfervitriol, 50 Gramm Schwefelnatron, 100 Gramm Salmiak, 250 Kubikzentimeter Amoniak, 20 Kubikzentimeter Wasserglas, dem Natrium- oder Kaliumsalz

der Kieselsäure und 440 Gramm feinen Quarzsand. Wenn man noch 100 Milligramm Feinsilber dazugibt, dann wirkt dieses als Katalysator zur Beschleunigung des Prozesses.
Der Prozeß dauert etwa zwei Stunden und ergibt pulveriges Gold in Form brauner, rotglänzender Schuppen. Der Chemiker Adalbert Klobasa kann solches künstliches Gold in einer Glasröhre zeigen. Aber welcher Wiener Großindustrielle will schon auf Gold schauen, das ein anderer Wiener gemacht hat. Der Prophet gilt nichts in seinem Vaterlande. Da muß schon einer von auswärts kommen.

Gold aus dem Amper-Sand

September 1937 kam ein Mann zum Münchener Goldschmied Karl Blum und bat ihn, eine Probe Sand auf ihren Goldgehalt zu prüfen. Beim Schmelzversuch ergaben sich tatsächlich winzige Goldkügelchen.
Der Fremde stellt sich als Ingenieur Karl Markus vor und behauptete den Sand von einem Freund aus Kanada erhalten zu haben, der den Sand aus patriotischen Gründen dem deutschen Vaterland tonnenweise umsonst zur Verfügung stellen wollte.
Der Goldschmied nahm ihm aber diese Geschichte nicht ab, da sie wegen der entstehenden Kosten für Transport und der kaum zu erhaltenden Genehmigung der kanadischen Regierung schon unmöglich, aber sonst auch unglaubwürdig erschien.
Daraufhin schwenkte der Fremde auf eine neue Version um. Der Sand sollte nun aus dem Flußbett der Isar stammen, womit sich eine ähnliche Situation wie bei den Goldsanden der Donau ergeben hätte.
Das wäre sehr interessant gewesen, wenn der Goldschmied nicht selber den Isarsand gekannt hätte. Er enthielt 92 Prozent Kalk und Ton, und nicht wie der Sand des Fremden 82 Prozent Quarz und Glimmer.
Da aber der »Ingenieur« Markus auf seiner Behauptung bestand, hielt Goldschmied Blum eine weitere Unterhaltung für zwecklos.
Erst Ende Oktober erklärte sich Markus bereit, die »richtige« Fundstelle, im Beisein seines Rechtsanwalts, dem Goldschmied zu zeigen. Sie war in der Nähe Dachaus, bei Pritlbach im Bereich der Amper.
Dort holte man gemeinsam einen Sack dieses Sandes, der tatsächlich mit der Probe aus dem ersten Schmelzversuch übereinstimmte. Weitere Versuche ergaben nun tatsächlich einen Goldgehalt.
Während der Goldschmied von ernsten Zweifeln hin und her gerissen wurde, er nahm auch für alle Fälle Kontakt zur Münchener

Kriminalpolizei auf, ging der Goldmacher Markus zielbewußt seinen Weg weiter. Er ließ schlauer Weise über seinen Rechtsanwalt den SS-Führer Himmler über die bayerischen Goldfunde informieren.

Am 18. Dezember 1937 teilte der Rechtsanwalt dem Goldschmied Blum mit, daß an diesem Tage Himmler nach München komme, und er solle am Abend um sechs Uhr am Bahnhof sein. Sie würden dann von Himmler zum Vortrag befohlen werden.

Karl Blum fand sich zur festgelegten Zeit mit dem Mikroskop und Karl Markus mit den von Blum auf Glasstreifen aufgeleimten Goldkügelchen ein. Sie wurden beide in die Wagenkolonne verfrachtet und mit zum Hotel Vier Jahreszeiten genommen.

Schließlich wurden sie in ein Zimmer geführt, in dem sich Himmler und einige höhere SS-Offiziere befanden. Blum baute sein Mikroskop auf, schloß es an eine Steckdose an und legte den Glasstreifen, auf dem die bei den Versuchen erschmolzenen Goldflimmerchen mit Kanadabalsam aufgekittet waren, in das Gerät ein.

Himmler läßt sich alles erklären und blickt dann in das Mikroskop. Karl Blum schildert diesen Augenblick in seinen Aufzeichnungen sehr dramatisch:

»Wir hatten, um störendes Nebenlicht auszuschalten, die Zimmerbeleuchtung gelöscht, und so sehe ich Himmlers Züge im grellen Widerschein der Mikrolampe. Er nimmt nun seine Augengläser ab und reguliert die Feineinstellung des Mikroskops. Anscheinend hatte er jetzt erst die richtige Sehschärfe erreicht, denn ich hatte das Objektiv auf meine Augen eingestellt. Erstaunt betrachtet er die Edelmetallflimmer, die bei der starken Vergrößerung wie Goldklumpen aussehen.«

Blum schildert, wie Himmler fasziniert in das Mikroskop schaut und anscheinend von dem Anblick wie behext ist. »Ist das tatsächlich reines Gold?« fragte er. Worauf Markus eilfertig erklärt, daß das natürlich alles reines Feingold sei. »Herr Himmler, Sie werden sehen, wir kommen noch auf fabelhafte Ergebnisse.«

Während die Herren von der SS abwechselnd in das Mikroskop schauten, sie konnten nicht genug von dem Gold kriegen, lief der Sprüchemacher Markus auf vollen Touren.

Er schildert das zur Goldgewinnung einzusetzende Zyanverfahren in rosigen Farben:
»Natürlich bauen wir Pachucatürme mit einem Fassungsvermögen von 200 bis 300 Tonnen. Das Material wird in Mühlen gemahlen bis zur Staubfeinheit und dann mit Zyanlauge einige Tage behandelt. Ich komme noch auf 25 Gramm, ja 50 Gramm pro Tonne.«
Deutlich erkannte nun Blum, daß er von diesem Hochstapler, der wahrscheinlich auch ein Betrüger war, vor Himmler als Gütesiegel der ganzen Unternehmung benutzt wurde. Er war ja schließlich Sachverständiger der Innung für solches Material. Aber er war jetzt in einer verzweifelt gefährlichen Lage. Da er nicht Mitglied der Partei war, ja nicht einmal mit der ganzen Entwicklung sympathisierte, konnte man ihm leicht die Schwierigkeiten, die er dem Markus machen würde, als Sabotage auslegen. Er mußte verdammt vorsichtig sein und nur reden, wenn er wirklich Beweise hatte.
Bis jetzt war »Ingenieur« Markus in voller Fahrt. Ein Laboratorium soll im SS-Lager neben dem Konzentrationslager Dachau eingerichtet werden. Markus hat freie Hand, alle Geräte und Maschinen einzukaufen, die er für weitere Versuche braucht. Er erhält einen Vertrag, der ihn mit einem Monatsgehalt von 450 Mark in den persönlichen Stab des Reichsführers der SS eingliedert. Wie alle falschen Goldmacher durch die Jahrhunderte, hat sich Markus durch die Drohung Himmlers, er werde jeden, der ihn zu betrügen suche, persönlich behandeln, dazu brauche er keinen Staatsanwalt, nicht erschrecken lassen.
Auch dem Goldschmied wurde eine Beamtenstelle in dem Stab Himmlers angeboten, aber Karl Blum unterzeichnete den Vertrag nicht und verzichtete auf die »große Chance«.
Am 10. Januar 1938 ging man zum ersten Mal zum Laboratorium nach Dachau. Die Experimente gehen bis zum Januar 1939 weiter, und mit wechselndem Erfolg. Das heißt, wenn Markus dabei ist, wird Gold gefunden, wenn er nicht dabei ist, findet man keines. Das ist die alte Spielregel, aber der sachverständige Goldschmied Blum konnte ihm noch nicht auf die Schliche kommen.

Bis ihm eines Tages der mitarbeitende SS-Offizier beiläufig erzählt, daß Markus bei seinen Experimenten ein schwarzes Pulver verwende, ihn aber gebeten habe, unter keinen Umständen dies dem Goldschmied zu erzählen.
Nun hatte aber Markus nebenbei versucht, einen Großindustriellen mit einem Stahl so hart wie Diamant hereinzulegen. Dieser hatte einen Privatdetektiv angestellt, um Markus zu beobachten. Erst durch diesen Privatdetektiv kam die Sache ins Rollen. Wie alle Schwindler, so hatte sich auch Markus übernommen. Er wurde verhaftet und in das Laboratorium nach Dachau gebracht, um Gold zu machen.
Da er nun sein schwarzes Pulver (die anderen Schwindler aus dem Mittelalter nannten es das Pulver Usufur oder die Wurzel Resch) nicht mehr einsetzen konnte, bekam er auch kein Gold mehr aus dem Pritlbacher Sand.
Da die Akten dieses Falles nicht in die Hand eines Gerichtes, sondern in die der Geheimen Staatspolizei kamen, blieben sie der Öffentlichkeit unbekannt.
Wir kennen die Tatsachen nur aus dem Bericht des Goldschmiedemeisters Karl Blum, den dieser in der Zeit des Dritten Reiches in einer Blechkassette verlötet vergrub und erst im Dezember 1948 im Regensburger Verlag Josef Habbel veröffentlichte.
Was mit Karl Markus geschah, wissen wir nicht.

Vom Goldmachen zum Goldsuchen

Die Affären von Hochstaplern und Betrügern sollten uns nicht vor den Möglichkeiten die Augen verschließen, die es auch in Europa für die Goldgewinnung noch gibt, oder zumindest noch geben könnte.

Wenn Goldadern in Europa, einst an vielerlei Orten gefunden nun längst erschöpft erscheinen, so braucht doch die Vorstellung allerdings bescheidener Goldfunde nicht als Traumvorstellung betrachtet werden.

Gold, zumeist als Goldkörner und Goldflitter im Sand von Bächen an vielen Orten der Oberpfalz und Oberfrankens, verspricht ein ehrwürdiges Manuskript, das im Germanischen Nationalmuseum zu Nürnberg liegt. Es ist die am 3. August 1683 gemachte Abschrift einer älteren Handschrift von dem Venedinischen Alchemisten Erasmo Grundler von 1607. In einer langen Liste von Goldfundstätten findet sich die Umgebung von Bischofsgrün, Ebnath, Waldsassen, Tirschenreuth, Nabburg, Dollnstein und vieler anderer Orte. Die geographischen Angaben sind genau. So heißt es bei Erbendorf:

»Item zu dem galgen Bächlein gibt es goldt Köhrner granathgross undt flamer goldt – Item bei den Harrwiesen ist ein Bächlein darinn gibt es gudte goldt Köhrner.«

Da an diesem und jenem der genannten Orte wirklich einmal Gold gewaschen worden ist, wäre es sicherlich nicht ganz unvernünftig, einmal die in der Handschrift angegebenen Stellen aufzusuchen und nachzuprüfen, ob mit modernen Methoden sich nicht ein neuzeitlicher Goldabbau rentieren könnte.

Soviel ist sicher, mit der alten Methode des Goldwaschens kann in Franken keiner reich werden und ist auch in alten Zeiten keiner reich geworden. Das bezieht sich auch auf viele andere Stellen in Deutschland und ganz Europa. In der Schweiz, wo an den Flüssen in vergangenen Jahrhunderten Gold gewaschen wurde, haben sich nun Amateure aufgemacht, dies als Freizeitspiel aufzunehmen.

In der Liste des alten Manuskriptes sind viele Bächlein erwähnt, die das Gold in Flittern und Körnern, als Goldseifen im Sande enthalten sollen, wie dies ja auch in schwacher Verteilung von Eder, Isar und Rhein bekannt ist. Es steht uns also theoretisch nichts im Wege, einmal einen möglicherweise auch ansehnlichen Goldfund in den Waldbächen von Oberfranken und der Oberpfalz zu machen.

Das sind aber nur die sekundären Fundstellen. Im Fichtelgebirge geht es um bergmännisch aus dem harten Gestein zu gewinnendes Gold. Dieses Granitmassiv um das Fichtelgebirge enthält an einigen Stellen bis zu fünfzig Gramm Gold pro Tonne Roherz.

Die Probe wurde in den zwanziger Jahren gemacht. Dort senkte man bei Brandholz einen Schacht ab, um das Gold aus dem Granit zu holen. Mit Pochwerk, Röhrenmühle und Schüttelherden wurde das Erz zerkleinert und anschließend ausgelaugt. Da jedoch die Filter nicht den Erwartungen entsprachen, konnte nur ein Teil des Goldes aus dem Erz entfernt werden. Obwohl die »Fichtelgold AG« bereits zwanzig Kilogramm Gold gewonnen hatte, mußte die Gewinnung wegen Finanzierungsschwierigkeiten eingestellt werden.

Als der Schacht am Brandholz aufgegeben wurde, erklärte der Direktor optimistisch zu einem neuen Anfang: »Heute steht uns ein Schacht zur Verfügung, aus dem wir täglich bis zu einhundertdreißig Tonnen Erze heraufbefördern und durch den wir vier Erzgänge mit einer Ausbeute von über vierzigtausend Kilogramm Gold abbauen können. Heute wissen wir, daß allein in den auf der dritten und vierten Sohle förderfertig vorgerichteten dreißigtausend Tonnen Erzen mindestens zweihundert Kilogramm Gold enthalten sind, die ihrer Bearbeitung warten.«

Bei Verknappung aller Rohstoffe wird vielleicht einmal die Zeit kommen, wo man mit modernen Verfahren dieses und das Gold ähnlicher Fundstellen extrahieren wird.

Das ist sicherlich ein einfacherer Weg als das Gold auf dem Weg moderner Alchemie etwa durch Atomumwandlung herzustellen.